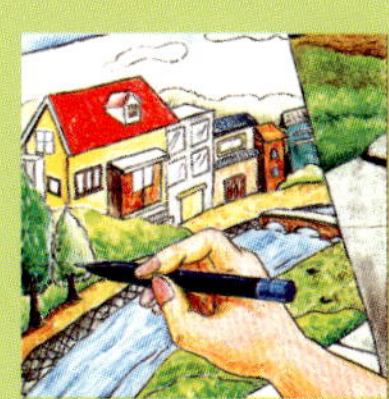 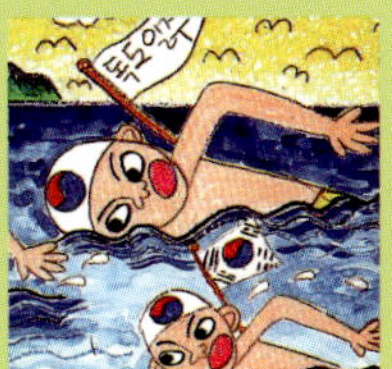 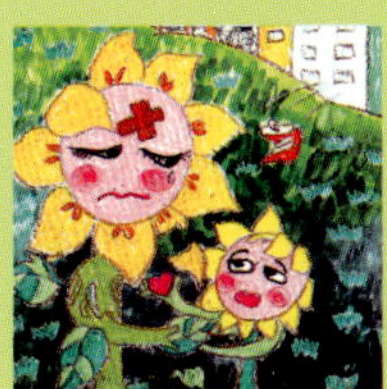 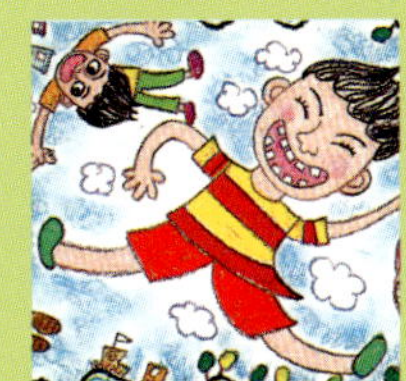 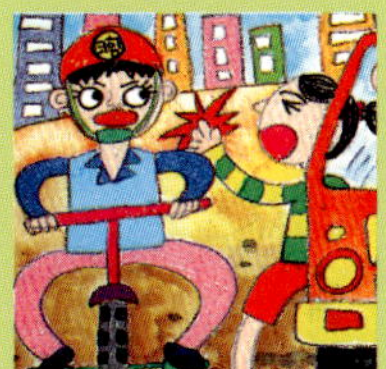

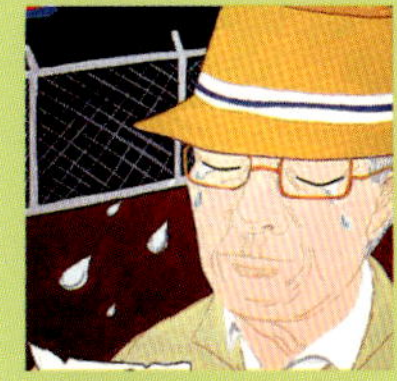

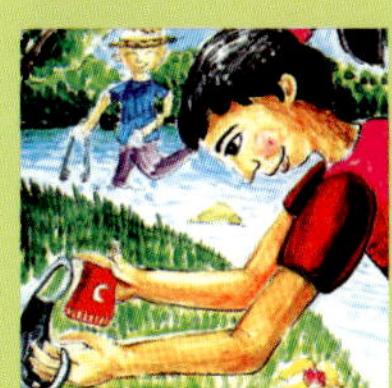

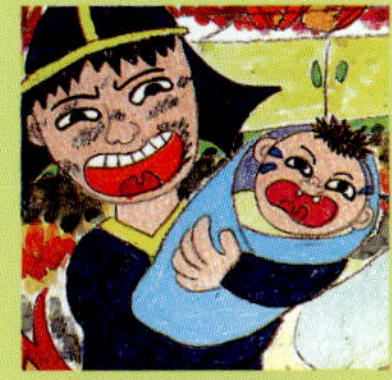

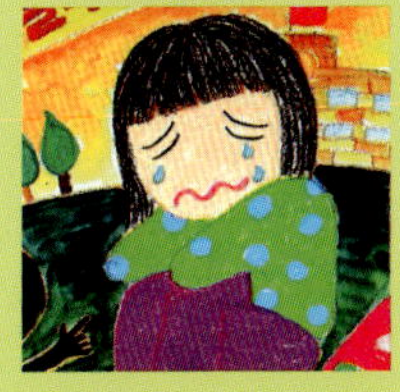

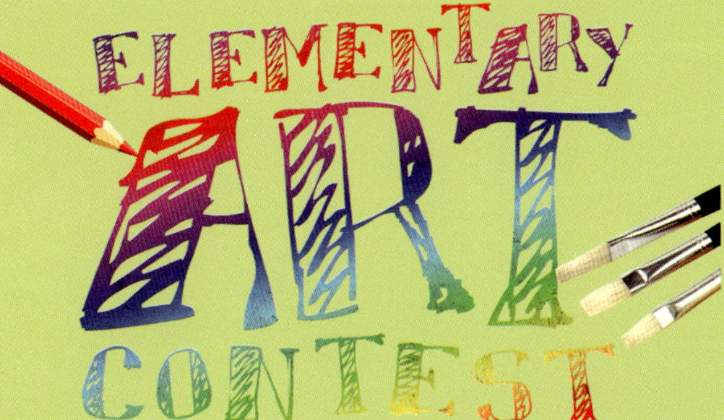
ELEMENTARY
ART
CONTEST

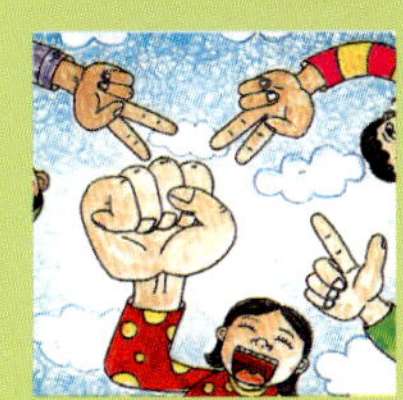

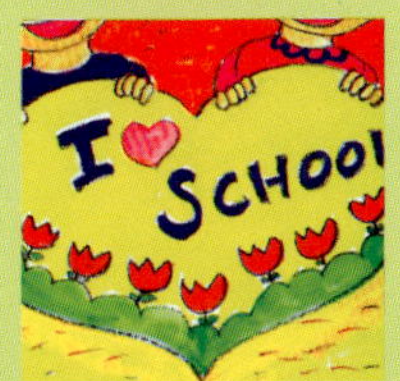

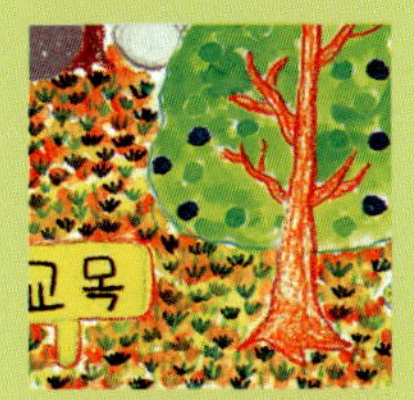

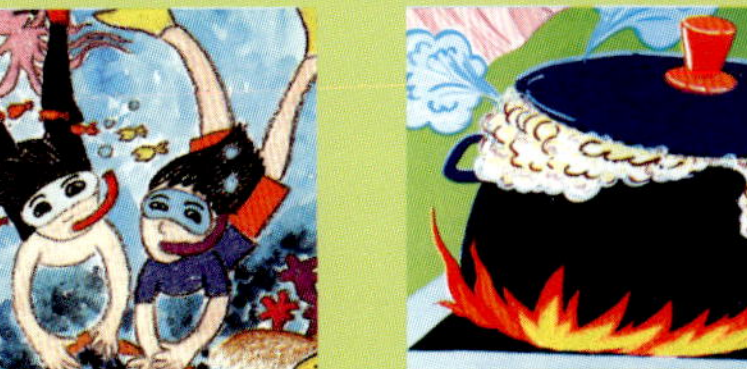 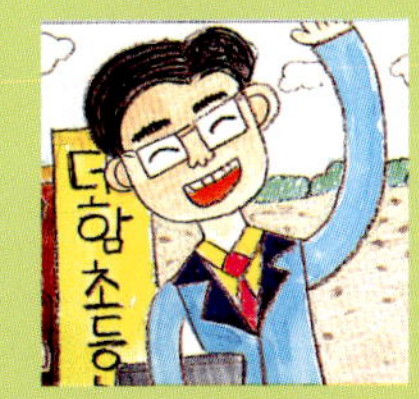 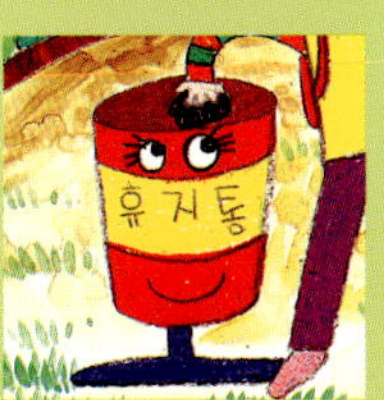

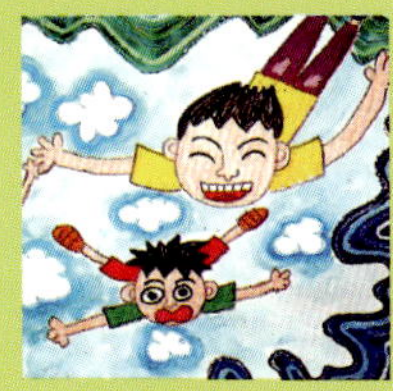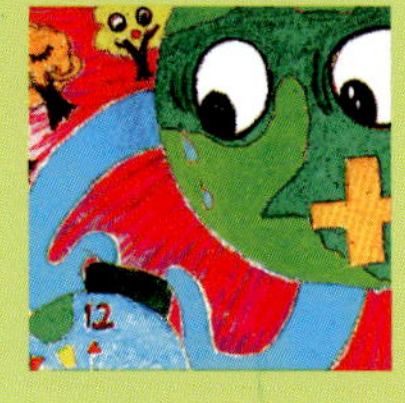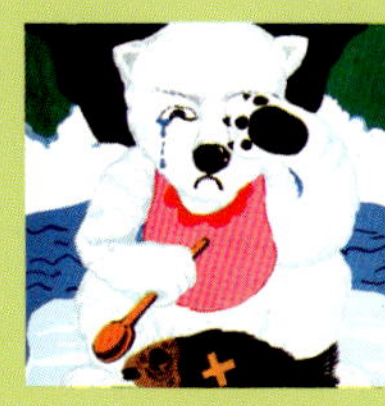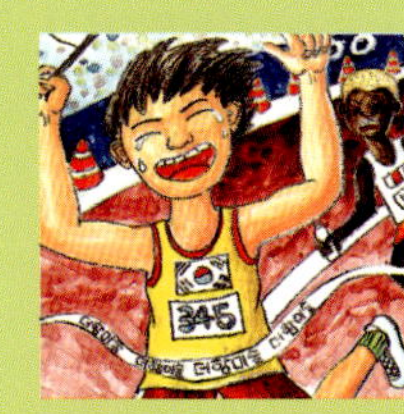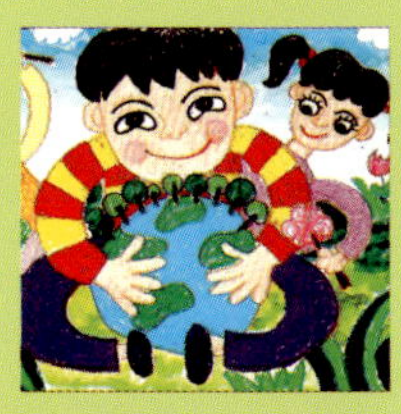
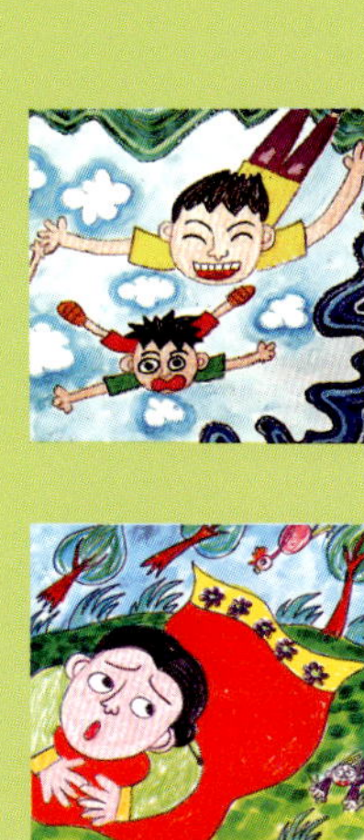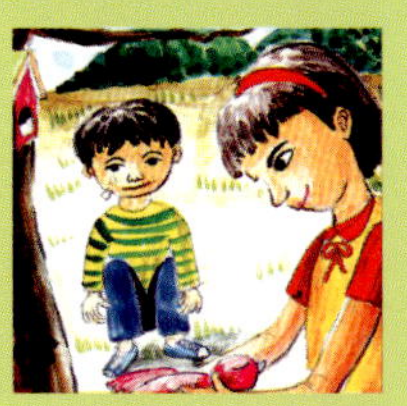

ELEMENTARY ART CONTEST

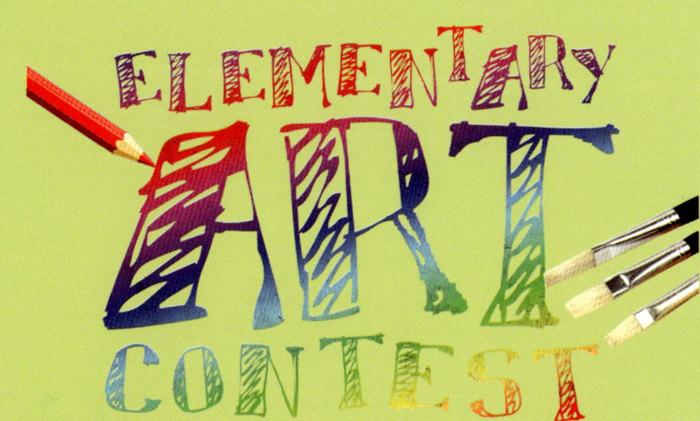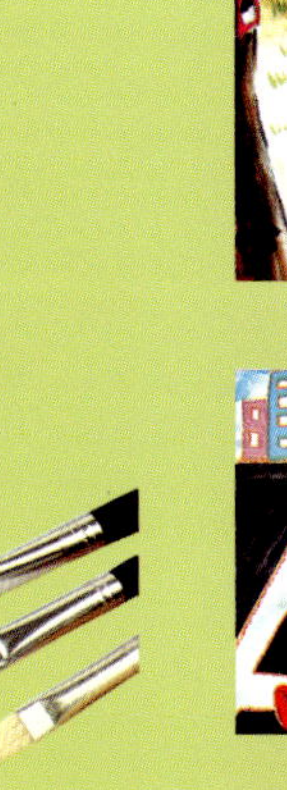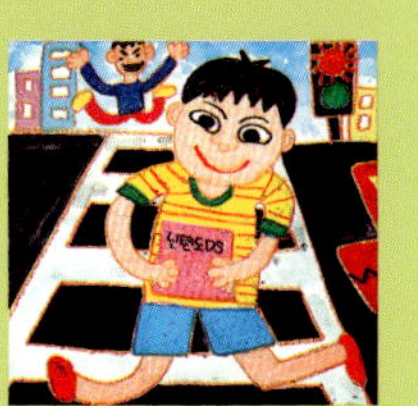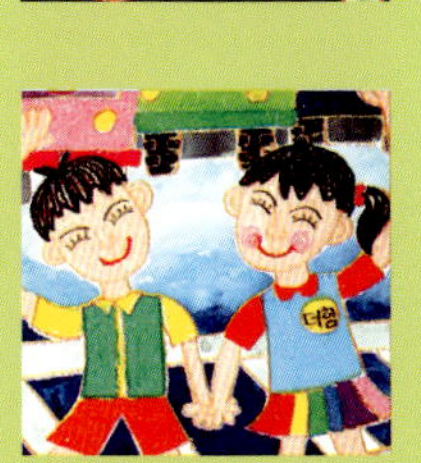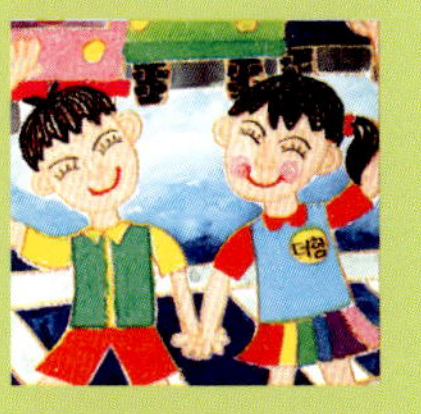
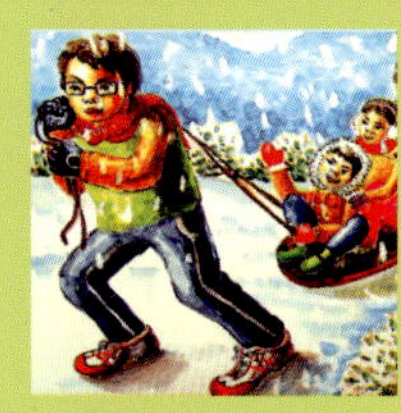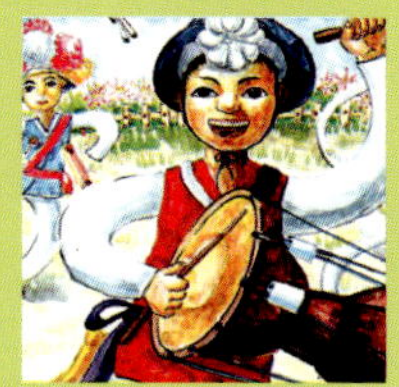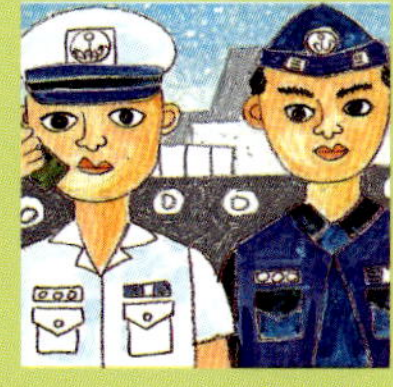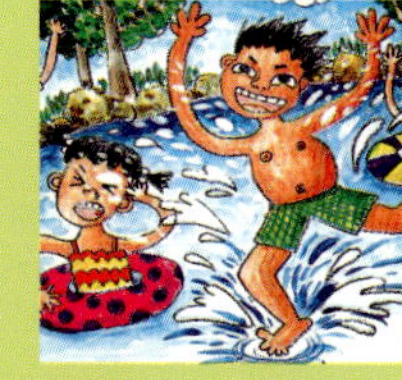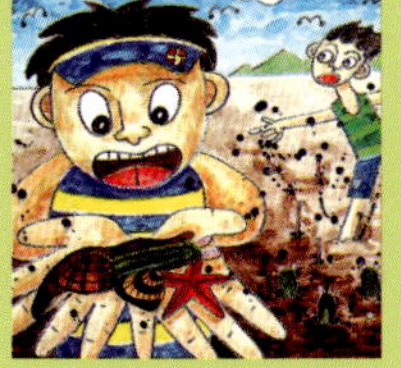

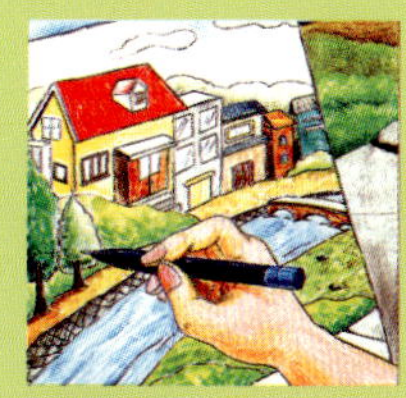
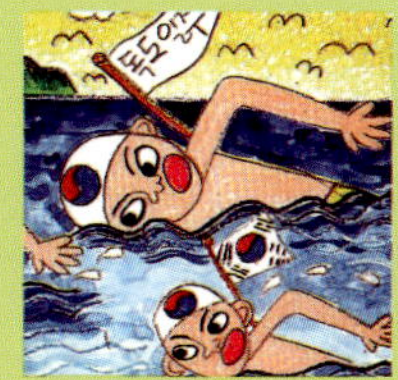
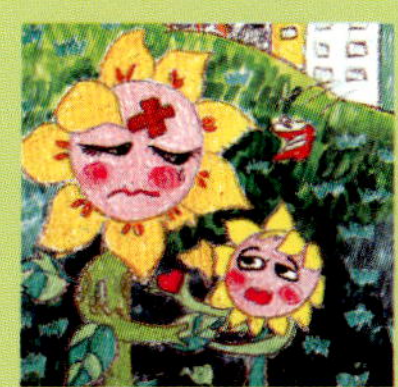
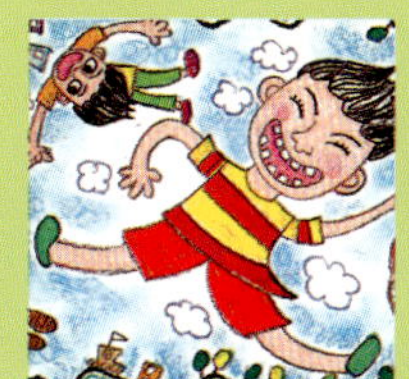
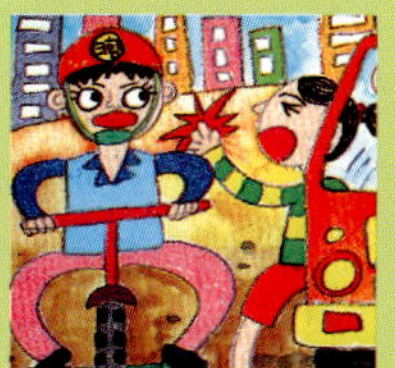
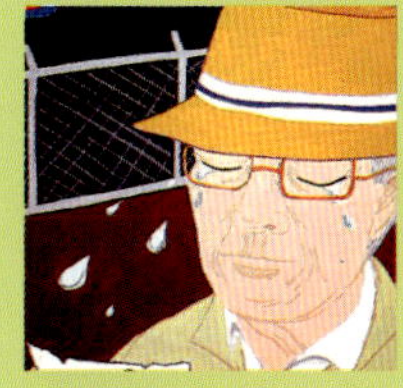
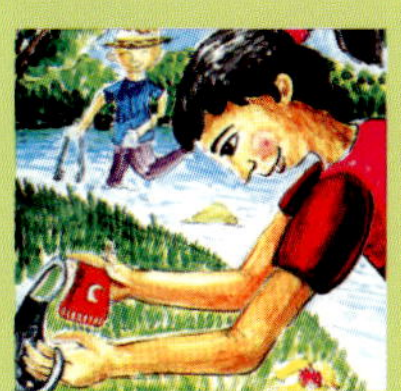
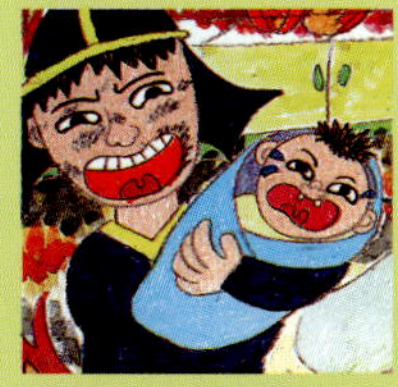
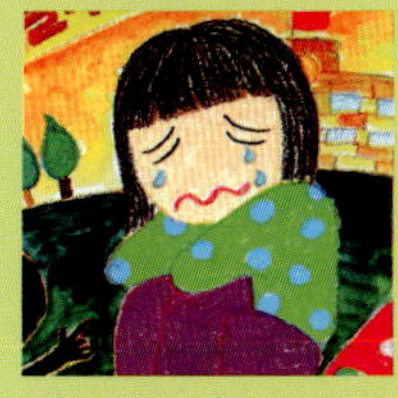
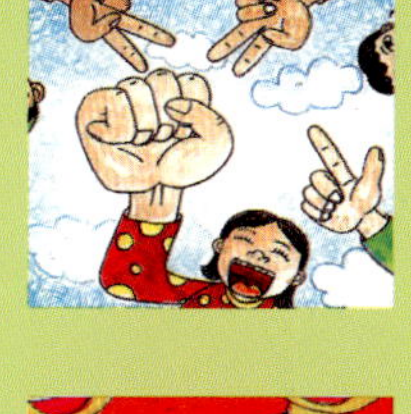
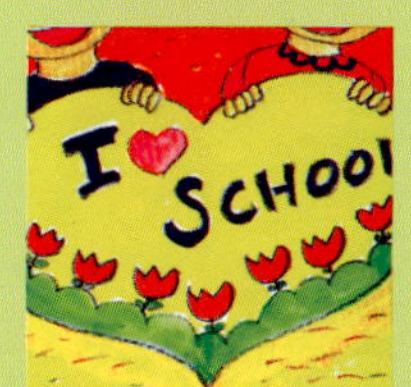
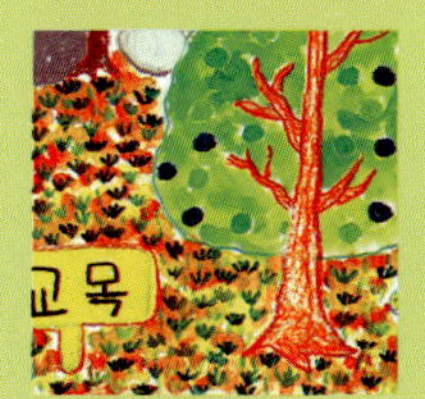
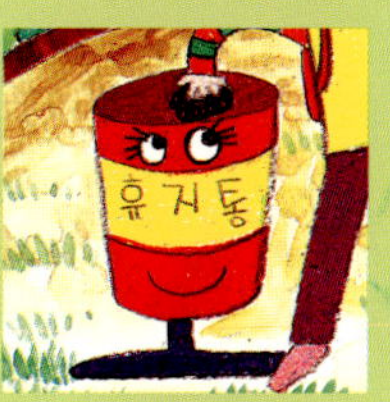
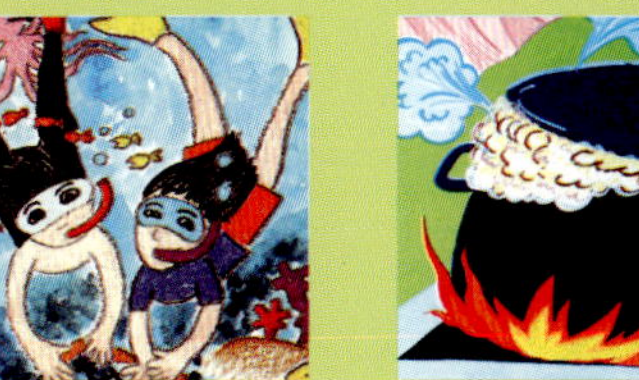
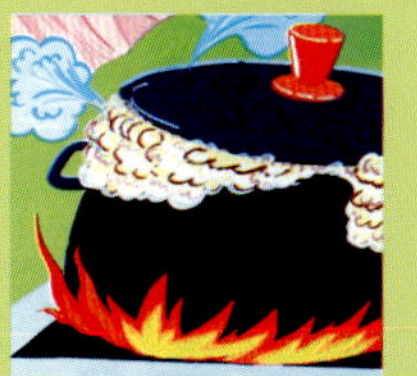
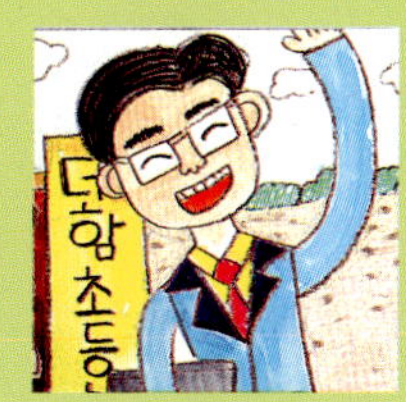
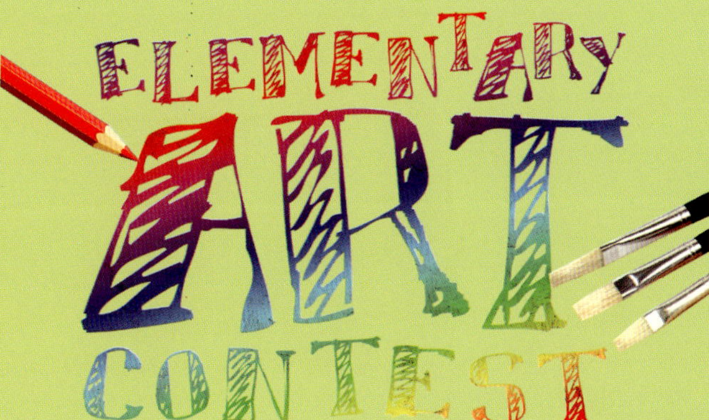
ELEMENTARY
ART
CONTEST

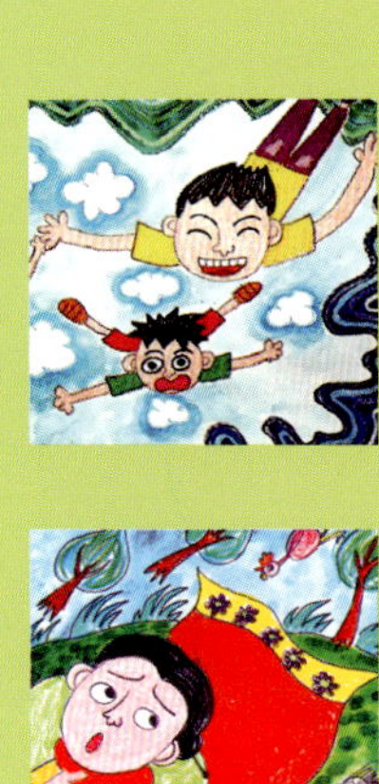
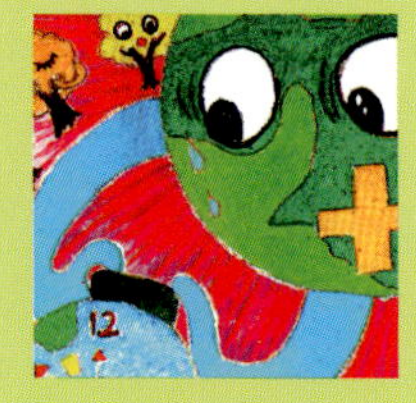
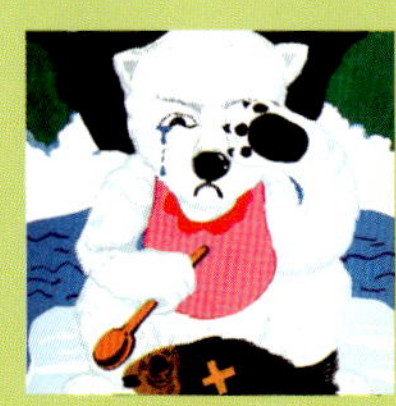
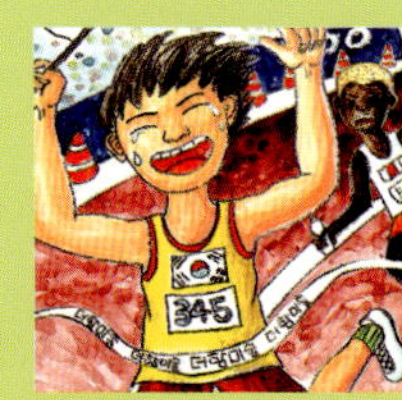
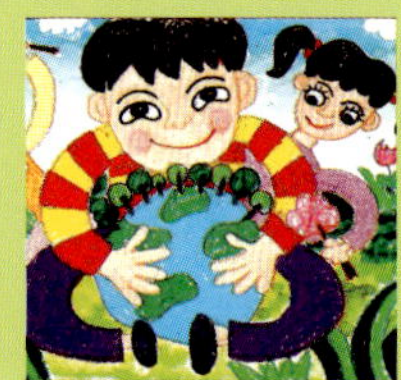
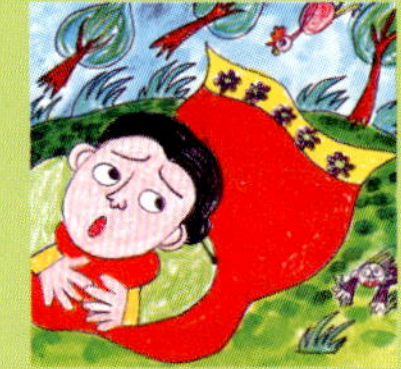
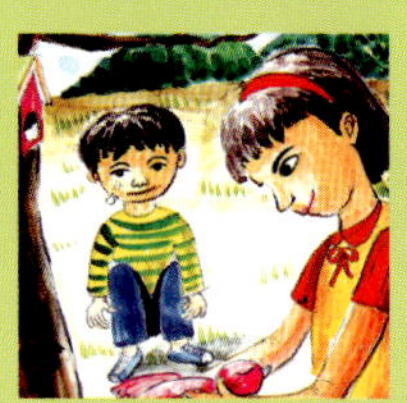
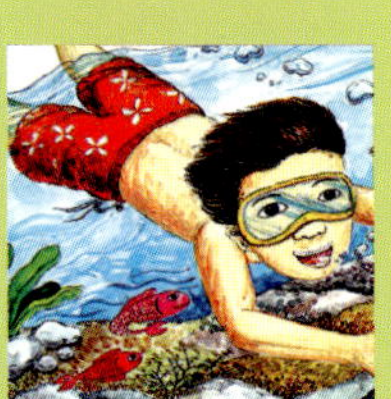
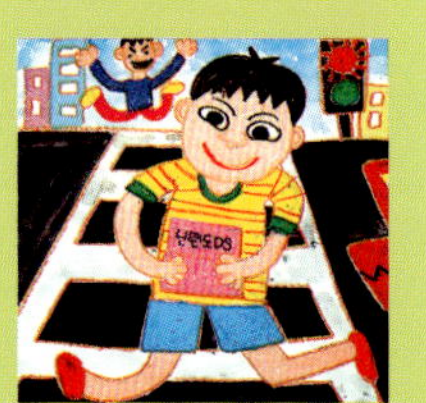

ELEMENTARY ART CONTEST

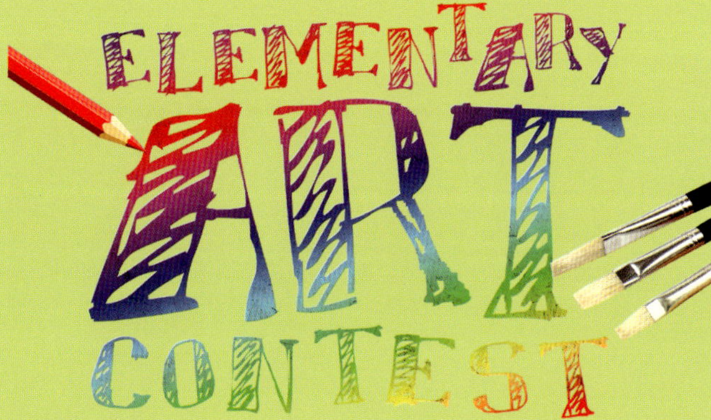
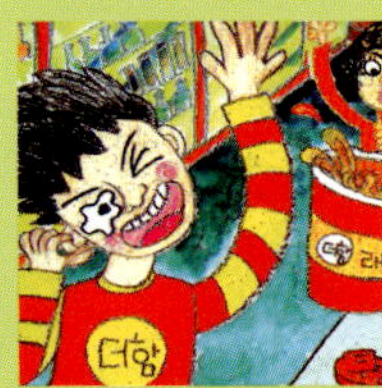
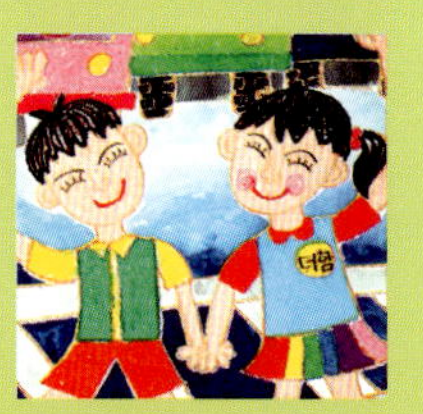
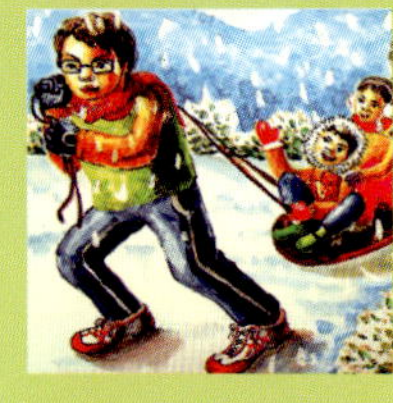
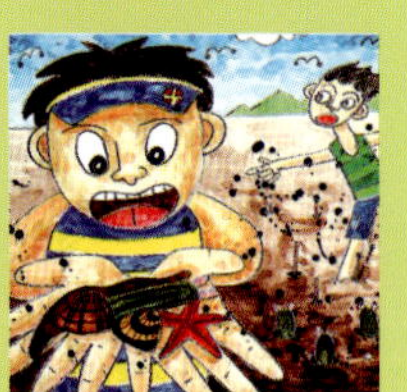
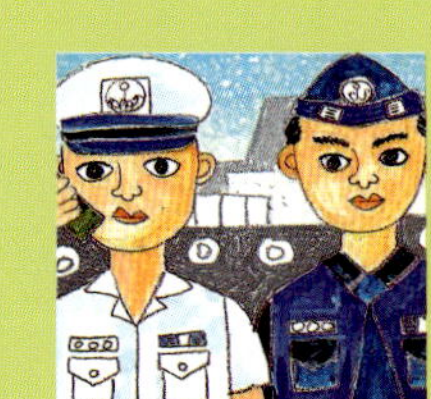
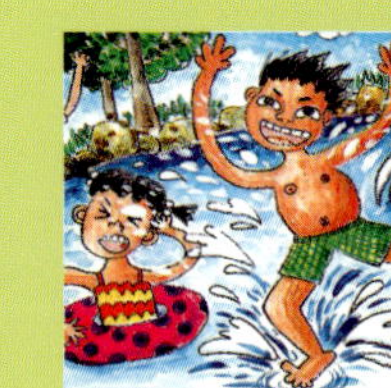

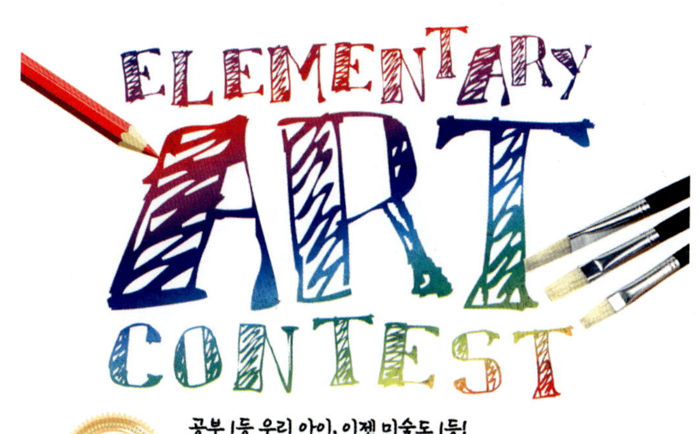

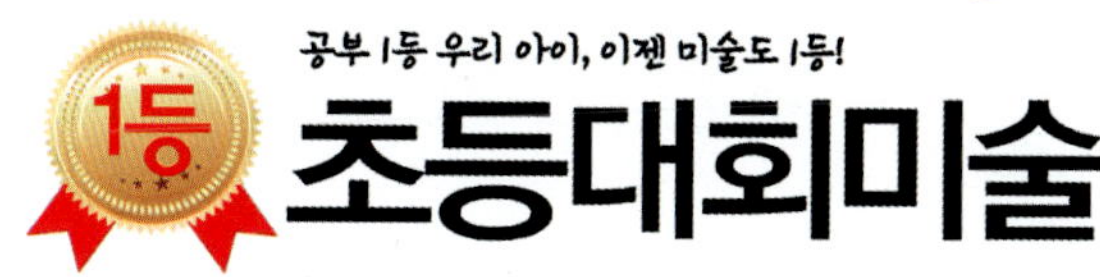

공부 1등 우리 아이, 이젠 미술도 1등!
1등
초등대회미술

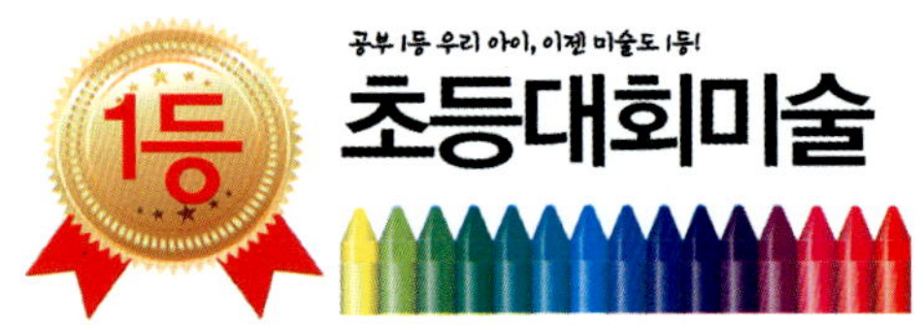

초판 인쇄일 2013년 2월 18일
초판 발행일 2013년 2월 25일
초판 4쇄 발행일 2017년 7월 17일

지은이 더함미술연구소
발행인 박정모
등록번호 제9-295호
발행처 도서출판 혜지원
주소 (10881) 경기도 파주시 회동길 445-4(문발동 638) 302호
전화 031)955-9221~5 팩스 031)955-9220
홈페이지 www.hyejiwon.co.kr

편집 송유선
본문디자인 김보라
표지디자인 김보라
영업마케팅 김남권, 황대일, 서지영
ISBN 978-89-8379-775-9
정가 15,000원

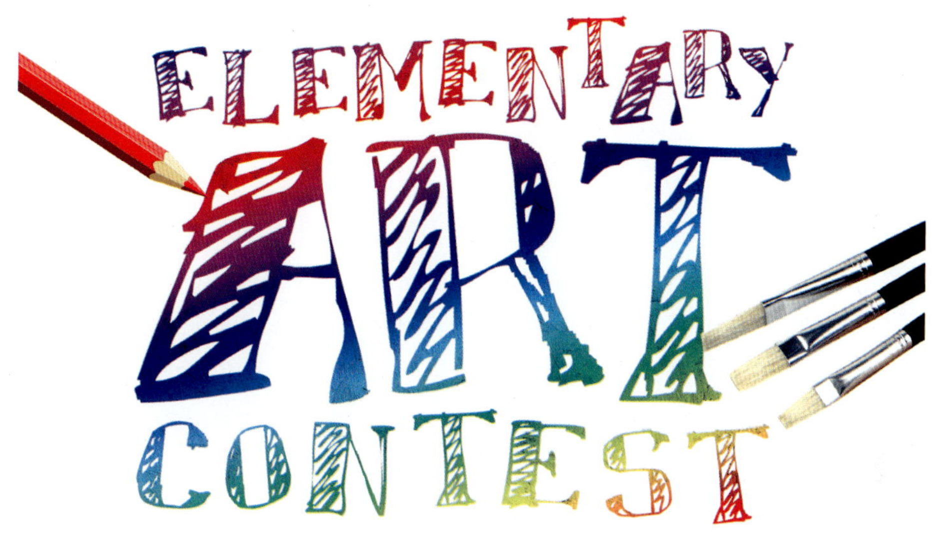

공부 1등 우리 아이, 이젠 미술도 1등!

1등

초등대회미술

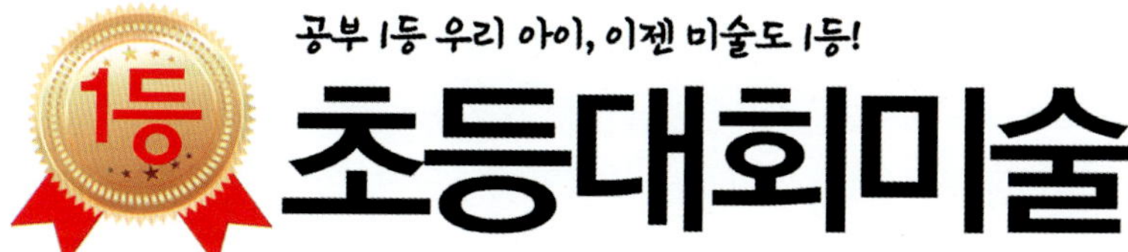

더함미술연구소 지음

혜지연

대회미술 그리기는 왜, 어떻게 할까? 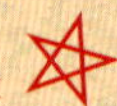

아이들은 그림을 통하여 자신의 감정을 표현하고 아름다운 것을 그리고 만들어 보면서 창의력을 키워 나갑니다. 미술시간은 항상 즐겁고 신나는 시간입니다. 하지만 초등 미술은 재미와 흥미 위주의 유아 미술과 달라야 합니다. 유아 미술이 그리고 만들고 오리고 붙이고 꾸미는 여러 가지 활동과 체험을 통해 아이들의 흥미와 재미를 끌어 동심이 나타나도록 하는 활동이라면, 초등 미술은 이해를 중심으로 교육되고 표현되는 미술이라 할 수 있습니다.

미술을 통해 분명 창의성이 길러지는 것은 맞지만 단순히 미술을 한다고 해서 무조건 창의성이 길러지는 것은 아닙니다. 미술에도 기초라는 것이 있습니다. 국어로 치면 가나다라를 알아야 책을 읽고 남의 글을 모방하다가 글짓기를 하듯이 미술 교육에도 기초에 해당하는 부분이 있습니다. 이렇게 기초를 탄탄하게 쌓으면 학부모 혹은 교사가 계획한 대로 지속적인 발전을 할 수 있습니다.

더함미술연구소에서는 재미 위주의 아동 미술뿐만 아니라 학교에서 매년 정기적으로 시행하는 대회 미술도 꾸준하게 연구하고 있습니다. 아이들의 재미, 흥미 위주의 미술도 중요하지만 초등 미술의 경우 학교 과제나 대회용 미술도 무시할 수 없기 때문입니다. 인물을 위주로 한 그림, 주제가 확실하게 드러나게 그리는 그림, 대담한 구도로 메시지를 전달하는 그림들을 그릴 수 있다면 각종 미술 대회에서 좋은 성적을 거두게 됩니다.

학교마다 조금씩 다르지만 일반적으로 달마다 다음과 같은 그리기 대회를 실시합니다.

3월 학교사랑, 친구사랑 그리기 / 4월 과학상상화 그리기 / 5월 환경 그리기
6월 민족공동체 그리기 / 7-8월 여름방학 동안 즐거웠던 일 그리기 및 방학 과제물
9월 교통안전 그리기 / 10월 독도 사랑 그리기 / 11월 불조심 그리기
12-1월 겨울방학 동안 즐거웠던 일 그리기

각 대회는 개최의 주요 목적이 있습니다. 대회의 목적을 어린이들에게 정확하게 숙지시키고 여러 가지 주제에 대해 충분한 이야기를 나누고 그림을 그린다면 보다 신선한 아이디어와 생동감 있는 그림이 나오게 될 것입니다.
미술 대회는 다른 친구들과 실력을 겨루어 좋은 상을 수상하는 데 목적을 두는 게 아니라 대회를 통해 그림을 그리고 친구들과 그린 그림을 감상하며 서로를 칭찬하고 격려하는 데 목적을 두어야 합니다. 그 과정에서 미술에 대해 더 많이 알게 되고 자신감도 생기며 그림 그리기도 지루하지 않은 재미있는 활동이라는 것을 알게 됩니다.

이 책에서는 학교에서 1년 동안 실시하는 주요 미술 대회와 경험화를 정리하였습니다. 여기에 제시된 그림들은 어린이들이 자신만의 아이디어를 떠올리는 데 좋은 참고 자료가 될 것입니다. 아이들의 수준에 맞춰 적절하게 가감하여 사용하면 더욱 더 유용한 지도서가 될 것입니다.

더함미술연구소는 앞으로도 우리 아이들이 재료와 기법을 자유롭게 탐색하고, 자신의 생각을 꾸밈없이 표현하는 과감한 그림을 그리며 행복할 수 있도록 끝없이 노력하겠습니다. 이 그림들을 함께 그리고 연구해 주신 박시내 선생님, 정현정 선생님, 윤혜린 선생님, 강보미 선생님께 깊은 감사드립니다. 그리고 이 책이 나올 수 있게 힘써 주신 혜지원 출판사에 감사드립니다.

더함미술연구소 대표 저자 박지영

부모님, 선생님! 이렇게 지도해 주세요.

❶ 다양한 자료를 찾아봅니다.

과학상상화를 그릴 때 아무 자료 없이 상상을 하기란 마치 책을 읽지도 않은 아이에게 독서 감상문을 쓰라고 하는 것처럼 힘들고 어려운 일입니다. 독서 감상문을 쓰려면 먼저 그 책을 읽고 내용을 요약하고 자신의 생각을 정리해야 하듯 생각의 토대가 되는 재료가 있어야 미술적 상상도 가능합니다.

따라서 그리고자 하는 주제와 관련된 책, 신문 자료, 동영상 자료, 사진 자료를 준비해 배경지식을 쌓고 다양한 소재를 떠올릴 수 있도록 해야 합니다. 특히 인터넷 검색을 통해서는 방대한 양의 자료를 검색할 수 있습니다.

독후화를 그릴 때는 아이의 수준에 맞는 책을 선택하여 부모님이나 선생님이 실감나게 읽어 주면 아이들의 집중도가 높아지고 상상력이 더 풍부해집니다.

❷ 함께 이야기 나누어 봅니다.

어린이가 머릿속에 떠올리거나 상상한 내용을 부모님이나 선생님, 또는 또래 친구들과 이야기 나누어 봅니다. 만약 교통안전에 관한 그림을 그린다면 실제로 겪었던 이야기나 부모님 이야기, 친구 이야기를 통해 아이디어를 얻게 되고 일상생활에서 교통사고 예방을 위하여 할 수 있는 일, 안전을 위하여 힘써 주시는 고마우신 분들에 대해서 이야기하면서 자연스럽게 다양한 소재를 떠올릴 수 있게 됩니다. 독창적인 생각은 확실하게 그림에 드러나도록 도와주고 기존의 진부한 상상에서 벗어나지 못한다면 선생님이나 부모님이 먼저 새로운 생각과 번뜩이는 아이디어로 아이들의 상상력에 자극을 주세요.

아이들은 서로 이야기하면서 다른 친구들의 생각과 느낌을 이해합니다. 나와 다른 생각, 나와 다른 감정을 서로 이해하고 내가 만약 주인공이라면 또는 내가 주인공의 친구라면 어떻게 할지도 상상하도록 하세요. 이때 너무 많은 이야기를 표현하려고 하는 아이는 한 가지 주제만 강조하도록 설명해 주세요. 그림으로 표현하기 어려운 아이들에게는 아이의 이야기를 잘 듣고 주제를 표현하는 방법을 자세하게 설명해 주세요.

❸ 아이디어 스케치를 합니다.

떠올린 아이디어가 있다면 자유롭게 그릴 수 있도록 여러 장의 종이를 준비하세요. 어린이들은 한번에 짜임새 있는 그림을 그려내기 힘들기 때문에 여러 장의 도화지나 A4 용지를 준비해 먼저 자기 생각대로 자유롭게 그려보게 하는 것이 좋습니다. 그리고 아이가 그린 그림이 틀리거나 작더라도 표현하고 싶은 내용이 무엇인지 세심하게 관찰한 후 그림에 반영하게 해보세요. 그러면 아이 스스로 그림을 고치고 더 깊게 생각하게 된답니다.

삽화 속의 주인공을 그대로 그리기보다는 아이가 상상한 모습의 주인공을 그리도록 하세요. 예를 들어 "헨젤과 그레텔의 마귀할머니는 배가 나왔을 것 같아요. 그런데 팔과 다리는 가늘어요. 왜냐면 몸에 나쁜 것만 먹거든요."라고 생각한 아이는 상상한 내용을 그대로 그림으로 표현하게 합니다. 그러면 실제 동화책에 있는 삽화보다 더 재미나게 표현할 수 있답니다.

❹ **아이디어 스케치 내용을 참고로 구도를 생각하여 짜임새 있게 그림을 그립니다.**

아이디어 스케치가 끝났다면 주제 부분을 더욱 강조하고 생략할 부분은 생략하여 구도에 맞게 그림을 다시 그립니다. 자세하게 묘사할 부분은 자세하게, 주제가 되는 사람의 표정이나 동작은 실감나게 표현하면 짜임새 있는 그림이 됩니다.

❺ **주제가 잘 표현될 수 있도록 화면을 구성합니다.**

아이들의 창작 과정을 주의 깊게 지켜봐 주세요. 아이들이 그리고 싶어하는 것이 무엇인지, 그림으로 표현하고 싶어하는 것이 무엇인지 지켜보고, 아이들의 그림 속에서 강조해야 할 부분을 부모님이나 선생님께서 찾아 크게 강조하거나 생략을 해 주셔야 합니다. 아이들은 너무 많은 것을 그리려 하는 아이들도 있고, 너무 안 그리려 하는 아이들도 있습니다. 많은 것을 그리려 하는 아이들은 생략을, 너무 안 그리려 하는 아이들은 크게 강조를 하여 화면의 구도를 적당하게 잡아 주세요.

❻ **아이들의 성향에 따라 그림의 재료를 정합니다.**

작게 그리는 아이, 크게 그리는 아이, 사람을 잘 그리는 아이, 사람을 그리기 싫어하는 아이 등 아이들마다 특징이 있습니다. 아이들의 특징에 맞는 그림과 그 그림에 어울리는 재료를 선정하여 그림을 그리도록 하세요. 작게 그리는 아이에게는 사인펜이나 연필처럼 자세하게 묘사하기 좋은 도구를, 크게 그리는 아이들에게는 크레파스처럼 채색하기 쉬운 도구를 주어 그림을 그리게 합니다. 스케치가 마음에 들면 아이들은 신이 나서 채색을 합니다.

❼ 그림 주제가 한눈에 들어오도록 채색합니다.

대회 그림은 한눈에 들어와야 합니다. 주제 부분은 채도가 강한 삼원색 위주로 채색을 하고 배경은 채도가 낮은 색으로 채색하여 주제가 한눈에 들어올 수 있게 하세요. 아이들이 채도가 높은 색을 선택하지 못할 경우 무지개 색(빨주노초파남보)으로 채색하게 하면 쉽게 이해한답니다.

❽ 완성된 그림은 다른 사람과 함께 감상합니다.

그림은 혼자 그리기보다 여러 친구들과 함께 그려야 도움이 됩니다. 나의 생각과 다른 친구들의 생각, 미처 생각하지 못한 내용을 그림으로 표현하는 친구들을 보며 더욱 발전하게 됩니다. 한쪽 벽에 작품을 모두 붙여 놓고 다른 친구들의 그림을 감상하면서 격려하는 자리를 마련해 보세요. 서로의 그림에 칭찬 스티커를 붙여가며 칭찬해 주고 서로의 생각을 이야기하면 자연스럽게 아이들의 창의력도 성장하게 된답니다.
다른 친구들의 그림과 비교하다 보면 아이들이 부족한 점을 발견하게 됩니다. 채색이 어려운 아이, 스케치가 어려운 아이, 끝까지 완성하기 어려운 아이 등 세심하게 아이들의 특성을 이해하고 선생님께서는 더욱 알찬 수업을, 부모님께서는 지도 방향에 대한 계획을 세워보세요.

목차 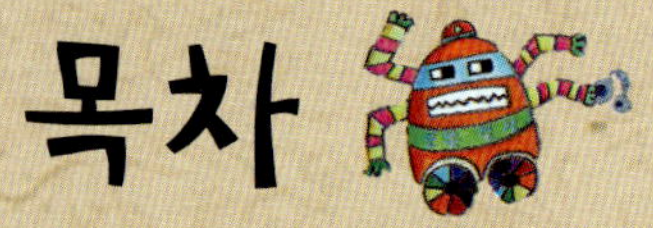

Part 1. 과학상상화 그리기

Part 2. 독후화 그리기

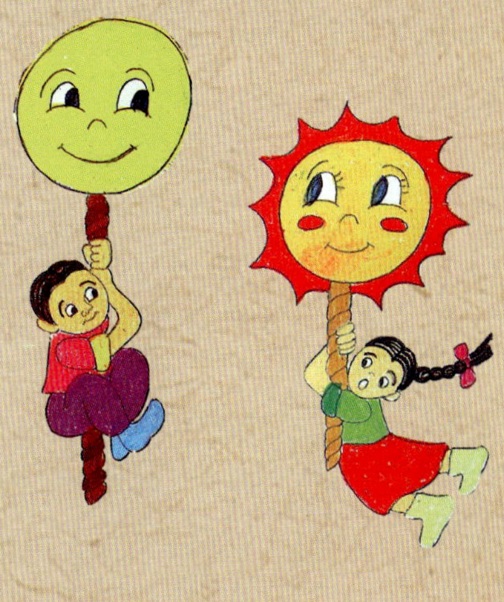

Part 3. 교통안전 그리기

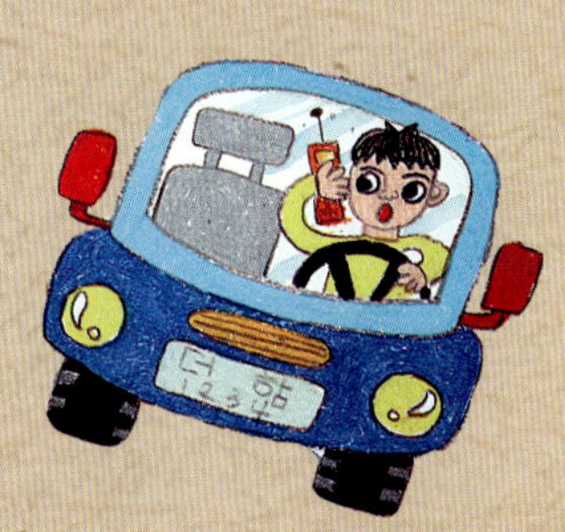

Part 4. 친구사랑, 학교사랑 그리기

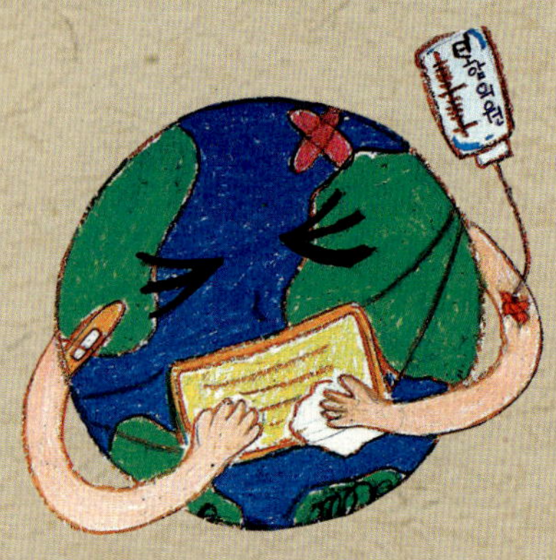

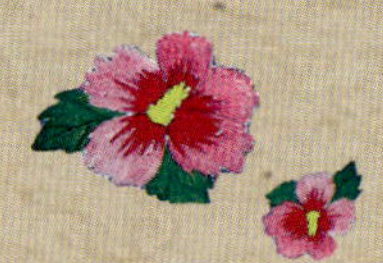

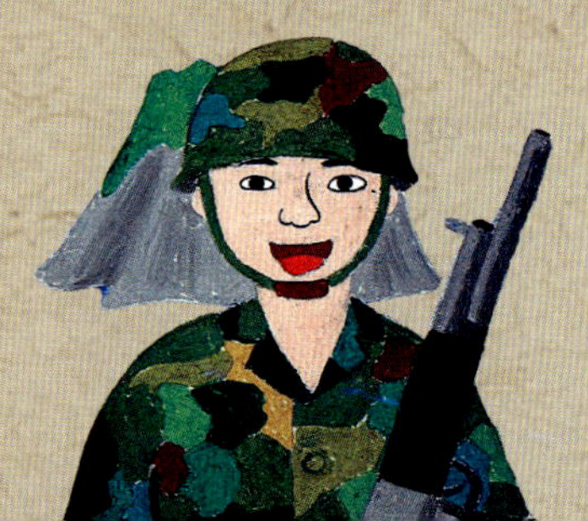

Part 8. 경험화 그리기

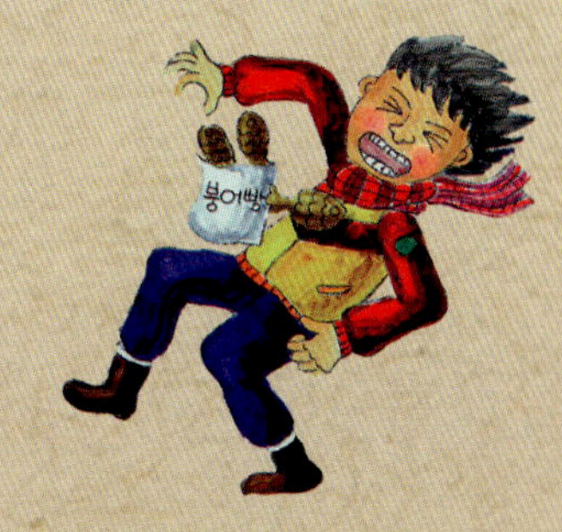

PART1.
과학상상화 그리기

우리 50년 후의 미래를 생각해 보자.
영화나 책을 보면 우주에도 바닷속에도 멋진 도시를 지어 놓고
살고 있지 않니? 이런 영화 속 세상이 이제 곧 현실이 될 거야.
극장에서도 이제 영화를 3D, 4D입체로 보잖니.
조금 있으면 5D영화도 나올까?
미용실에 가면 로봇들이 나에게 잘 어울리는 머리 스타일로 머
리카락을 잘라주고, 도서관에 가면 로봇이 책을 읽어주고, 집안
일하는 로봇이나, 경찰 로봇도 나올지 몰라.
너희들도 한번 상상해봐.

과학상상화 그리기는 왜, 어떻게 할까?

4월 21일은 과학의 날입니다.

매년 이날이 되면 과학기술진흥에 힘써온 과학기술계 유공자들을 표창 또는 수상하고, 이날을 전후하여 과학주간을 정하는 등 여러 가지 행사를 전개합니다.

과학주간에는 학교에서도 다양한 행사를 진행합니다.

그중 가장 많이 진행하는 행사는 단연 과학상상화 그리기 대회겠죠? 과학상상화는 과학과 관련된 주제로 논리적인 상상력을 그림으로 표현하는 활동으로, 과학과 미술의 통합교육이라 할 수 있겠습니다.

과학상상화를 그리는 데 있어 가장 어려운 점은 실재하지 않는 내용을 상상에 의존해 그려야 한다는 점일 것입니다. 하지만 상상을 한다는 것은 생각만큼 쉽지 않지요. 머릿속에 아이디어를 떠올려야 하는데 아무런 준비 과정 없이 무작정 생각이 떠오르지는 않으니까요.

따라서 과학상상화를 그릴 때는 특히 다른 어떤 그림보다도 관련 자료를 충분히 찾아보아야 합니다. 신문자료와 책은 물론 각종 동영상 자료도 검색해 보고, 관련된 영화를 감상하는 것도 좋습니다. 그리고 그 자료를 찾는 과정에서 자연스럽게 과학에 관한 지식을 쌓을 수도 있게 됩니다.

이러한 과정을 통해 그리기의 소재와 주제가 머릿속에 떠오르면 그것을 잘 끄집어내는 과정 또한 중요합니다. 막연히 떠오른 생각을 하나의 구체적인 장면으로 표현해내야 하는 것입니다.

이런 여러 가지 어려움 때문에 상상하여 그리기는 기대에 미치지 못하는 경우가 많습니다. 무엇보다 과학상상화를 그리는 데 있어 가장 경계해야 할 점은 남들과 비슷하고 어디서 많이 본 듯한 그림이 되어 버리고 마는 일입니다.

창의적인 그림을 그리려면 어떻게 해야 할까요? 먼저 관련된 자료를 꼼꼼하게 보세요. 그리고 그 자료 그대로의 모습을 표현하려고 하기보다 자신이 알고 있는 다른 정보과 결합하여 아이디어를 떠올리는 노력을 한다면 독창적인 그림을 그릴 수 있을 것입니다.

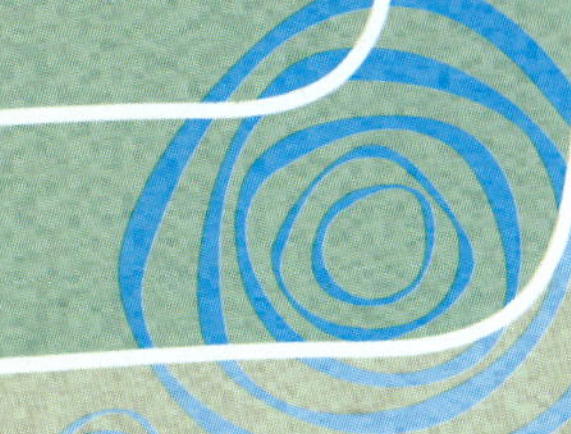

건강을 지켜주는 식품 안전 로봇

주로 접착제나 화학비료 등에 쓰이던 멜라민이 우리가 즐겨먹는 각종 식품에 들어있는 것이 밝혀져 온 나라가 발칵 뒤집힌 적이 있었습니다. 멜라민을 자동으로 검출해주고 계산까지 척척 해주는 로봇이 있는 미래의 슈퍼를 상상해 보았어요.

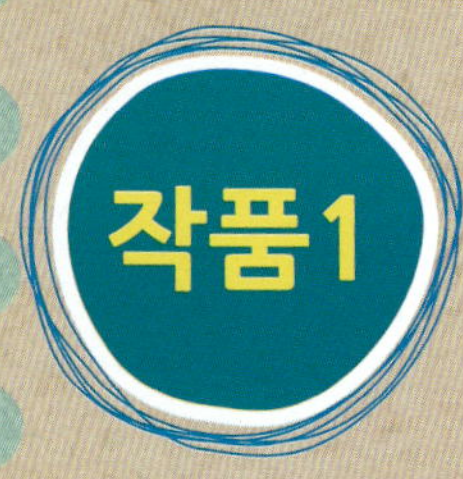

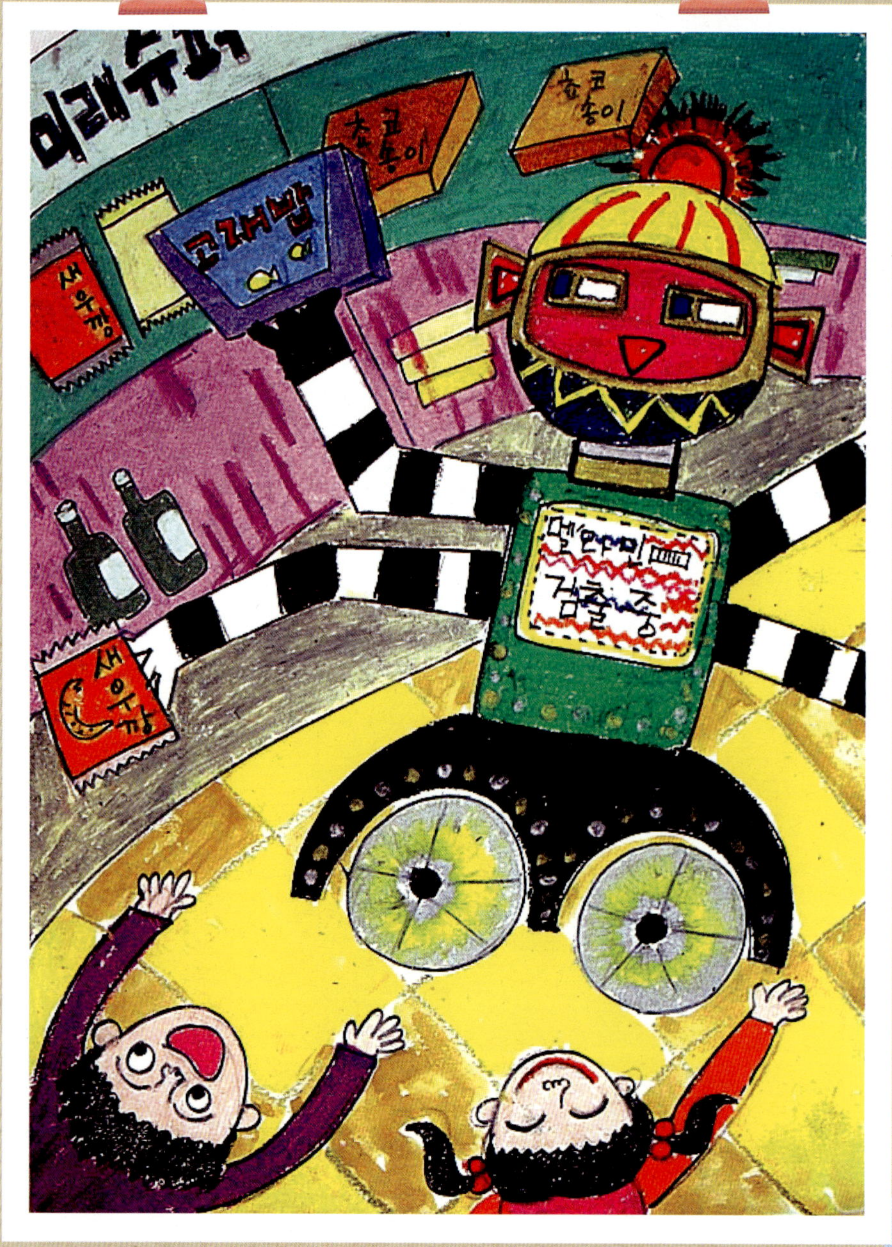

어떻게 그렸을까요?

순식간에 많은 식품들을 검사할 수 있도록 팔이 많은 로봇을 상상해 보았어요. 이렇게 팔이 많은 로봇을 그려 넣는 것만으로 그림에 재미가 더해졌어요. 연필과 네임펜으로 스케치한 후 크레파스와 물감으로 채색하였고, 로봇의 팔은 보색으로 채색하여 강조하였답니다.

다르게 그려봐요

미래에는 우주나 바닷속에도 마트나 슈퍼가 생길 수 있겠죠? 바닷속 슈퍼에서 생선을 손질해 주는 로봇을 그려보았어요. 손이 여러 개니까 훨씬 속도가 빠르겠죠?

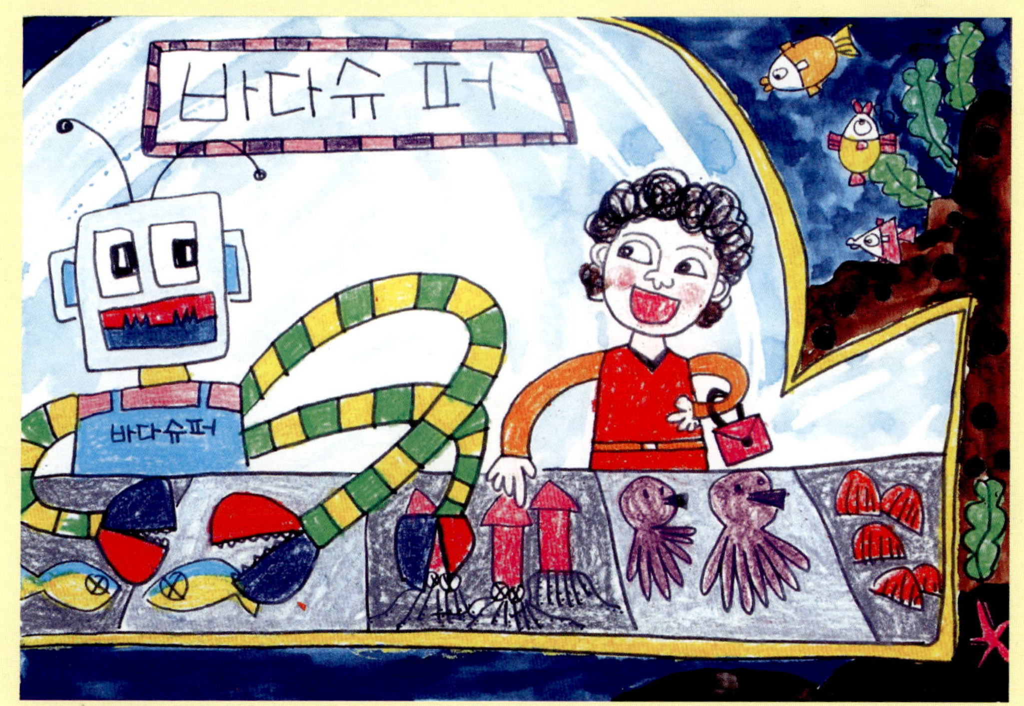

상상해 봐요

미래의 슈퍼나 마트의 모습을 상상해 보세요. 힘든 엄마의 무거운 시장 가방을 대신 들어주는 짐꾼 로봇, 필요한 물건을 집까지 배달해주는 택배 로봇도 생길 거예요.

아름다운 헤어스타일로 가꾸어 주는 미용 로봇

내 얼굴에 딱 어울리는 머리 스타일은 어떤 것일까요? 미래의 우주 미용실에서는 여러 가지 머리 스타일 중에서 내 얼굴에 가장 잘 어울리는 스타일을 쉽게 찾아 주지 않을까요? 로봇 미용사들은 한 치의 실수 없이 손님에게 어울리는 스타일을 연출해 주겠죠.

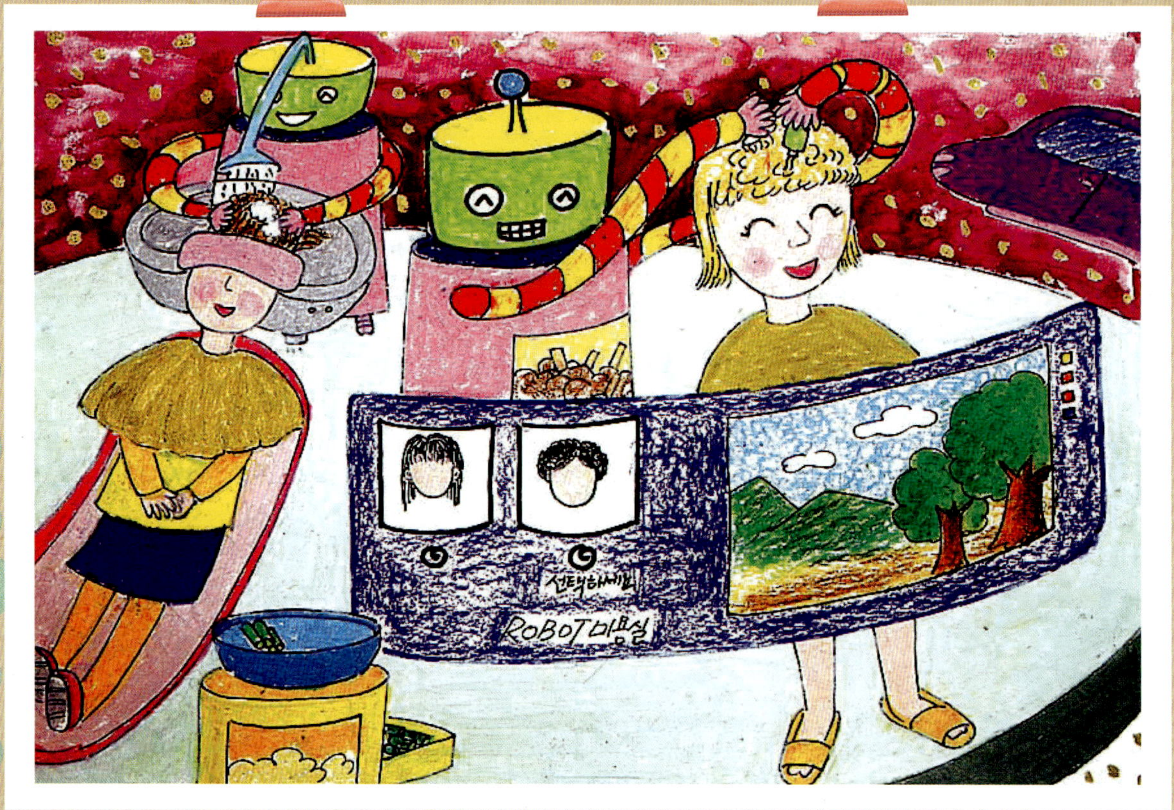

우주 미용실에서의 배경은 복잡하게 그리지 않아요. 배경이 복잡하면 주제가 눈에 들어오지 않을 수 있답니다. 과학상상화에서 우주는 독특한 색으로 표현해 보아도 좋아요. 보르도나 비리디언으로 우주를 표현하면 더욱 재미난 그림이 된답니다. 연필과 네임펜으로 스케치한 후 크레파스와 물감으로 채색하였습니다.

배경을 바닷속으로 꾸며 보세요. 미래엔 바닷속에 미용실이 생길 수 있답니다. 커트쯤은 사람 손을 거치지 않고 손이 여러 개 달린 로봇이 간단하게 해결할 수 있을 거예요.

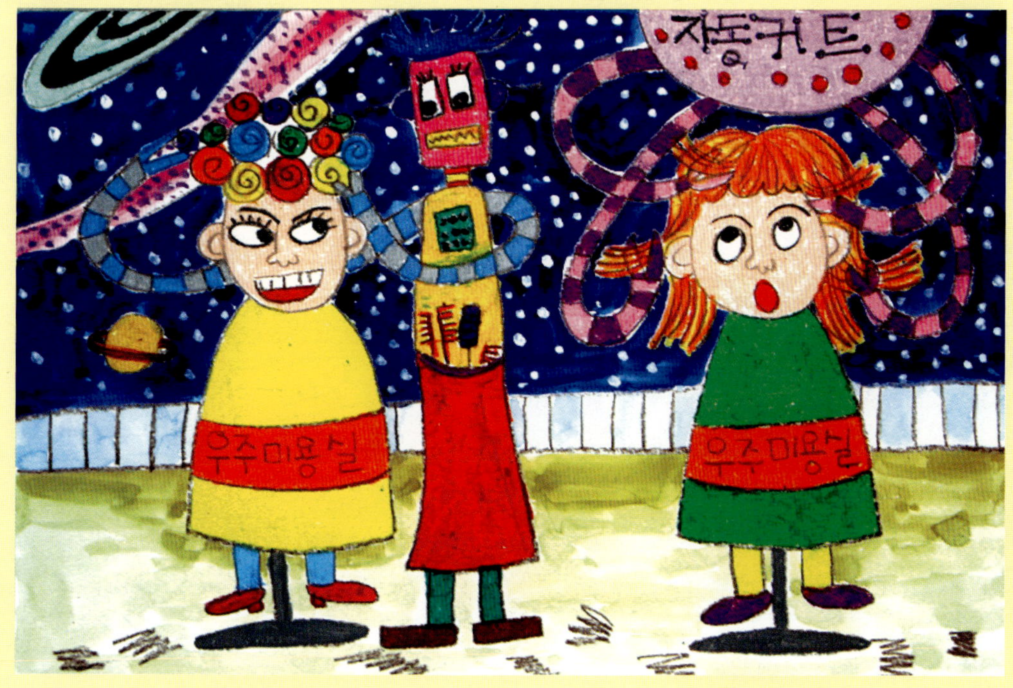

상상해 봐요

미래형 헤어스타일도 상상해 보세요. 미래엔 어떤 헤어스타일이 유행할까요? 로봇 미용사의 최신 헤어스타일도 상상해 보세요.

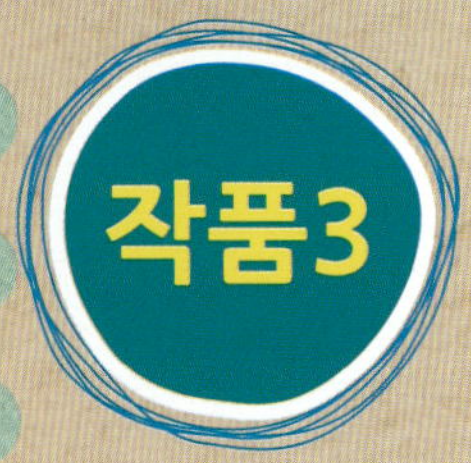

거리를 깨끗하게 청소해주는 청소 로봇

미래엔 환경미화원 아저씨들의 할 일을 청소 로봇이 척척 해 줄 수 있을 거예요. 로봇이 돌아다니며 쓰레기들이 있는 곳을 찾아 청소하고 공기 중의 먼지까지 말끔하게 제거하겠죠? 청소 로봇이 있어서 미래의 도시는 정말 깨끗하겠네요.

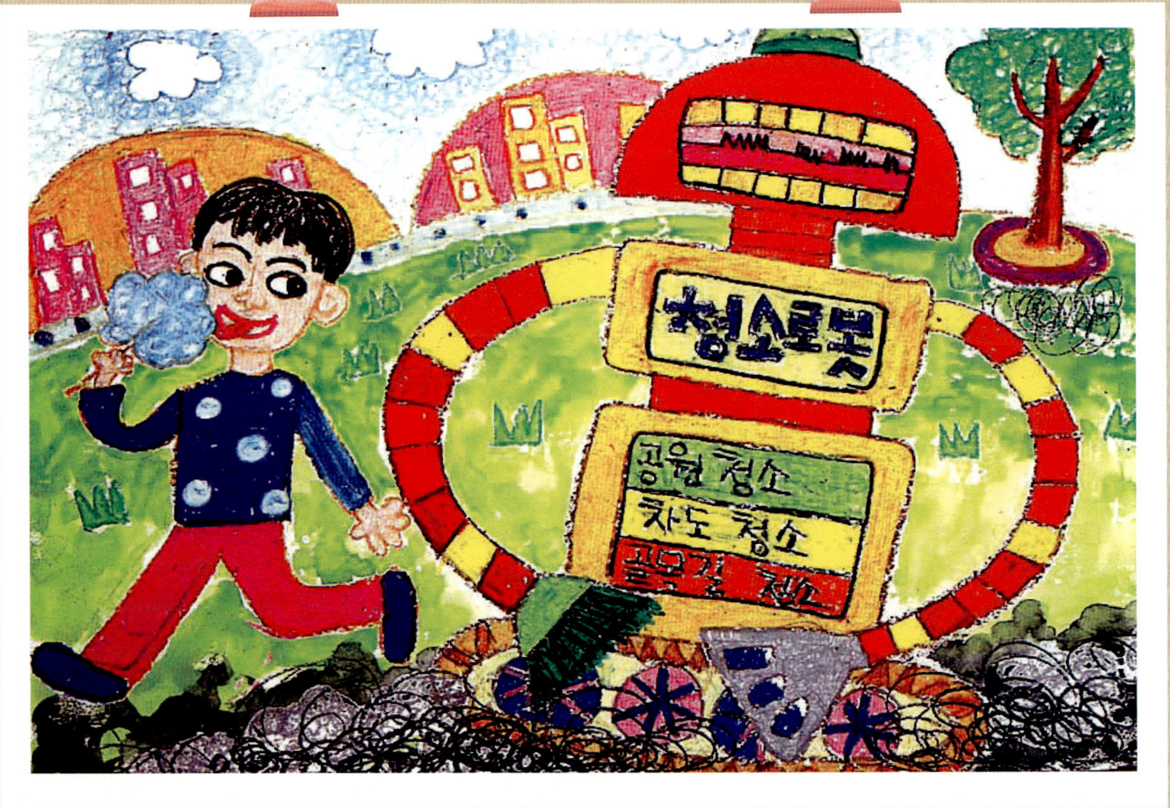

하늘은 흰색, 하늘색 크레파스를 동글동글 굴리는 롤링법으로 채색하였습니다. 롤링법으로 채색을 하면 크레파스라도 힘들지 않게 채색할 수 있답니다. 황갈색, 고동색 크레파스로 스케치한 후 크레파스와 물감으로 채색하였습니다.

거리를 청소하는 로봇 외에 우리 친구들의 집을 깨끗이 청소하거나 엄마를 도와 맛있는 음식을 해주는 요리사 로봇도 상상해 볼까요?

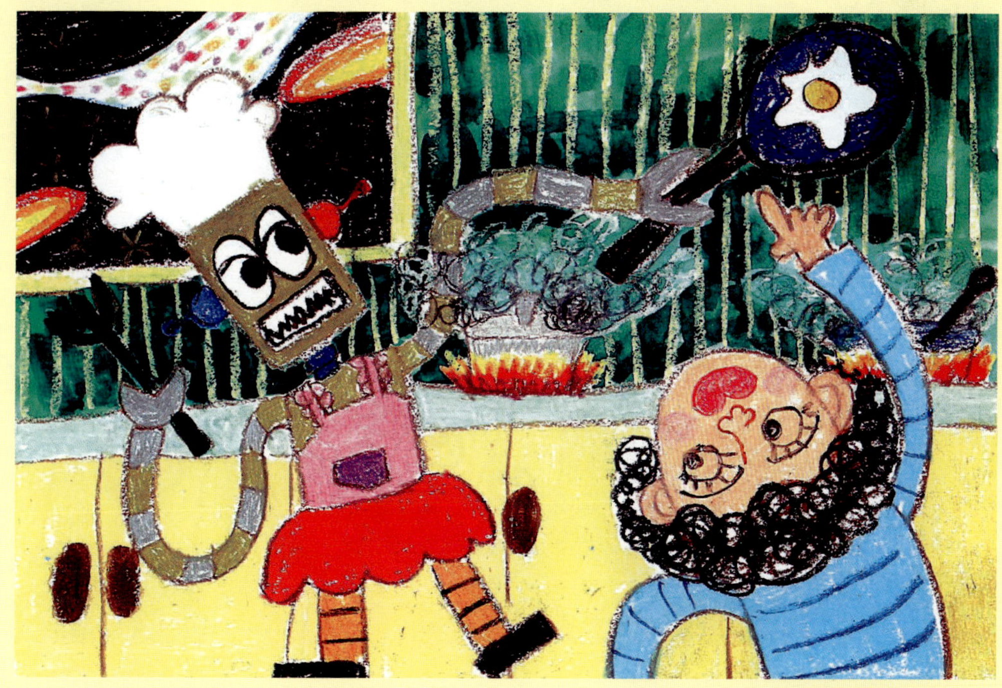

미래도시의 오염된 공기, 바다도 청소해 주는 로봇도 생길까요? 우주도 청소해 주면 정말 온 세상이 깨끗해지겠네요. 미래엔 환경오염도 걱정 없겠어요.

책 읽어 주는 독서 로봇

미래에는 책을 읽어 주는 로봇도 생겨나겠죠? 로봇이 읽어주는 내용이 모두 영화처럼 우리의 눈앞에 펼쳐진다면 어떨까요? 걸리버의 목소리, 소인국 사람들의 목소리, 임금의 목소리 등 모두 실감나게 표현된다면 우리 친구들은 동화책 내용에 푹~ 빠지겠네요.

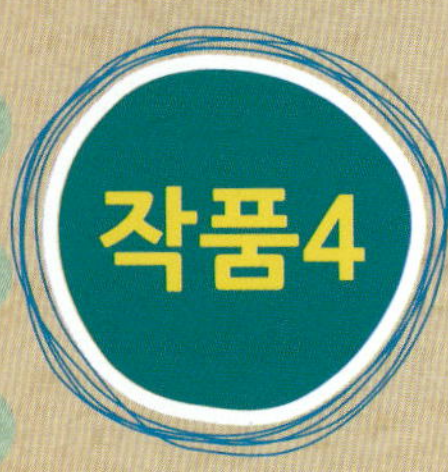

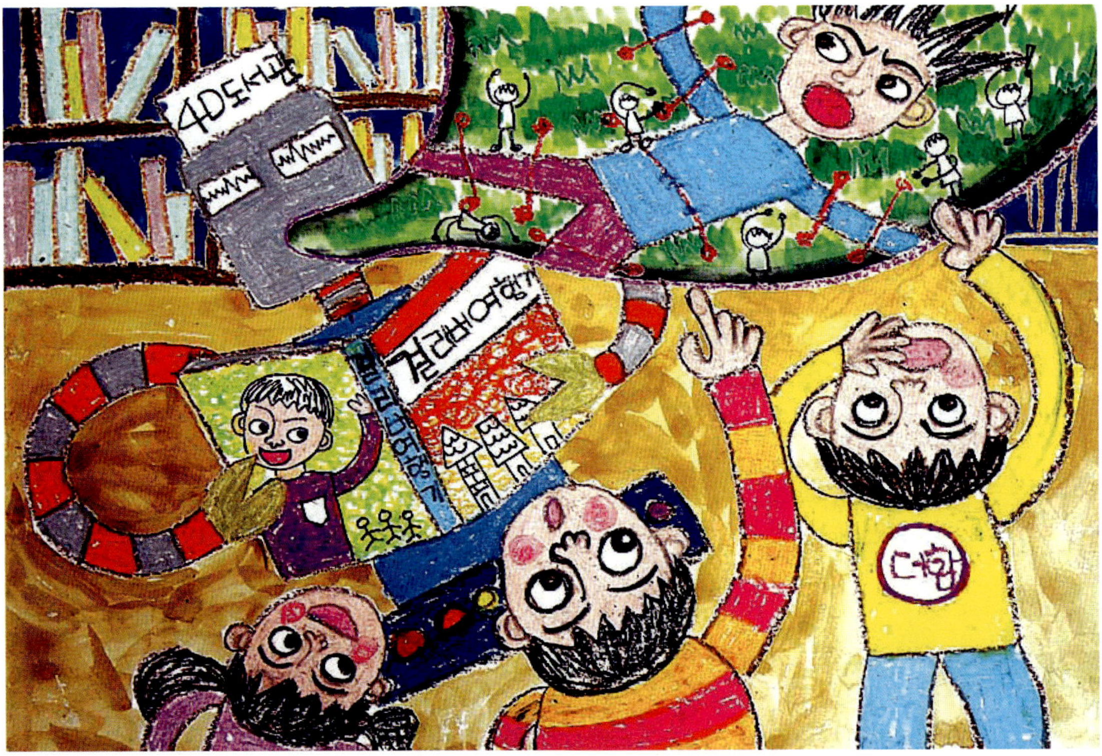

그림 속에 그림으로 들어가는 사람들을 자세히 묘사하기는 힘들 거예요. 그런 그림들은 졸라맨으로 간단하게 표현해도 좋아요. 배경의 책꽂이에 꽂혀 있는 책들은 자세히 그리지 않아도 된답니다. 여러 가지 크레파스로 스케치한 후 크레파스와 물감으로 채색하였습니다.

다르게 그려봐요

우리 친구들을 대신 할 수 있는 로봇을 상상해 보세요. 가방을 들어주는 로봇, 숙제를 대신해 주는 로봇, 바쁜 우리 친구들의 스케줄을 관리하며 시간 맞추어 학원에 데려다주는 로봇…… . 또 어떤 로봇이 있을까요?

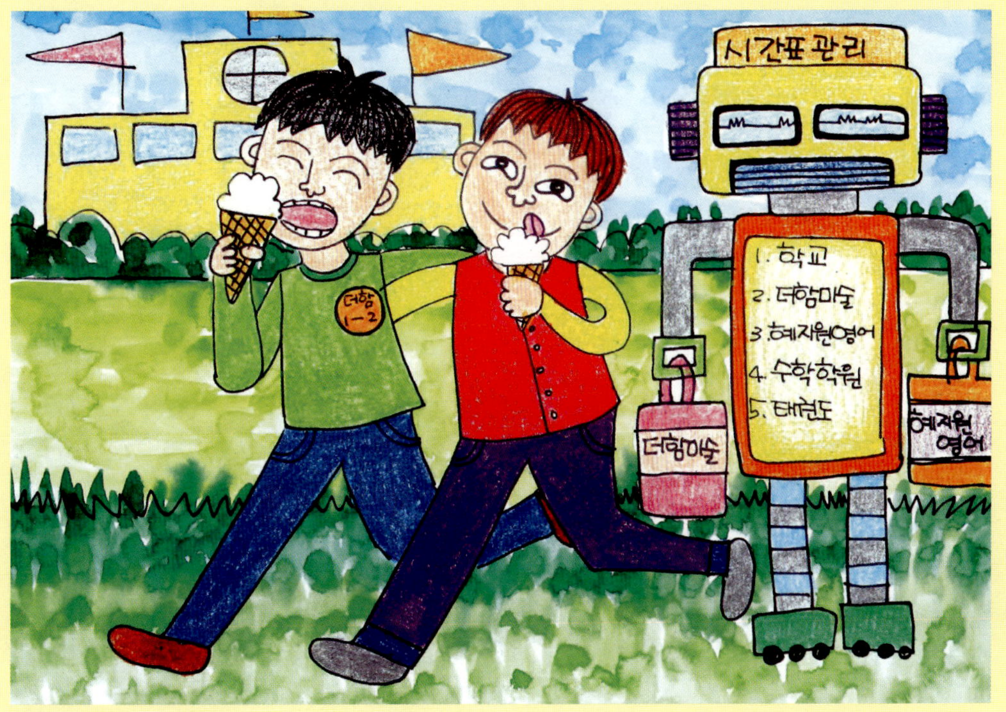

알아두면 좋아요

스케치를 할 때 주제 부분은 진한색으로, 배경 부분은 흐린색으로 채색을 하면 주제가 더욱 눈에 띈답니다.

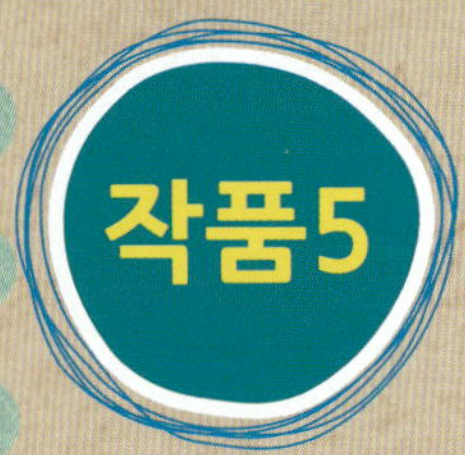

지구와 우주의 치안을 책임질 경찰 로봇

미래에는 로봇 경찰이 생겨 지구는 물론이고 우주의 치안까지 책임을 질 거예요. 도둑이나 강도들 때문에 다치거나 생명을 잃는 경찰은 이제 더 이상 없겠네요. 언제 어디서나 우리들을 지켜보며 항상 안전하게 보호해 주는 똑똑한 경찰 로봇을 상상해 보았습니다.

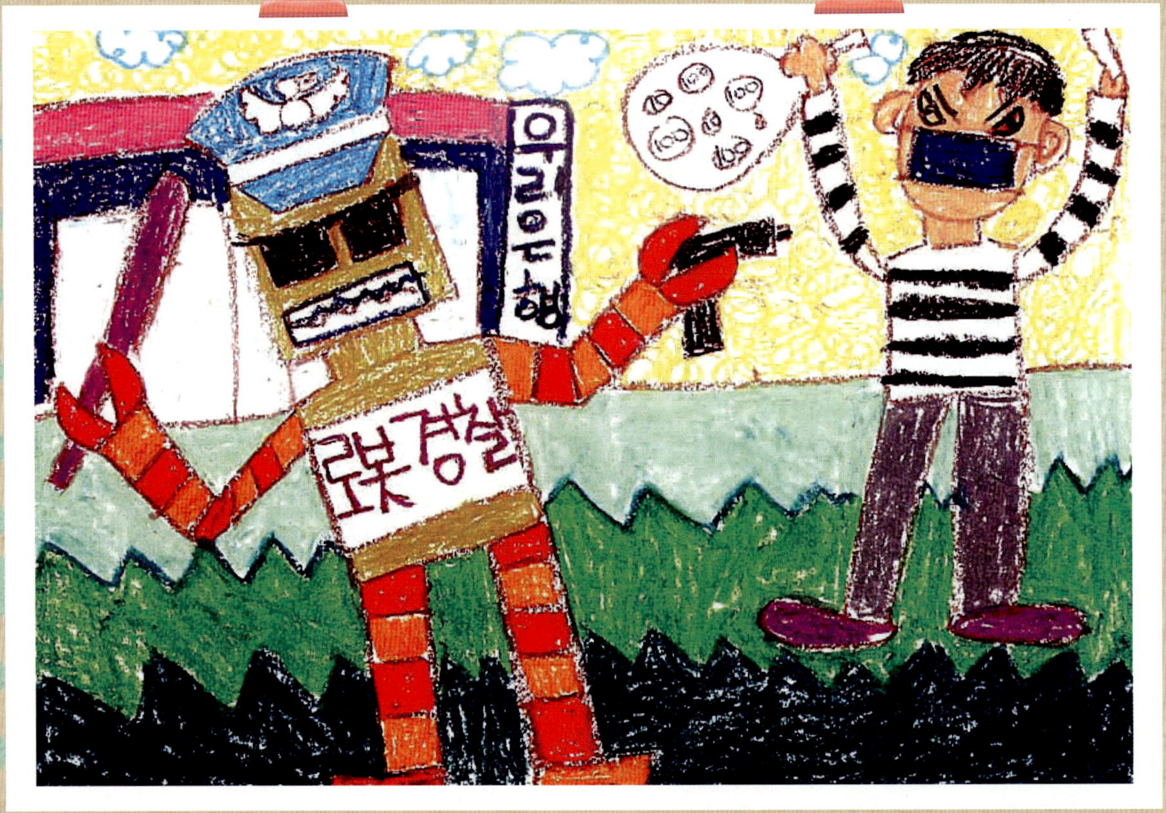

우주 배경은 한 가지 색이 아닌 여러 가지 비슷한 계열의 색으로 채색해 보았습니다. 우주라고 해서 꼭 파란색, 또는 검은색으로만 칠할 필요는 없겠죠? 여러 가지 크레파스로 스케치한 후 크레파스와 물감으로 채색하였습니다.

험악하고 나쁜 사람을 우주 감옥에 가두어 놓은 모습을 상상해 보아요. 사람들에게 큰 피해를 주는 사람들을 지구에서 멀리 떨어진 우주 감옥에 가두어 둔다면 쉽게 탈옥을 시도할 수도 없을 거예요.

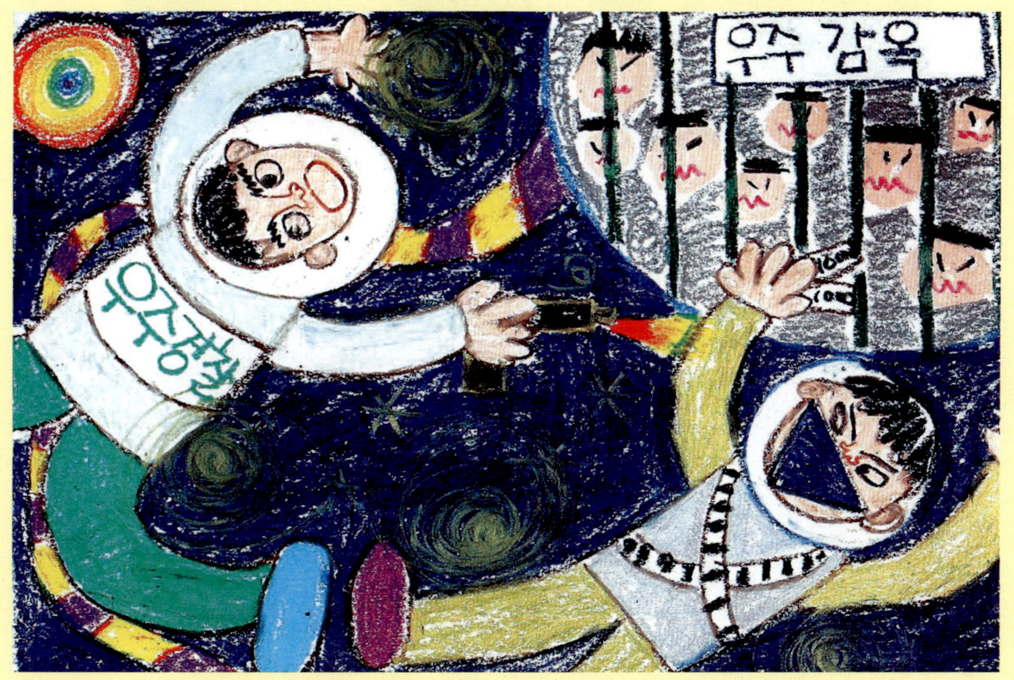

우주를 그릴 때 금색과 은색을 잘 활용해 보세요. 금색과 은색 크레파스는 어두운 배경 위에 그리면 아주 잘 보이고 그림도 더욱 특별해진답니다.

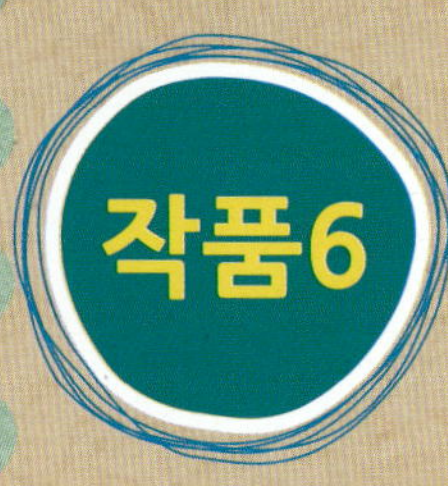

학교 식당에서 일하는 급식 로봇

미래에는 우리 친구들이 다니고 있는 학교나 학원의 모습도 많이 달라진답니다. 달라진 학교의 모습을 상상해 볼까요? 점심시간이면 우리 친구들에게 급식을 나누어 주는 로봇이 생길 거예요. 로봇은 팔이 여러 개 달려 있을 수 있으니 반찬과 밥을 동시에 바로바로 받을 수 있을 것이고, 배식 시간이 많이 줄어들 거예요.

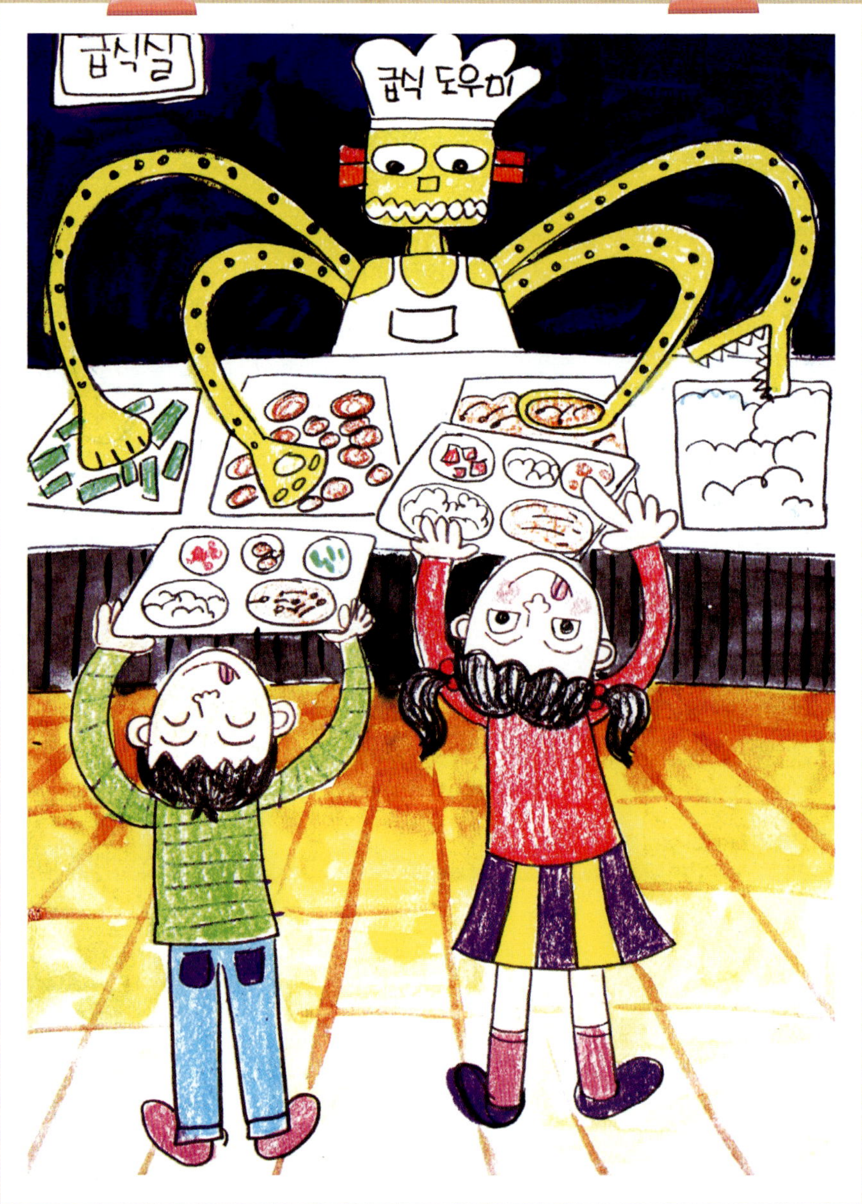

급식 도우미 로봇의 팔을 여러 개로 그려 보았습니다. 그리고 손 모양이 아닌 집게 모양, 주걱 모양, 국자 모양의 손으로 그렸답니다. 사인펜으로 스케치한 후 크레파스와 물감으로 채색하였습니다.

우리 친구들이 하기 싫어하는 숙제는 숙제 로봇에게 맡겨 주세요. 숙제 로봇이 숙제를 척척! 하지만 과학자들은 이런 로봇을 만들지 않겠죠?

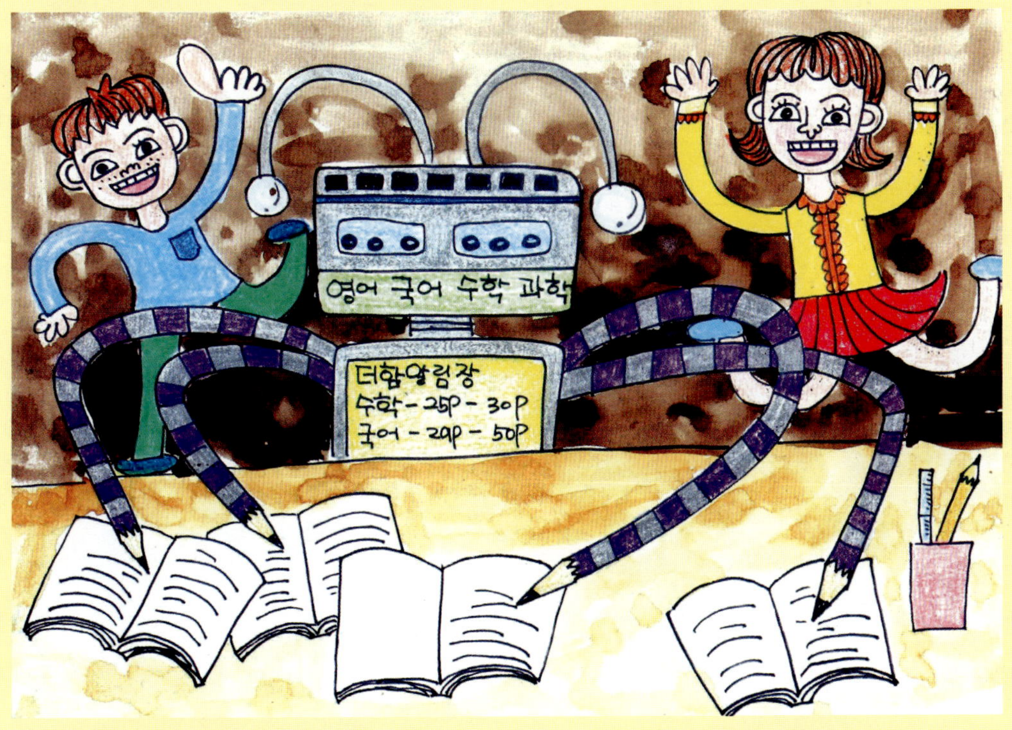

배경을 어둡게 눌러 주면 주제가 되는 급식 도우미 로봇이 더욱 확실하게 눈에 보입니다. 이런 것을 '보색 대비'라고 해요.

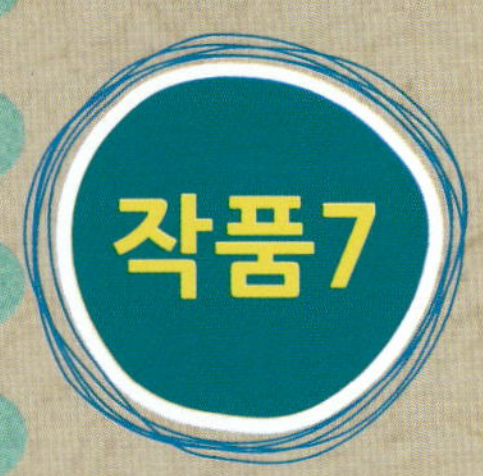

위험한 일도 마다하지 않는 소방관 로봇

미래에는 로봇 소방관들이 위험한 건물 위의 불을 꺼 줄 거예요. 높은 건물이나 구조해야 할 사람이 많은 곳은 로봇 소방관들이 사람을 대신하여 모든 위험한 일을 해 주겠죠. 불을 끄면서 사람을 구조하고, 하늘을 날아다니며 불을 끌 수도 있습니다. 이제 불 때문에 희생되는 소방관 아저씨들은 없겠죠?

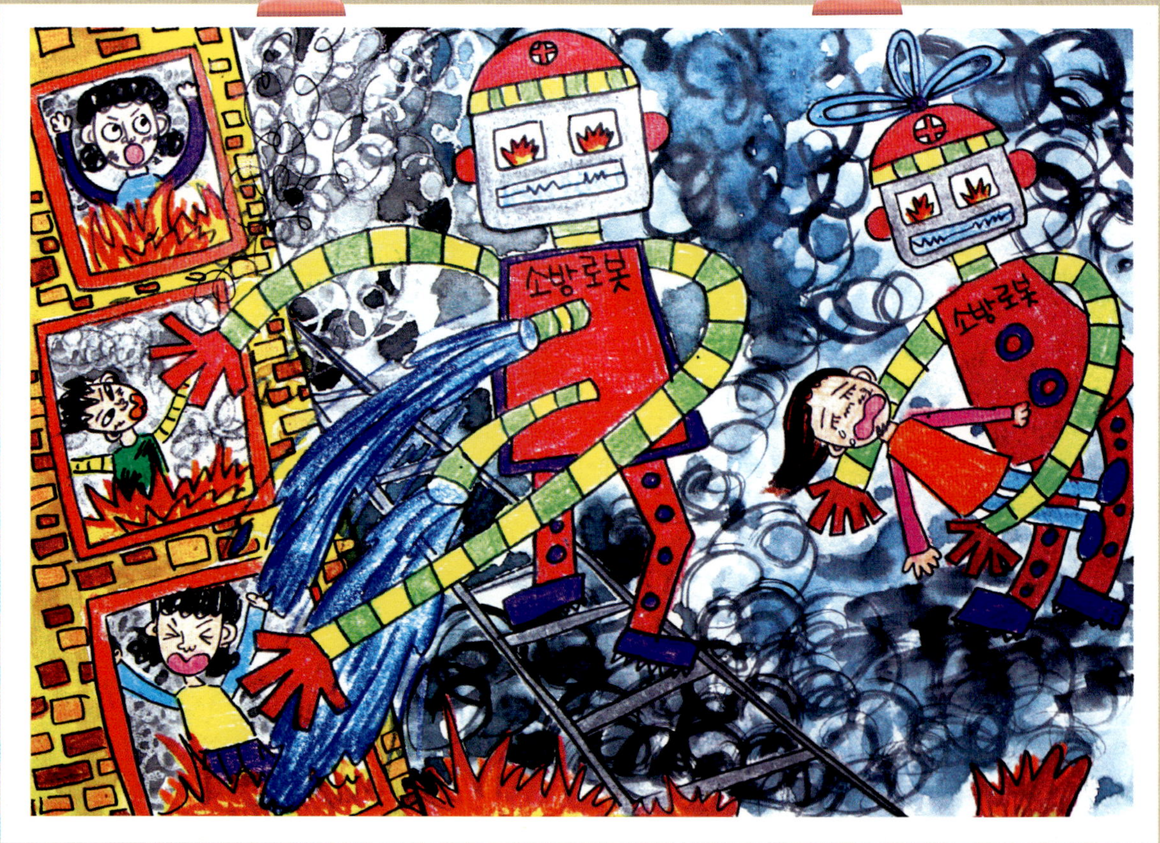

높은 건물을 비스듬하게 그려 긴장감 넘치는 구도로 그려 보았습니다. 어두운 배경 속에서 건물이 잘 보이려면 밝은 색으로 채색해야겠죠? 검은색 사인펜으로 스케치한 후 크레파스와 물감으로 채색하였습니다.

우주에도 불이 날 수 있답니다. 화성에 불이 나서 화재 진압을 하는 소방관도 그려 볼까요? 우주여행을 하던 로켓에 불이 나서 황급하게 인명을 구조하고, 화재 진압을 하는 로봇 소방관도 좋겠죠.

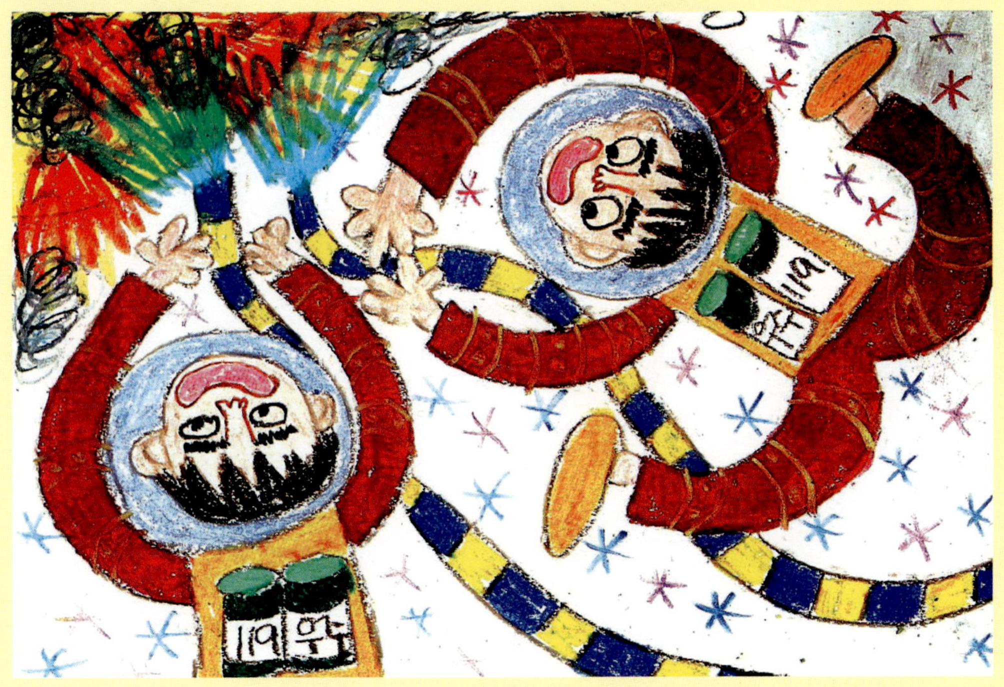

불이 난 상황을 그림으로 표현할 때에는 배경에 많이 신경 쓰지 않아도 된답니다. 배경에 연기를 가득 그려 주면 주제와 가장 잘 어울린답니다.

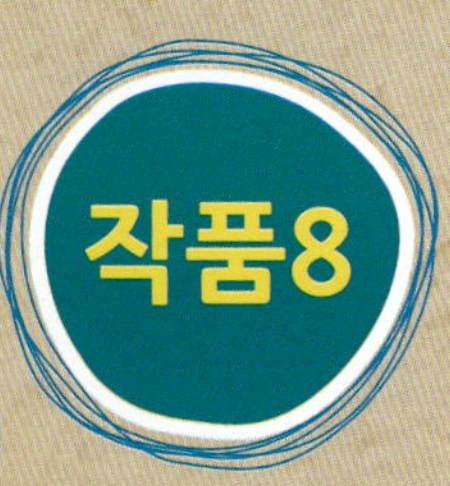

위험에 처한 사람들을 구하는 인명 구조 로봇

자연재해 앞에 인간은 정말 속수무책으로 당할 수밖에 없답니다. 하지만 미래에는 하늘을 날며 인명을 구조하는 로봇이 많은 사람들을 구조하여 인명피해를 줄일 수 있답니다. 인명 구조 로봇은 지진이나 쓰나미는 물론이고 바닷속까지 들어갈 수 있어 난파된 배나 잠수함 속에 갇힌 사람들도 구조할 수 있겠죠.

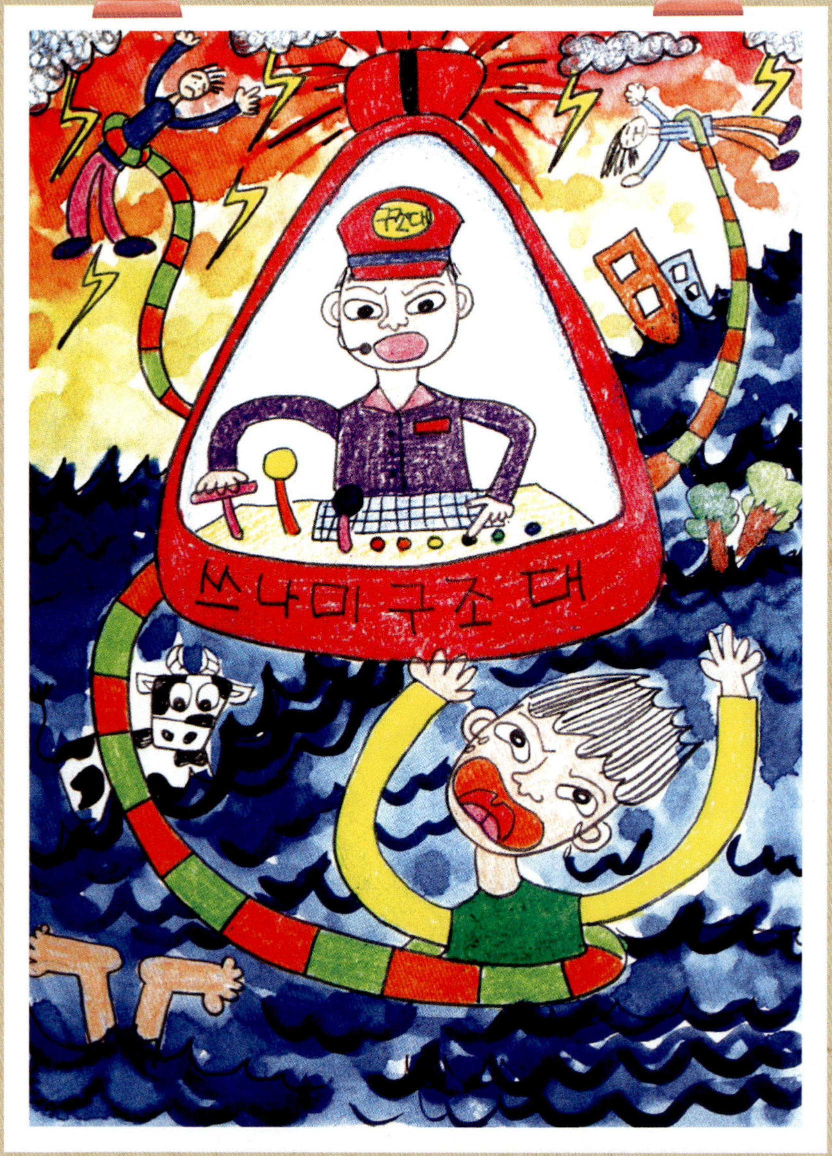

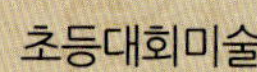

물은 파란색 물감으로 채색하고 그보다 더 어두운 파란색으로 심하게 일렁이는 물결을 그려 주세요. 그래야 그림 속 사람들이 좀 더 위험하게 보인답니다. 사인펜으로 스케치한 후 크레파스와 물감으로 채색하였습니다.

바다 깊은 곳까지 들어가 물에 빠진 사람을 구조하는 해양 구조 로봇을 상상해 보세요. 또, 지진이나 해일을 미리 감지하여 사람들에게 경고를 해 주는 로봇도 상상해 보세요.

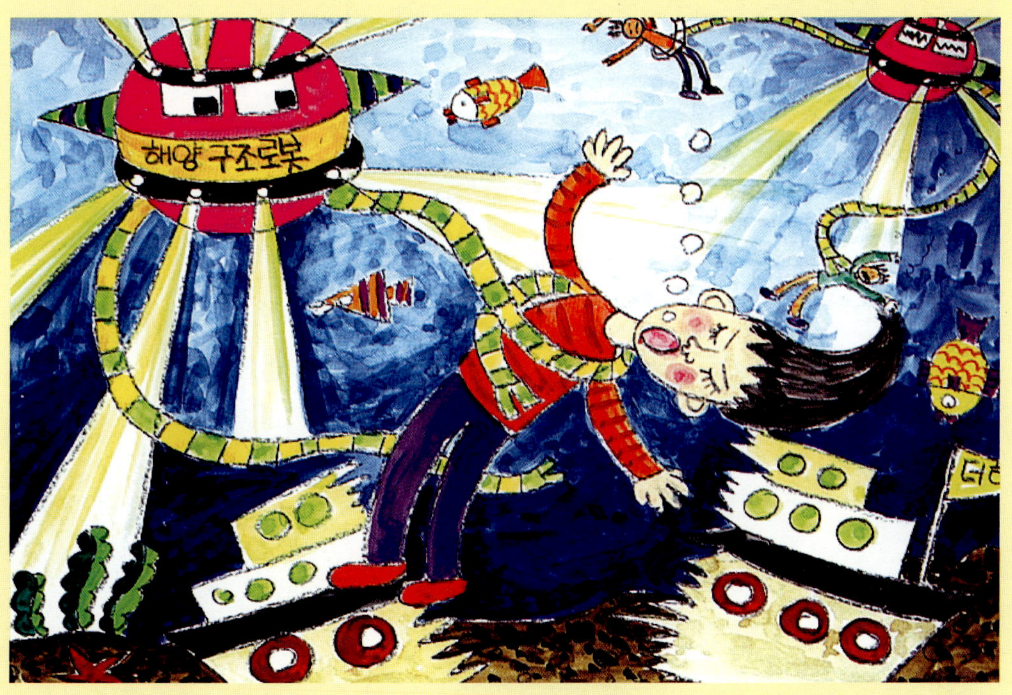

하늘은 붉게 물들고 번개도 치고 있어요. 파란 하늘을 그리면 그림과 어울리지 않겠죠? 물 속에 빠진 사람은 파란색 옷을 입고 있으면 안 된답니다. 배경색과 겹치면 주제가 한눈에 들어오지 않기 때문이에요.

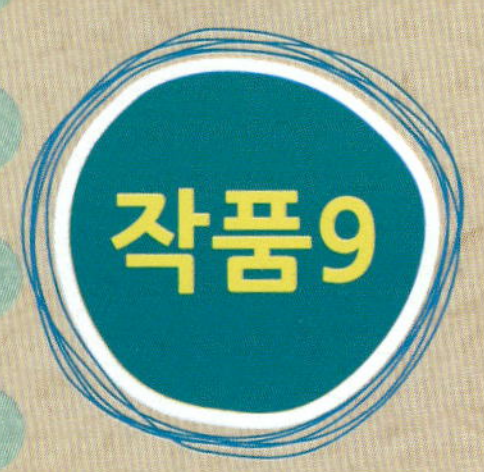

아픈 몸을 치료해주는 의사 로봇

미래에는 병원에서 로봇을 볼 수 있게 될 거예요. 로봇들은 우리 몸을 한눈에 스캔하듯 보면서 아픈 곳을 찾아 낼 수 있지요. 치과 로봇들은 우리의 충치를 깨끗하게 치료해 주고, 깨끗이 닦아 주기도 합니다. 많이 아플까 걱정이 된다고요? 치과 로봇은 통증을 하나도 느끼지 않게 치료를 할 수 있답니다.

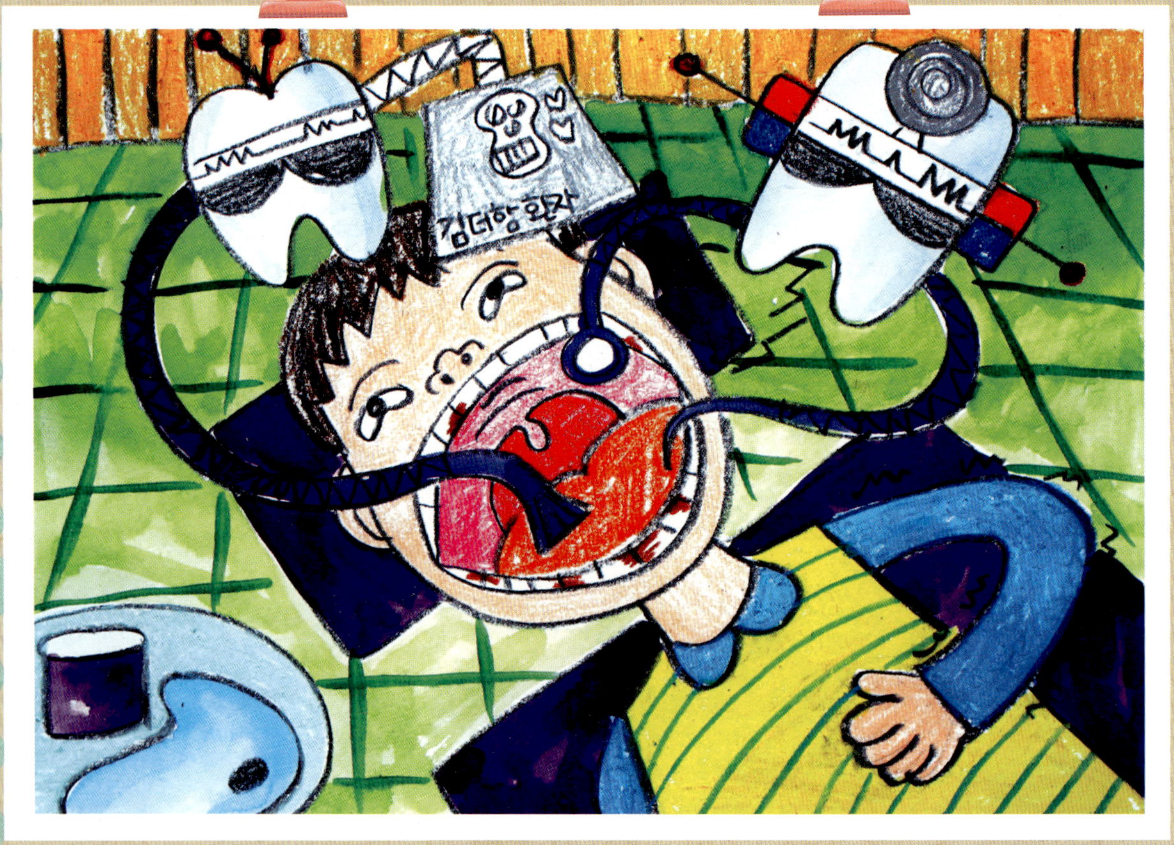

치과니까 로봇의 모양을 이 모양으로 그려 보았습니다. 어떻게 하면 그림이 더 재미있어질지 늘 고민하고 시도하는 습관을 들이면 좋아요. 검은색 색연필로 스케치한 후 크레파스와 물감으로 채색하였습니다.

알약이 몸속에 들어가 우리 몸의 아픈 곳을 치료한 후 자연스럽게 녹아 버린다면 병원에서 큰 수술을 하면서 힘들어 할 이유가 없겠죠? 구급차보다 빠른 구급 로켓도 상상해 보세요.

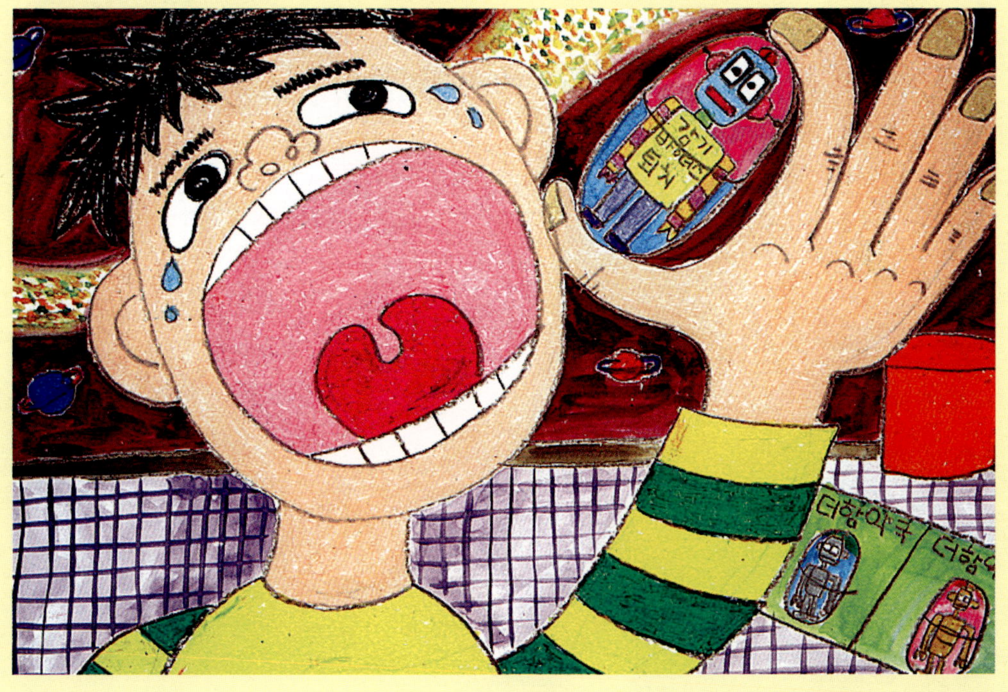

배경의 바닥은 물감으로 처리하였습니다. 면이 넓어 자칫 지루해질 수 있으나 타일을 표현해 주면 그림이 짜임새 있게 보인답니다.

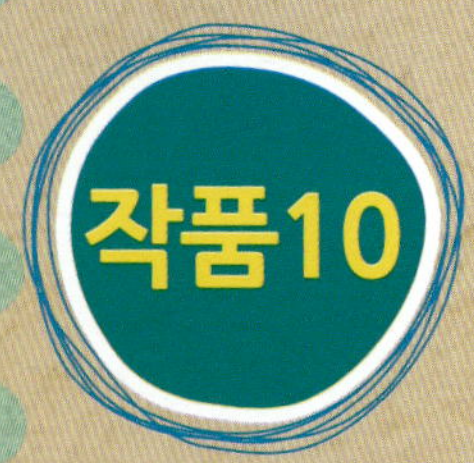

바다 깊은 곳을 탐사하는 해저 탐험

미래에는 아주 깊은 바닷속도 탐험할 수 있게 되겠죠. 바다 깊은 곳에는 어떤 물고기들이 살고 있는지 쉽게 관찰할 수 있고, 바다의 오염이 얼마나 심각한지를 쉽게 탐사하여 더욱 깨끗하고 아름다운 지구로 만드는 데 큰 도움이 될 거예요. 또 깊은 바닷속에는 우리가 상상하지 못했던 또 다른 세계가 있을지도 모르죠.

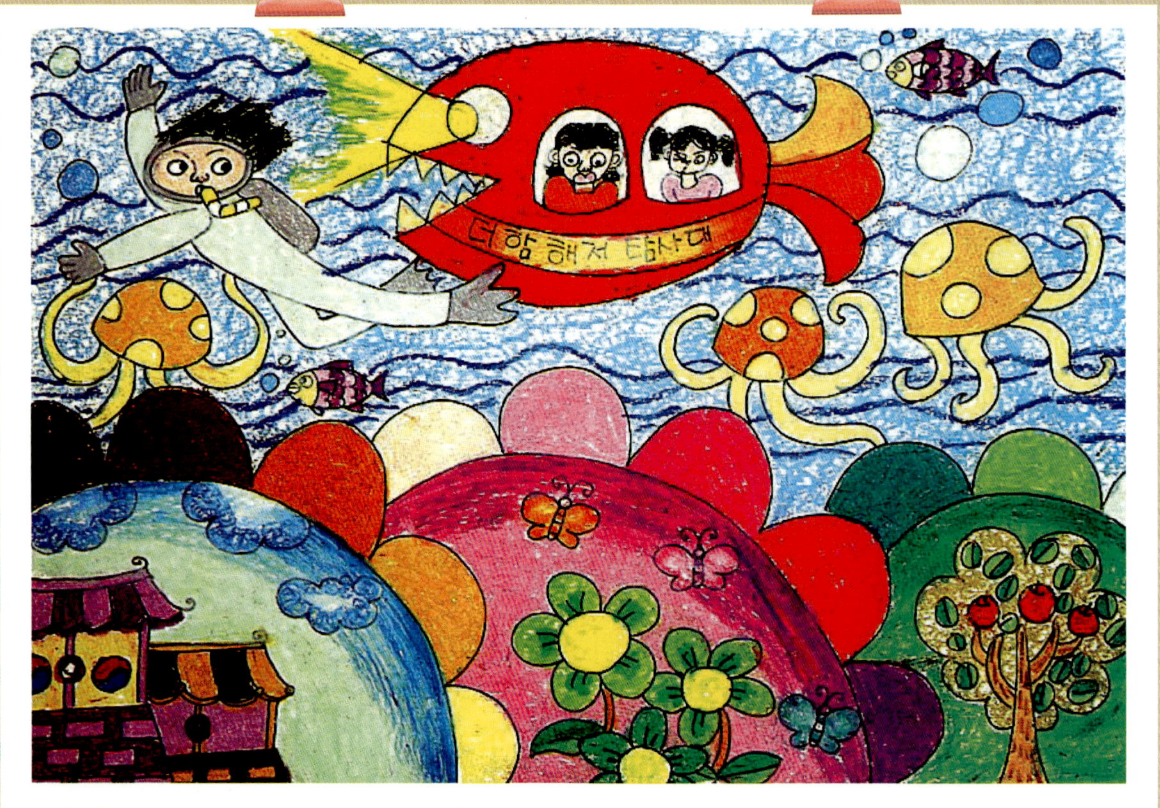

배경의 바다는 하늘색 크레파스를 롤링법으로 굴려가며 채색하였고, 물결은 진한 남색으로 표현해 보았어요. 네임펜으로 스케치하고 크레파스로 채색하였습니다.

다르게 그려봐요

바다에 직접 들어가 청소를 하는 청소로봇을 그려 보세요. 우리가 버린 쓰레기 때문에 바다가 오염되었지만 바다 청소 로봇이 쉬지 않고 청소하기 때문에 우리 미래 바다는 오염 걱정이 없답니다. 바닷속을 청소하려면 물고기처럼 수영을 잘 하는 로봇이어야겠죠.

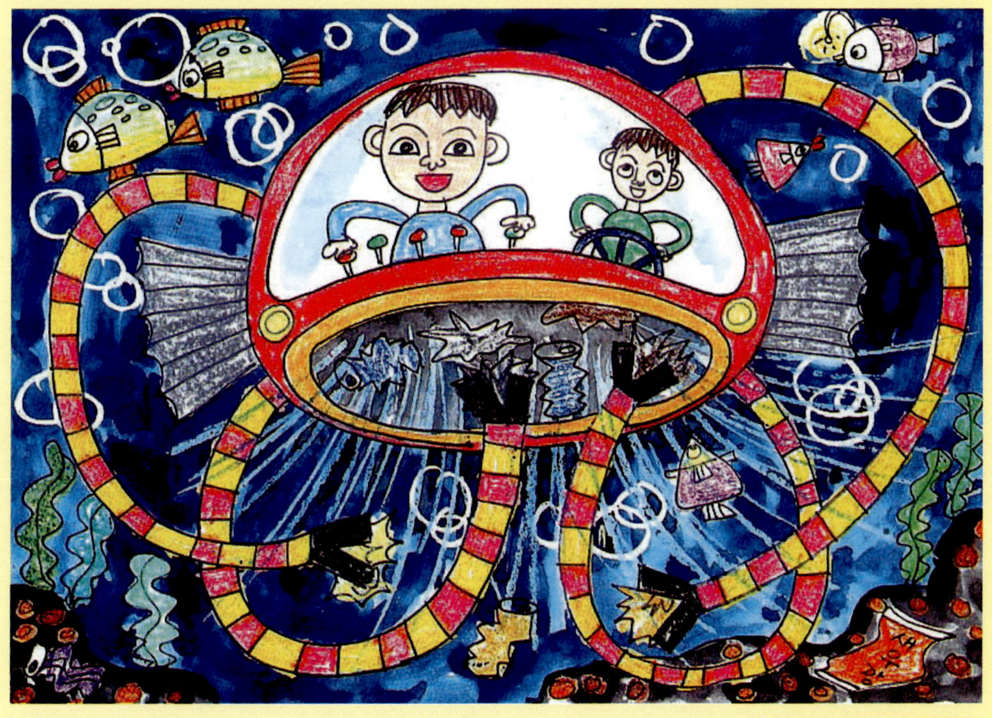

상상해 봐요

물을 정화시키는 로봇도 상상해 보세요. 오염된 물을 마시고 깨끗한 물을 뿜어내는 로봇이 있으면 미래의 바다는 정말 든든하겠죠?

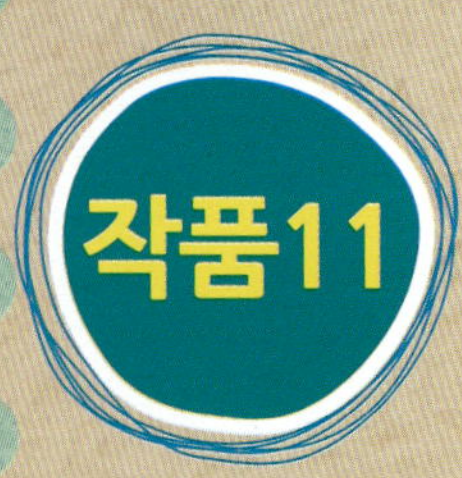

미래의 바닷속 해저도시

미래에는 인구가 많아져서 우리가 지금 살고 있는 땅은 너무 비좁아질지도 몰라요. 그렇게 되면 우리의 생활공간이 바닷속까지 확대될 수 있답니다. 우리의 일상이 바닷속까지 확대된다면 어떤 해저 도시가 건설될까요? 일조량과 온도가 적절하게 유지되어 채소들이 더욱 더 잘 자라는 미래의 해저 농촌을 상상해 보았어요.

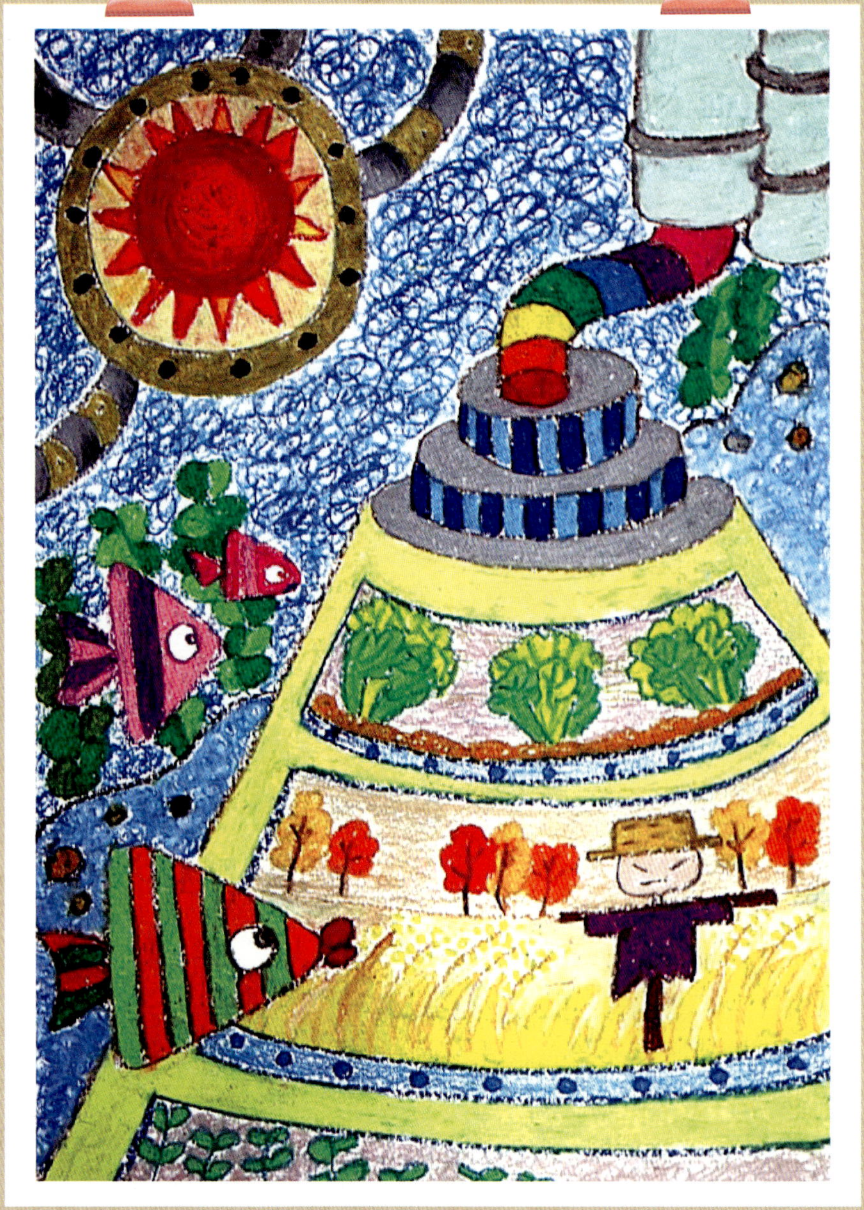

바닷속 그림에서는 파랑 계열의 색으로 배경을 채색해야 하기 때문에 주제 부분은 파랑이 아닌 다른 계열의 색으로 채색하도록 주의해야 합니다. 스케치와 채색 모두 크레파스를 사용했습니다.

해저 농촌 외에 우주 공간에 만든 농촌의 모습도 상상해 보세요. 또, 우주에 공원이나 박물관, 테마파크를 만들면 어떨까요?

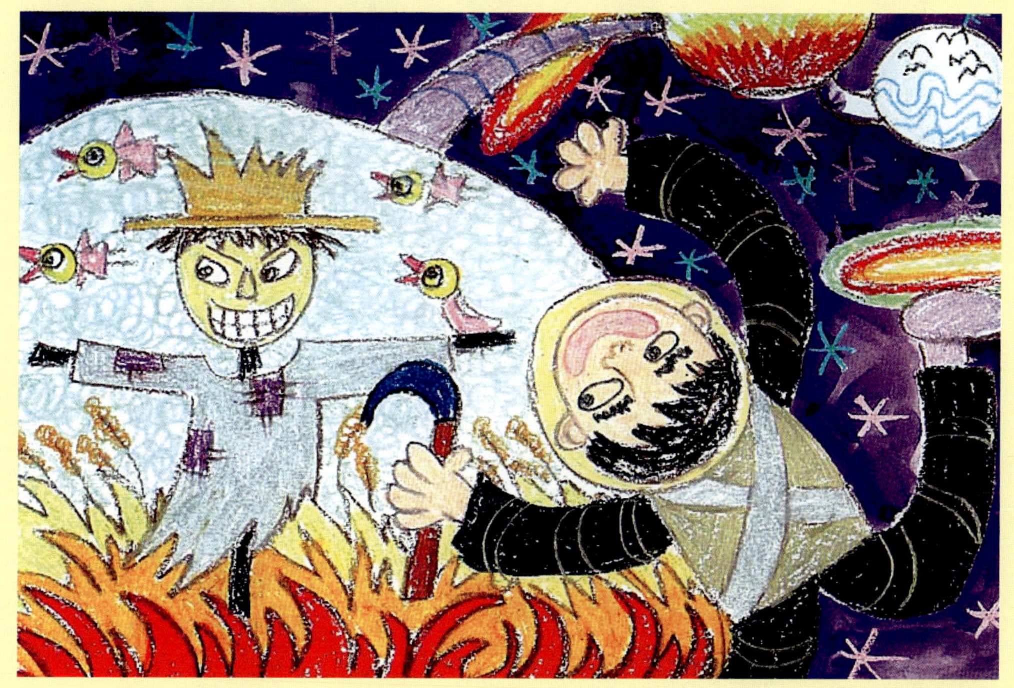

배경까지 크레파스로 채색할 경우우에는 금방 지칠 수 있답니다. 적절히 물감을 사용해 배경을 칠해 주고, 크레파스를 비슷한 계열의 색으로 동글동글 굴려가며 채색하는 방법도 써 보세요.

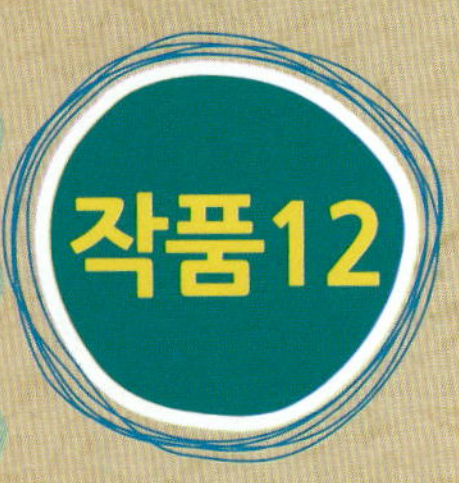

땅속에 건설하는 지하 도시

미래에는 해저도시, 우주도시뿐만 아니라 땅속에도 도시를 만들어 사람들이 살 수 있을 것입니다. 두더지처럼 땅속에 굴을 이리 저리 파 집도 짓고, 여행할 수 있는 열차도 만들 수 있겠죠. 말로만 듣던 땅속 지층이나 화석들도 직접 관찰할 수 있어 과학 공부가 훨씬 더 재미있어질 거예요.

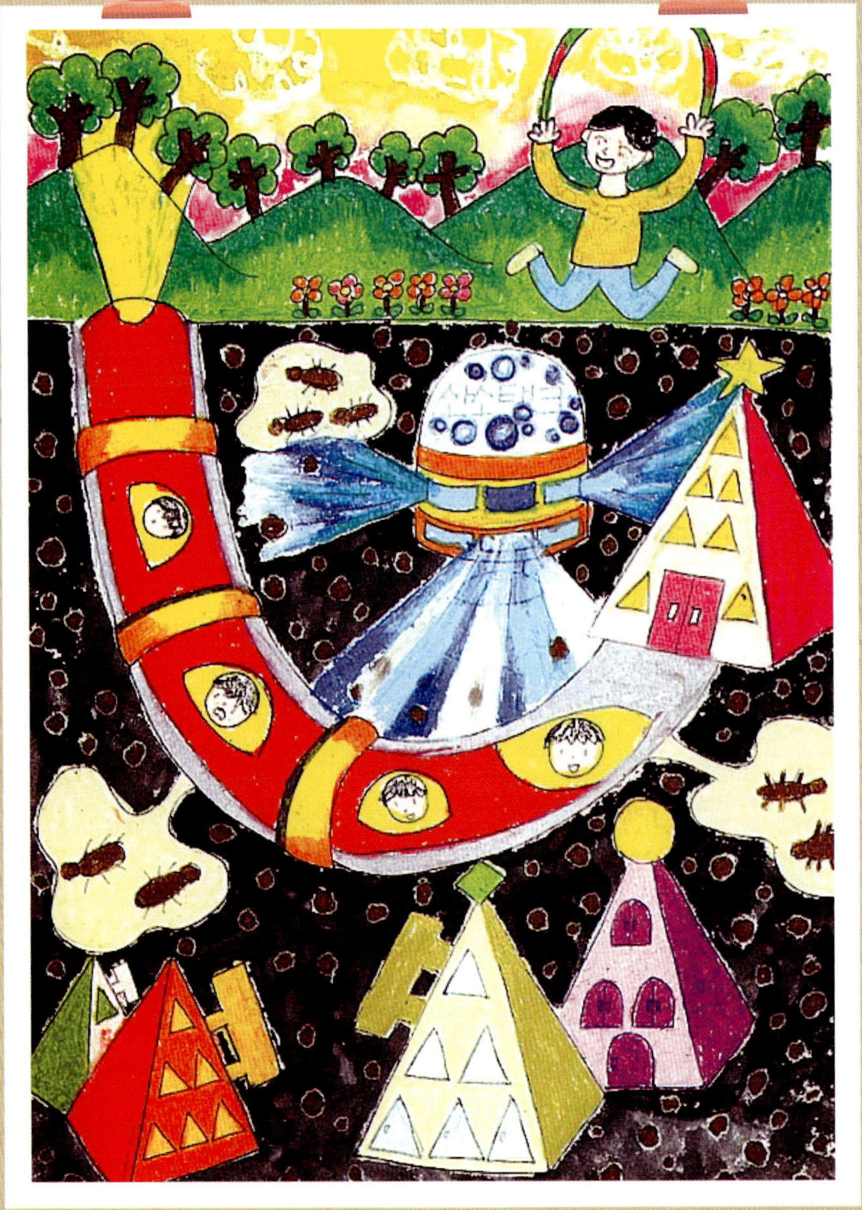

땅속의 건물은 피라미드처럼 표현해 보았습니다. 또한 땅속에서 건물이 잘 보이도록 채도가 높은 크레파스로 채색하였습니다. 사인펜으로 스케치한 후 크레파스로 채색하였습니다.

땅속에 굴을 개미집처럼 파고 도시를 건설하는 지하도시도 상상해 보세요. 땅속에 고속도로를 뚫어 땅속으로 다니는 자동차도 그려 보세요. 자동차의 모양이 지렁이를 닮아도 재미있겠죠?

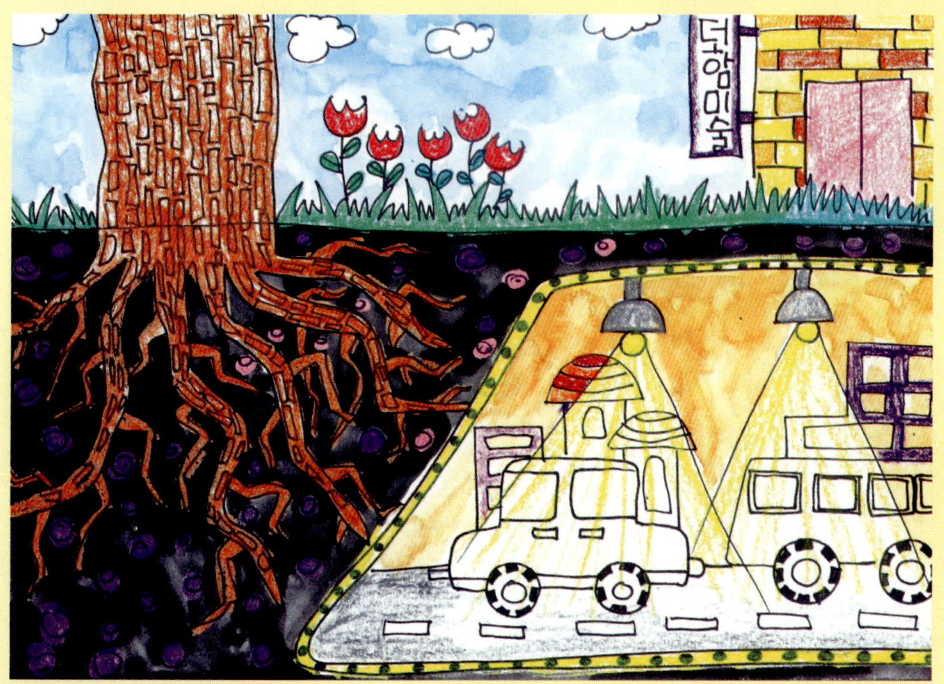

알아두면 좋아요

그림은 사진이 아니랍니다. 돌멩이가 회색이라고 모두 회색으로 채색하기보다 알록달록하게 채색하면 더욱 예쁜 그림이 된답니다. 하늘이라고 해서 늘 하늘색으로만 채색하지 말고 노을지는 저녁 하늘, 새벽 하늘, 흐린 날의 하늘, 맑은 날의 하늘 등 다양하게 표현하는 방법도 생각해 보세요.

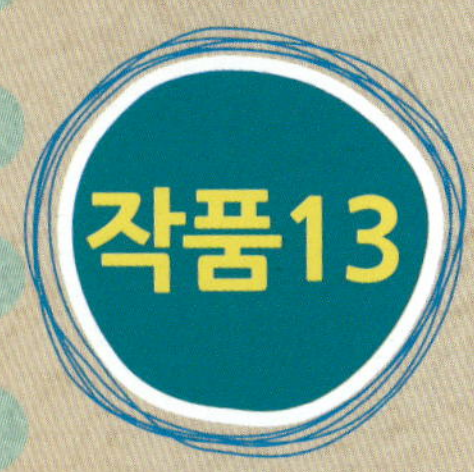

은하수가 보이는 미래의 우주 도시

미래에는 우주에도 우리가 살 수 있는 도시가 건설될 거예요. 그러면 우주 도시에도 아파트가 생기겠죠. 여러 가지 편의 시설이 골고루 갖추어진 지구만큼이나 아름답고 편리한 우주 도시를 상상해 보세요. 지구와는 또 다른 매력이 있을 거예요.

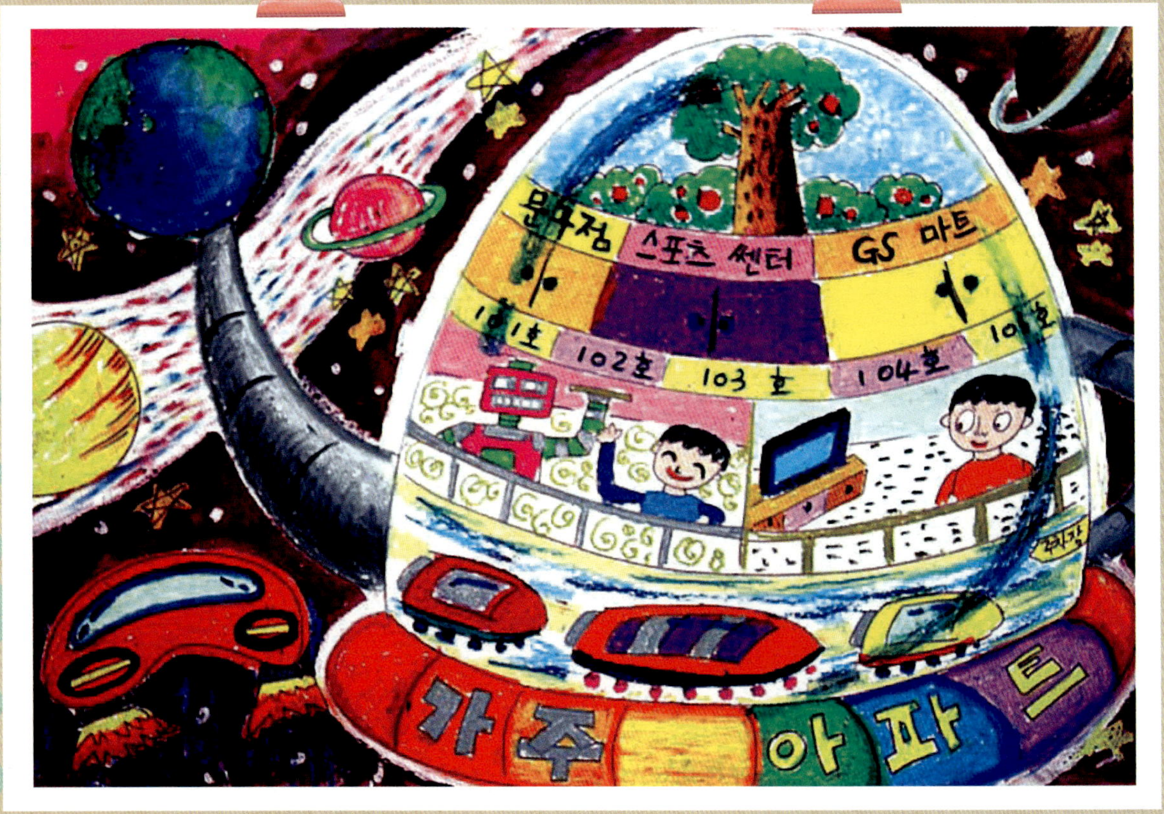

저 멀리 은하수가 보이시나요? 여러 가지 크레파스로 작은 점을 찍고 흰색 크레파스로 뭉개듯이 채색하였습니다. 배경에는 다양한 행성들을 그려 우주의 분위기를 한껏 내 보세요. 사인펜으로 스케치한 후 크레파스와 물감으로 채색하였습니다.

우주에 건설된 도시를 오가는 미래의 자동차는 어떤 모습일까요? 또 어떤 길로 다닐까요? 여러 가지 상상을 그림으로 표현해 보세요.

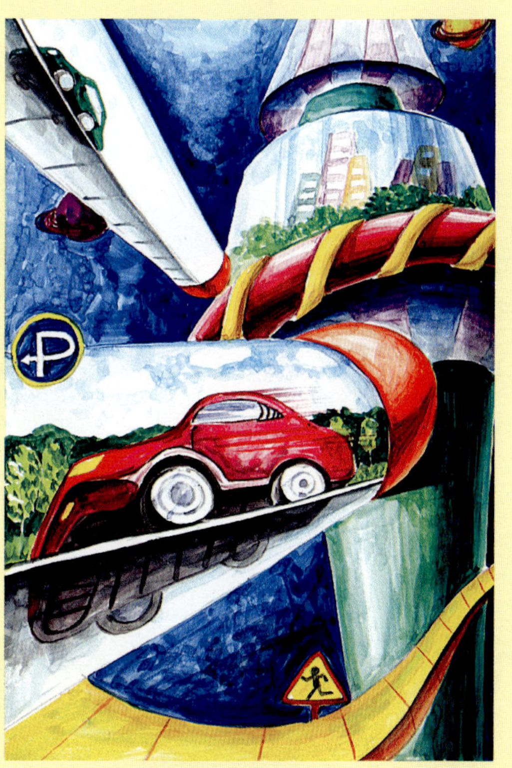

검정 사인펜으로 스케치하면 채색 후에도 그림이 명확하게 보이는 장점이 있답니다. 또 제시된 그림처럼 우주를 붉은색으로 채색해 보는 것도 좋아요. 우주는 검은색이라는 고정관념은 버리세요.

다양한 볼거리가 가득한 우주 공원

미래의 우주에도 공기 좋고 산책하기 좋은 공원이 생길 거예요. 다양한 물고기를 관찰할 수 있는 수족관도 있고, 잔디와 벤치가 있는 한가로운 공원도 있겠죠? 중력이 없는 우주에선 수영하듯이 둥둥 떠다니며 이곳저곳을 여행할 수 있겠네요.

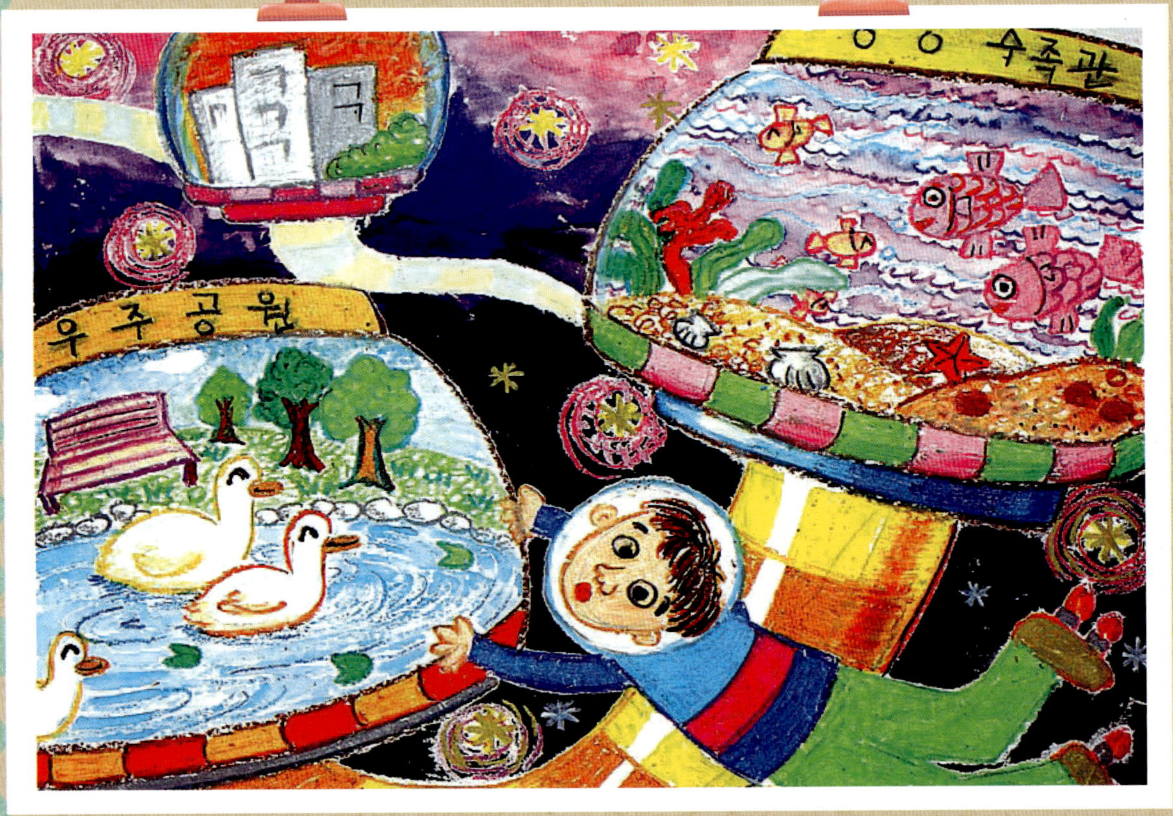

스케치를 여러 가지 크레파스로 해 보았어요. 또 다른 느낌의 그림이 된답니다. 우주 수족관의 물결은 사인펜으로 그리고 번지기 기법을 시도해 보았습니다. 여러 가지 크레파스로 스케치한 후 크레파스와 물감으로 채색하였습니다.

사계절을 모두 경험할 수 있는 사계절 공원도 상상해 보세요. 여름 공원에서는 수영을, 겨울 공원에서는 눈썰매를 탈 수 있겠죠? 여러 가지 계절 스포츠를 재미나게 그려 보세요.

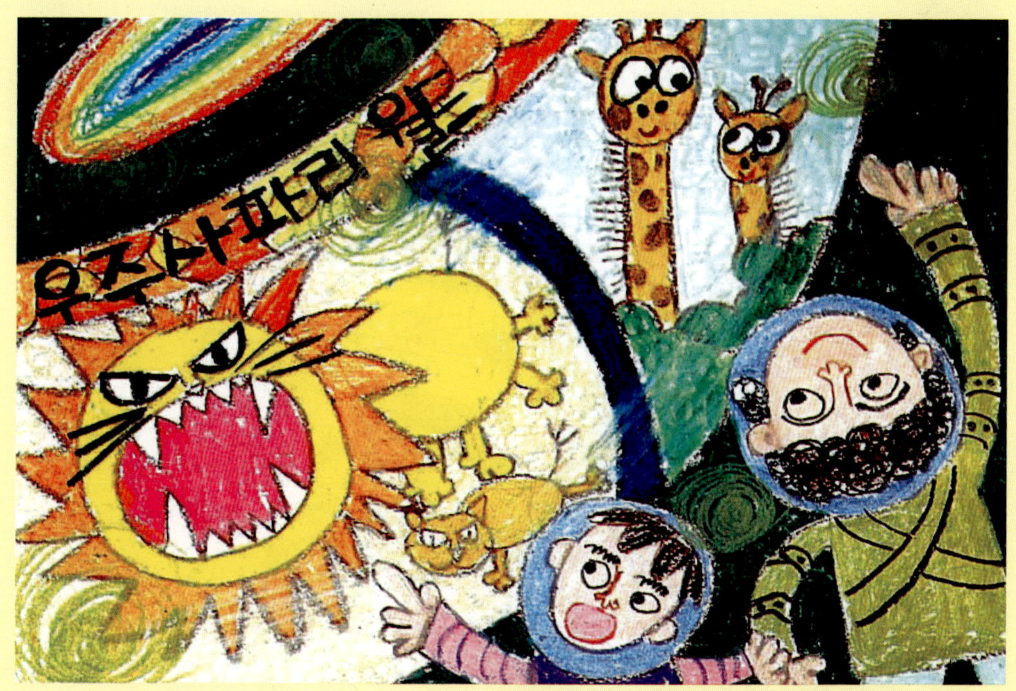

알아두면 좋아요

스케치를 다양한 색으로 할 때는 먼저 채색할 색을 생각하고 채색할 색보다 조금 진한 색으로 스케치를 해야 한답니다. 예를 들어 하늘색으로 채색을 한다면 스케치는 파란색으로 해 주세요.

화성인과 함께 운동할 수 있는 우주 경기장

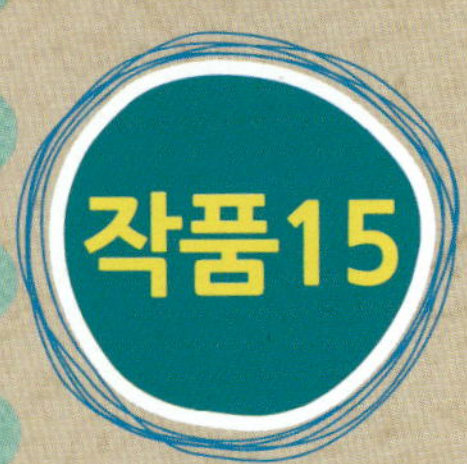

우주에서 다른 별 친구들과 함께 경기를 하면 더욱 재미있겠죠? 경기장에도 관람석이 있지만 우리 집 우주선을 탄 채 경기를 관람해도 재미있을 것 같아요. 우주의 화려한 행성들을 감상하며 멋진 축구 경기까지 관람하면 일석이조네요. 우주 축구장에서 화성인과 경기를 하는 장면을 그려보았어요. 화성인의 강슛을 우리나라 골키퍼가 온몸으로 막아내고 있네요.

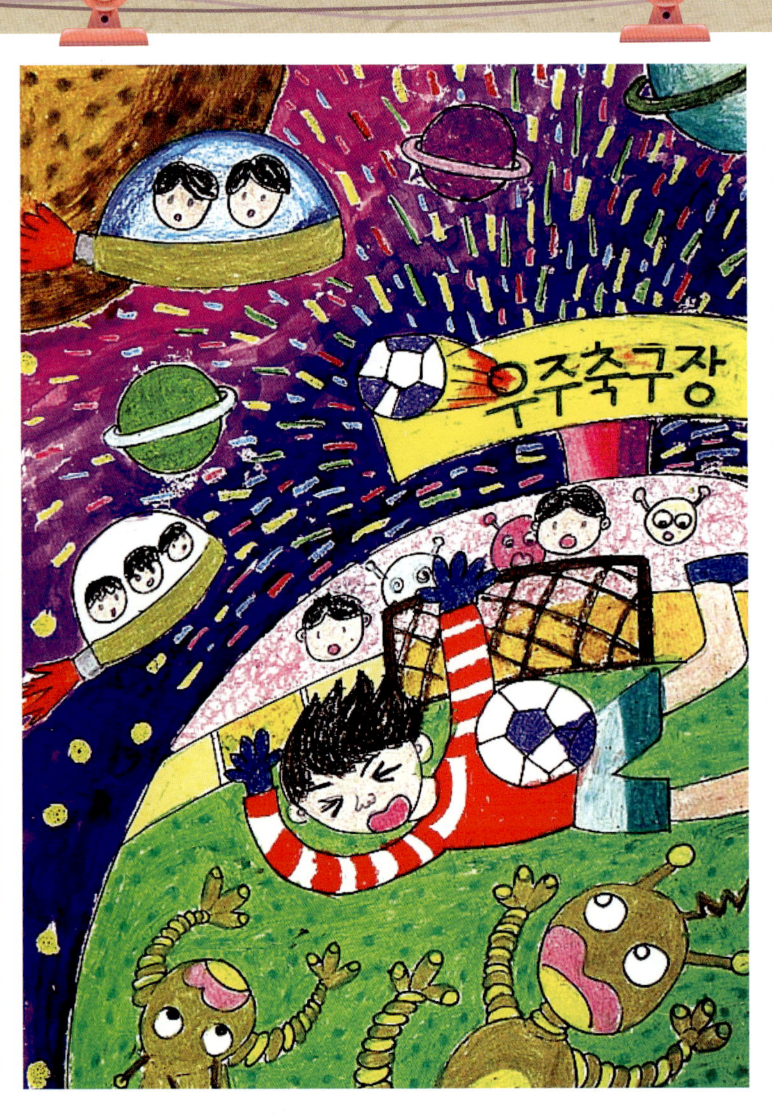

어떻게 그렸을까요?

배경의 별은 크레파스 선으로 쏟아지듯이 표현해 보았습니다. 우주 축구장이 좀 더 스릴이 넘쳐 보이죠? 외계인은 영화에서 보았던 외계인의 모습으로 표현해 보았습니다. 사인펜으로 스케치한 후 크레파스로 채색하였습니다.

다르게 그려봐요

우주에서 열리는 다른 경기도 상상해 볼까요? 우리 친구들이 좋아하는 수영, 야구, 축구, 인라인, 역도 등을 그림으로 표현해 보세요. 미래엔 바닷속에서도 마라톤을 할 수 있지 않을까요? 물고기를 구경하며 달리는 마라톤 경기는 하나도 힘들지 않겠네요.

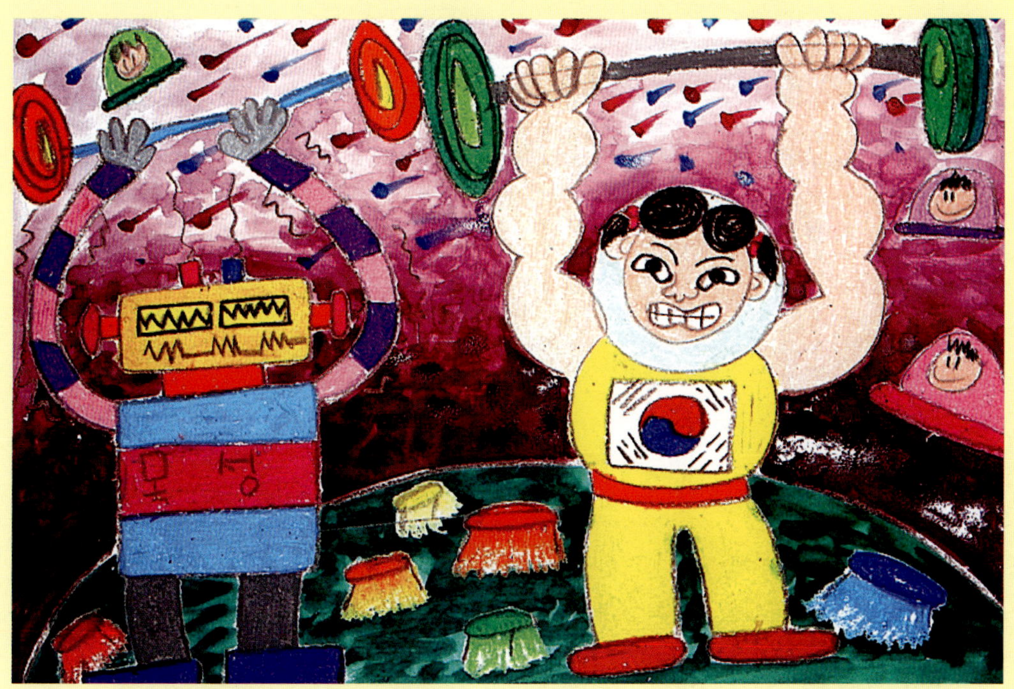

알아두면 좋아요

우주는 보라색과 함께 오페라색을 이용해 보세요. 오페라색은 친구들이 많이 좋아하는 색이랍니다.

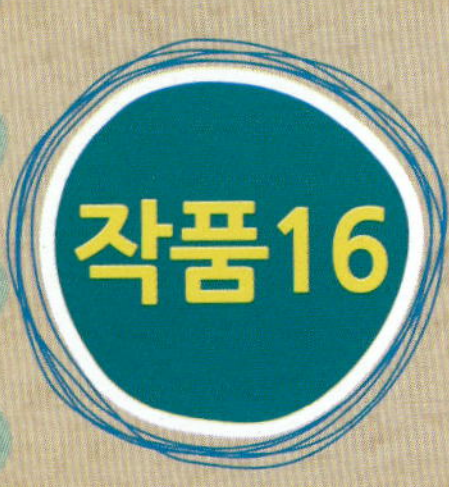

실감나는 미래의 영화관

지금은 3D, 4D 영화를 관람하지만 미래엔 5D, 6D 영화도 관람할 수 있게 되지 않을까요? 현실과 구분할 수 없을 정도로 실감나는 영화가 될 거예요. 영화 속 주인공을 만져 볼 수 있고, 영화 속 주인공과 이야기를 나눌 수 있을지도 몰라요.

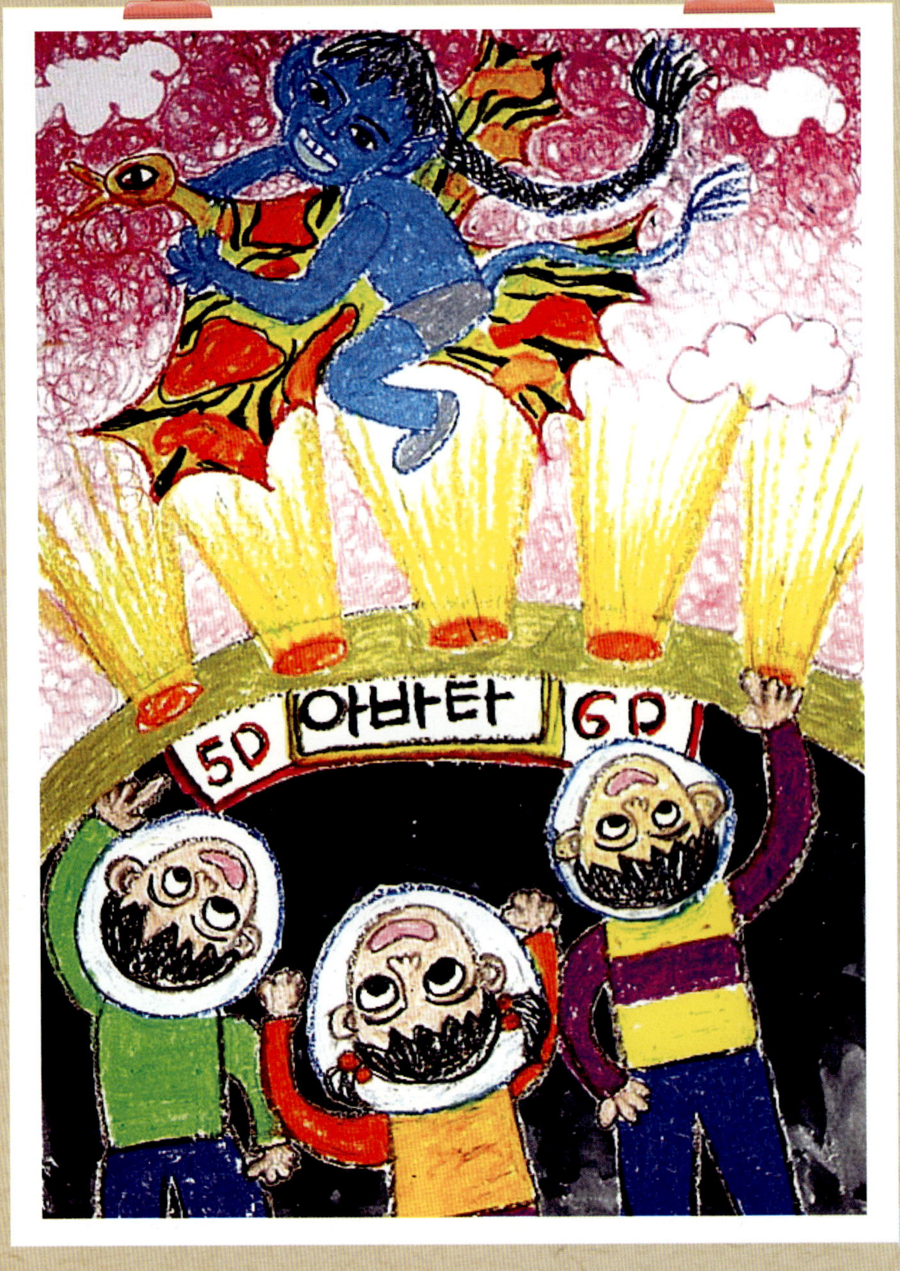

위를 올려다보거나 인물의 뒷모습을 그릴 때는 얼굴 표정이 보이도록 과장하여 그리면 더욱 재미있답니다. 그림은 사진이 아니니까요. 여러 가지색 크레파스로 스케치한 후 크레파스로 채색하였습니다. 스케치와 채색 모두 크레파스를 사용했습니다.

우주에서 영화를 볼 수 있는 우주 극장을 상상해 봐요. 우주복을 입고 보는 영화는 어떨까요? 또 우주에서 열리는 좋아하는 가수의 콘서트를 우주인 친구와 함께 본다면 더욱 신나겠죠.

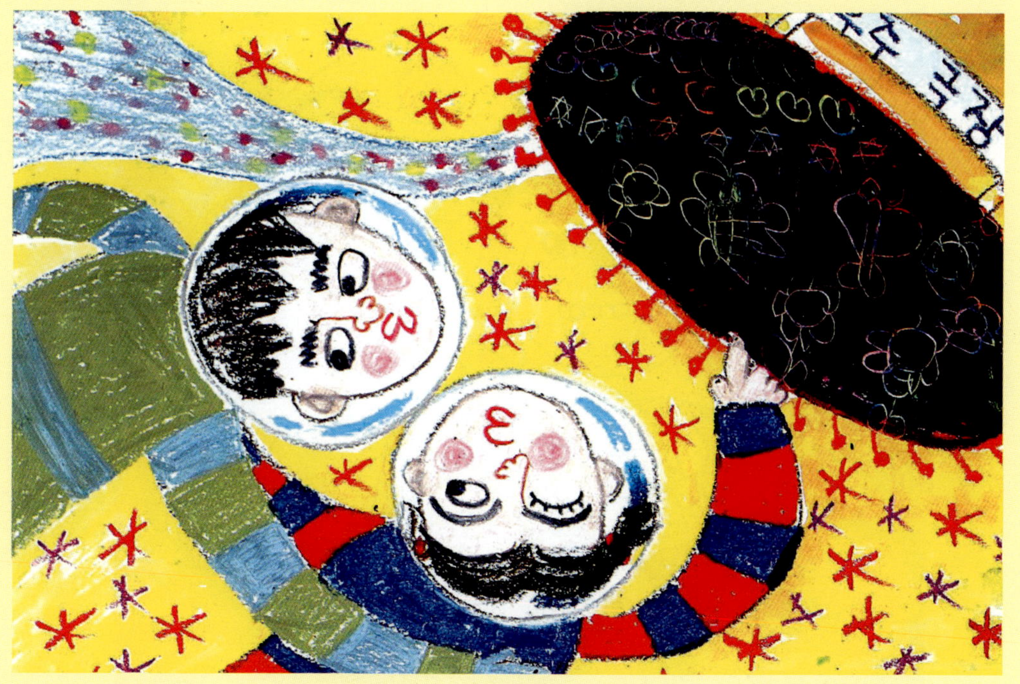

인물을 채색할 때 어떤 색을 선택해야 할지 고민이 된다면 무지개 색을 써 보세요. 빨, 주, 노, 초, 파, 남, 보 이 일곱 가지 색은 모두 채도가 높은 색이라 주제 부분에 채색하기 딱 좋거든요.

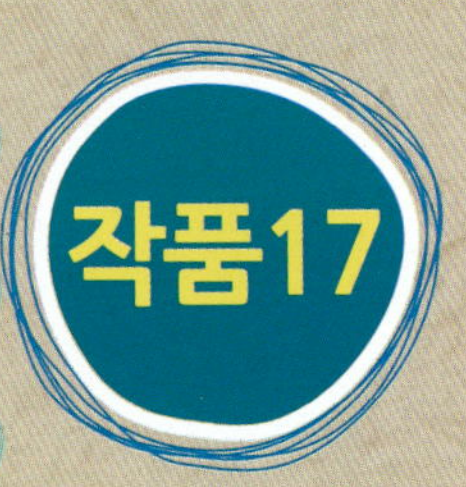 작품17

캡슐로 떠나는 신비로운 인체 탐험

이번에는 우리 몸속으로 여행을 떠나 봐요. 인체의 구조가 궁금할 때 책을 보거나 인터넷을 찾아볼 수도 있지만 눈으로 직접 보면 궁금했던 부분이 순식간에 풀리겠죠? 나의 몸속뿐 아니라 우리 집에서 기르는 강아지나 고양이의 몸속도 탐험할 수 있겠죠? 누구의 몸속을 탐험할지 상상해 보세요.

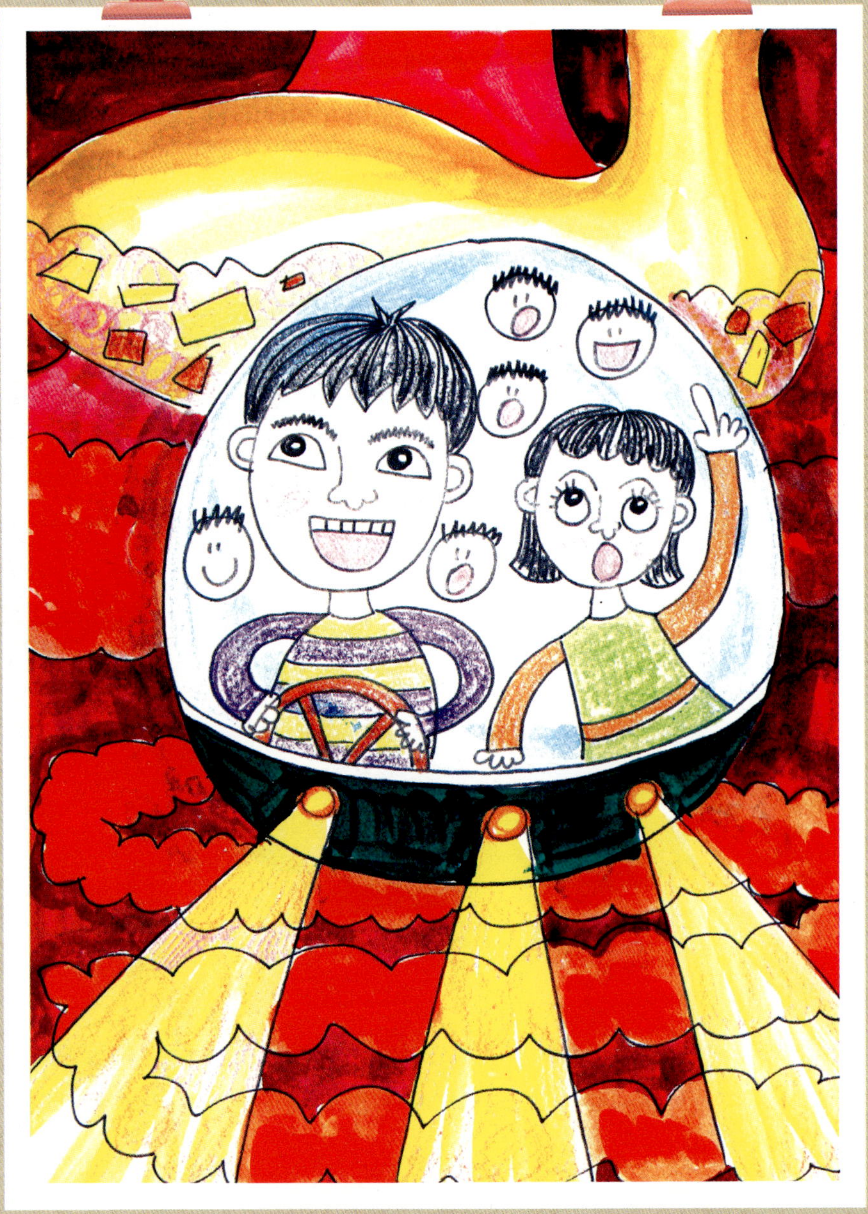

탐험 물체가 뾰족뾰족하면 우리 몸이 아프겠죠? 인체 탐험 캡슐은 둥글둥글하게 그리면 좋아요. 그리고 배경이 되는 몸속이 붉은색으로 채색되어야 하므로 탐험 캡슐은 붉은색의 보색인 청록색으로 채색해서 주제가 눈에 잘 들어오게 하세요. 사인펜으로 스케치한 후 크레파스와 물감으로 채색하였습니다.

캡슐이 들어 갈 수 있는 곳은 또 어디가 있을까요? 눈, 코, 입, 귀로 들어가는 인체탐험 캡슐을 상상해 볼까요?

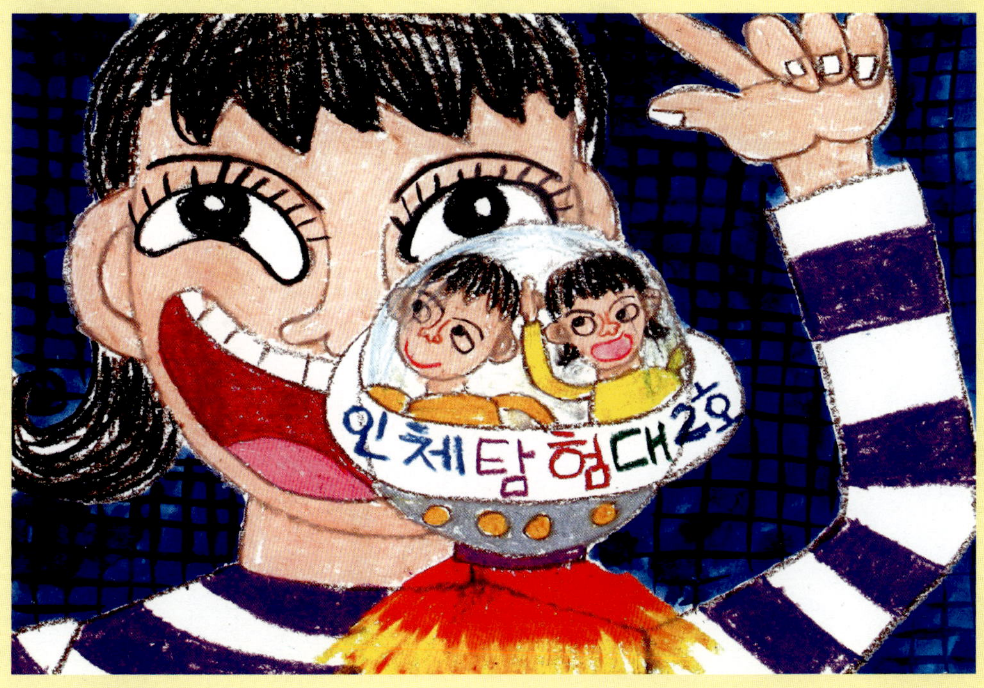

상상해 봐요

인체 탐험 캡슐뿐 아니라 타임머신 캡슐도 그려 보세요. 세종대왕을 만나 한글 창제하는 과정을 구경한다든지, 이순신 장군을 만나 함께 거북선을 타고 전쟁터에 나가 보는 것도 재미있겠죠?

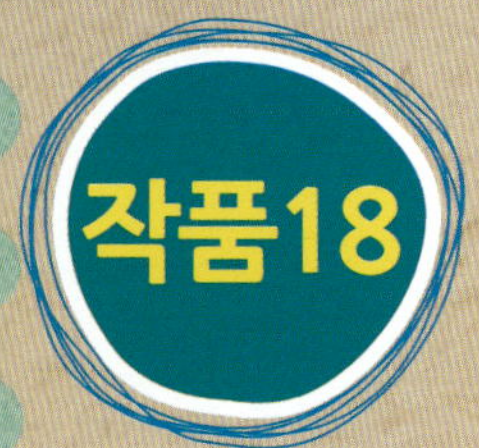

독특하고 재미있는
유전자 변형 식물

미래에는 우주에 농장도 만들 수 있겠죠? 지구가 아닌 화성이나 목성에 더 강하고 효율적인 유전자를 가진 여러 가지 야채와 채소, 가축들도 키울 수 있게 될 거예요. 햇빛과 물이 없다고요? 걱정 마세요. 햇빛과 물을 항상 적당하게 유지해주는 로봇을 출동시키면 되니까요.

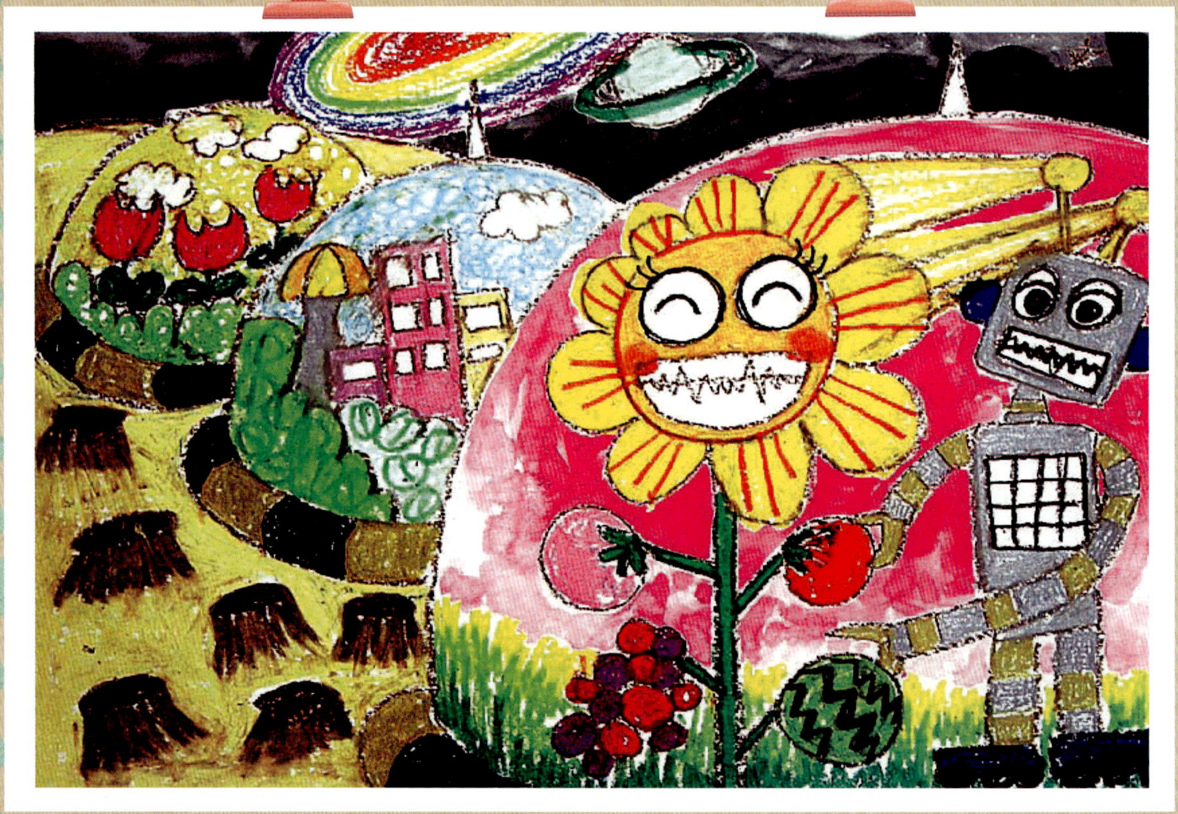

스케치를 어두운 색으로 하면 그림의 윤곽이 뚜렷하게 나타나 그림의 주제가 좀 더 명확하게 보여요. 로봇은 친구들이 좋아하는 금색, 은색으로 채색하였답니다. 주제 부분이 한눈에 들어 올 수 있도록 뒷부분은 채도가 낮은 색으로 채색을 합니다. 황갈색, 고동색 크레파스로 스케치한 후 크레파스와 물감으로 채색하였습니다.

수박만큼 커다란 수박콩, 반쪽은 감자 반쪽은 고구마처럼 생긴 감구마 등 유전공학의 발달로 생겨날 여러 가지 유전자 변형 식물을 상상해 보세요. 농부 아저씨가 할 일을 도맡아 하는 로봇도 상상해 볼까요?

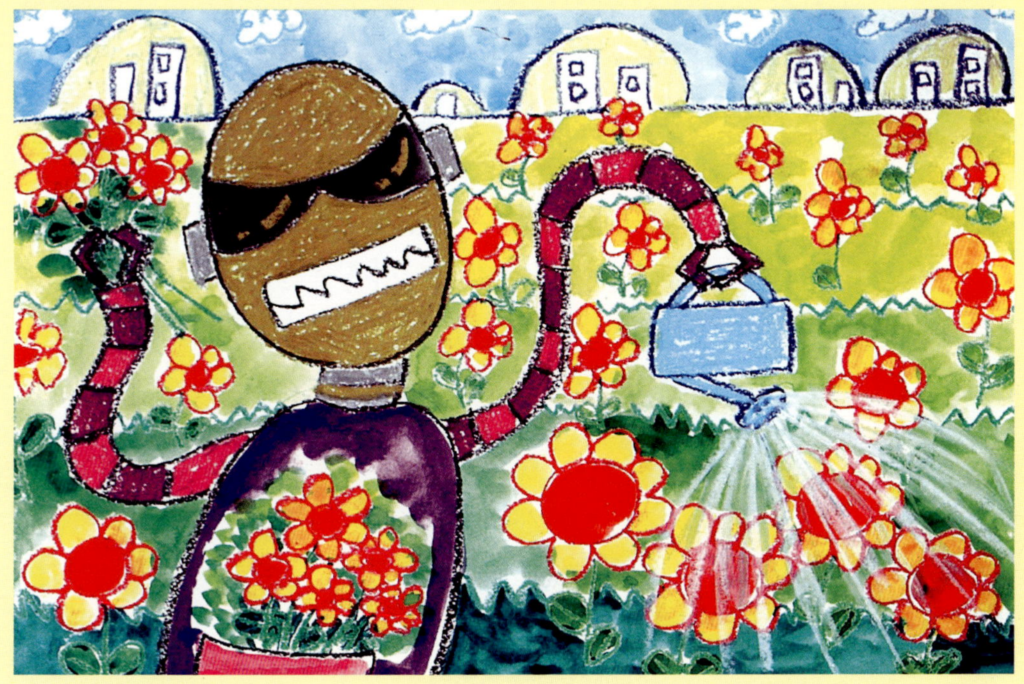

크레파스로 채색할 때 주제 부분은 채도가 높은 색으로 강하게, 배경 부분은 채도가 낮은 색으로 채색을 해야 그림 속에서 시선이 분산되지 않습니다.

독후화 그리기

너희들은 어떤 책을 좋아하니?
책 읽는 것이 지겹다면 너희들이 좋아하고
관심 있는 분야의 책을 읽어 봐.
곤충에 관심이 많다면 곤충에 관한 책을,
축구를 좋아한다면 축구에 관한 책을 읽으면 되겠지.
컴퓨터 게임, 애니메이션 등 재미있는 것이 많지만
책만큼 우리에게 좋은 영향을 주는 것도 없어.
책을 읽고 나서 독후화 그리기 같은 독후활동을 하면
이야기를 하나의 장면으로 구성해 내는 능력이 생길 뿐 아니라
자연스럽게 책 읽는 습관이 길러진단다.

독후화 그리기는 왜, 어떻게 할까?

현대 사회를 정보화 사회라고 합니다. 이 정보화 사회에서는 정보를 빠르고 정확하게 수용하는 것이 중요한데, 정보를 얻는 중요한 방법 중의 하나가 책을 읽는 것입니다.

그런데 우리나라 성인 한 사람당 연평균 독서량은 0.8권이라고 합니다. 문맹률이 낮기로 세계에서 손꼽히는 우리나라에서 국민 한 사람당 1년 동안 책 한 권을 다 읽지 못했다는 얘기입니다. 책을 읽지 않는 현상은 어른에게만 나타나는 것이 아닙니다. 어린이들은 어른에 비해 책을 많이 읽는 편이지만 다른 나라의 어린이에 비하면 우리나라 어린이 독서량은 매우 적은 편입니다.

이런 문제를 어떻게 해결할 수 있을까요?

먼저 자신의 수준과 관심 분야를 생각해서 관련된 책을 찾아 읽으면 독서에 취미를 붙이기가 훨씬 쉽습니다. 또한 책읽기와 관련된 행사에 적극 참여해 보세요. 독서 그리기, 독서 토론, 책 만들기 등 재미난 활동들이 책 읽는 습관을 길러 준답니다. 특히 어휘력을 향상시키기 위한 가장 보편적이고 효과적인 방법이 독서랍니다.

한 연구논문에서 독서 후에 그 내용을 가지고 독후활동을 한 집단과 그렇지 않은 집단을 비교해 보니 독후활동을 한 집단이 어휘력, 기억력, 집중력 등이 발달하고 훨씬 흥미를 많이 가지는 것으로 나타났습니다.

책을 읽는 것은 습관입니다. 습관은 어떤 행동이 반복되어 이뤄지는데 그 반복에는 계기가 필요합니다. 저학년의 경우 감상문처럼 글로 쓰는 독후활동이 힘들 수 있습니다. 이때는 책에 대한 느낌과 감상을 그림으로 표현할 수 있는 독후화를 그려 보세요. 독후화 그리기는 책 읽는 좋은 습관도 길러 주고 자신의 생각을 그림으로 표현할 수 있도록 도와주는 통합미술 활동입니다.

독후화를 그릴 때는 그 장면만 보고도 어떤 책에 대한 그림인지를 알 수 있도록 주요한 주인공과 이야기의 특징이 되는 장면을 묘사해야 합니다. 가장 극적인 장면을 그림으로 표현해야 그림을 보고 동화를 연상할 수 있습니다.

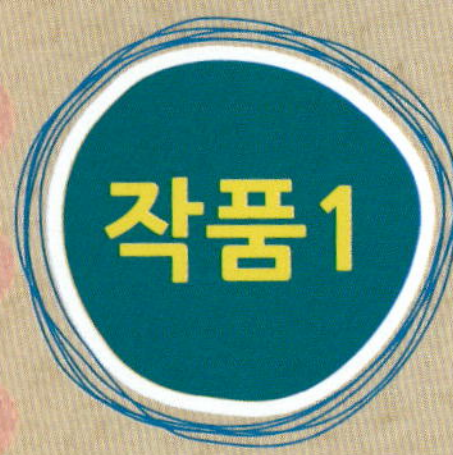

알라딘과 요술램프

우연히 요정이 나타나는 램프를 갖게 된 가난한 소년 알라딘의 이야기를 알고 있나요? 램프를 문지르면 소원을 들어 주는 요정을 통해 왕의 명령대로 하룻밤 만에 궁전을 새로 짓고 사랑하는 공주님과 결혼도 하고 즐거운 하루하루를 보내게 되죠. 알라딘을 시기하는 노인으로 인해 어려움도 겪지만 노력 끝에 공주도 구하고 더 행복하게 살았답니다.

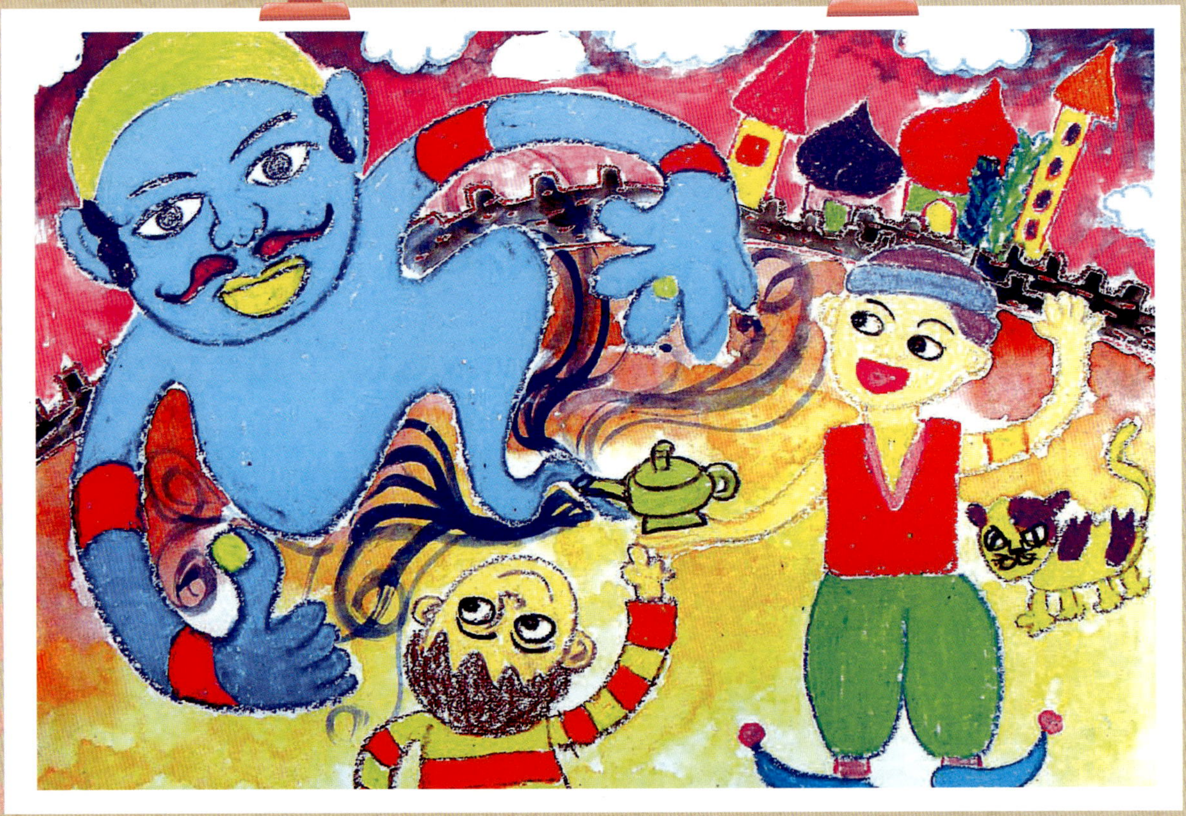

어떻게 그렸을까요?

램프 속에서 나오는 지니의 모습을 크고 대담하게 그려야 합니다. 콧수염과 육중한 몸매, 반지와 팔찌 같은 액세서리 등 지니의 특징을 살려 재미나게 그려보았어요. 여러 가지 크레파스로 스케치하고 크레파스와 물감으로 채색하였습니다.

다르게 그려봐요

램프 요정 지니가 알라딘과 공주님을 등에 태우고 궁전을 통째로 들고 날아가는 장면을 그려 보았어요. 지니와 궁전이 한눈에 보이도록 크고 대담하게 그려 보세요.

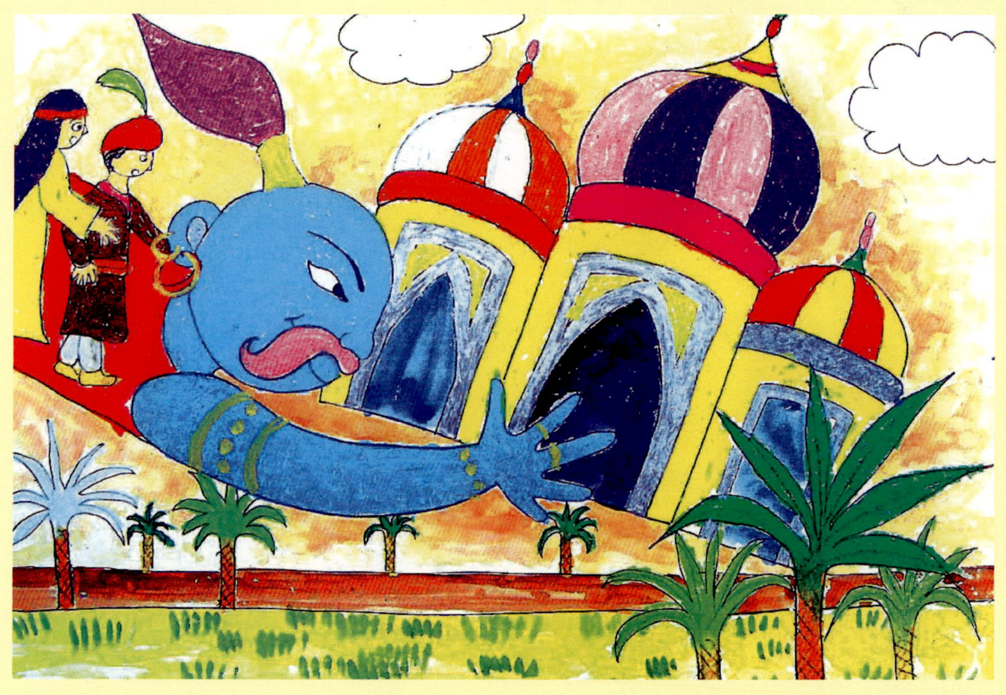

알아두면 좋아요

지니를 파란색의 램프 요정으로 묘사했다면, 하늘은 어떤 색으로 칠하면 좋을까요? 요정이 파란색이라면 하늘은 다른 색으로 칠해줘야 한다는 것 잊지 마세요.

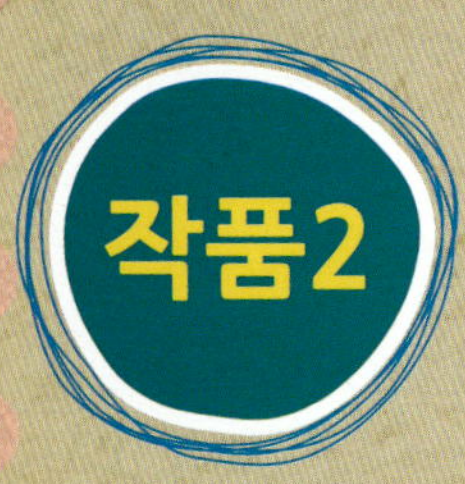

걸리버 여행기

걸리버는 배를 타고 여행을 하다가 배가 난파되어 소인국, 거인국 등 여러 나라를 다니며 재미난 사건 사고를 겪는답니다. 소인국에서는 어떤 일들이 일어났을까요? 또 우리 친구들이 걸리버라면 어떻게 행동했을까요?

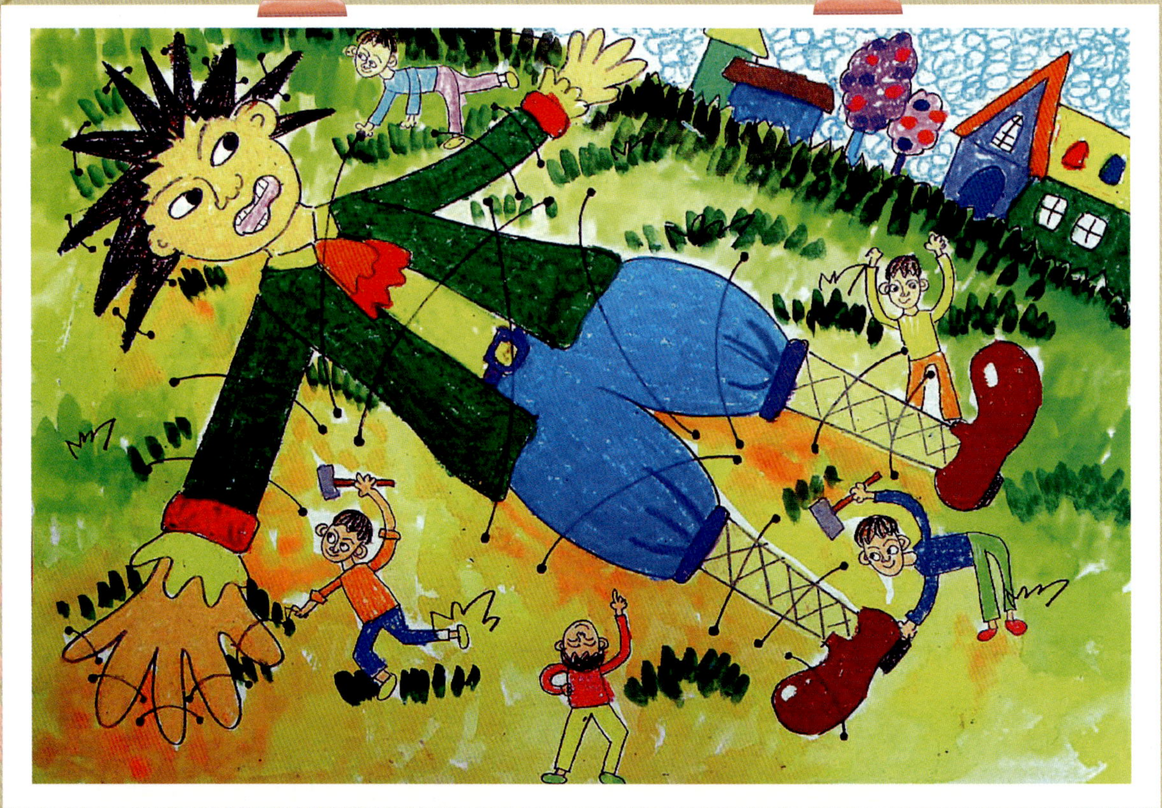

소인국에 간 걸리버가 잠에서 깨니 걸리버를 소인들이 꽁꽁 묶어 놓은 상황을 그렸어요. 걸리버는 아주 크게, 소인들은 아주 작게 그려서 소인국이라는 특징이 한눈에 드러나게 그려 주세요. 소인들의 경우 우리 친구들이 좋아하는 졸라맨으로 그려도 재미있겠죠? 네임펜으로 그리고 크레파스와 물감으로 채색하였습니다.

배고파하는 걸리버를 위해 소인들이 음식을 먹이기 시작했어요. 아무리 먹어도 걸리버는 배불러 하지 않아요. 얼마나 먹어야 걸리버가 배불러 할까요? 이런 장면을 걸리버의 옆모습으로 그려 보았습니다. 옆모습을 크고 대담하게 그려 보세요. 이와 혀, 따끔따끔한 수염도 표현해 볼까요?

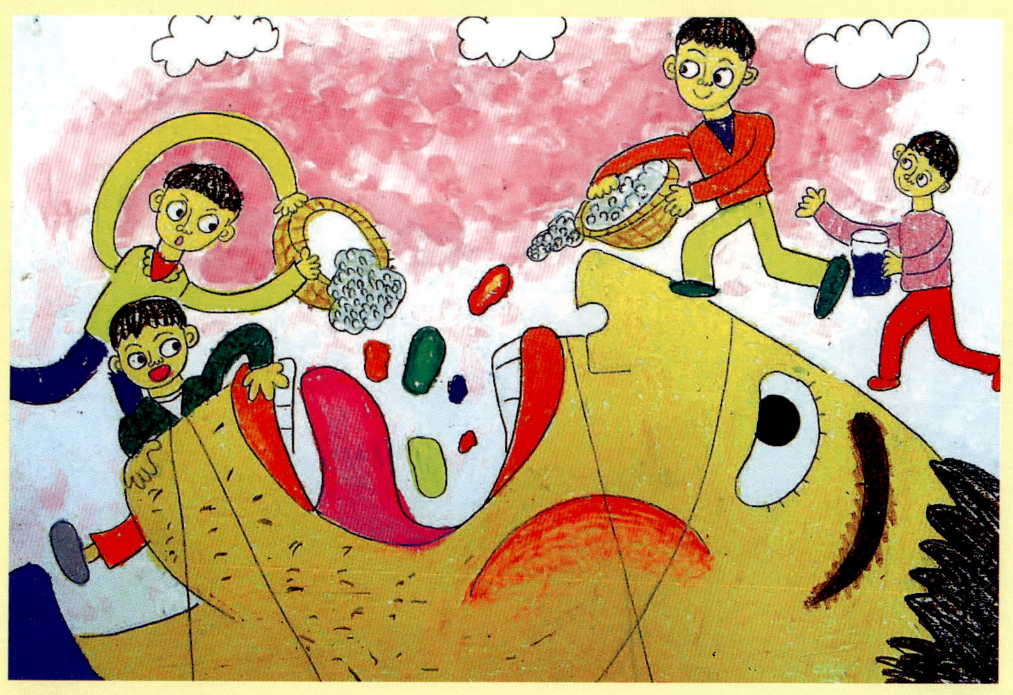

인물의 옆모습 그리기가 어렵다면 사진이나 거울을 이용하여 옆모습을 관찰한 후 그려 보세요.

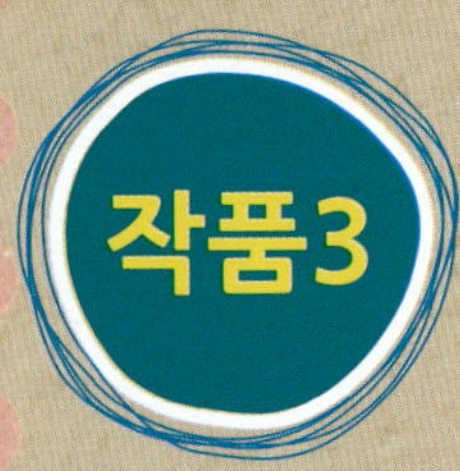

팥죽 할멈과 호랑이

어느 날 호랑이가 나타나 팥죽 할멈을 잡아먹으려고 했어요. 할멈은 동지 팥죽을 쒀 주겠다고 하고는 겨울까지 죽을 날을 미루었으나 마침내 약속한 날이 되어 팥죽을 쑤어 놓고 울며 호랑이를 기다리고 있었습니다. 그러나 알밤, 자라, 물찌똥, 송곳 등이 나타나 팥죽을 얻어먹고는 힘을 합쳐 호랑이를 물리쳤답니다. 어떻게 무서운 호랑이를 물리칠 수 있었을까요?

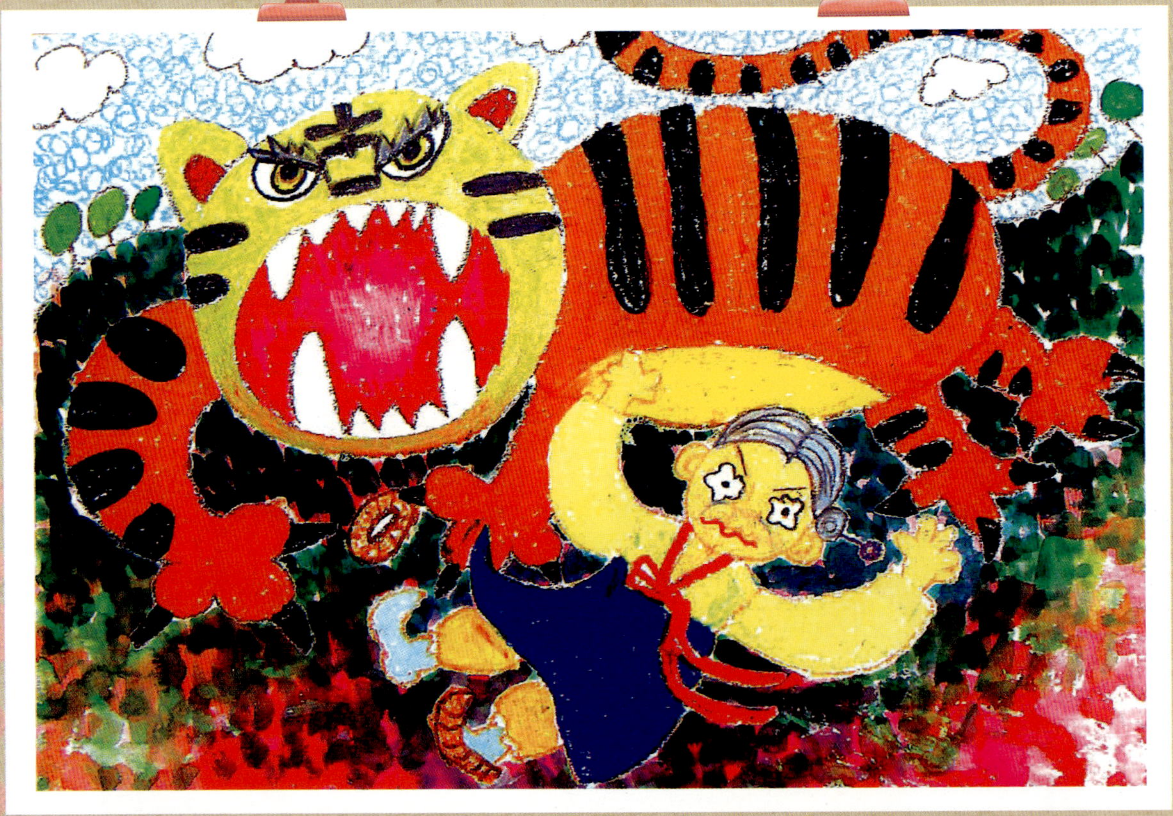

호랑이가 나타나 할머니를 잡아먹겠다고 위협하고 있어요. 할머니는 깜짝 놀라 넘어지고 말았답니다. 이때 호랑이는 무섭고 커다란 호랑이로 그려 주세요. 무시무시한 이빨과 뾰족한 발톱도 표현해 보세요. 너무 놀라 할머니의 신이 벗겨졌네요. 고동색 크레파스로 스케치하고 크레파스와 물감으로 채색하였습니다.

아궁이에 있던 알밤이 눈에 튀고, 눈이 뜨거워 물이 든 항아리에 얼굴을 넣자 자라가 물고, 바닥에 있던 송곳은 엉덩이를 찌르고, 도망치다 똥을 밟아서 미끄러졌어요. 할머니를 잡아 먹으려던 호랑이가 아주 혼쭐이 났네요. 깜짝 놀란 나머지 털이 쭈뼛쭈뼛 섰어요.

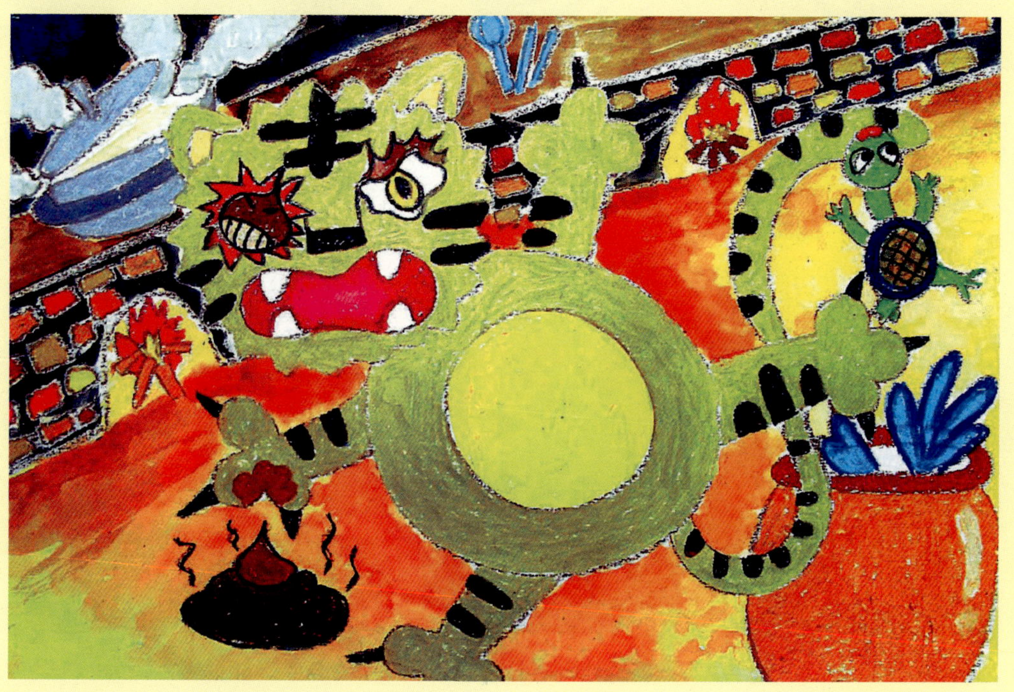

그림의 배경이 되는 아궁이를 사선으로 그렸더니 더 생동감 있는 그림이 되었어요. 이처럼 긴장감 넘치는 그림을 그리고 싶을 때는 사선 구도를 이용하면 좋아요.

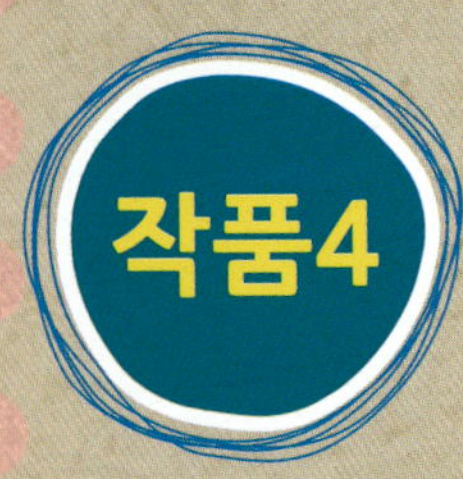

똥떡

어느 날 똥통에 빠진 준호는 "똥통에 빠진 아이는 오래 살지 못한다."는 할머니의 말씀에 겁에 질리지요. 하지만 성질 나쁜 뒷간 귀신에게 똥떡을 주면 화가 풀려 불행을 피할 수 있다고 하여, 엄마는 부랴부랴 뒷간 귀신에게 바칠 똥떡을 준비하고, 준호는 할머니와 엄마를 따라 뒷간 앞에 똥떡을 두고 뒷간 귀신에게 절을 했어요. 드디어 긴 머리를 풀어 헤친 뒷간 귀신이 나타나 떡을 맛있게 먹고 사라졌답니다.

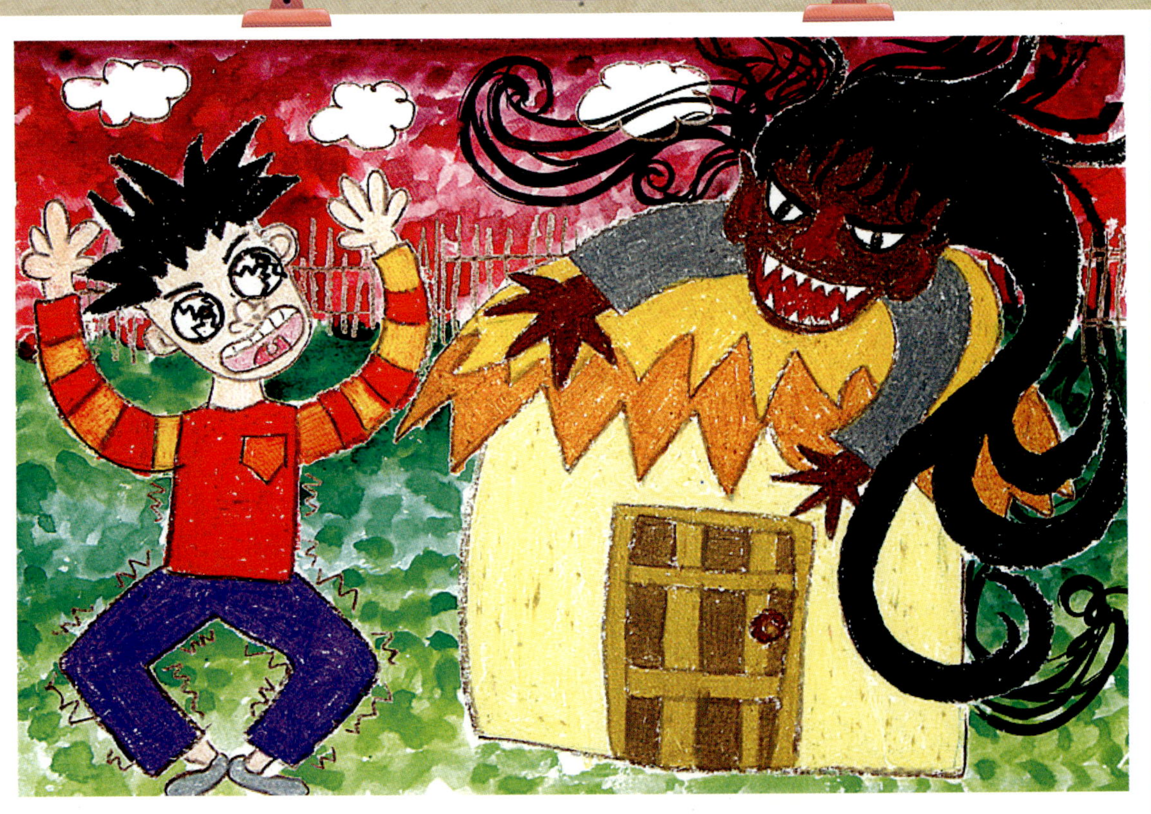

뒷간 귀신을 보고 깜짝 놀란 준호의 모습을 재미있으면서도 실감나게 표현하는 것이 포인트입니다. 머리카락은 주뼛주뼛, 다리는 덜덜덜 떨고 있네요. 고동색 크레파스로 스케치하고 크레파스와 물감으로 채색하였습니다.

뒷간에서 볼일을 보고 있는데 귀신이 나타났어요. 준호도 깜짝 놀라고, 준호네 집 강아지와 닭, 병아리도 놀라서 귀신을 쳐다보고 있네요.

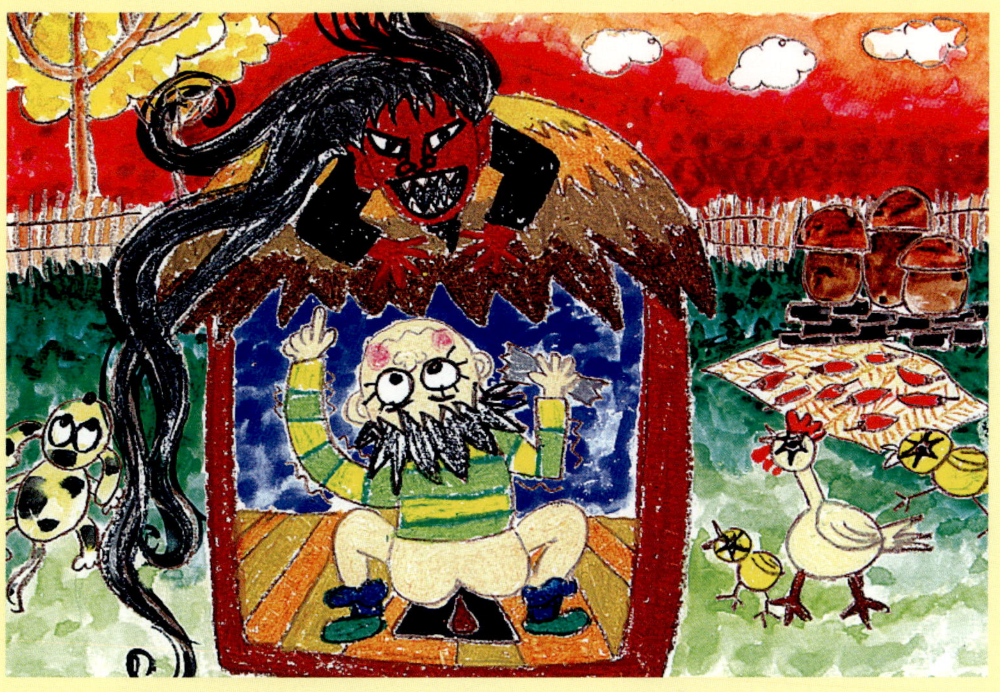

알아두면 좋아요

재래식 화장실을 모르는 친구들이 이런 그림을 보면 신기하겠죠? 어른들에게 화장실과 관련된 이야기를 들어보세요.

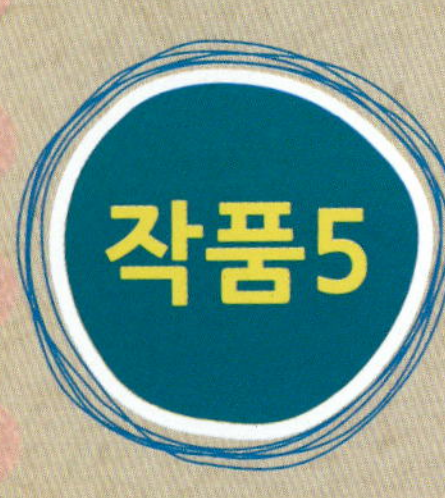

잭과 콩나무

게으름뱅이 잭이 소와 교환하여 콩을 집으로 가져와 마당에 심었답니다. 하룻밤 사이에 하늘까지 자란 콩나무를 발견한 잭이 그 나무를 타고 올라갔더니 하늘나라에 도착했죠. 그리고 거인의 황금알을 낳는 닭과 말하는 하프를 가지고 도망 왔어요. 거인은 어떻게 되었을까요?

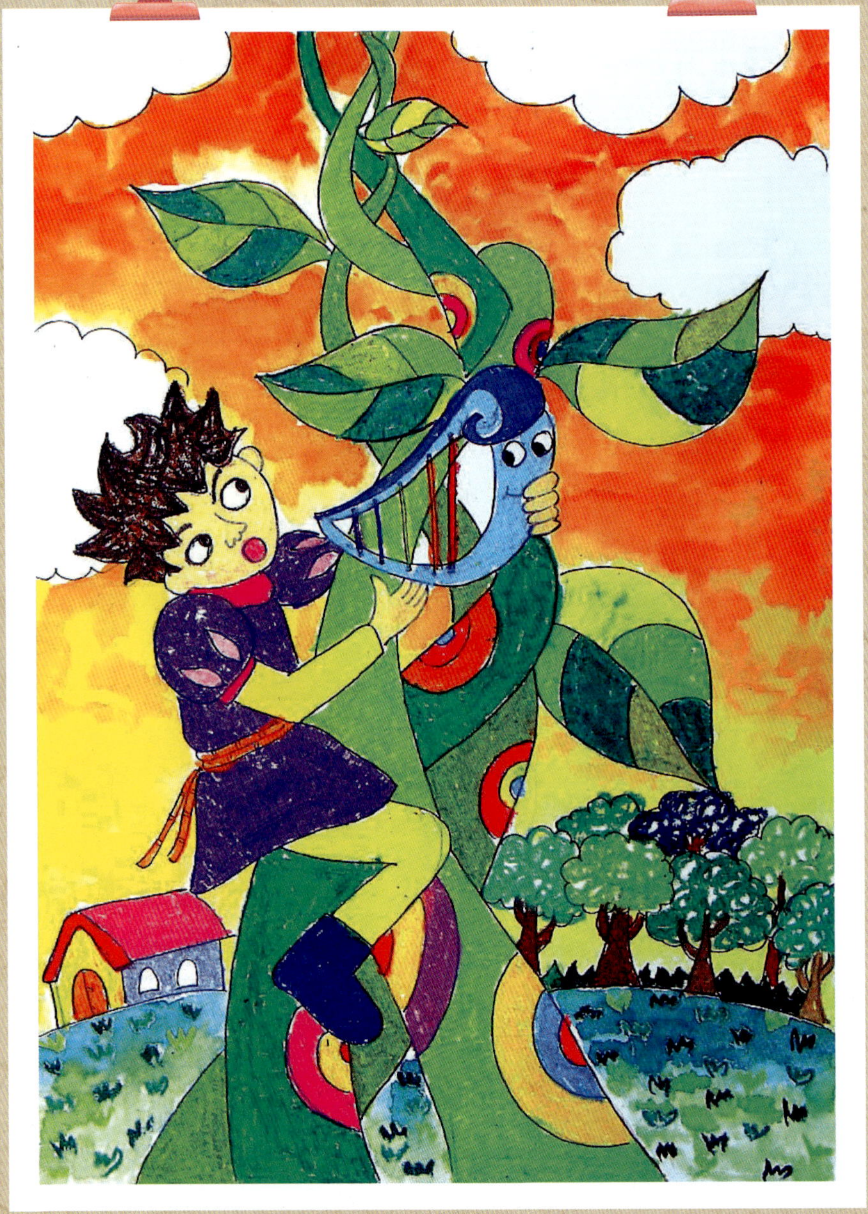

콩나무는 초록색으로 채색하고 하늘은 보색 대비를 주어 콩나무가 더욱 눈에 띄도록 채색하였답니다. 네임펜으로 스케치하고 크레파스와 물감으로 채색하였습니다.

거인이 잭을 잡으러 내려오는 장면을 그려보세요. 잭은 거인이 쫓아오지 못하도록 하기 위해 콩나무를 베고 있어요. 멀리 있는 거인은 작게 그리고 가까이 있는 잭은 크게 표현했습니다.

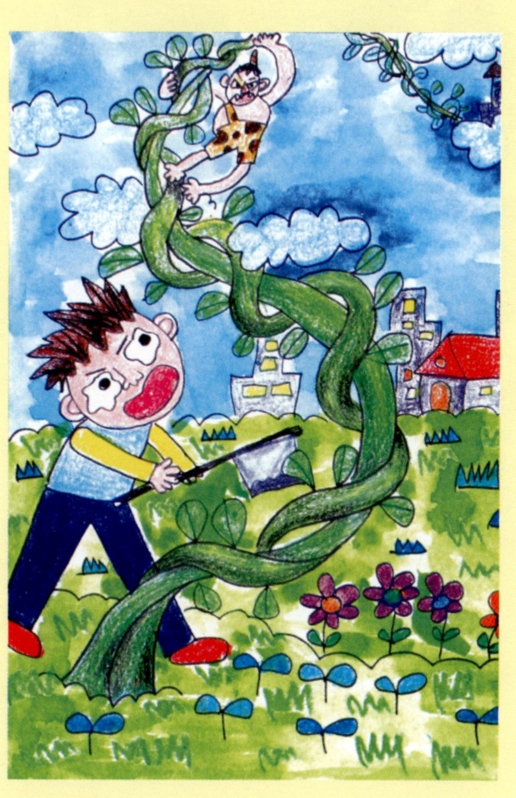

아동화에서 원근감을 표현하는 방법은 가까운 부분은 크게 그리고 멀리 있는 부분은 작게 그리는 것입니다. 이때 가까이 있는 부분은 채도가 높은 색으로 채색하고 멀리 있는 부분은 채도가 낮은 색으로 채색을 해야 합니다.

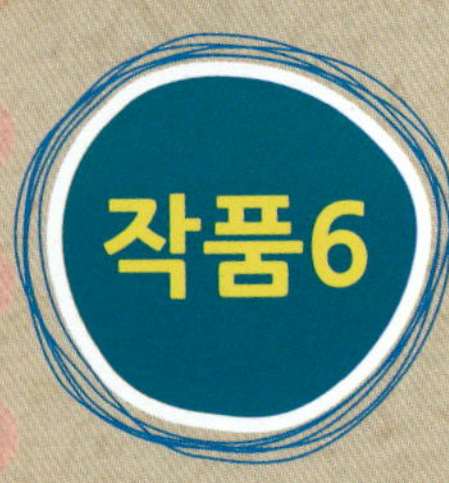

커다란 순무

단단하고 달콤하게 자라기를 기대했으나 커다랗고 높게 자라서 사람들 애를 먹인 괘씸한 순무를 뽑기 위해 할아버지, 할머니, 젖소, 돼지, 오리 농장 식구 모두 안간힘을 써 결국엔 순무를 뽑았답니다. 커다란 순무를 뽑아 뭘 했을까요?

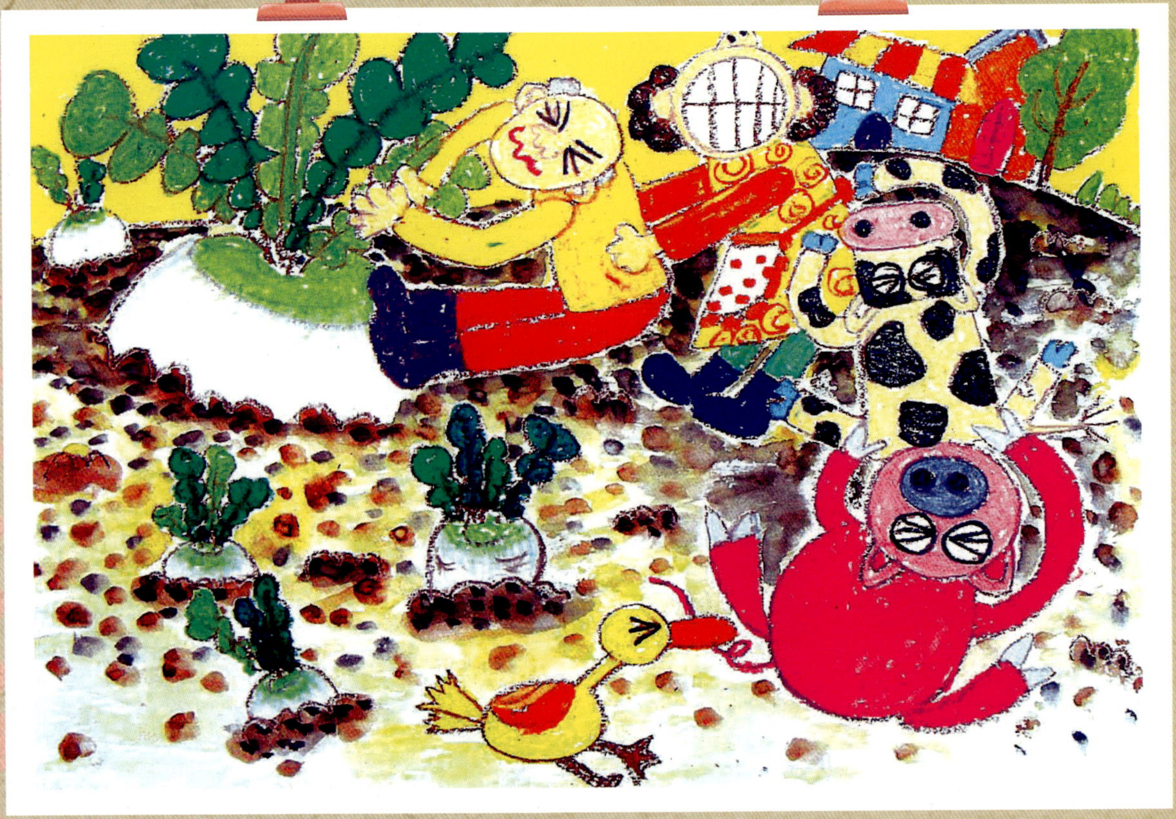

어떻게 그렸을까요?

동작을 중요하게 생각하고 그려야 합니다. 안간힘을 쓰는 할아버지와 할머니의 표정을 잘 살려 그려 보세요. 동물 친구들도 한몫하네요. 무밭은 점묘법으로 채색해 보세요. 고동색 크레용으로 스케치하고 크레파스와 물감으로 채색하였습니다.

다르게 그려봐요

사람보다 더 큰 순무를 보며 뿌듯해 하는 할아버지와 할머니의 모습도 상상해 그려 보세요.

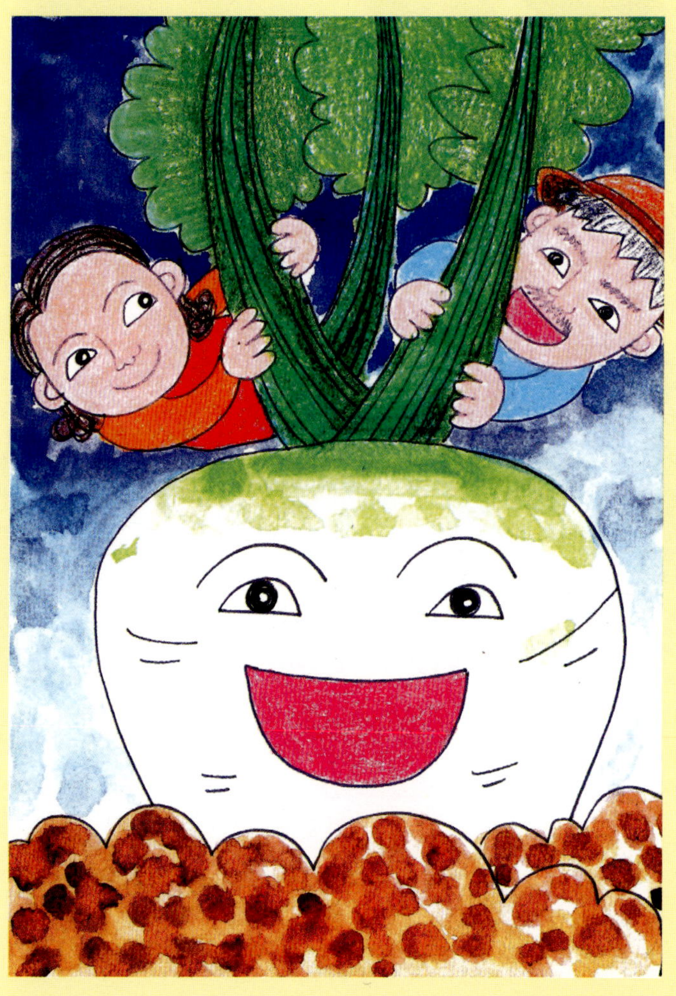

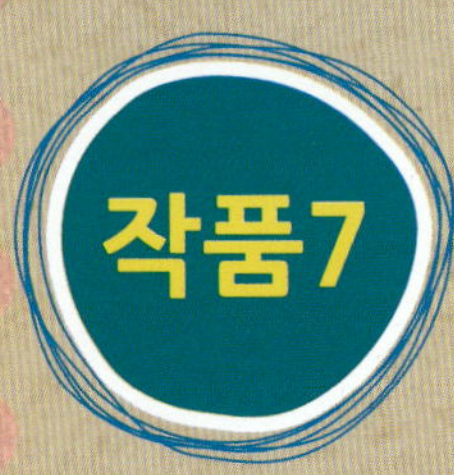

아기 돼지 삼형제

어느 마을에 엄마 돼지와 아기 돼지 삼형제가 살고 있었어요. 아기 돼지들은 엄마 곁을 떠나 스스로 집을 짓고 살기로 했지요. 첫째 돼지는 짚으로 집을 지었어요. 둘째 돼지는 나무로 집을 지었어요. 그리고 막내 돼지는 벽돌로 집을 지었어요. 그런데 어느 날 아기 돼지들이 사는 곳에 배고픈 늑대가 나타났어요. 아기 돼지들은 무사할까요?

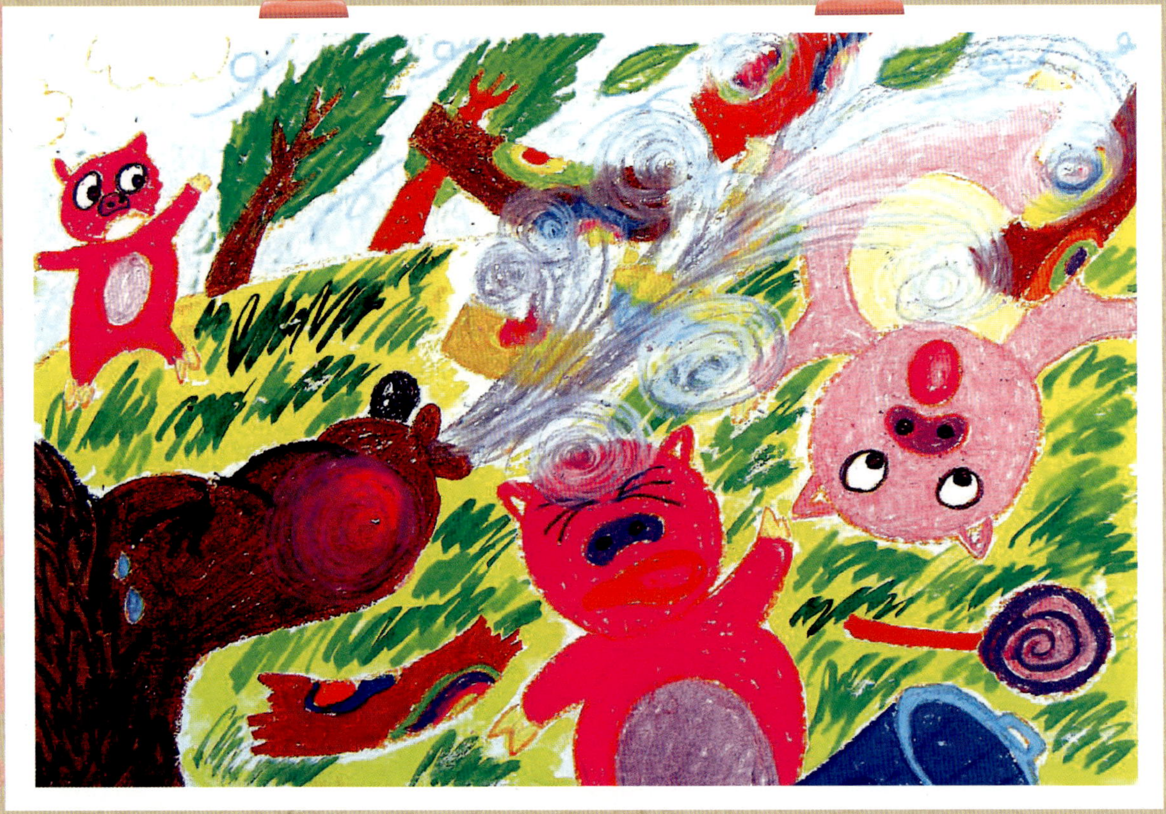

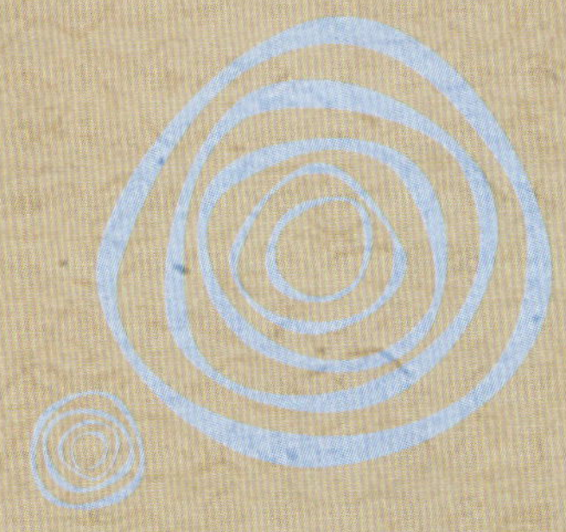

날아가는 돼지는 크레파스로 채색을 모두 끝내고 흰색, 회색 크레파스를 이용하여 바람을 연출해 보았어요. 나무도 풀도 돼지가 좋아하는 사탕도 모두 모두 바람에 날아가고 있네요. 황갈색 크레용으로 스케치하고 크레파스와 물감으로 채색하였습니다.

늘대가 화가 나서 아기 돼지의 집을 부수려 하고 있어요. 하지만 걱정 없어요. 튼튼한 벽돌 집이거든요. 무서운 늘대의 털은 선을 하나하나 살려 표현해 보세요.

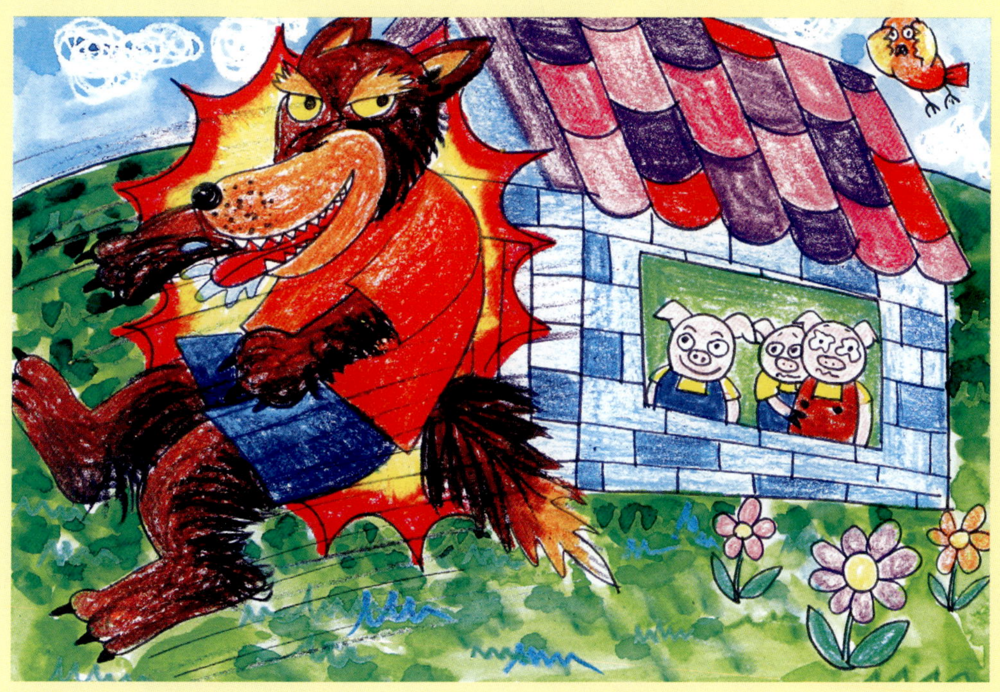

동화의 한 장면을 만화처럼 표현해 보면 어떨까요? 넘어졌을 때 별이 보이거나, 빨리 달릴 때 발이 네 개처럼 보이거나, 무서우면 눈이 계란 프라이처럼 보이는 등 다양하게 표현하면 더욱 재미있는 그림이 된답니다.

해님 달님

널리 알려진 전래 동화 해님 달님은 가난하게 살고 있는 어머니와 오누이의 이야기랍니다. 어머니가 고개 너머 잔칫집에서 일을 해주고 떡을 얻어 고개를 넘어오다가 호랑이를 만나게 되었어요. "떡 하나 주면 안 잡아먹지!" 하지만 어머니는 결국 호랑이에게 잡아먹히고 말았죠. 호랑이는 어머니의 옷을 입고 오누이를 잡아먹기 위해 오누이가 살고 있는 집으로 갔습니다. 오누이에게 어떤 일이 벌어졌을까요?

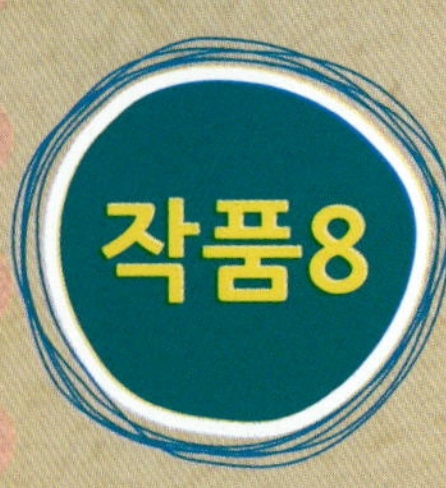

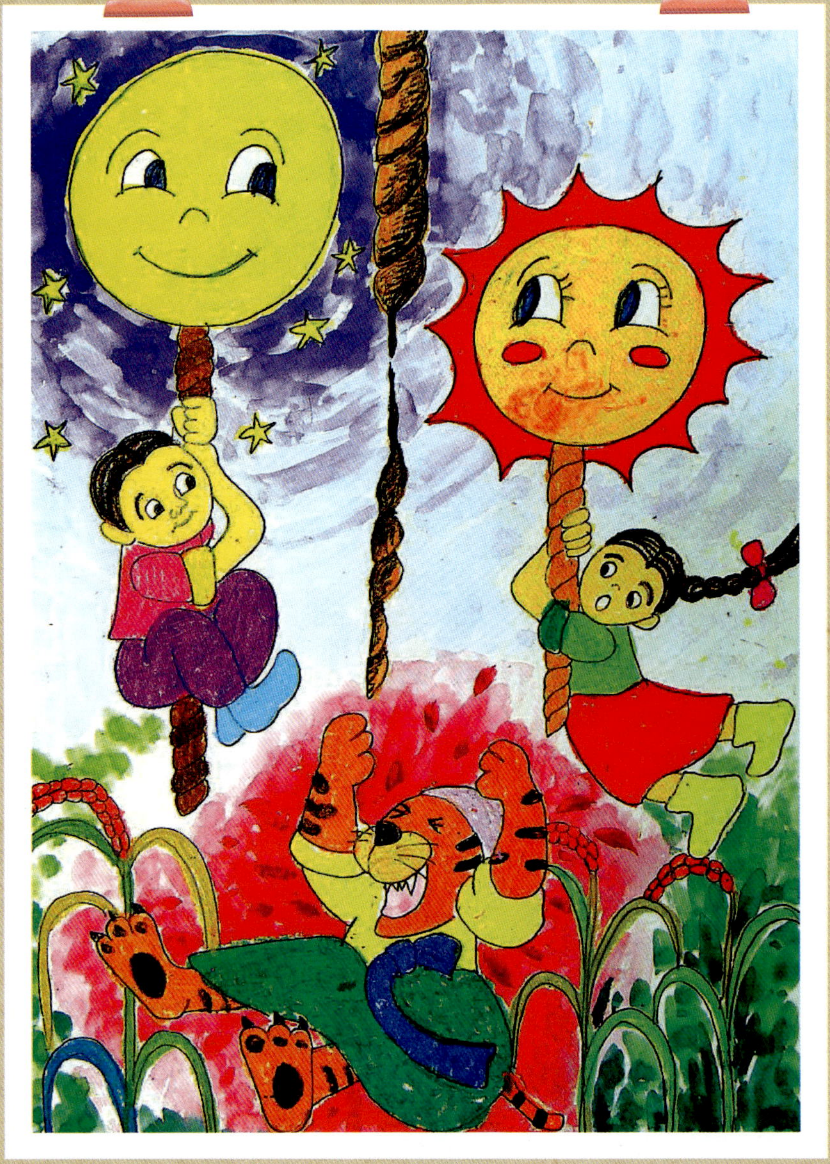

동아줄에 매달려 하늘로 올라가는 오누이를 그려 보았습니다. 호랑이는 썩은 동아줄을 잡아 바닥으로 떨어졌죠? 이제 왜 수수가 빨간지 알겠죠? 사인펜으로 스케치하고 크레파스와 물감으로 채색하였습니다.

성난 호랑이가 나무에 참기름을 바르고 있어요. 남매가 참기름을 바르고 나무에 올라오면 빨리 올라온다고 거짓말을 했거든요. 어리석은 호랑이는 어떻게 되었을까요?

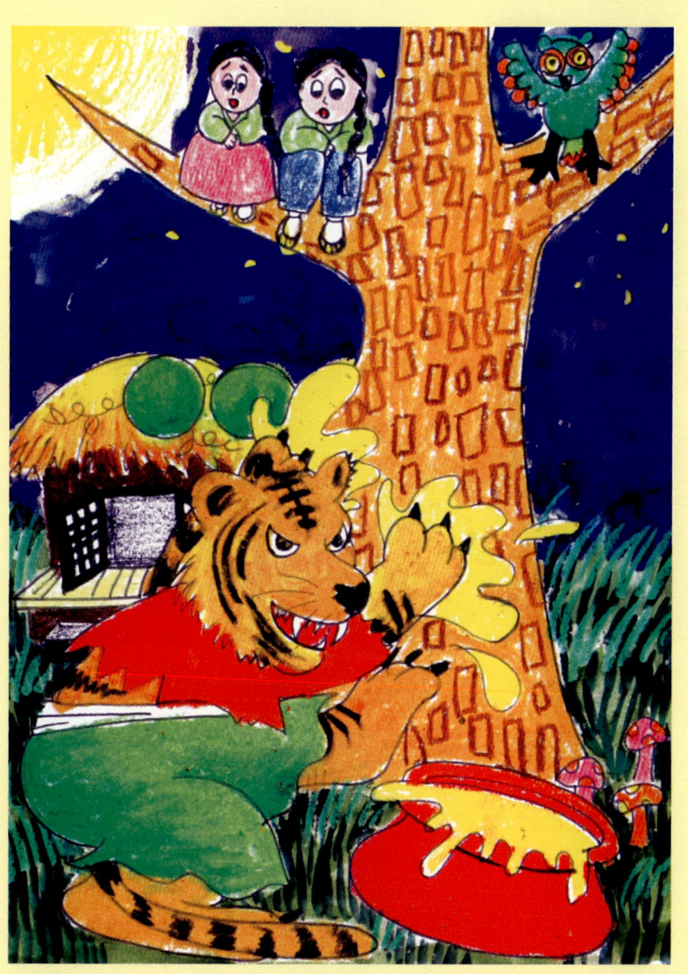

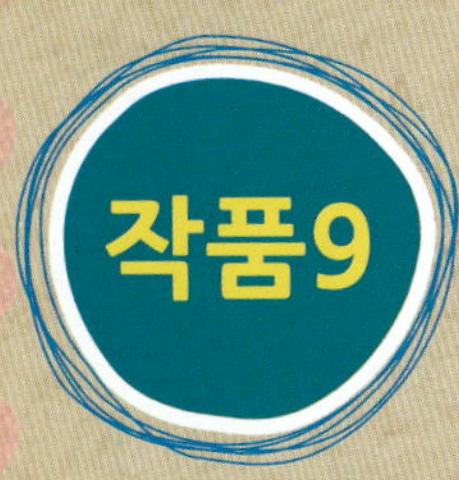

반쪽이

자식 하나 얻는 게 소원인 할머니가 삼신할머니께 빌고 빌어 아들 셋을 낳았답니다. 그런데 막내가 반쪽이로 태어났어요. 형들은 반쪽이를 창피하게 여기고 못살게 굴지요. 하지만 반쪽이는 형들의 구박을 꿋꿋하게 이겨내고, 모든 어려운 상황을 혼자 해결한답니다. 힘세고 지혜로운 반쪽이에게 어떤 일들이 일어났을까요?

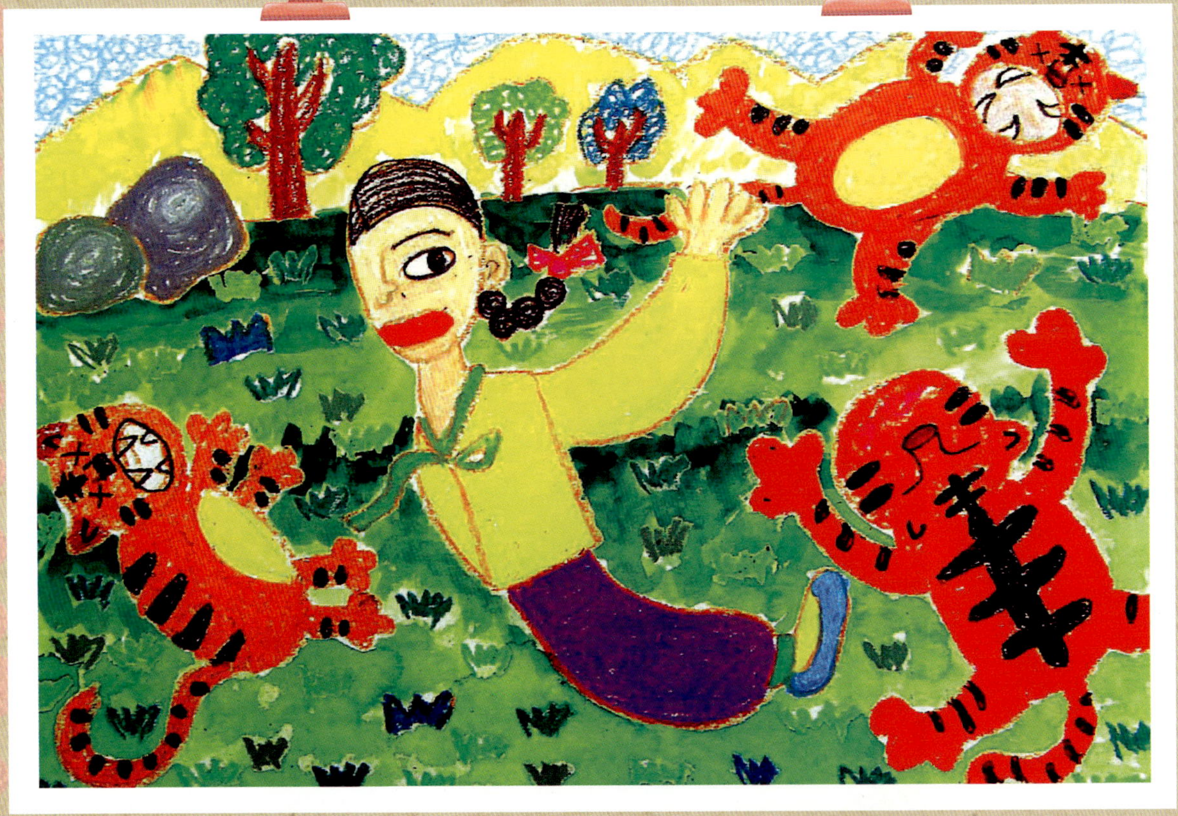

이 동화의 주인공인 반쪽이를 표현하기 위해 인물을 반쪽만 그려 넣었습니다. 그리고 면이 넓은 풀밭은 물감으로 채색했답니다. 같은 초록색이라도 다양한 농도로 채색을 하면 그림이 지루해 보이지 않는답니다. 황갈색 크레파스로 스케치하고 크레파스와 물감으로 채색하였습니다.

형들이 반쪽이를 나무에 묶어 두었어요. 하지만 힘이 센 반쪽이를 막을 수 없었답니다. 이런 장면을 그릴 때는 반쪽이의 얼굴 표정을 실감나게 표현하세요.

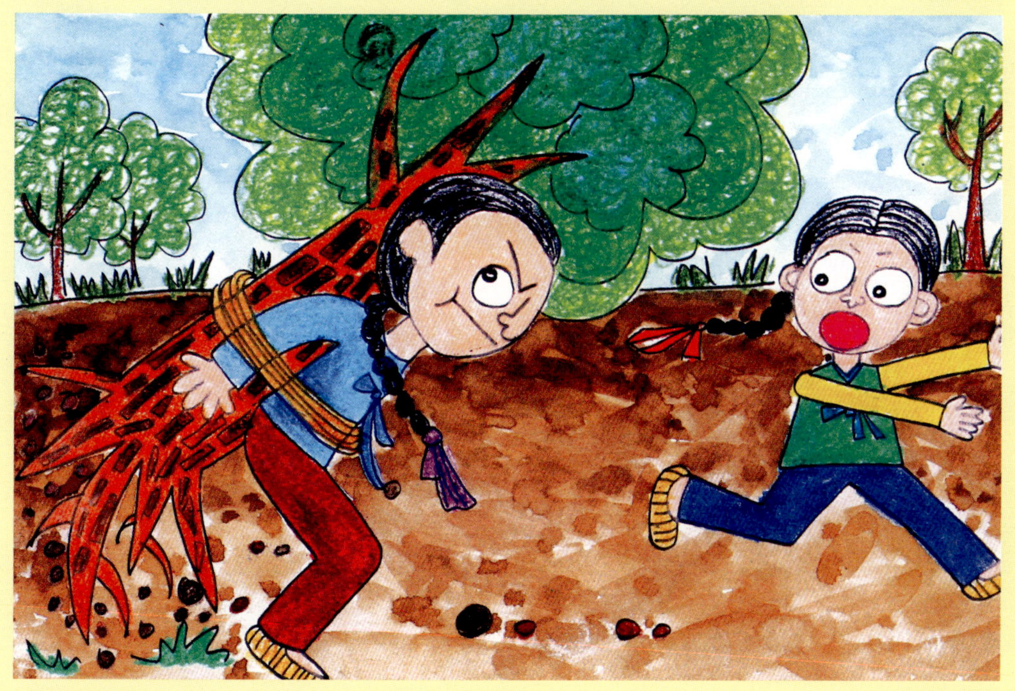

그림이 짜임새 있게 보이려면 원근감을 살려야 합니다. 아동화에서 원근감이 어렵게 느껴질 수도 있지만 멀리 보이는 길이나 멀리 보이는 나무, 멀리 보이는 사람, 멀리 보이는 건물을 작게 그려주면 쉽게 원근감을 표현할 수 있지요.

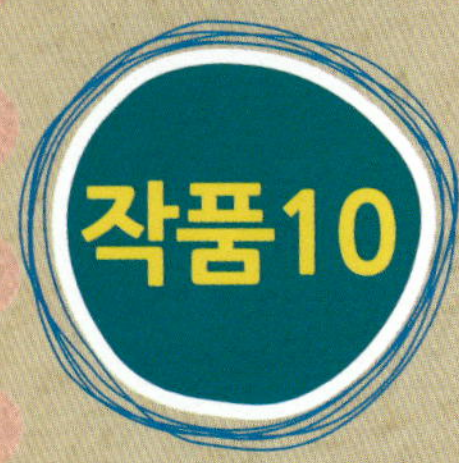

혹부리 영감

어느 마을에 마음씨 착하고 노래를 잘 하는 혹부리 영감이 살고 있었어요. 어느 날 산에 나무를 하러 간 혹부리 영감은 갑자기 내린 소나기를 피해 빈집에 들어갔고, 그 빈집에서 노래를 불렀지요. 할아버지의 노랫소리에 반한 도깨비들이 할아버지의 혹과 도깨비 방망이를 바꾸었답니다. 만약 친구들에게 도깨비 방망이가 생긴다면 무슨 소원을 빌 건가요?

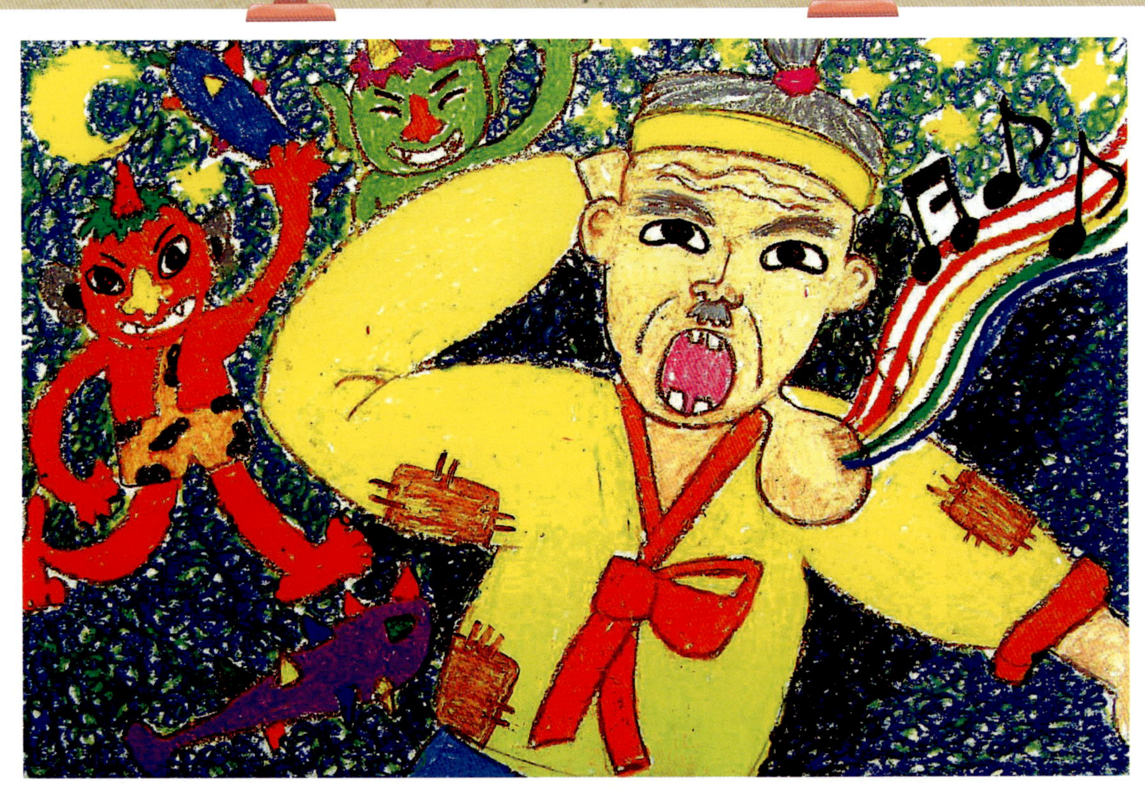

영감의 혹이 잘 드러나도록 그리고 혹에서 노래가 흘러나오는 모습을 묘사해 보았어요. 도깨비는 어디까지나 상상 속의 인물이니 친구들이 생각하는 도깨비의 모습을 마음대로 그려도 좋아요. 고동색 크레파스로 스케치하고 크레파스로 채색하였습니다.

욕심을 부리다 혹을 두 개 달게 된 욕심쟁이 옆집 혹부리 영감을 동네 사람들이 손가락질을 하고 있는 장면도 그려보세요. 놀림당하는 욕심쟁이 혹부리 영감은 이제 와서 후회해봐야 소용없겠죠?

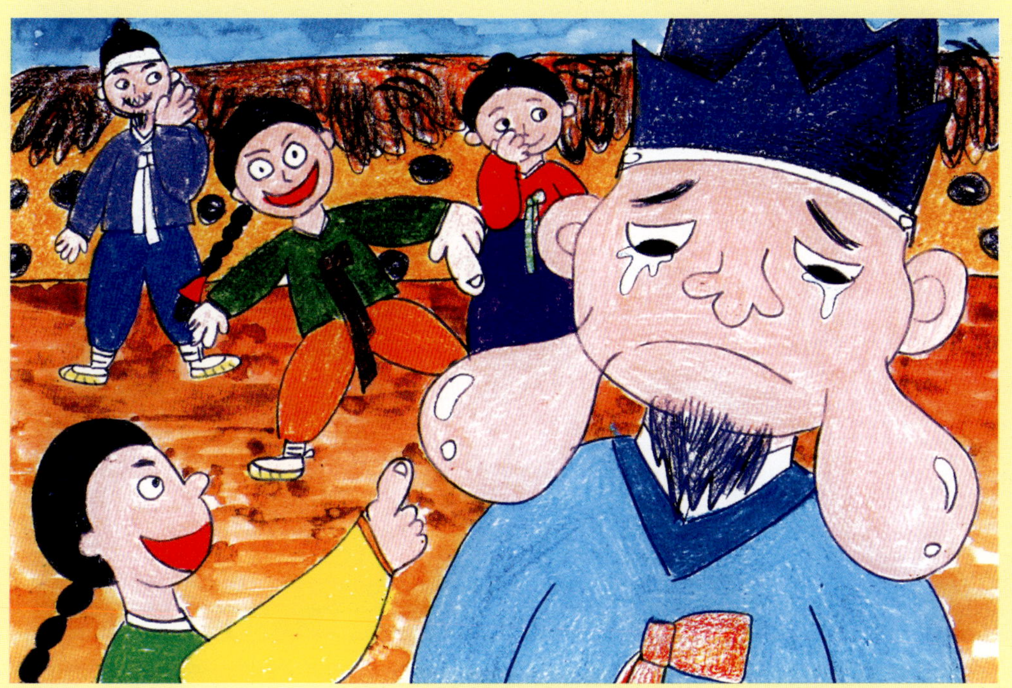

주제가 되는 인물은 항상 크게 그려야 합니다. 동작이 포인트가 된다면 전신을 그리고, 표정이 포인트가 된다면 상반신만 그리는 게 좋아요.

방귀쟁이 며느리

옛날 어느 마을에 방귀를 잘 뀌는 뿡순이 아가씨가 살았대요. 이 아가씨 방귀 소리가 어찌나 컸던지 솥뚜껑이 들썩들썩, 닭도 푸드덕 푸드덕, 장작도 휙휙 날아갔어요. 이 아가씨는 꼬마신랑에게 시집갔어요. 시집가서는 방귀를 꾹 참았어요. 그러던 어느 날 도저히 방귀를 참을 수가 없게 되었어요. 그래서 천둥방귀를 뿌웅~ 하고 뀌었죠. 과연 방귀쟁이 며느리는 어떻게 되었을까요?

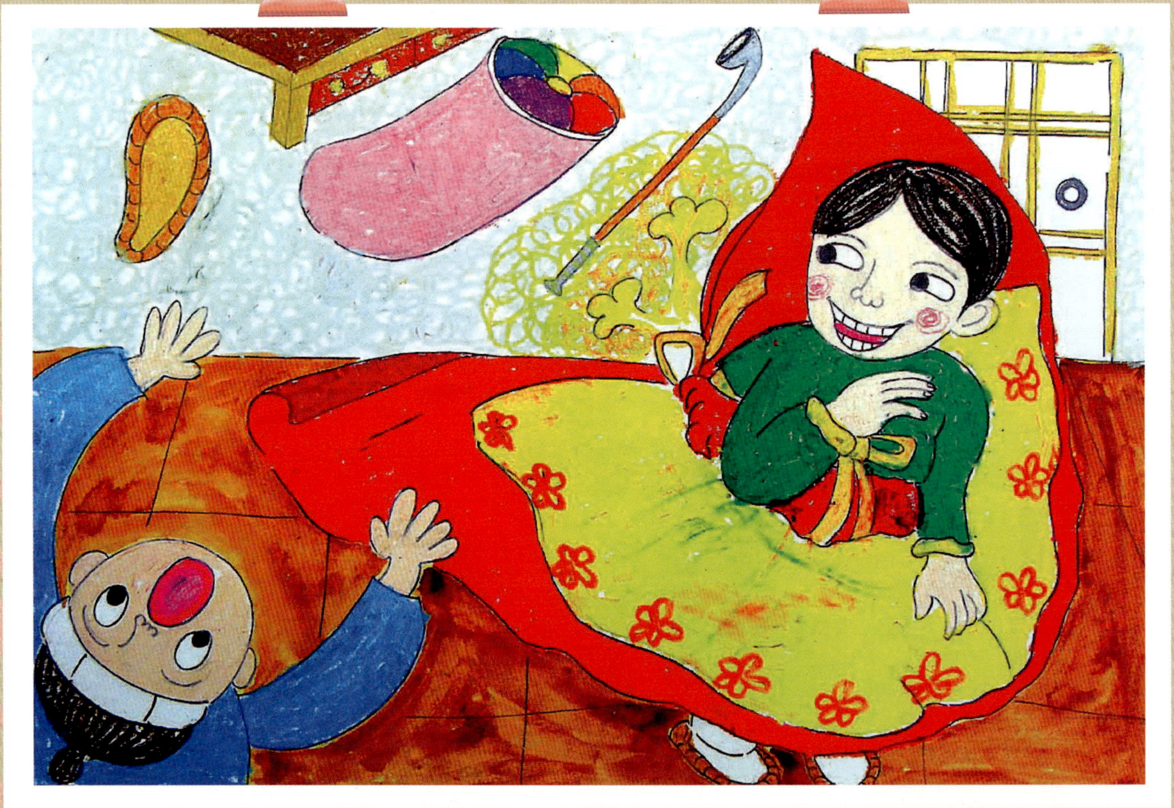

부끄러워하는 며느리의 표정을 잘 살려 표현해 주세요. 새색시의 치마도 채도가 강한 색으로 채색하면 한눈에 들어오겠죠? 네임펜으로 스케치하고 크레파스와 물감으로 채색하였습니다.

방귀쟁이 며느리가 방귀를 뀌자 나무도 뽑히고 지나가던 사람들도 날아가고 있어요. 방귀쟁이 며느리 방귀의 위력이 엄청난걸요?

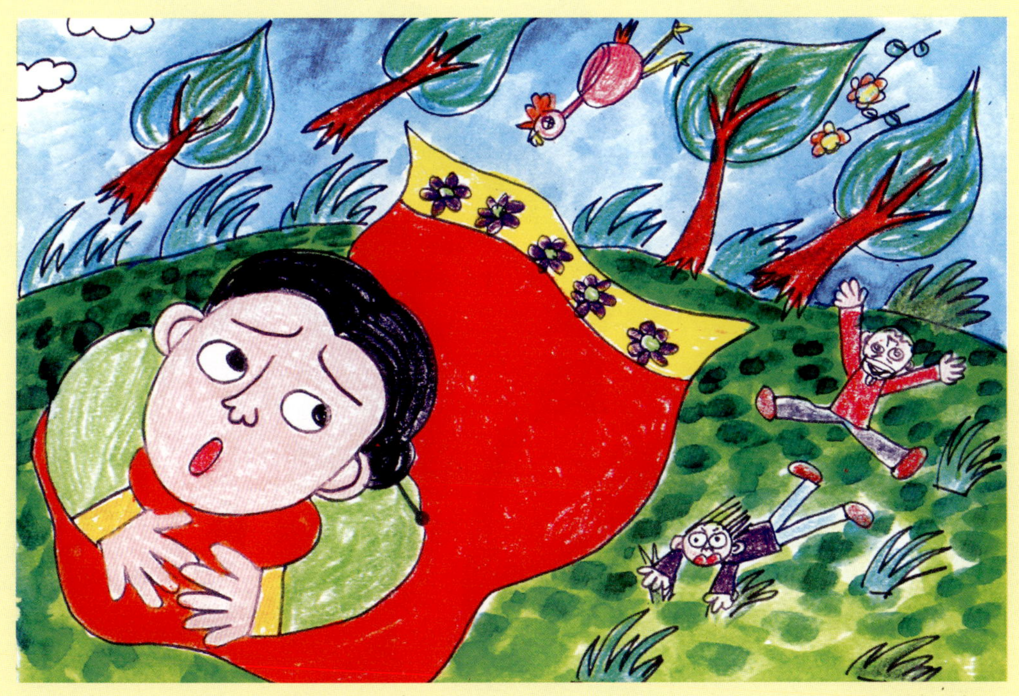

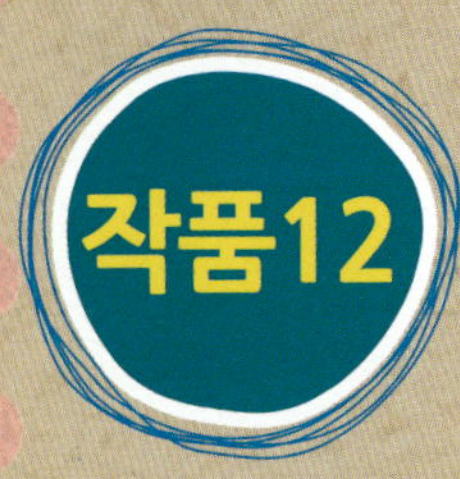

피노키오

제페토 할아버지는 나무인형을 만들어 피노키오라는 이름을 붙여줍니다. 늘 말썽을 부리는 피노키오지만, 제페토 할아버지는 자신의 외투를 팔아 피노키오에게 책을 사 주고 학교에 보냅니다. 하지만 피노키오는 할아버지의 마음을 모르고 책을 팔아 인형극을 보러 가고, 그때부터 온갖 모험과 위험을 겪게 된답니다. 거짓말을 하면 코가 길어지는 피노키오는 어떤 모험을 할까요?

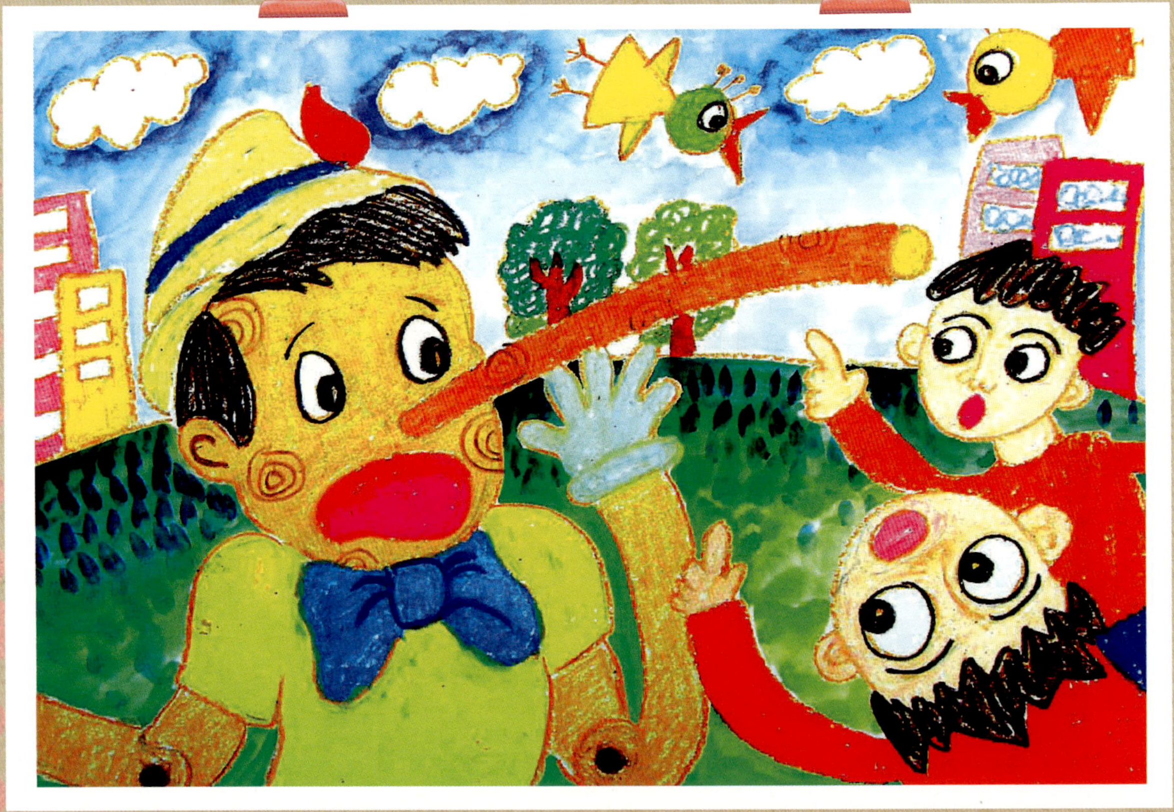

주제가 되는 피노키오를 크고 대담하게 그려 보세요. 코가 길어진 피노키오를 그려야 한눈에 알아볼 수 있겠죠? 피노키오는 나무 인형이랍니다. 피부색도 나무색으로 채색해 주세요. 고동색 크레파스로 스케치하고 크레파스와 물감으로 채색하였습니다.

제페토 할아버지께서 드디어 피노키오를 완성했습니다. 가족이 없는 제페토 할아버지께서는 나무 인형이지만 사랑을 쏟았답니다. 그러자 피노키오에게 신기한 일이 벌어졌답니다. 사람처럼 움직일 수 있게 되었지요. 제페토 할아버지의 사랑이 정말 위대합니다.

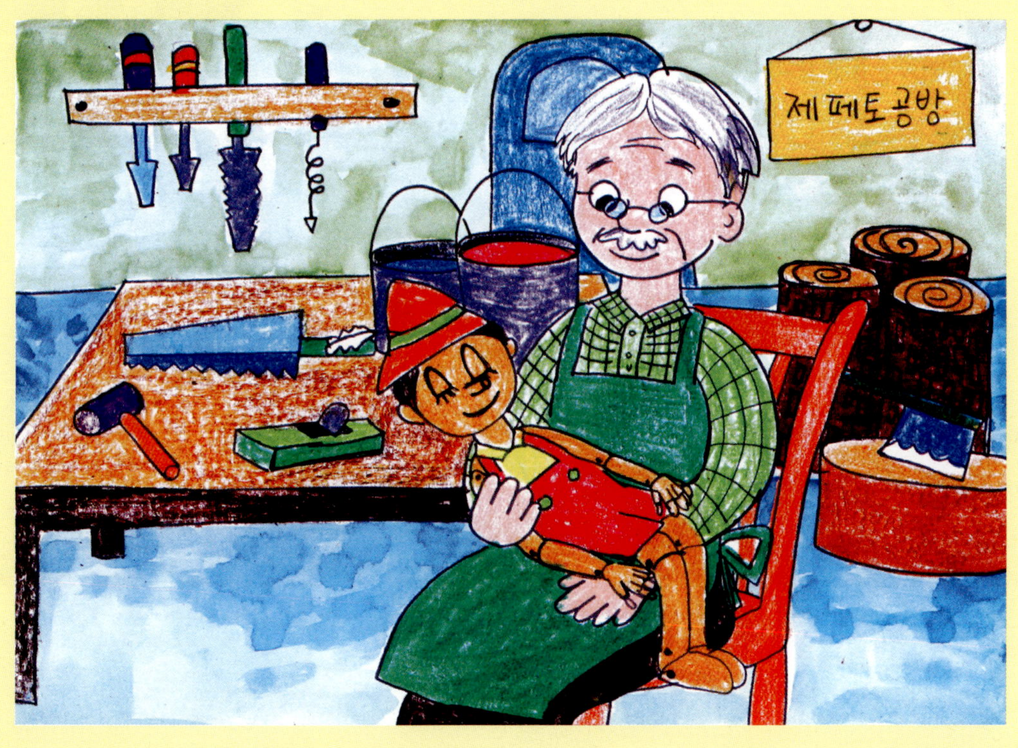

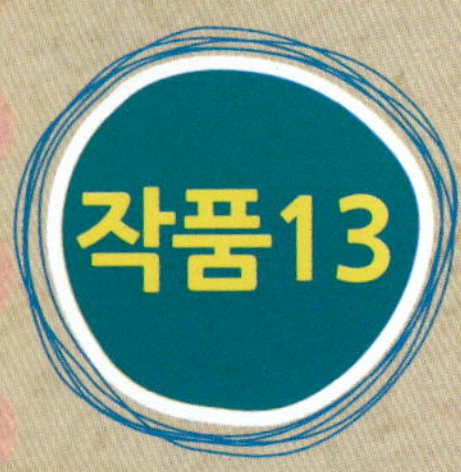

헨젤과 그레텔

집이 너무 가난하여 아버지와 새 어머니로부터 숲 속에 버려진 헨젤과 그레텔은 며칠 동안 숲 속을 헤매다 예쁜 새 소리에 이끌려 마귀할멈이 살고 있는 과자로 만든 집으로 가게 되었답니다. 마녀는 헨젤과 그레텔을 잡아먹으려 계획을 하고 헨젤과 그레텔을 가두었어요. 헨젤과 그레텔은 무사히 도망칠 수 있을까요?

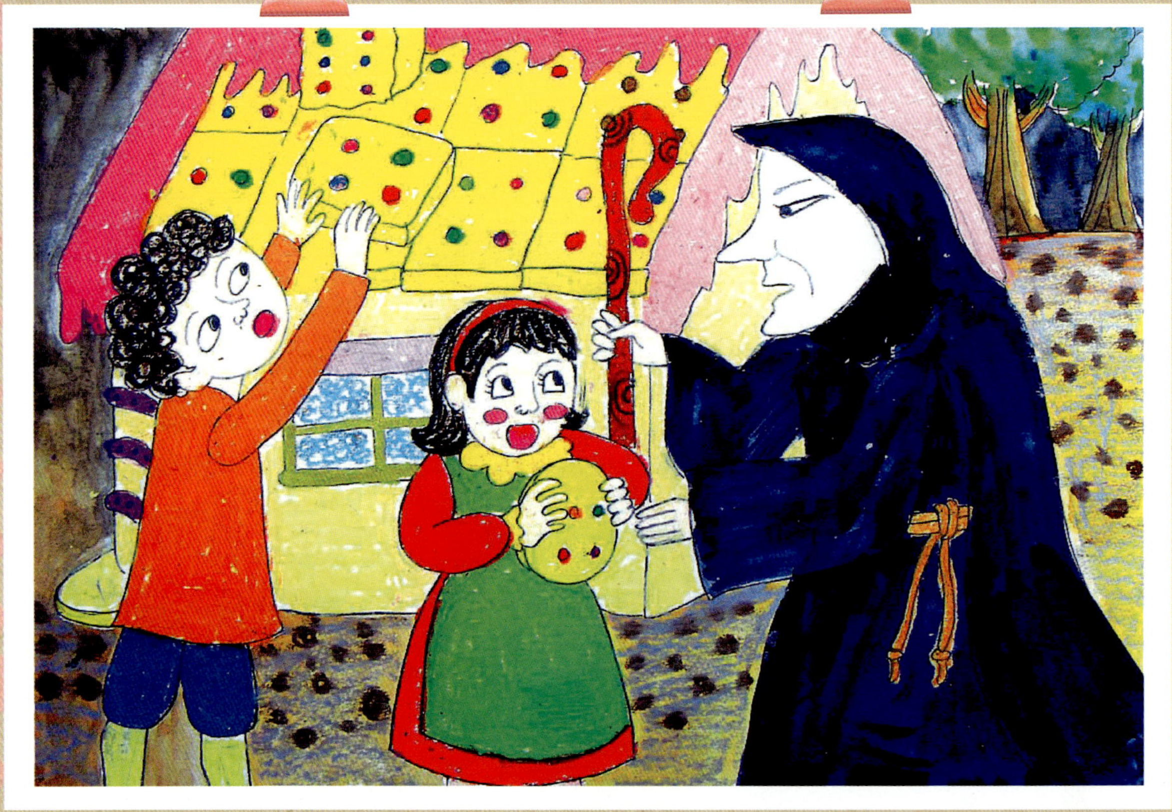

마녀의 특징을 뾰족한 코와 턱, 매서운 눈으로 표현하였어요. 과자집도 상상하여 그려 보세요. 과자집이 한눈에 들어오도록 배경을 어둡게 표현해 주세요. 네임펜으로 스케치하고 크레파스와 물감으로 채색하였습니다.

헨젤과 그레텔이 빵을 떨어뜨리며 왔던 길을 표시해 놓으려 하지만 숲속 동물들이 모두 먹어 버려 결국 숲에서 길을 잃고 말았어요. 두려움에 떨고 있는 헨젤과 그레텔을 그림으로 표현해 보세요.

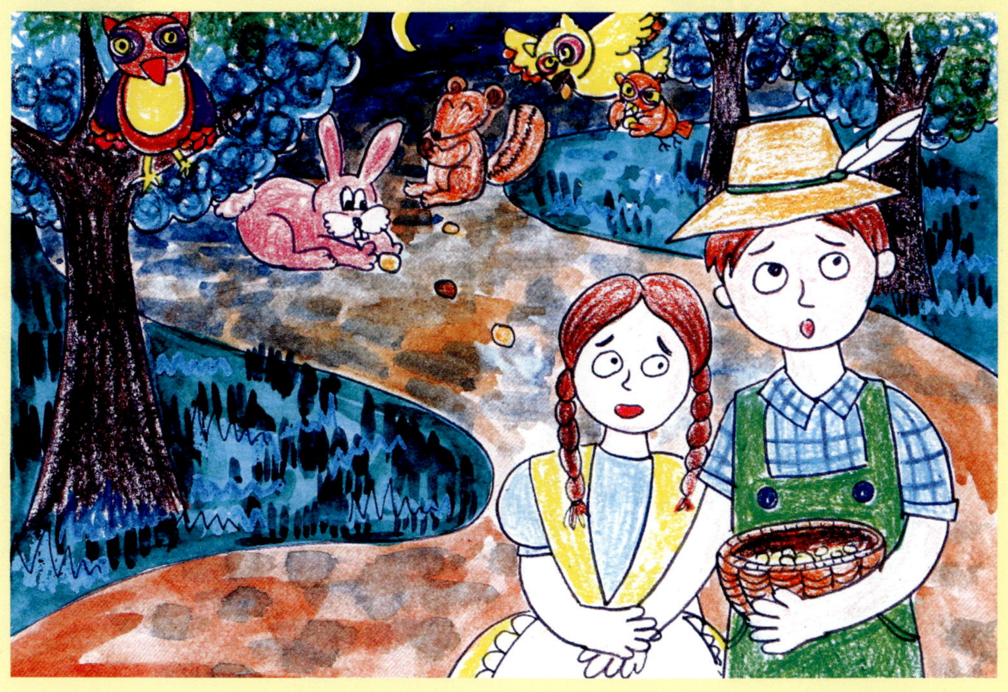

독후화를 그릴 때는 꼭 동화책 속 삽화처럼 그리지 않아도 된답니다. 내가 동화 속 주인공이 된 모습을 상상해서 그린다면 더욱 창의적인 독서 그리기가 되지 않을까요?

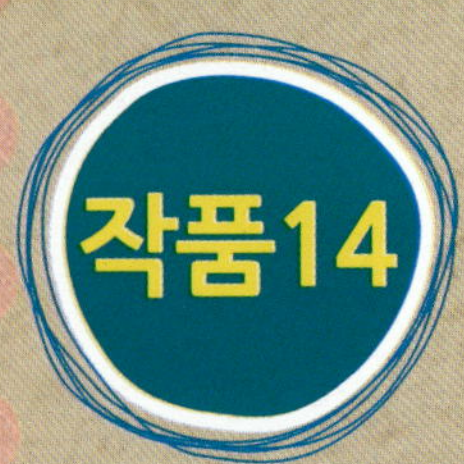

손 큰 할머니의 만두 만들기

무엇이든 엄청 크게 만드는 손 큰 할머니가 숲속 동물들과 함께 만두를 만듭니다. 이번 해도 할머니는 며칠 밤을 새우며 동물들과 만두를 빚는데 언덕만큼 솟은 만두소가 전혀 줄어들지 않자 동물 친구들은 불평을 합니다. 손 큰 할머니는 어떤 꾀를 내었을까요?

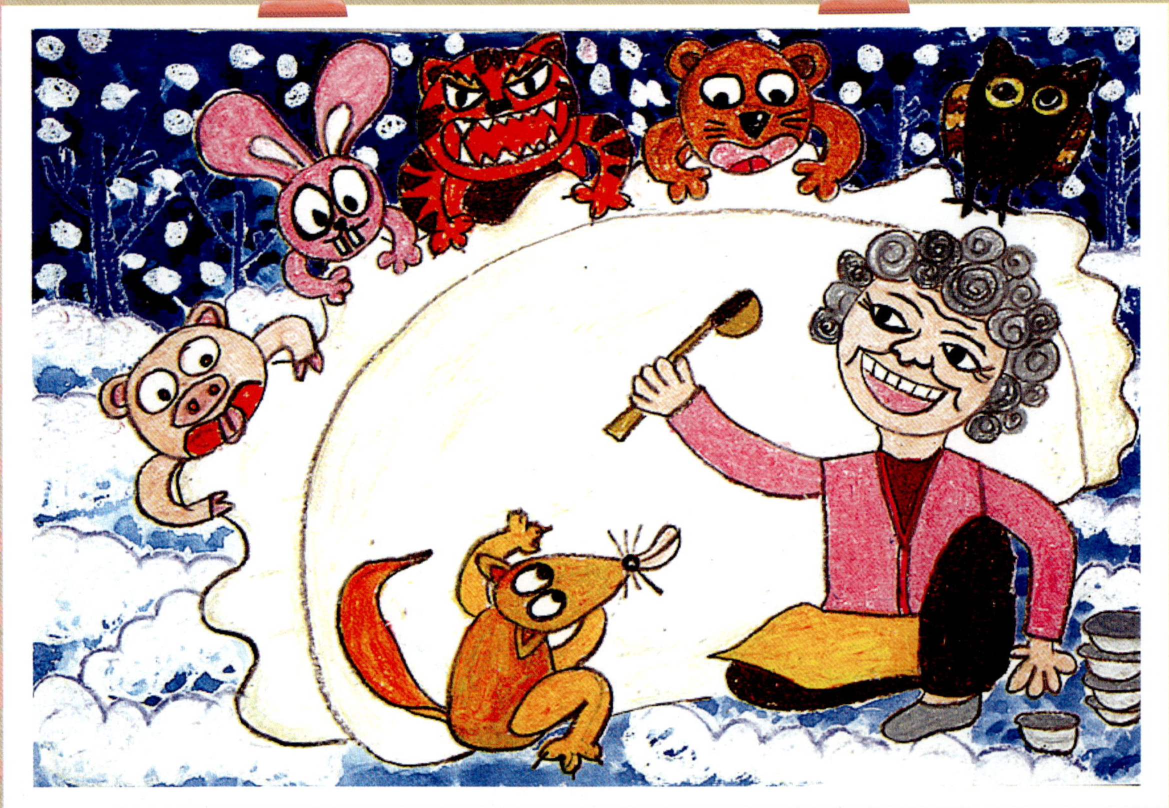

숲속 동물 친구들의 특징을 잘 살려 표현해 보세요. 인자한 할머니의 표정도 잘 생각하며 표현해 볼까요? 고동색 크레파스로 스케치하고 크레파스와 물감으로 채색하였습니다.

손 큰 할머니께서 동물 친구들과 함께 요리를 하러가는 장면을 그려 보세요. 할머니의 일손을 돕기 위해 동물 친구들도 즐거운 마음으로 할머니를 따라가고 있어요. 어떤 요리를 만들까요? 검정 색연필로 스케치하고 색연필을 이용하여 채색하였습니다.

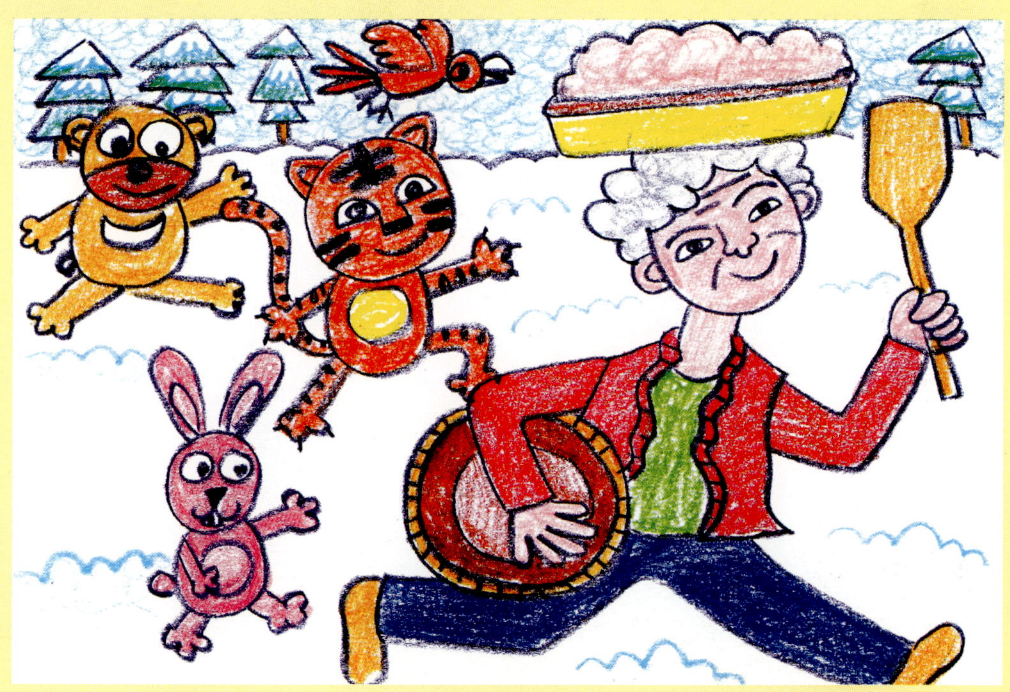

크레파스는 부드럽게 채색을 할 수 있으나 자세하게 묘사를 하기 어렵습니다. 그래서 자세하게 묘사를 해야 하거나, 작은 도화지에 그림을 그릴 때에는 색연필을 사용하는 것이 좋습니다.

해치와 괴물 사형제

해치는 해를 지키고 괴물 사형제는 해치가 지키고 있는 해를 뺏으려고 합니다. 해치가 잠이 들 때 괴물 사형제는 해를 빼앗아 네 조각내어 세상을 뜨겁게 만들었지요. 해치는 괴물 사형제와 싸워서 해를 되찾고 괴물 사형제는 땅으로 들어가 더 이상 장난을 치지 않는답니다.

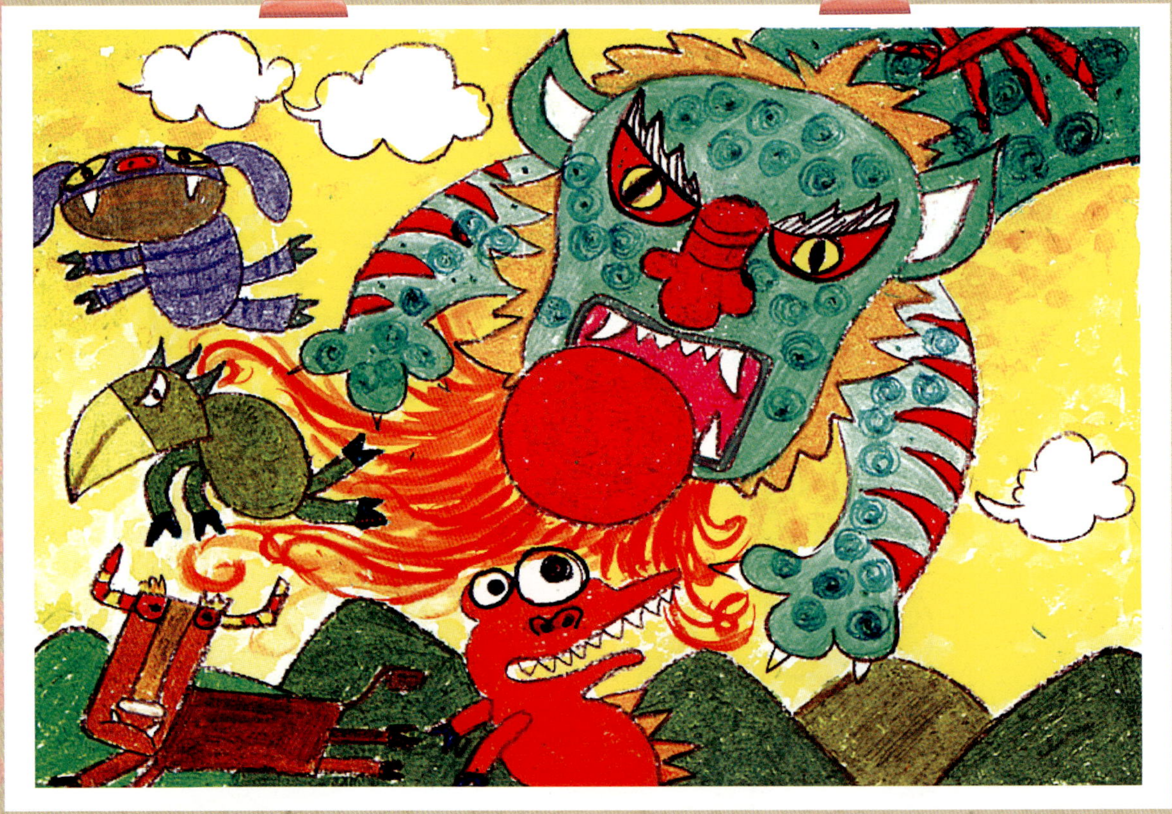

주제가 되는 해치를 크고 대담하게 표현해 볼까요? 그리고 괴물 사형제도 상상하여 표현해 보세요. 해치는 상상의 동물이랍니다. 맘껏 상상하여 표현해 보세요. 고동색 크레파스로 스케치하고 크레파스와 물감으로 채색하였습니다.

해를 몰래 훔쳐가 네 조각으로 나누어 동서남북 하늘에 해를 띄워 놓았어요. 하늘에 해가 네 개나 뜨니 세상이 뜨끈뜨끈 달아오르고 사람들은 너무 더워 숨을 못 쉴 지경이 되었습니다. 해치는 화가 나서 괴물들을 혼내주었답니다.

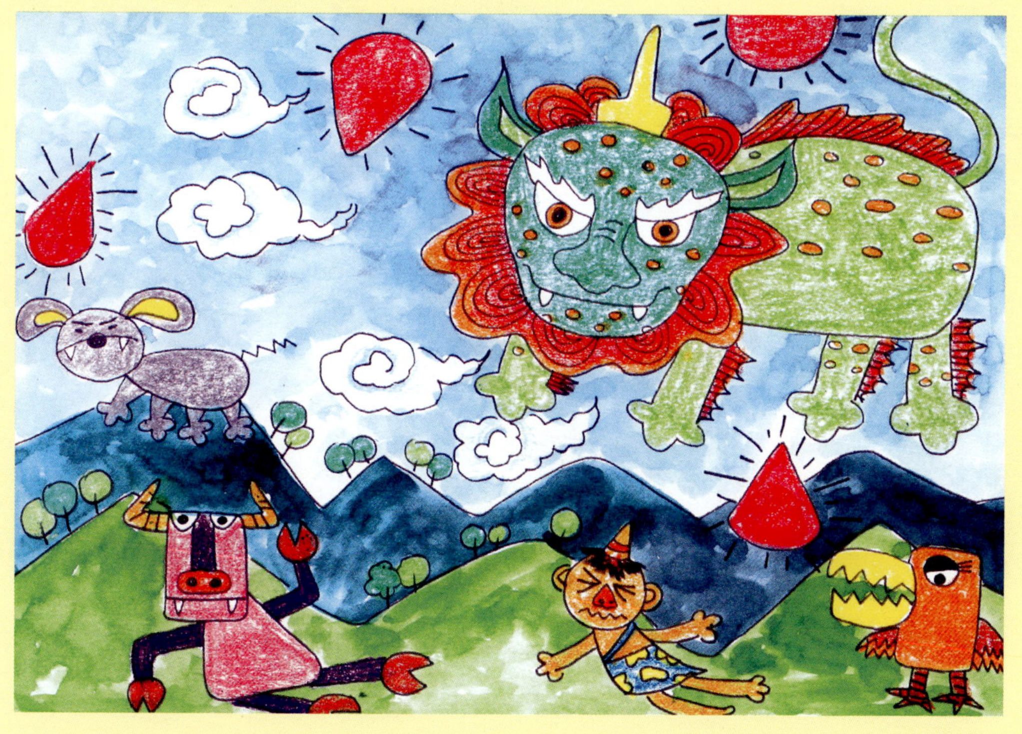

책 먹는 여우

책을 너무나 좋아해 책을 읽고 소금과 후추를 뿌려 먹어 치우는 여우 아저씨가 집에 있는 책을 모조리 다 먹어치웠답니다. 하지만 책값이 너무 비싸 마음껏 책을 읽고 먹을 수가 없었답니다. 결국 나쁜 꼬임에 빠진 여우 아저씨는 도서관 책을 훔치려다 감옥에 갇힙니다. 하지만 그동안 먹은 책을 바탕으로 멋진 책을 써 큰 성공을 한답니다.

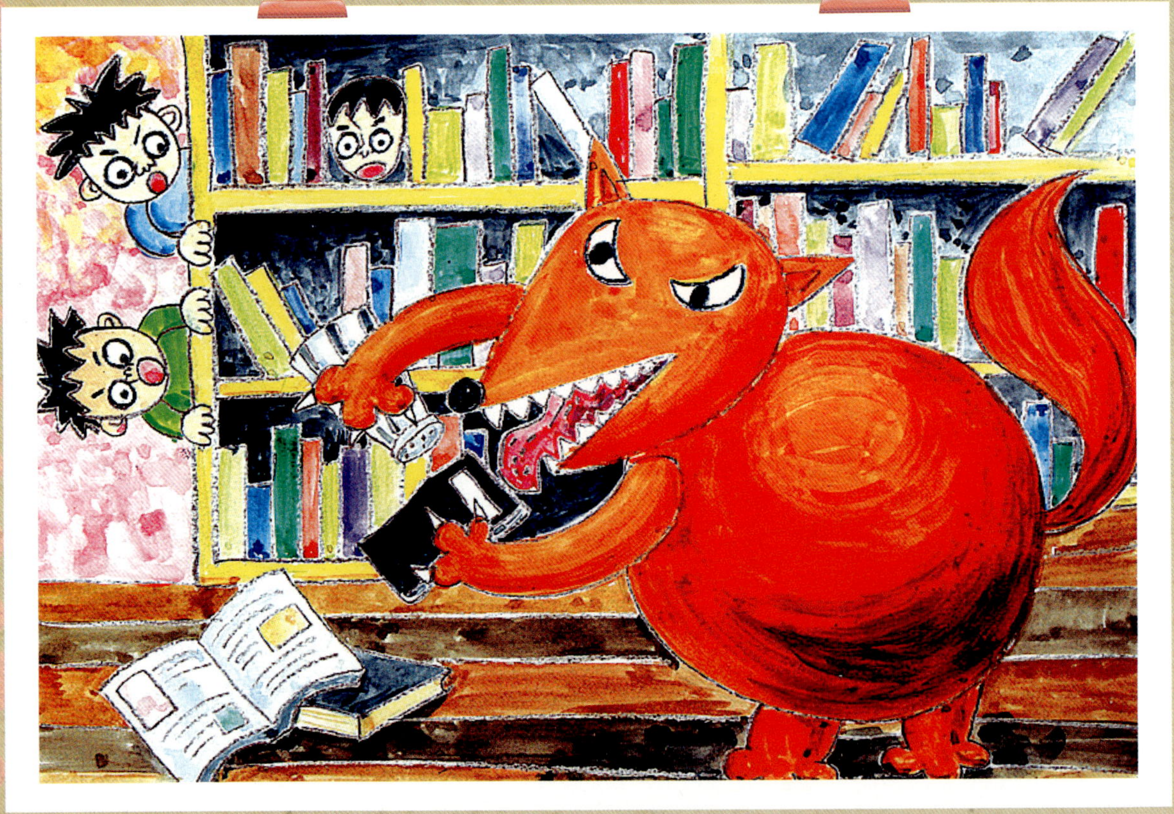

배가 빵빵한 여우 아저씨를 커다랗게 그려 보세요. 도서관에서 친구들이 깜짝 놀라 여우 아저씨를 쳐다보고 있어요. 친구들의 표정도 신경 써서 표현해 보세요. 고동색 크레파스로 스케치하고 크레파스와 물감으로 채색하였습니다.

몰래 책 먹는 여우의 앞모습도 그려 보세요. 세모난 여우의 얼굴에 호기심이 가득합니다. 그 모습을 보고 깜짝 놀란 사서의 표정도 재미나게 표현해 보세요.

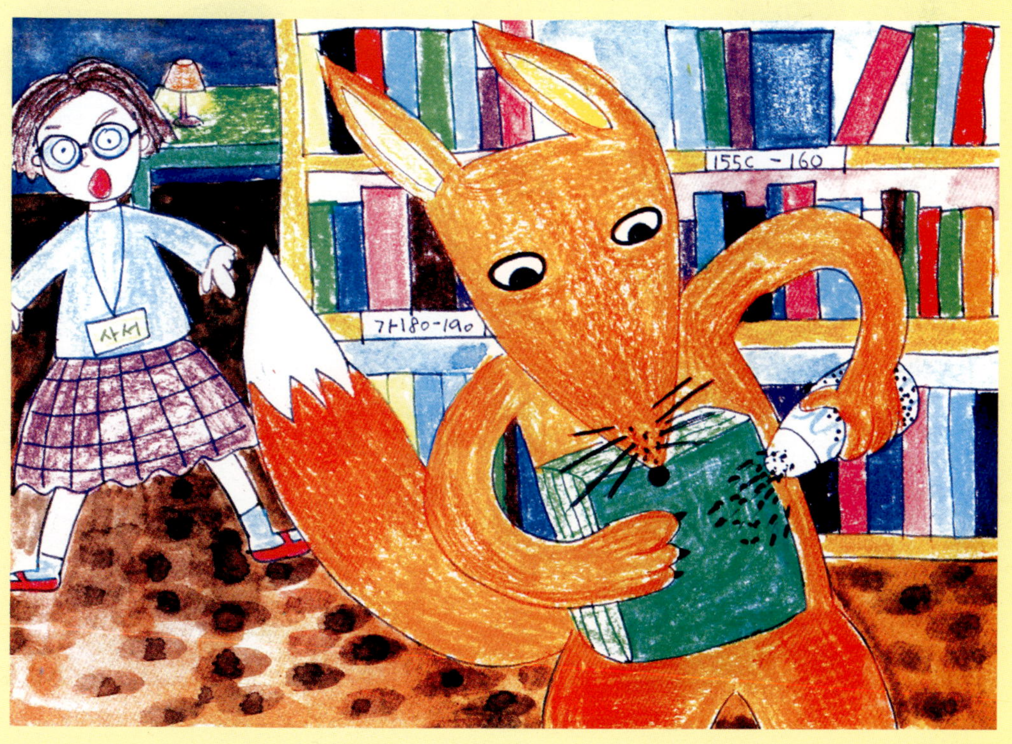

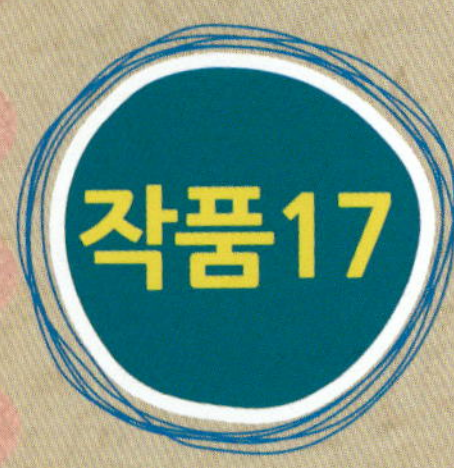

꺼벙이 억수

찬호는 올해 초등학교에 들어갔어요. 아는 친구들도 많아서 학교생활이 아주 마음에 들었어요. 특히 고은이와 한 반이 되어 학교생활에 아주 기대가 컸답니다. 하지만 딱 한 명, 억수라는 친구는 맘에 들지 않았어요. 억수는 옷도 싸구려만 입는 데다 자주 빨지도 않는 것 같았어요. 세수를 안 하는지 까만 피부는 늘 지저분했어요. 찬호의 학교생활에 어떤 일들이 벌어질까요?

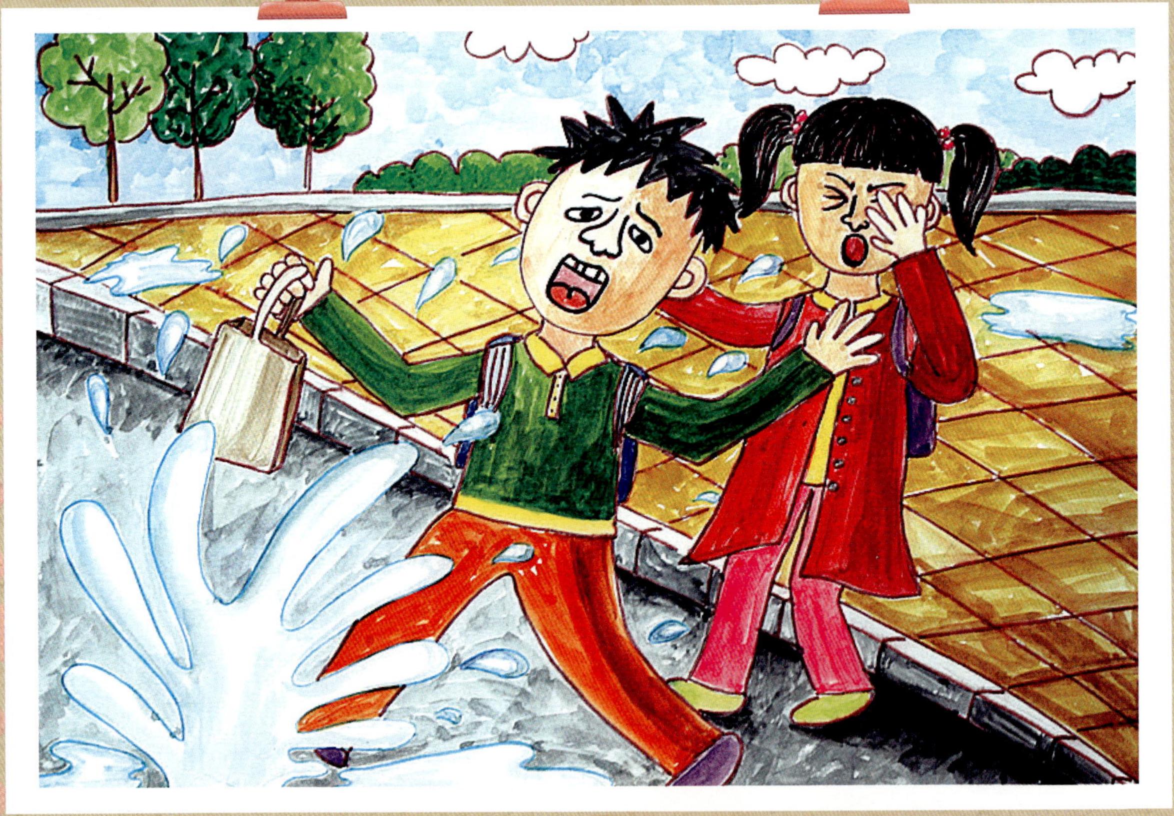

초등대회미술

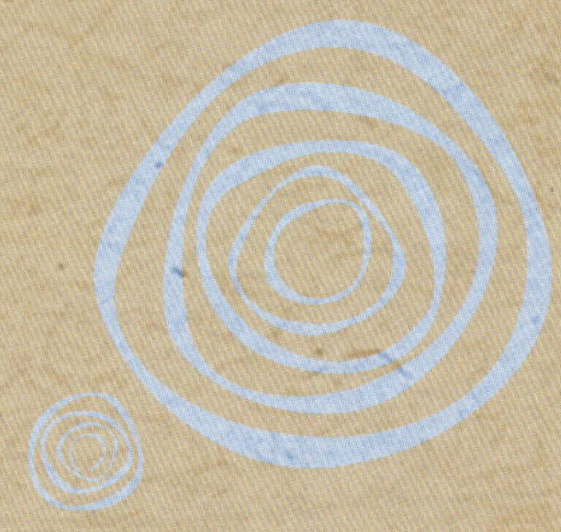

커다란 트럭이 지나가며 튄 물에 고은이의 옷을 버릴 뻔 했지만 억수가 몸으로 막아주는 장면을 그려보았어요. 이때 주의할 점은 물을 먼저 그리고 억수를 그려 주어야 한다는 것입니다. 겹치는 부분을 잘 생각하며 표현하세요. 깜짝 놀라 눈을 꼭 감고 있는 고은이도 억수 뒤에 그려 보세요. 네임펜으로 스케치하고 물감으로 채색하였습니다.

꺼벙이 억수와 찬호는 결국 사이좋은 친구가 되었습니다. 비록 학급별은 억수가 되었지만 찬호의 가슴엔 더 큰 별 하나가 들어왔답니다.

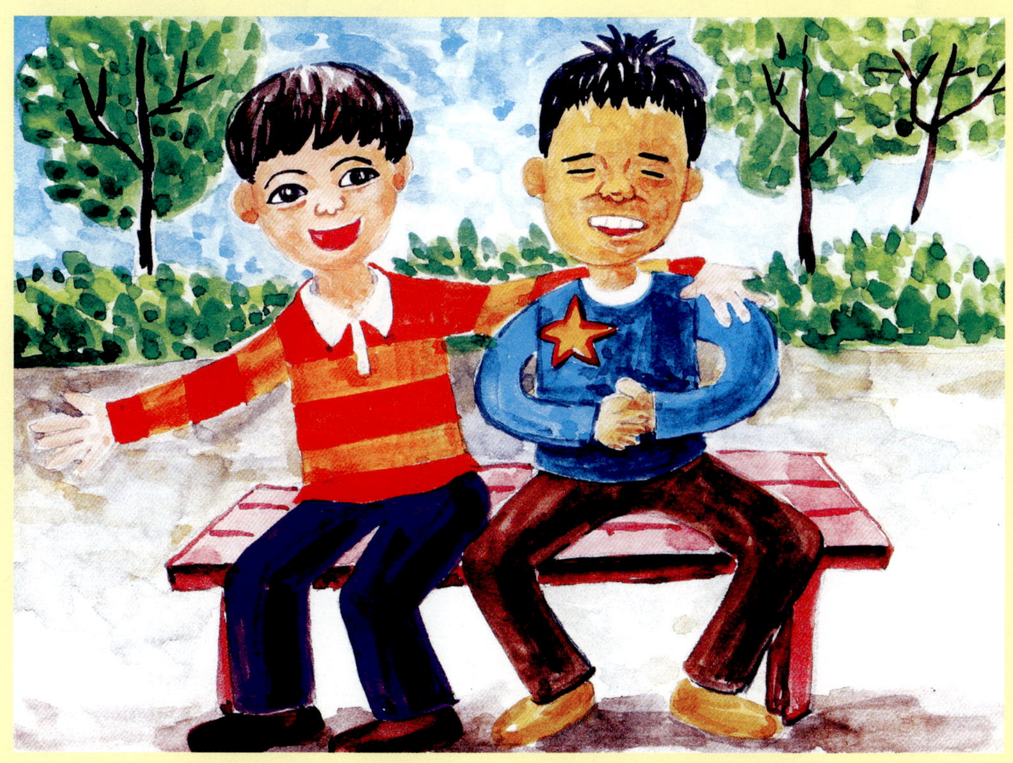

수채화로 그릴 때에는 10색상환의 색과 보색관계를 모두 이해하고 어두운 면은 보색을 섞어 한 번씩 눌러 주세요. 그럼 쉽게 입체감을 표현할 수 있습니다.

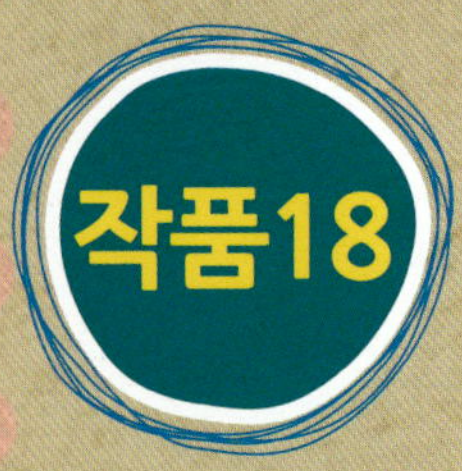

짜장 짬뽕 탕수육

새 학교로 전학 온 종민이네 집은 중국 음식점입니다. 학교 화장실에서 왕, 거지 놀이를 벌이던 아이들이 화장실 거지 자리에 선 종민이에게 거지라고 놀립니다. 종민이는 친구들과의 관계를 어떻게 해결해 갈까요?

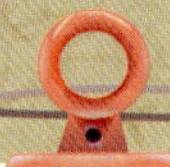
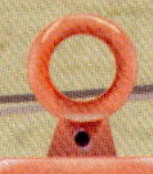

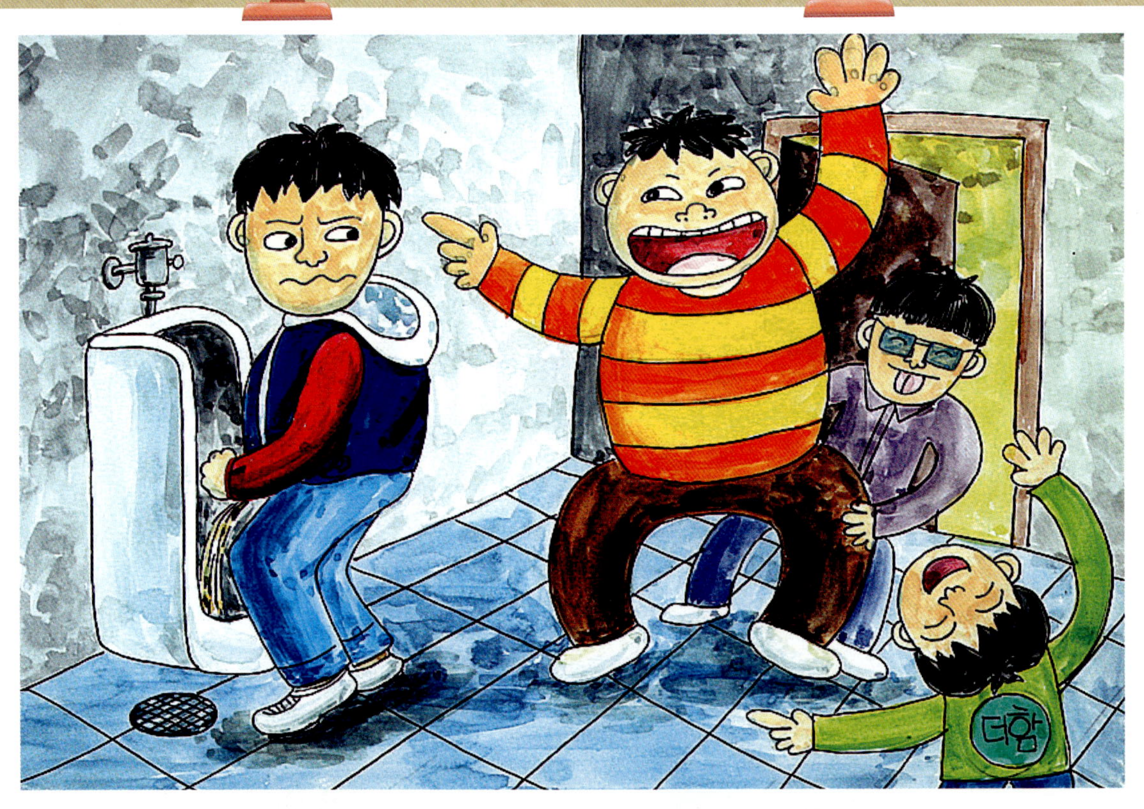

그림의 배경은 학교 화장실입니다. 놀리는 친구들과 왕따를 당하는 친구의 표정과 행동을 과장하여 표현해 볼까요? 큰 덩치의 친구는 더욱 크게, 함께 놀리는 친구들은 작게 표현하면 더욱 재미있답니다. 네임펜으로 스케치하고 물감으로 채색하였습니다.

종민이는 수업시간에 오줌이 마려웠습니다. 두 손을 모아 고추를 꼭 잡고 다리가 떨릴 만큼 급했습니다. 기다렸던 종소리가 울리자마자 화장실로 뛰어갔답니다. 화장실이 급한 종민이를 그려 보세요.

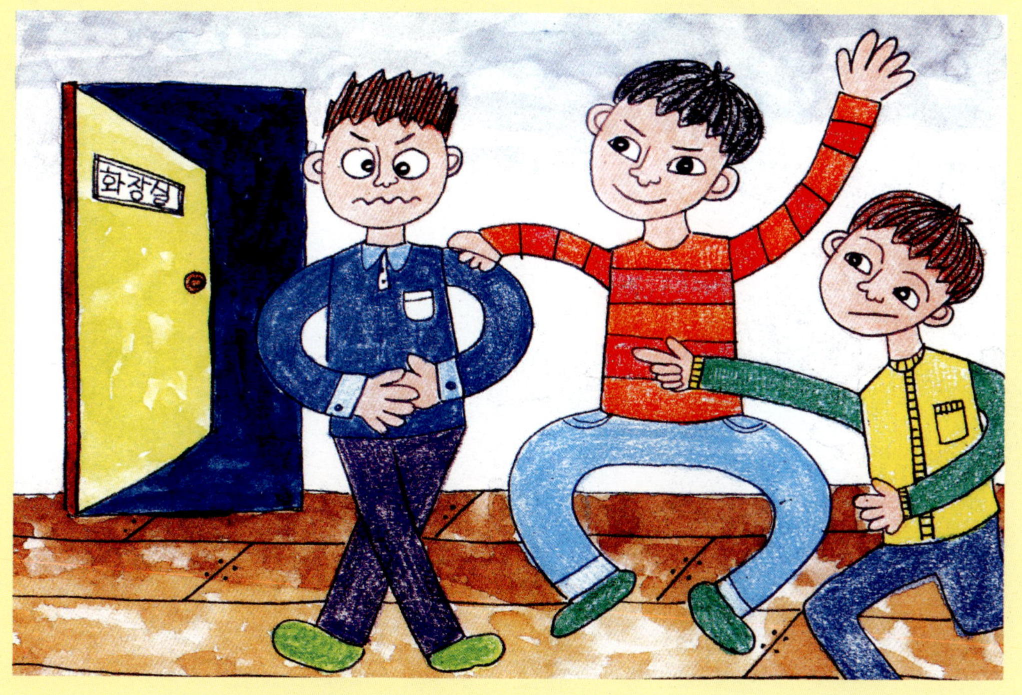

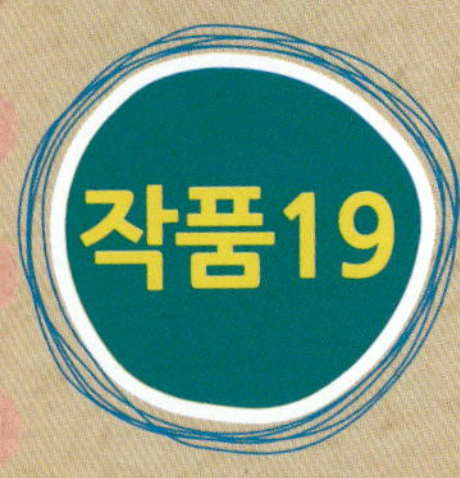

까막눈 삼디기

아홉 살 소년 삼디기는 초등학교 2학년이지만 글을 읽지 못합니다. 아빠가 돌아가신 후 엄마는 돈을 벌러 나가고 글을 모르는 일흔 살이 넘으신 할머니와 함께 살고 있습니다. 친구들은 삼디기를 까막눈이라고 놀리면서 함께 놀지 않고 삼디기는 자신을 따돌리는 친구들에게 심술을 부렸지요. 그러던 어느 날 보라가 전학 와 삼디기의 짝꿍이 되었어요. 삼디기는 자신에게 관심을 갖는 보라에게 짓궂게 굴었지만 보라는 자상하게 삼디기에게 글을 알려주고 동화책도 빌려주었답니다.

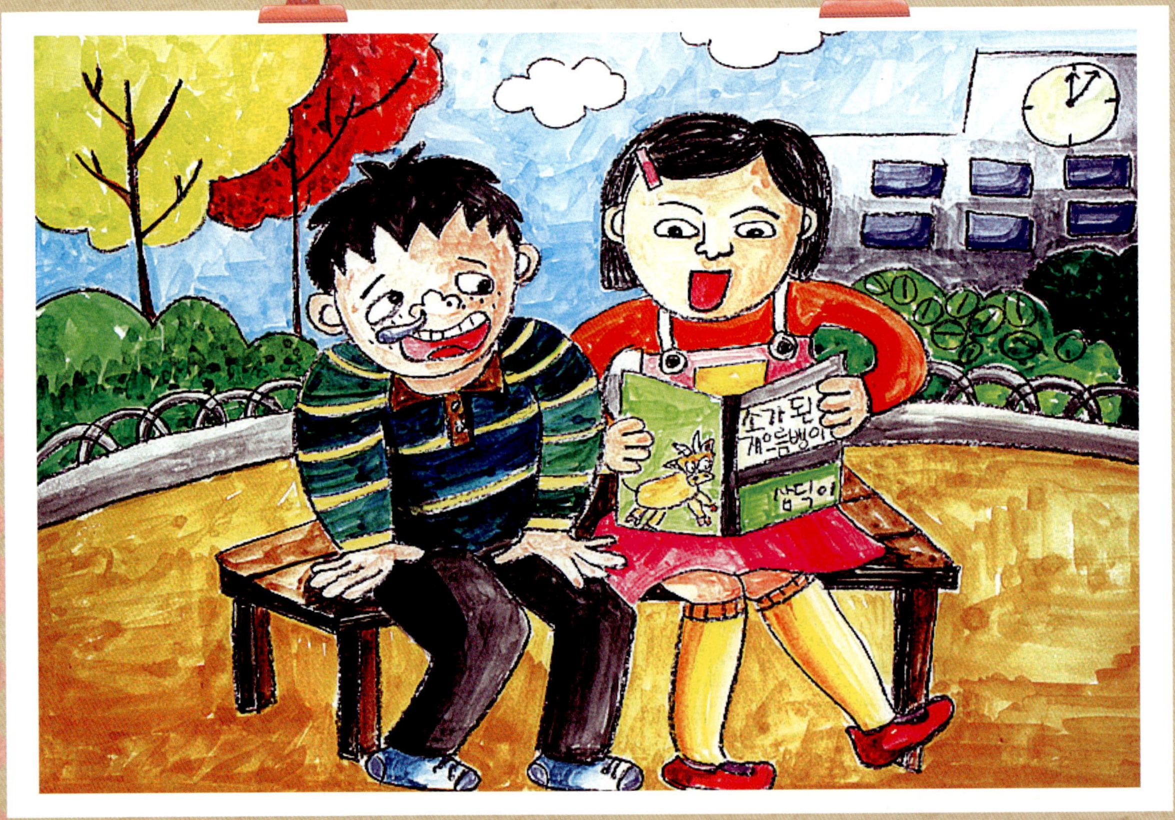

학교 벤치에 앉아 책을 읽어주는 보라의 모습과 삼디기의 부끄러워하는 모습이 잘 드러나
도록 표현하였습니다. 물감 채색이 서툰 친구들은 연필보다 색연필로 스케치하고 채색하면
더 쉬워요. 검정 색연필로 스케치하고 물감으로 채색하였습니다.

삼디기를 싫어하는 친구들이 모두 삼디기를 놀리고 있어요. 삼디기는 얼마나 속상할까요?
네임펜으로 그리고 크레용과 물감으로 채색하였습니다.

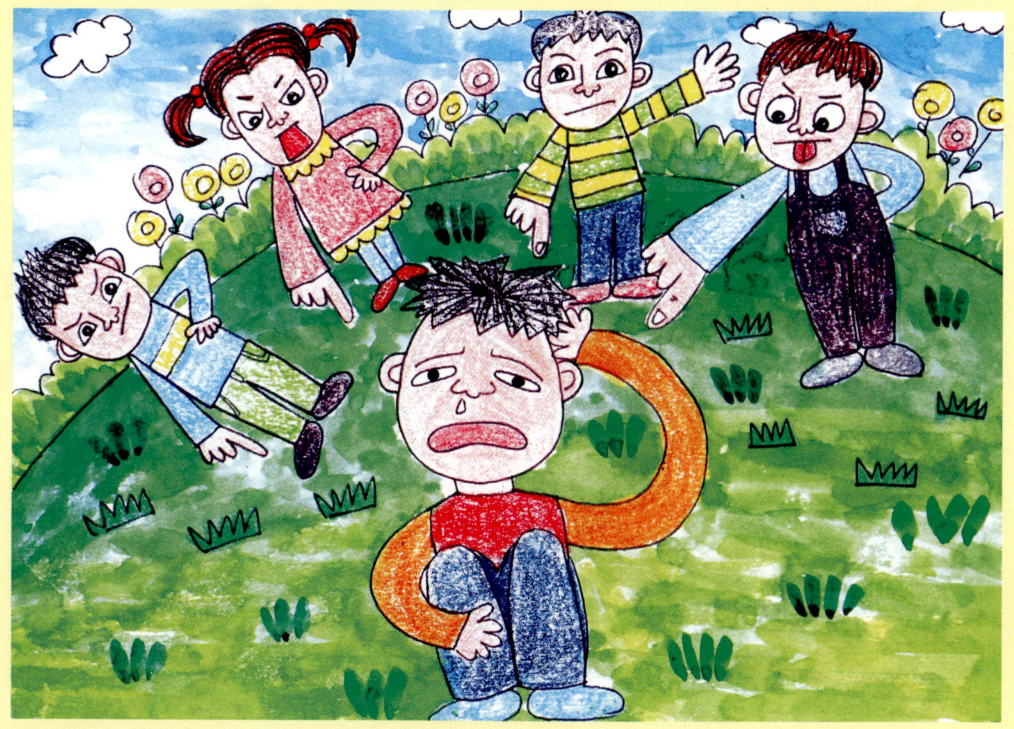

알아두면 좋아요

손가락질을 하고 있는 친구들의 손가락을 크게 강조하여 그려 보세요. 아이들은 손을 아
주 작게 그린답니다. 아이들의 손과 얼굴의 크기를 실제로 비교해 보면 아이들이 좀 더 이
해하기 쉽겠죠?

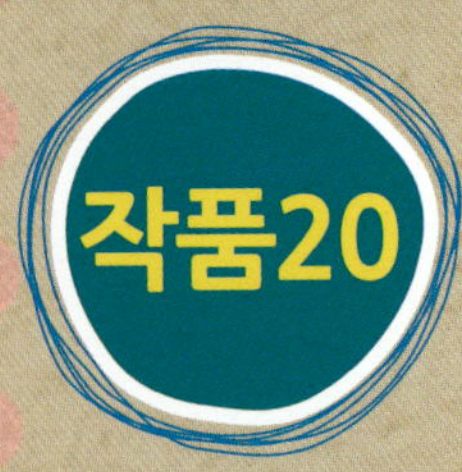

재주꾼 오형제

옛날 옛적에 자식이 없던 늙은 부부가 아이를 갖게 해 달라고 빌었대요. 그래서 삼신 할머니는 꿈에 나타나 오줌을 누어 뒷마당에 묻어두라고 했대요. 열 달이 지나 땅을 파 보니 아이가 들어 있었어요. 단지에서 태어났으니 '단지손이'라고 불렀답니다. 단지손이는 세상 구경을 떠나 콧김손이, 오줌손이, 배손이, 무쇠손이를 만나 넓은 세상을 향해 여행을 떠난답니다.

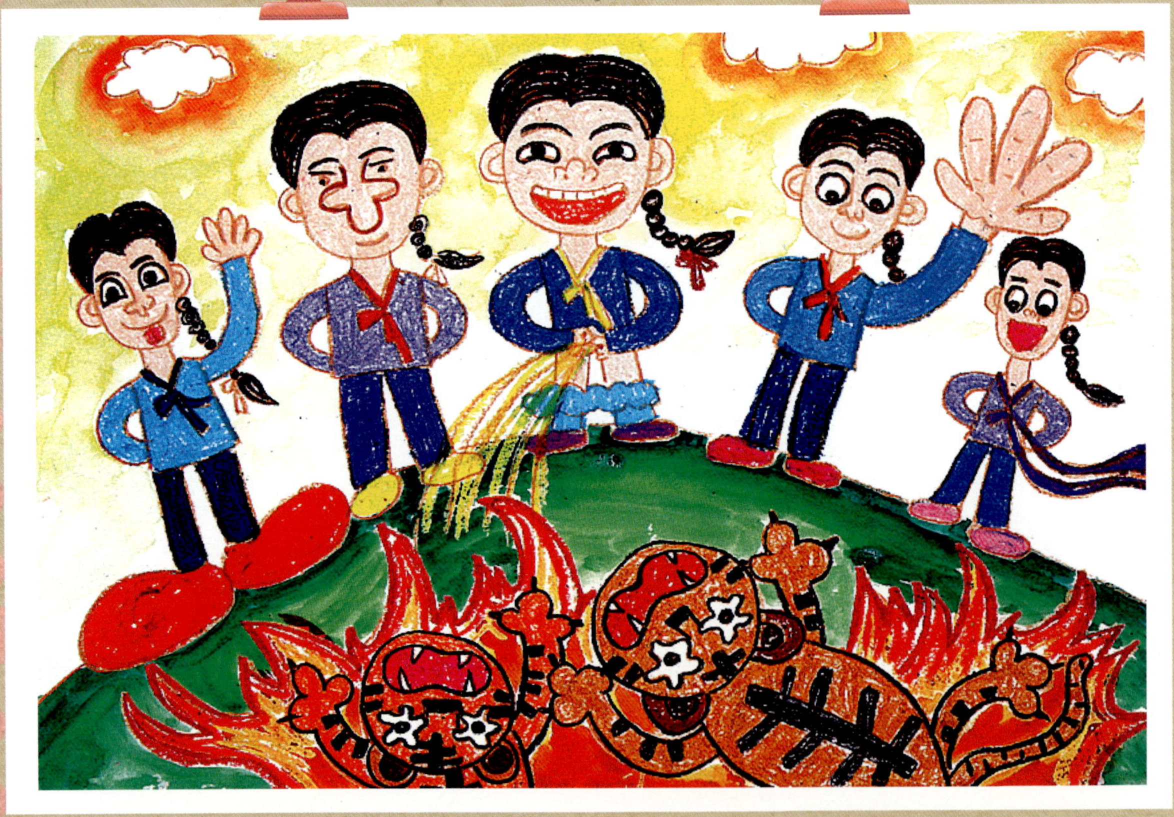

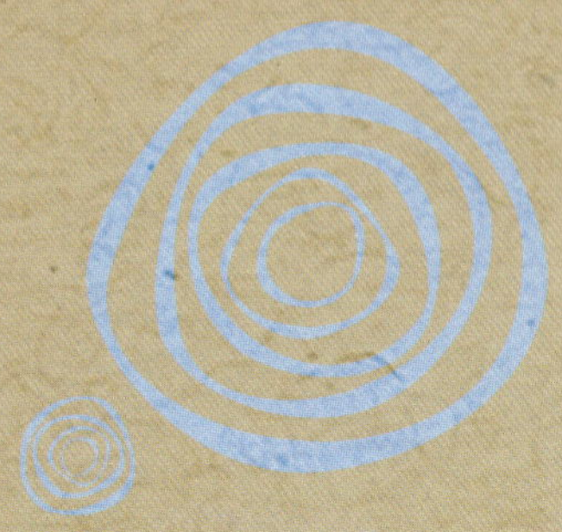

황갈색 크레용으로 스케치하고 크레파스와 물감으로 채색하였습니다. 콧김손이, 오줌손이, 배손이, 무쇠손이의 특징이 드러나도록 개성 있게 표현하였어요. 황갈색 크레파스로 스케치하고 크레파스와 물감으로 채색하였습니다.

재주를 하나씩 가지고 있는 오형제가 모두 모여 재주를 뽐내고 있어요. 오형제들의 각자 특징을 살려 그림으로 표현해 보세요.

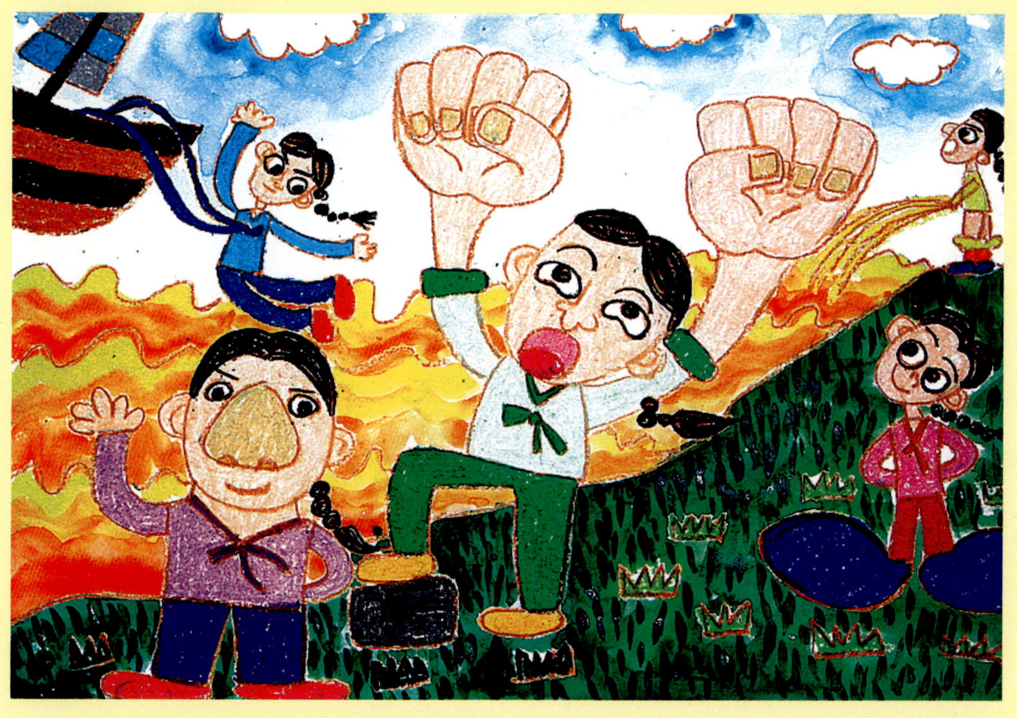

교통안전 그리기

뉴스에서 우리나라 교통사고 사망률이 높다는 뉴스를
자주 들어보았을 거야.
특히 어린이 교통사고는 더 심각하지.
교통사고를 예방하려면 우리 스스로가 조심해야겠지?
길을 건널 때, 학교 앞 차가 다니는 길을 지날 때
우리 스스로 얼마나 조심하며 행동했는지 생각해 볼까?
불쑥불쑥 자동차가 다니는 길로 뛰어들지는 않았는지,
길을 건널 때 게임기나 스마트폰을 들여다보거나
다른 곳에 한눈을 팔지는 않았는지 반성해 보자.
운전을 하는 운전자들도 조심해야 하지만,
우리 스스로 안전을 지키려는 노력이 더 필요해.

교통안전 그리기는 왜, 어떻게 할까?

우리나라의 어린이(만14세 미만) 교통사고 사망자 수(10만 명당 1.9명)는 OECD 국가 평균(10만 명당 1.6명)보다 높고, 독일, 일본, 영국보다는 2배 이상 월등히 높다고 합니다. 교통사고의 원인은 그 나라의 교통량, 교통시스템에도 있을 수 있으나, 구성원의 교통안전에 대한 인식이나 교육이 미흡한 것도 커다란 원인입니다.

우리나라에서도 어린이 교통사고를 줄이기 위해 전국 대부분의 초등학교 앞에 어린이 보호구역을 지정하여 보호구역 내에서는 주정차 금지, 제한속도 30km/h 등의 속도 규제 그리고 각종 안전 시설 설치 등을 실시하고 있어 어린이 교통사고 예방에 기여하고 있습니다.

하지만 어린이 교통사고 예방을 위해서는 우리의 행동과 생각이 먼저 변해야 합니다. 이를 위해 운전자뿐만 아이라 어린이에 대한 교통안전 교육이 꼭 필요합니다.

초등학교에서 어린이 교통안전 교육의 일환으로 교통안전 그리기 대회를 실시하는 이유가 여기에 있다고 할 수 있습니다. 일상생활에서 경험했던 교통안전에 관한 이야기를 그림으로 표현해 보세요.

교통안전에 관한 이야기를 그릴 때는 먼저 교통사고의 유형에는 어떤 것들이 있는지 살펴보면 좋습니다. 또, 교통안전에 관한 포스터 등을 인터넷에서 검색해 보는 것도 좋은 아이디어를 얻을 수 있는 방법이 됩니다.

교통사고의 유형

1. 무단횡단사고
2. 신호등이 있는 횡단보도 사고
3. 신호등이 없는 횡단보도 사고
4. 주정차된 차량 사이 횡단 사고
5. 갑자기 뛰어나오다 발생한 사고
6. 버스의 바로 앞뒤 횡단 사고
7. 큰 차가 회전하다가 나는 사고
8. 차 뒤의 밑에서 놀다 일어나는 사고
9. 보호 장구 미착용으로 일어나는 사고
10. 자전거와 킥보드 사고

3초만 기다리세요

횡단보도를 건널 때는 차와 거리가 먼 오른쪽으로 걷는 것이 안전하답니다. 그리고 초록색 불이 들어와도 그냥 지나치는 차가 있으니 꼭 차가 멈추었는지 확인하고 천천히 길을 건너야 합니다. 횡단보도를 건널 때는 서두르지 말고 3초만 기다렸다 건너는 습관을 들이도록 합시다.

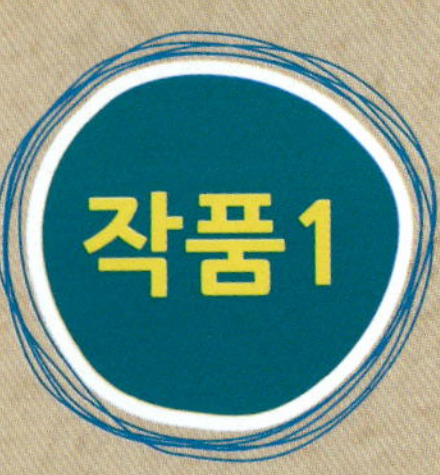

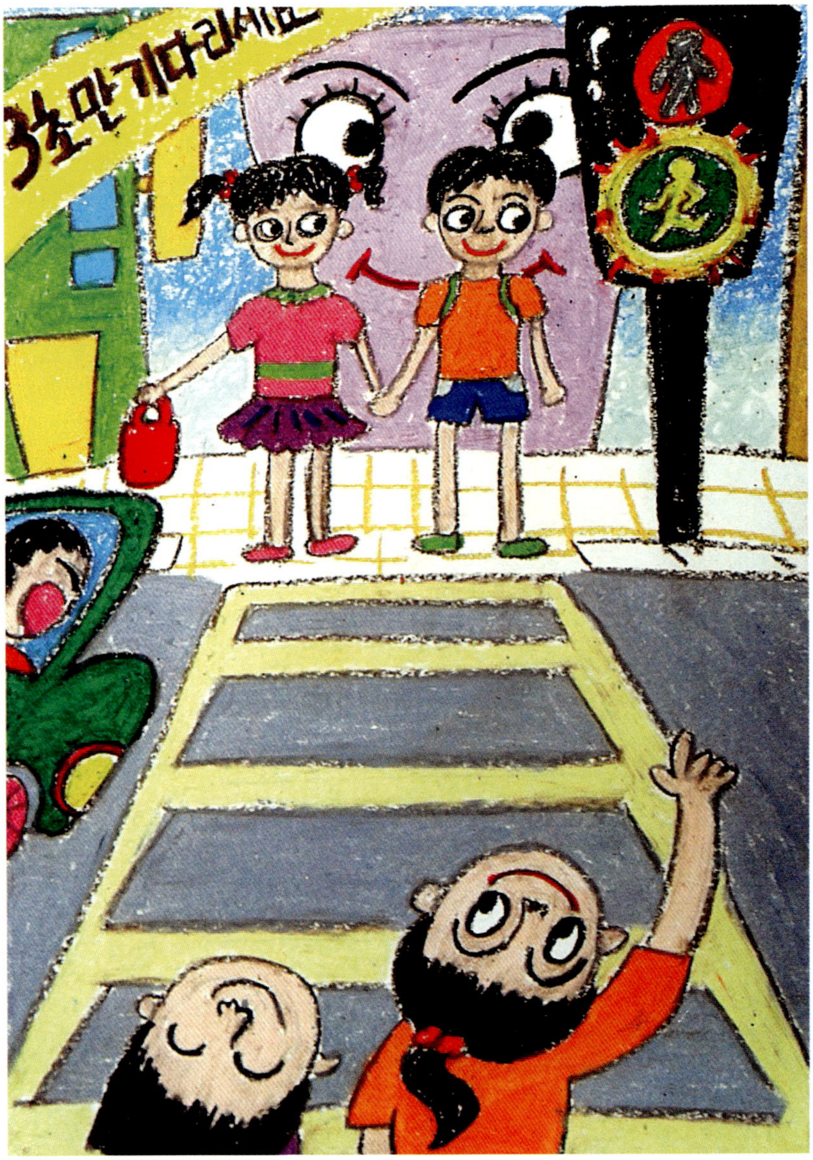

그림에 말풍선이 들어가면 만화처럼 보이지만 표어가 들어가면 정확하게 메시지를 전달할 수 있어요. 초록불이 켜진 상황을 표현하기 위하여 초록 신호등에 빨간색 크레파스로 강조를 하였답니다. 고동색 크레파스로 스케치하고 크레파스를 이용하여 채색하였습니다.

신호등이 없는 길을 건널 때는 꼭 어른과 함께 길을 건너야 합니다. 그리고 자동차도 항상 보행자를 보호하며 서행해야 합니다.

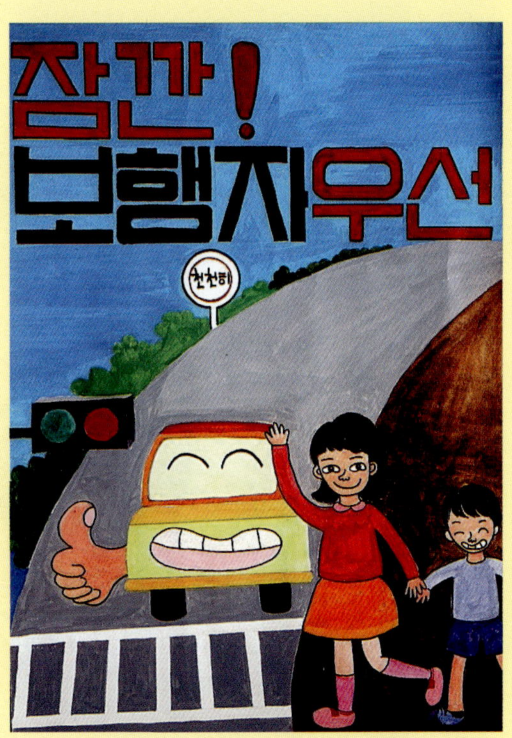

포스터를 그릴 때 꼭 포스터 물감으로만 채색을 해야 하는 것은 아니랍니다. 수채화 물감으로 채도가 높게 채색을 하며 주제가 한눈에 들어올 수 있도록 배경은 채도가 낮은 색으로 채색해 보세요.

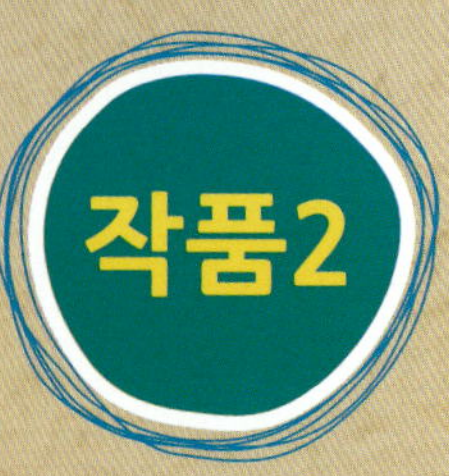

과속은 이제 그만

어린이가 많은 학교나 학원가, 주택가 등에서는 운전을 하는 운전자들이 서행운전을 해야 합니다. 어린이들은 갑자기 튀어 나오거나 키가 작아 안 보이는 경우가 많기 때문이지요. 이런 규칙을 지키지 않는 운전자들은 벌을 받게 됩니다. '과속은 이제 그만'이라는 포스터를 만들어 어른들에게 주의를 당부해 보세요.

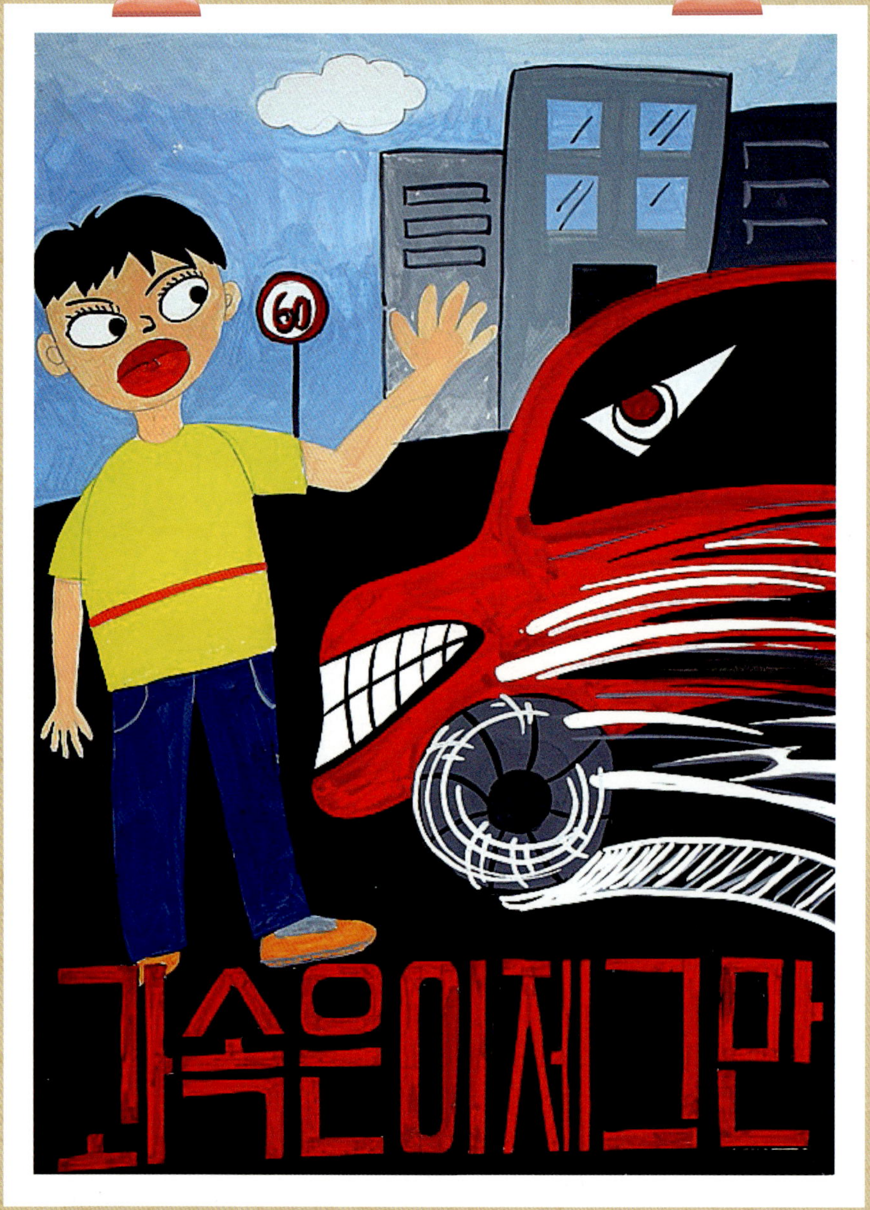

자동차를 의인화하여 눈과 입을 표현하였어요. 무섭게 달리는 자동차의 이미지를 보여줌으로써 과속이 위험하다는 느낌을 주는 효과가 있습니다. 연필로 스케치하고 포스터물감으로 채색하였습니다.

다르게 그려봐요

어린이 보호구역 안에서는 더욱더 자동차가 서행 및 조심 운전을 해야 합니다. 우리 어린이들도 당연히 자동차가 다니는 길 주변에서는 주위를 잘 살피고 길을 건너야 하겠습니다.

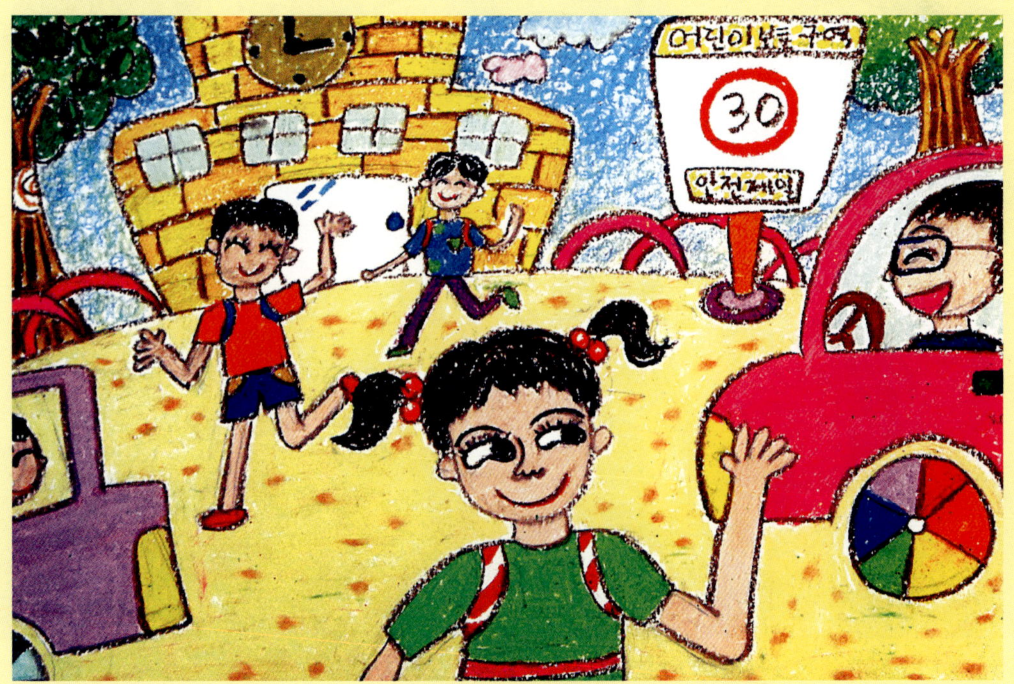

알아두면 좋아요

크레파스로 배경까지 채색할 때에는 힘들지 않게 크레파스를 동글동글 굴려 표현하는 롤링법으로 채색해 보세요. 시간도 절약되고 쉬우면서도 재미있게 작품을 완성할 수 있어요.

내릴 때는 오토바이를 조심해요

기동성이 있는 오토바이는 좁은 길도 빠르게 쌩쌩 지나다니기 때문에 언제 어디서 튀어나올지 알 수가 없습니다. 따라서 버스나 택시, 자동차 등에서 내릴 때 무작정 문을 열고 내리지 말고 문을 열기 전에, 그리고 내리는 순간에도 앞뒤, 좌우를 반드시 살펴보고 내리는 습관을 들이도록 하세요.

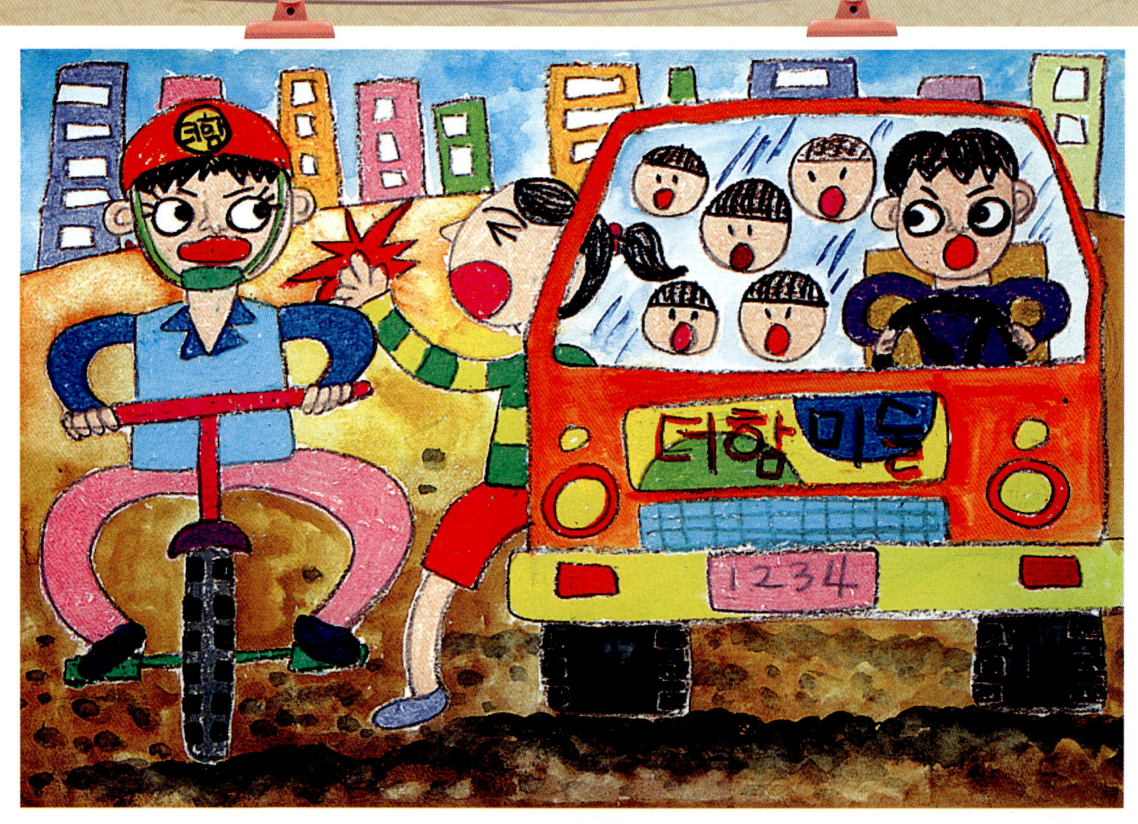

유치원이나 학원 차에서 내릴 때에도 조심해야 합니다. 주위를 살피지 않고 내리면 지나가는 자전거나 오토바이에 부딪혀 다칠 수 있어요. 이 그림에서는 오토바이에 부딪히는 모습을 어떻게 표현했는지 관찰해 보세요. 크레파스로 스케치하고 주제 부분은 크레파스, 배경은 물감으로 채색하였습니다.

버스에서 내리는 장면도 그려 보세요. 오토바이는 인도와 차도 사이 좁은 길로도 다닐 수 있기 때문에 버스에서 내릴 때도 조심, 또 조심해야 해요.

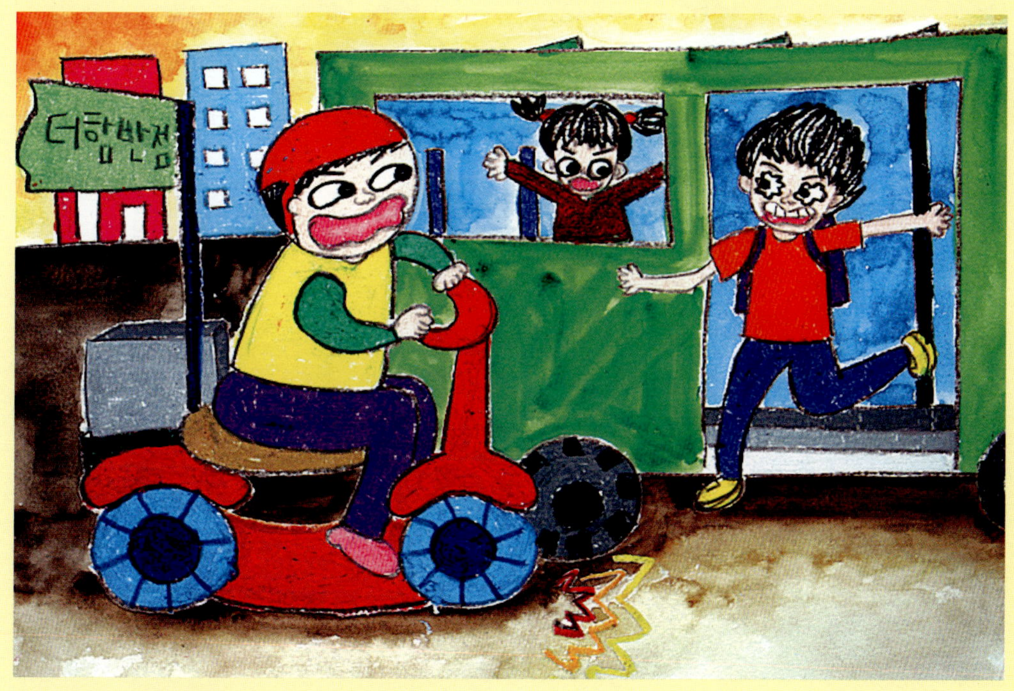

대회그림은 한눈에 들어오게 큼직하게 그리는 것도 중요하지만 주제 부분을 채도가 강하게 채색하는 것도 중요합니다. 멀리 있는 아파트는 채도가 낮은 색으로 채색해 주세요. 그래야 주제가 한눈에 들어오겠죠?

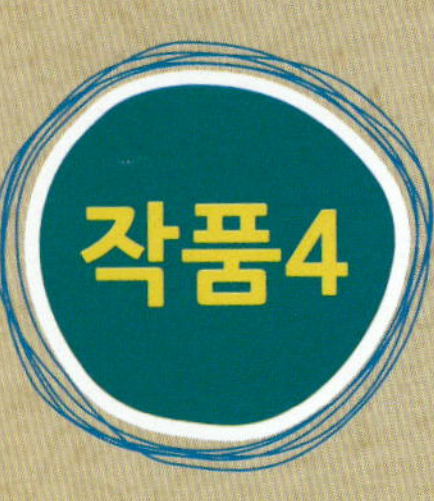

함부로 뛰어들지 마세요

길 건너편에 엄마나 친구가 있다고 주위를 살피지 않고 무작정 길을 건너면 대단히 위험합니다. 길을 건널 때나 차도로 나갈 때면 항상 먼저 걸음을 멈춘 후 차가 오는지 왼쪽과 오른쪽을 모두 살핀 다음 횡단보도로 건너야 합니다. 아무리 반가워도 안전이 먼저라는 것! 잊지 마세요.

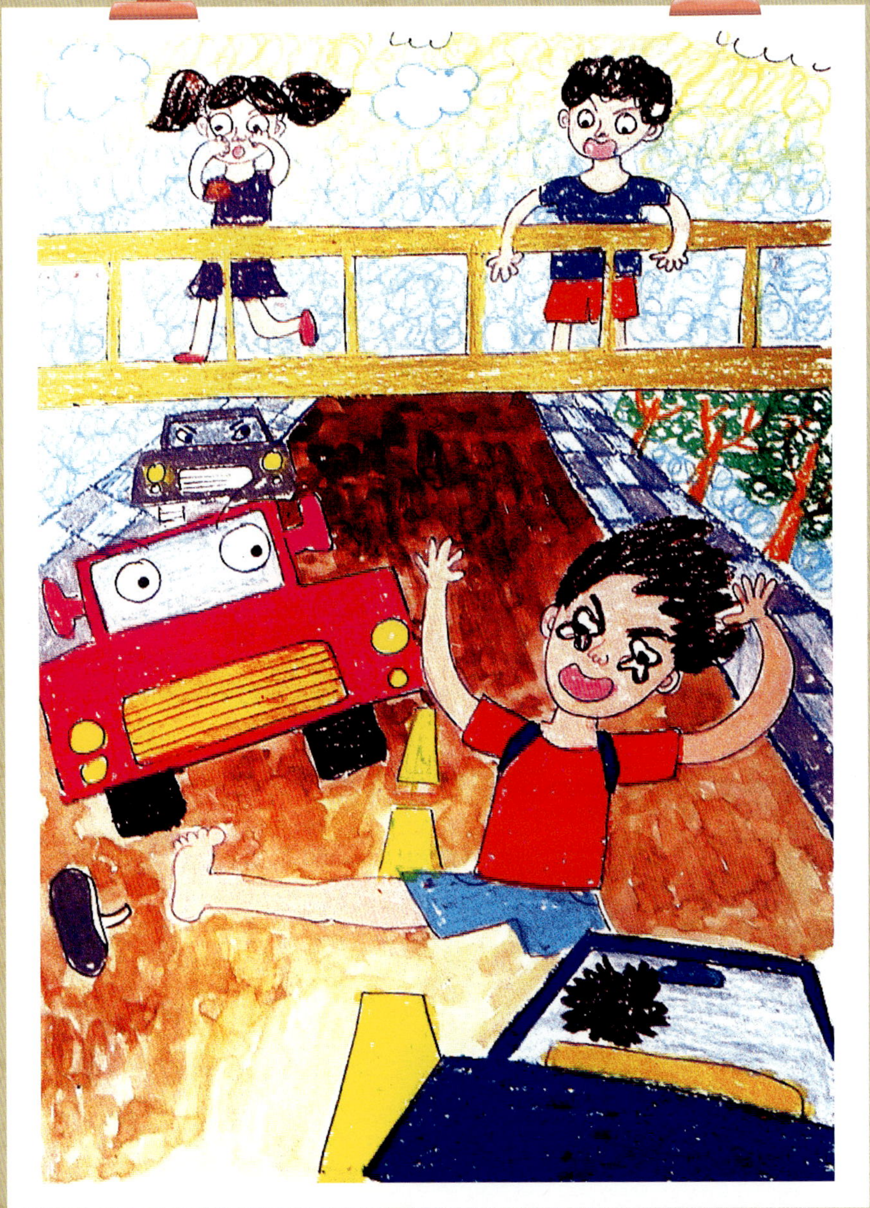

깜짝 놀란 아이의 눈은 계란 프라이처럼 그려 더욱 실감나는 느낌으로 표현하였습니다. 또, 우리가 갑자기 차도로 뛰어들면 자동차를 운전하는 운전자들도 당황하겠죠? 운전자의 깜짝 놀라 당황하는 모습을 자동차의 눈으로 표현해 보았어요. 네임펜으로 스케치하고 크레파스와 물감으로 채색하였습니다.

찻길로 무작정 뛰어들면 어떻게 될까요? 더구나 인라인 스케이트를 타고 있다면 출발과 정지가 순발력 있게 이루어지지 않기 때문에 더 위험하겠죠. 쌩~ 하고 달려오는 자동차의 무서운 표정, 갑자기 차도로 뛰어든 사람을 발견하고 당황한 자동차의 표정도 그려 보세요.

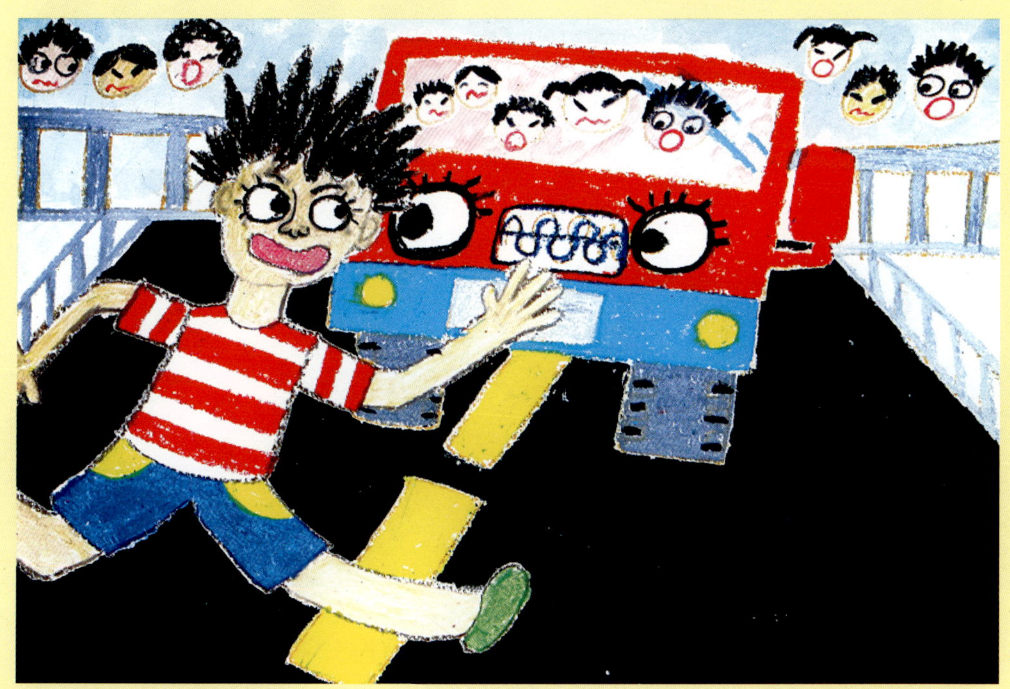

그림에 너무 많은 색들이 들어갔다면 배경을 깨끗하게 채색해 보세요. 아주 밝은 회색이나 흰색으로 채색을 하면 주제에 더욱 강하게 힘을 실어 줄 수 있답니다.

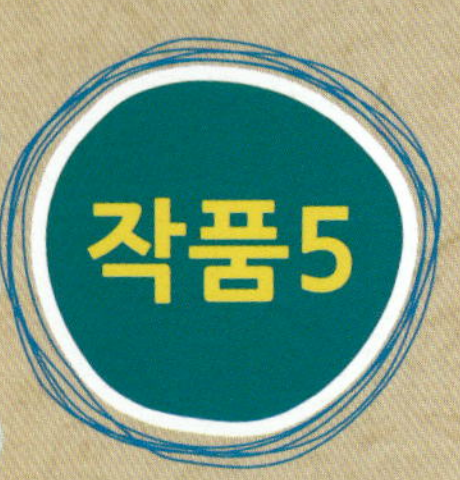

도로는 운동장이 아니에요

찻길 옆에서 공을 가지고 놀거나 친구와 장난을 치다가 사고를 당하는 경우가 많습니다. 어린이들은 여러 가지 상황을 종합적으로 판단하는 능력이 부족해서 주위를 살피지 않고 공을 줍거나 친구와의 장난에 몰두하기 때문에 사고가 일어납니다. 운동은 운동장에서! 도로는 운동장이 아니라는 걸 명심하세요.

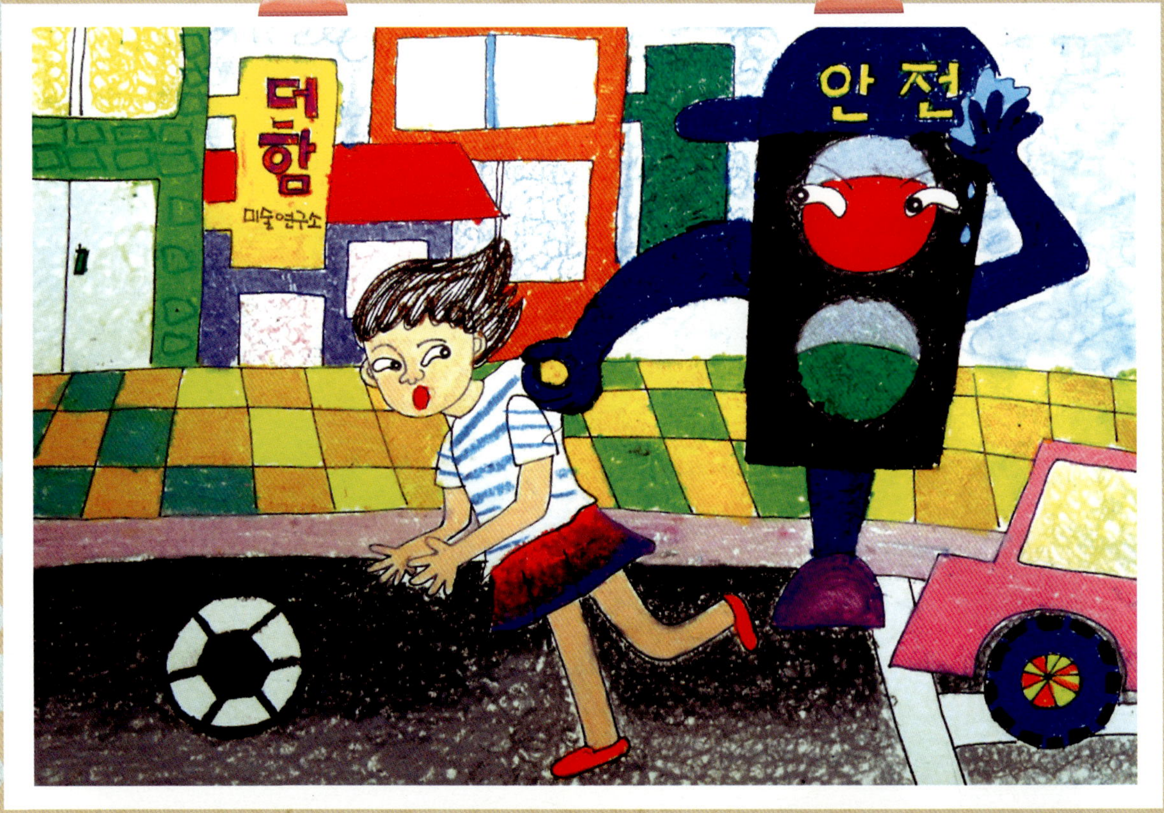

신호등도 확인하지 않고 찻길로 뛰어든 어린이를 보고 신호등이 깜짝 놀라 붙잡는 모습을 표현해 보았어요. 얼마나 놀랐는지 식은땀을 닦고 있는 신호등 그림이 재미있어 보이죠? 네임펜으로 그리고 크레파스로 채색하였습니다.

차에 부딪힐 뻔 했어요. 운전 중에 휴대폰을 사용하는 운전자 아저씨도 나쁘지만 굴러가는 공을 잡으려고 차도에 뛰어드는 행동도 절대 해서는 안 돼요.

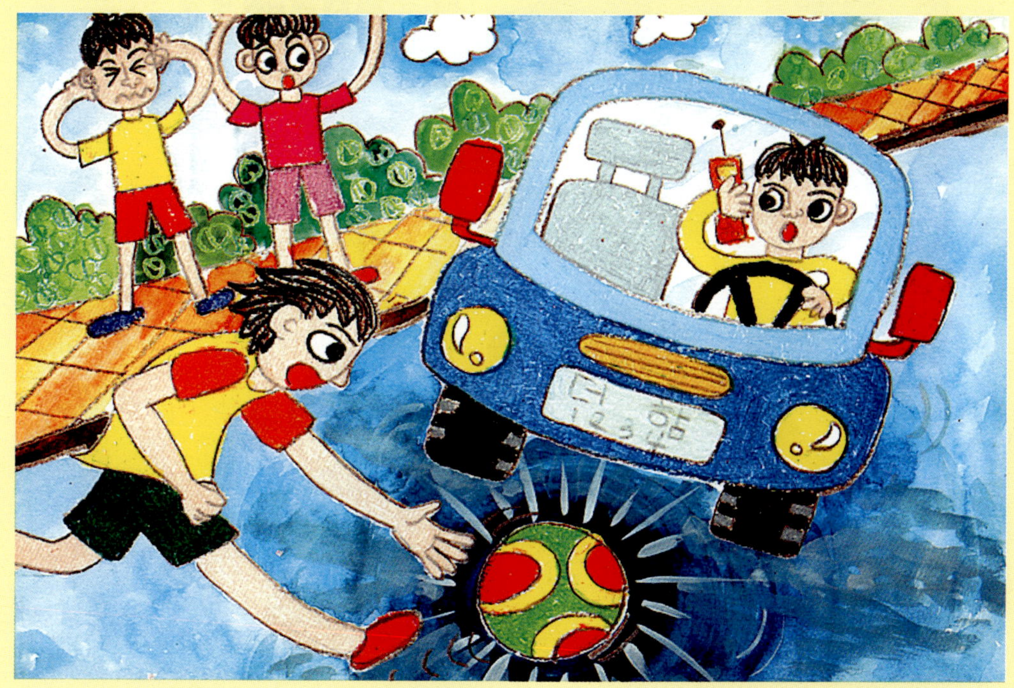

신호등이나 자동차에는 눈, 코, 입이 없어요. 하지만 더욱 실감나는 표현을 하기 위해서 신호등이나 자동차에 표정을 그려 주세요. 그럼 더욱 주제를 확실하게 전달할 수 있답니다.

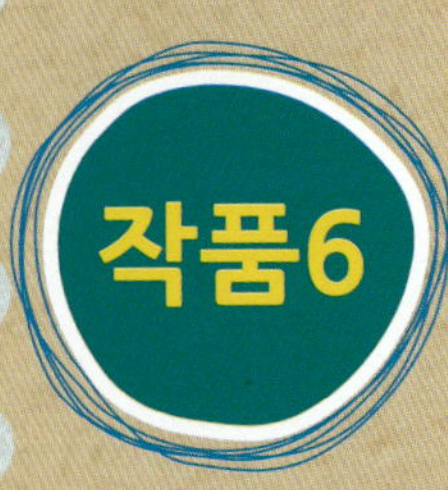

아빠, 잊지 않으셨죠?

안전벨트 착용은 이제 상식에 속하는 일이죠? 특히 어린이의 경우 안전벨트를 착용하면 90% 이상 사망사고 감소 효과가 있을 정도라고 합니다. 또, 교통사고가 일어났을 때 가장 위험한 자리는 조수석이므로 어린이는 앞자리에 앉지 말아야 한다는 점도 알아두세요.

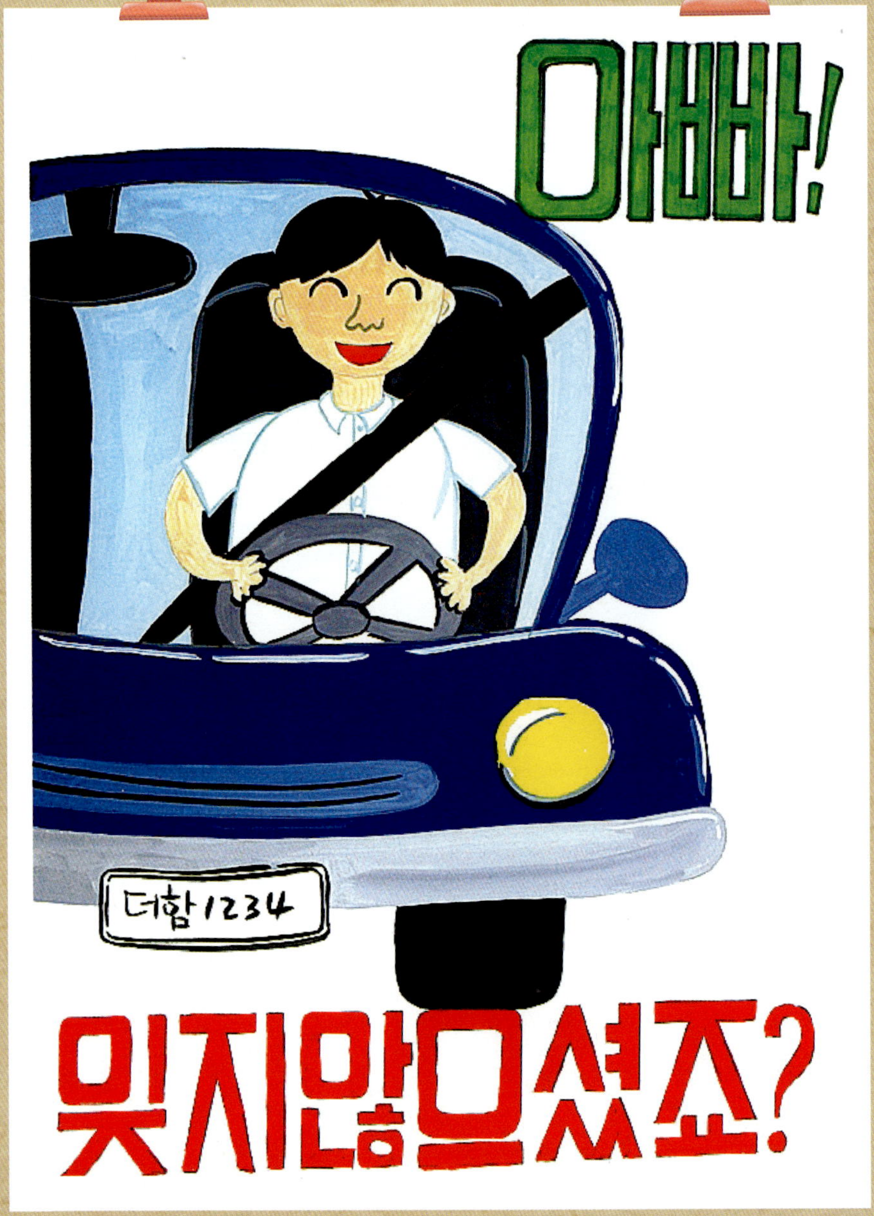

주제는 삼원색이 강렬하게 들어가도록 채색하고 배경은 깨끗하게 흰색이나 밝은 회색으로 채색하였습니다. 연필로 그리고 포스터칼라로 채색하였습니다.

술을 마시고 운전하는 음주운전은 살인행위랍니다. 또, 운전 중에 휴대폰을 사용하는 행동도 매우 위험한 행동이에요. 이런 위험한 행동은 절대 하지 마시도록 아빠들에게 꼭 말씀드려요.

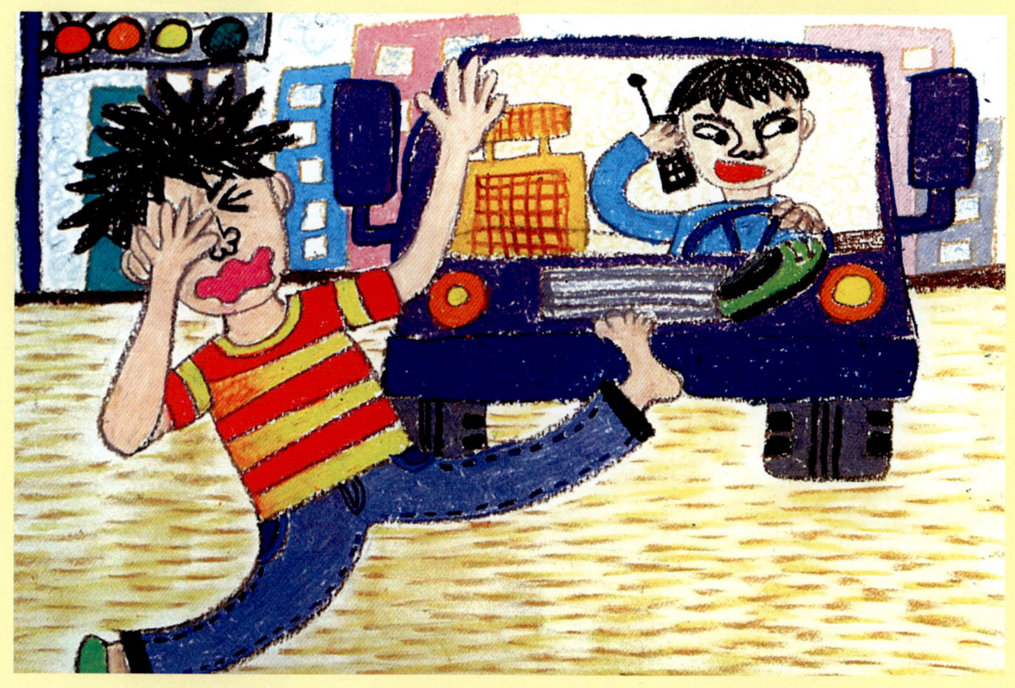

포스터는 많은 색을 사용하기보다는 삼원색을 중심으로 표현을 하면 더욱 강하게 메시지를 전달할 수 있고 그림도 한눈에 들어와 시선을 끌 수 있습니다.

안전한 등하굣길 행복한 웃음길

무단횡단은 사고의 지름길입니다. 꼭 횡단보도로 길을 건너야 해요. 길을 건널 때는 뛰지 말고 반드시 주위를 살피며 천천히 걸어야 합니다. 그리고 꼭 손을 들어서 '제가 먼저 갈 테니 멈춰주세요'라는 뜻을 밝히세요. 그 다음 차량이 멈춘 것을 확인한 후에 건너가야 합니다.

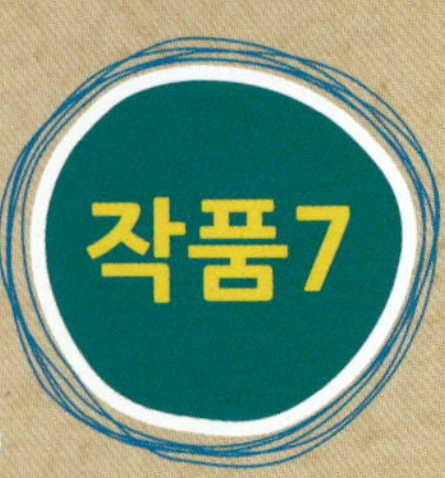

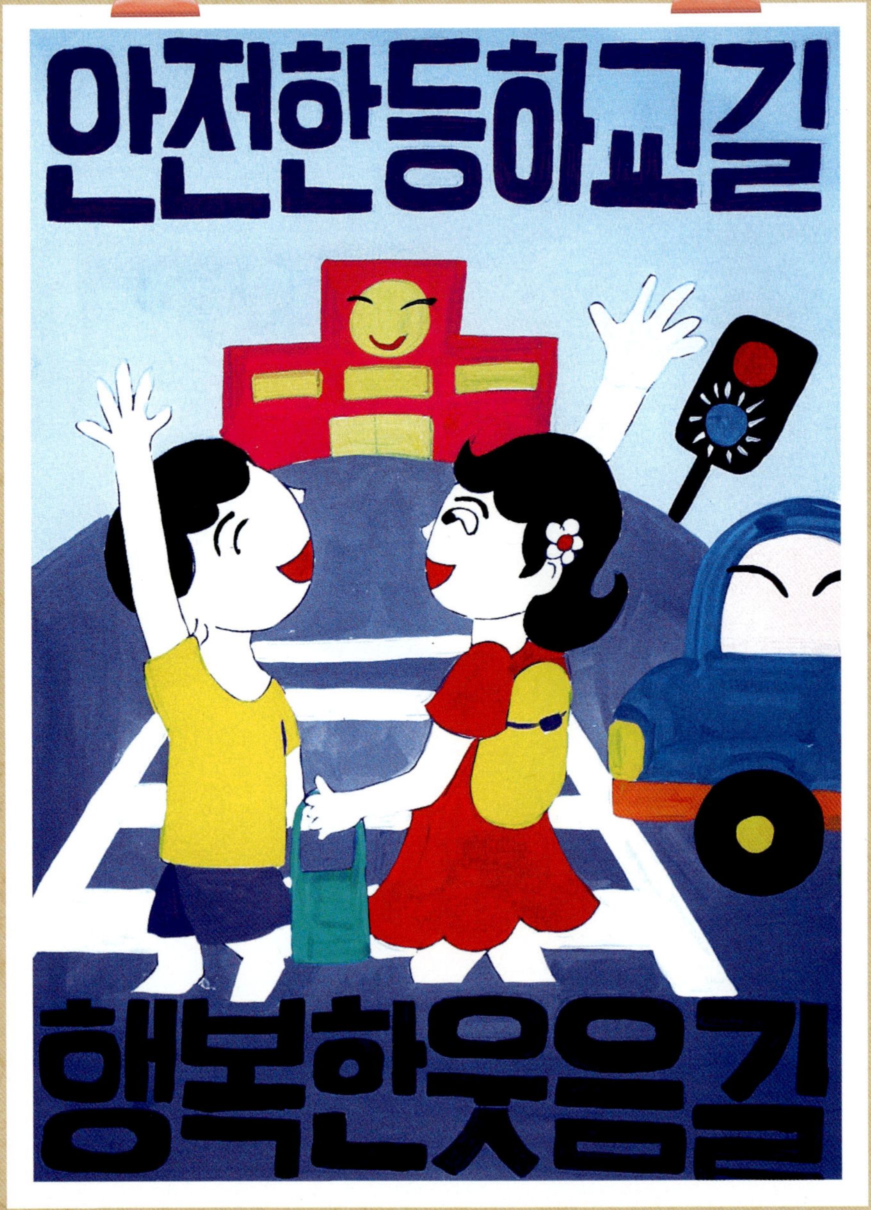

손을 들고 건너가는 사이좋은 친구를 보며 학교도 웃고 있는 모습으로 그려 보았습니다. 어린이들이 안전하게 길을 건너 아무 사고가 없다면 학교도 늘 웃는 얼굴을 하고 있겠죠? 네임펜으로 그리고 포스터칼라로 채색하였습니다.

우리 친구들의 등하굣길을 도와주시는 녹색어머니를 그려 보세요. 녹색 어머니가 있어 우리 친구들의 등하굣길은 안전하답니다.

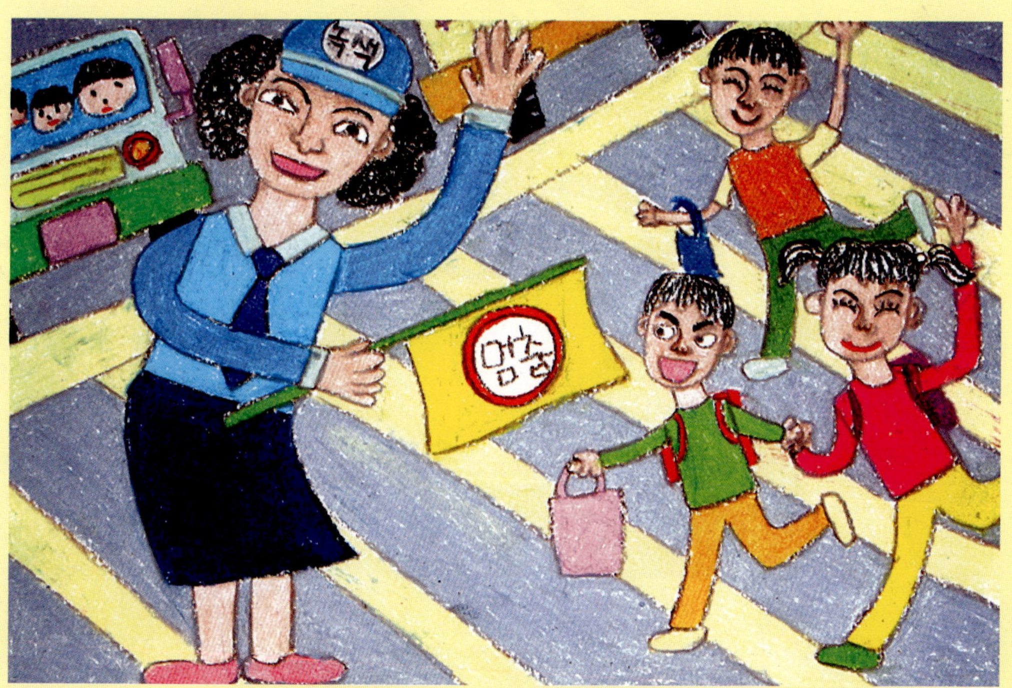

알아두면 좋아요

우리 등하굣길을 안전하게 돌보아 주시는 녹색어머니는 어떤 복장을 하고 계실까요? 하늘색 블라우스에 파란색 넥타이를 매고 하늘색 모자를 쓰고 계십니다. 우리 친구들보다 일찍 학교 앞에서 준비하고 친구들이 모두 등하교를 마치면 그때 집으로 돌아가시지요. 항상 감사한 마음으로 큰소리로 인사를 해 주세요.

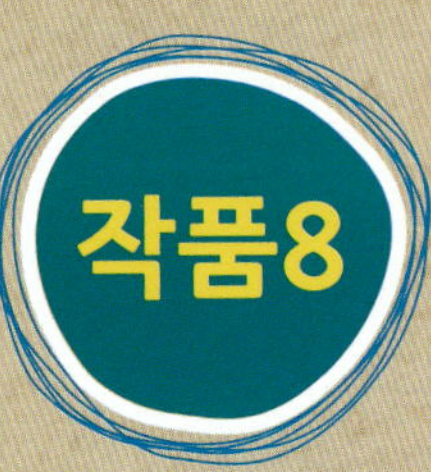

찻길에서 게임은 금물!

주의력이 부족한 어린이들은 게임기나 스마트폰에 몰두하며 길을 가다가 사고가 나는 경우가 많습니다. 게임기나 스마트폰을 들여다보며 걸으면 차가 가까이와도 알아채지 못하거나 횡단보도의 신호들을 무시하고 건너는 등 위험한 행동을 하게 되기 때문이지요. 차가 다니는 길 주변이나 횡단보도에서는 절대로 다른 일에 한눈팔지 않도록 주의하세요!

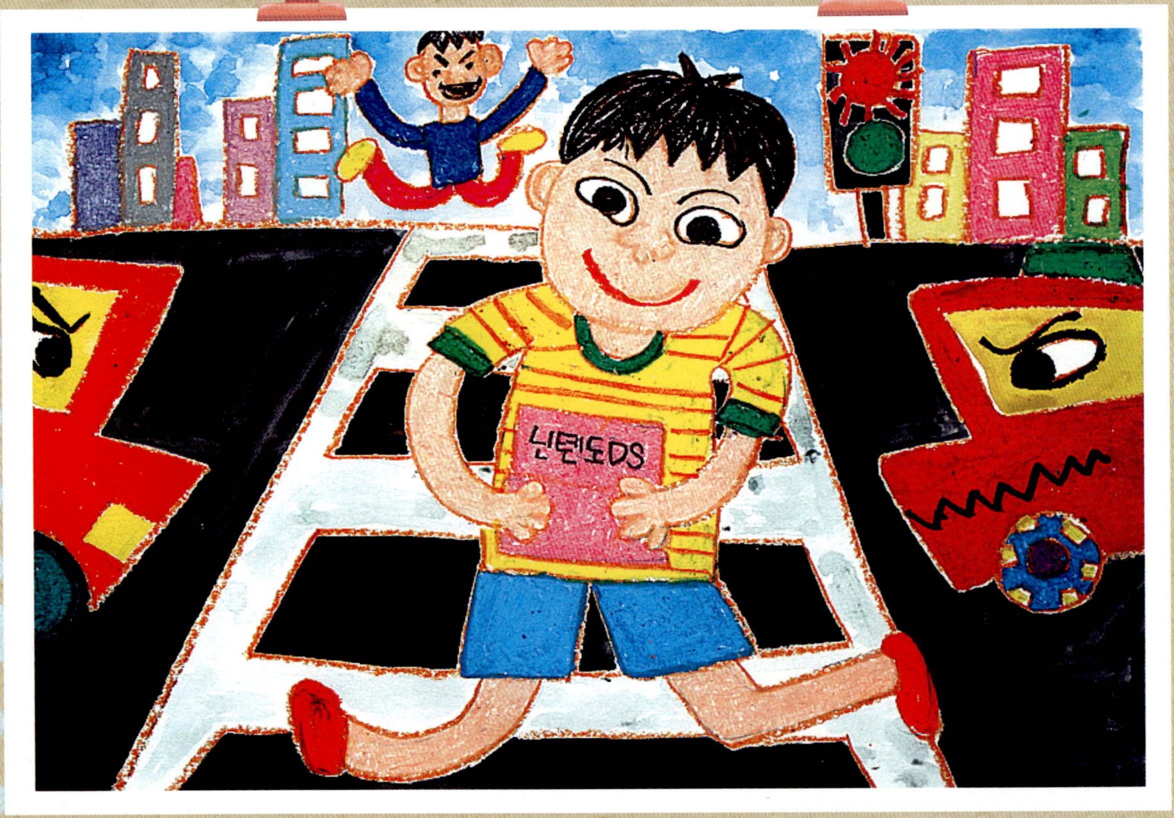

게임기에 열중하다가 빨간 불이 들어온 줄도 모르고 길을 건너고 있는 어린이를 그렸습니다. 이런 어린이들을 보면 자동차들도 화가 나겠죠? 황갈색 크레파스로 스케치하고 크레파스와 물감으로 채색하였습니다.

퀵보드를 타고 달리다가 골목에서 나오는 자동차와 만났어요. 아주 위험하고 아찔한 순간을 그림으로 표현해 보세요.

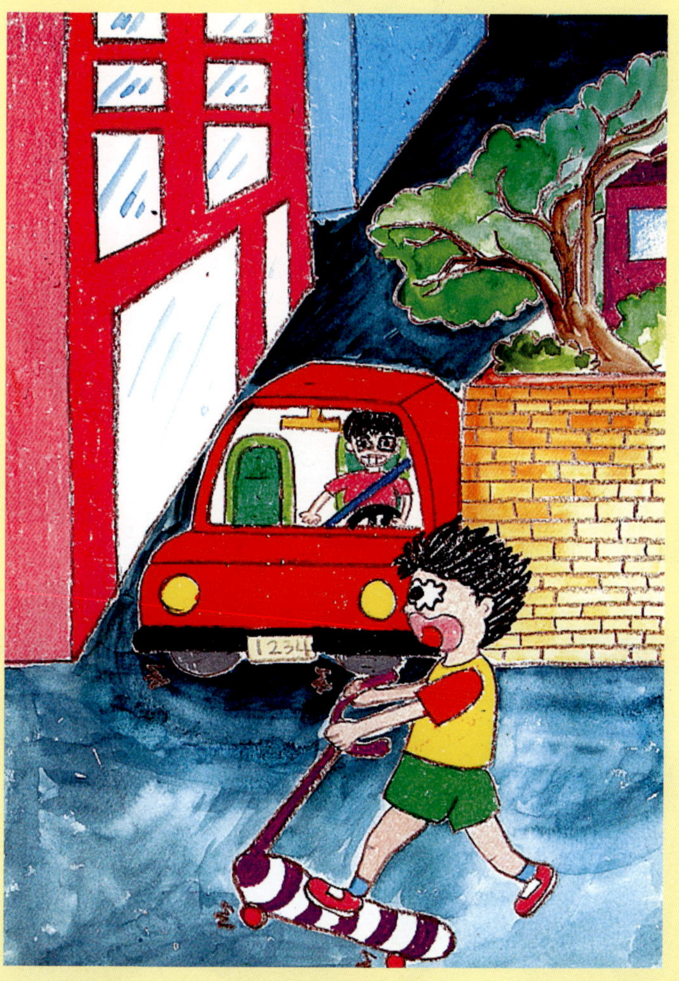

손을 들고 건너요

유아나 초등학생은 키가 작아 운전석에서 보이지 않는 경우가 있답니다. 그래서 어린 이들이 횡단보도를 건널 때에는 반드시 좌우를 확인하고 손을 들어 건너겠다는 의사 표현을 하면서 건너는 것이 안전합니다. 교통질서를 지키면 우리도 안전하고 운전을 하는 운전자들도 마음이 편해요.

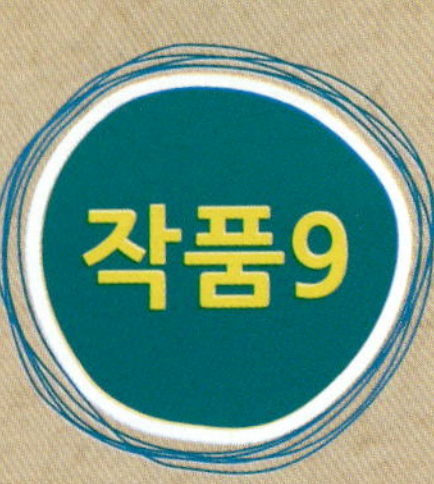

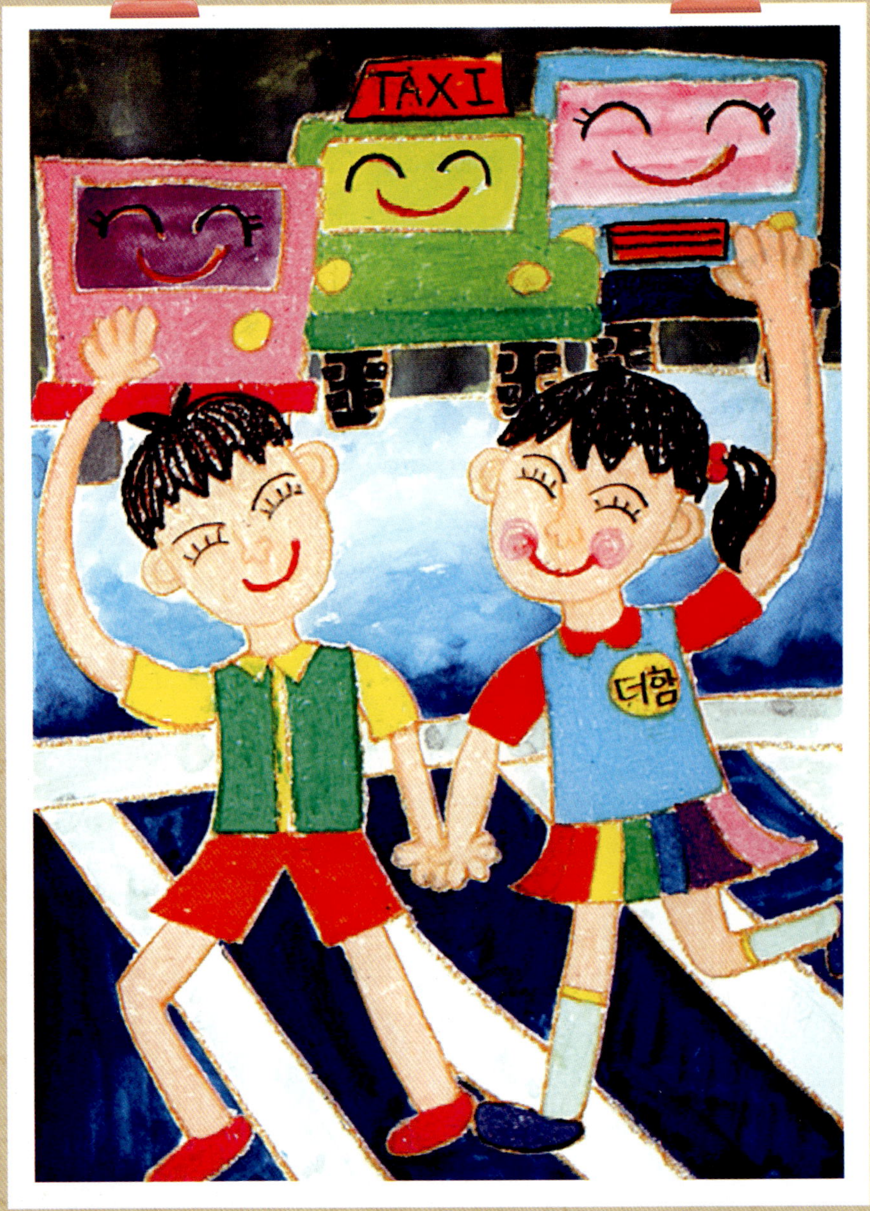

사이좋게 손을 들고 건너는 친구들을 보며 자동차들도 모두 기다려 주고 있습니다. 안전을 지키면 이렇게 모두의 기분이 좋아져요. 황갈색 크레파스로 스케치하고 크레파스와 물감으로 채색하였습니다.

신호등의 빨간불 속에는 위험한 상황을, 초록불 속에는 안전한 상황을 상징적으로 그려 표현해 보세요. 여러 가지 메시지를 한 장의 그림으로 표현할 수 있답니다.

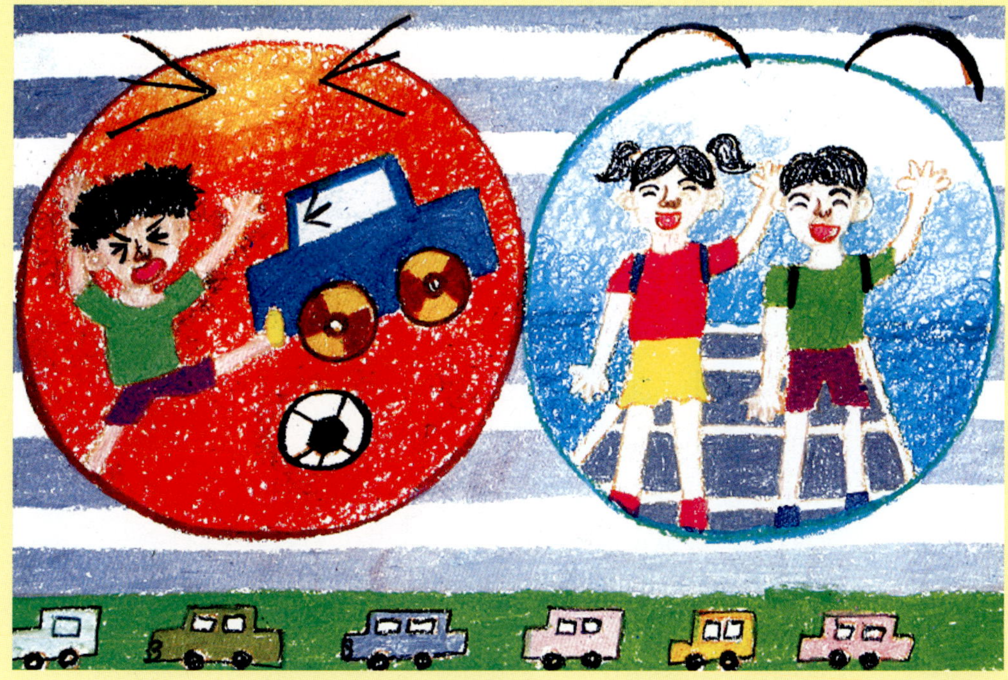

PART4.
친구사랑, 학교사랑 그리기

학교에서 따돌림을 당해 본 적이 있니?
혹은 약한 친구에게 폭력을 행사하는 친구들을 본 적은?
누구나 한 번쯤 이런 경험이 있을 거야. 그럴 때 기분은 어땠니?
극단적인 생각이 들 만큼 힘들고 괴로웠을 수도 있고,
애써 모른 척 했을 수도 있겠지.
하지만 내가 당장 안전하다고 해서
다른 친구들의 고통을 외면한다면 나중에 입장이 바뀌었을 때
그 친구들에게 도움을 요청할 수 있을까?
우리 사회는 사람들과 어울려 사는 공동체라는 사실.
그래서 다른 사람들에게도 관심을 가져야 한다는 사실을
명심했으면 해.

친구사랑, 학교사랑 그리기는 왜, 어떻게 할까? ★

연일 보도되는 학교폭력, 집단 따돌림 등으로 인한 아이들의 자살로 마음이 참 무겁습니다. 특히 청소년 집단이 어른들의 폭력 조직과 너무나 닮아 있어 나이에 맞지 않는 잔인한 행동들을 볼 때면 섬뜩하기도 하죠.

한창 꿈을 펼치기 위해 명랑하고 아름답게 자라야 할 우리 어린이들이 폭력이나 따돌림으로 마음의 상처를 받거나, 극단적인 방법을 선택하는 것은 우리 사회 입장에서도 커다란 손실이 아닐 수 없습니다.

나라에서도 이 심각성을 깨닫고 학교폭력 피해학생을 보호하고 가해학생은 엄중히 처벌하기 위해 노력하고 있죠. 또, 학생들의 인성교육과 함께 체육, 예술교육을 활성화하고 폭력적인 게임에 학생들이 중독되지 않도록 제도를 개선하기로 했습니다. 학교폭력을 막기 위해서는 학교와 학부모, 사회의 지속적인 관심과 노력이 필요합니다. 우리 모두가 관심을 갖고 학교폭력으로부터 아이들 지키기에 나서야 할 때입니다.

이러한 노력의 일환으로 학교에서도 새학년, 신학기가 시작되면 친구에 대한 소중함과 학교폭력의 부당함을 깨닫게 하기 위해서 친구사랑, 학교사랑에 대한 그리기 대회를 개최하는 학교가 많아졌습니다. 친구사랑, 학교사랑 그리기를 통해 학교폭력이 없는 사회가 되는 데 조금이나마 도움이 됐으면 좋겠습니다.

폭력으로부터 보호받기 위해 우리 친구들이 할 수 있는 일은 무엇이 있을까요? 친구를 따돌림하거나 폭력을 쓰는 일은 절대로 하지 말아야 할 것입니다. 남의 일이라고 관심을 갖지 않거나 나만의 안전을 위해서 따돌림을 목격하고도 모른 척해서도 안 됩니다. 오늘 내가 피해자가 아니라고 해서 내일도 아닐 거라는 보장도 없을 뿐더러 함께 사는 사회에서 남에게 관심을 갖고 남의 아픔을 내 것처럼 보살피는 따뜻한 마음을 가져야 하기 때문입니다.

친구사랑, 학교사랑 그리기는 따돌림을 하는 아이들에게 경각심을 일깨워 주고, 서로에게 관심을 갖고 행복한 학교를 만들 수 있도록 포스터 그리기를 하면 좋습니다. 인터넷에서 관련 공익광고나 포스터, 신문기사를 검색해 보는 것도 좋은 방법입니다.

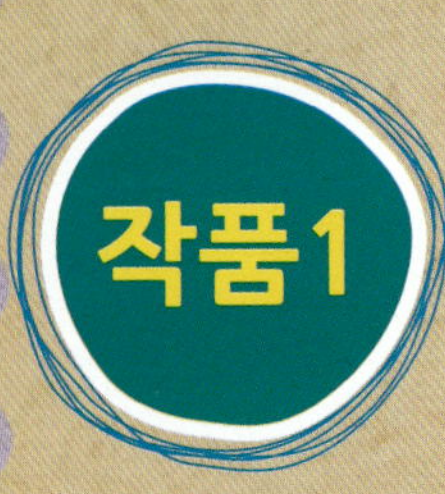

안 돼요, 학교폭력!

어떠한 일이 있어도 폭력은 용납될 수 없습니다. 폭력을 당하는 친구들에게는 크나큰 상처를 남기고, 폭력을 행사하는 친구들에게도 먼 미래에 나쁜 영향을 끼칠 것이 틀림없기 때문입니다. 폭력이 피해자에게 미치는 영향이 얼마나 큰지, 그리고 그것으로 인해 입는 신체적, 정신적 고통이 얼마나 큰지 공감할 수 있는 내용으로 표현해 봅니다.

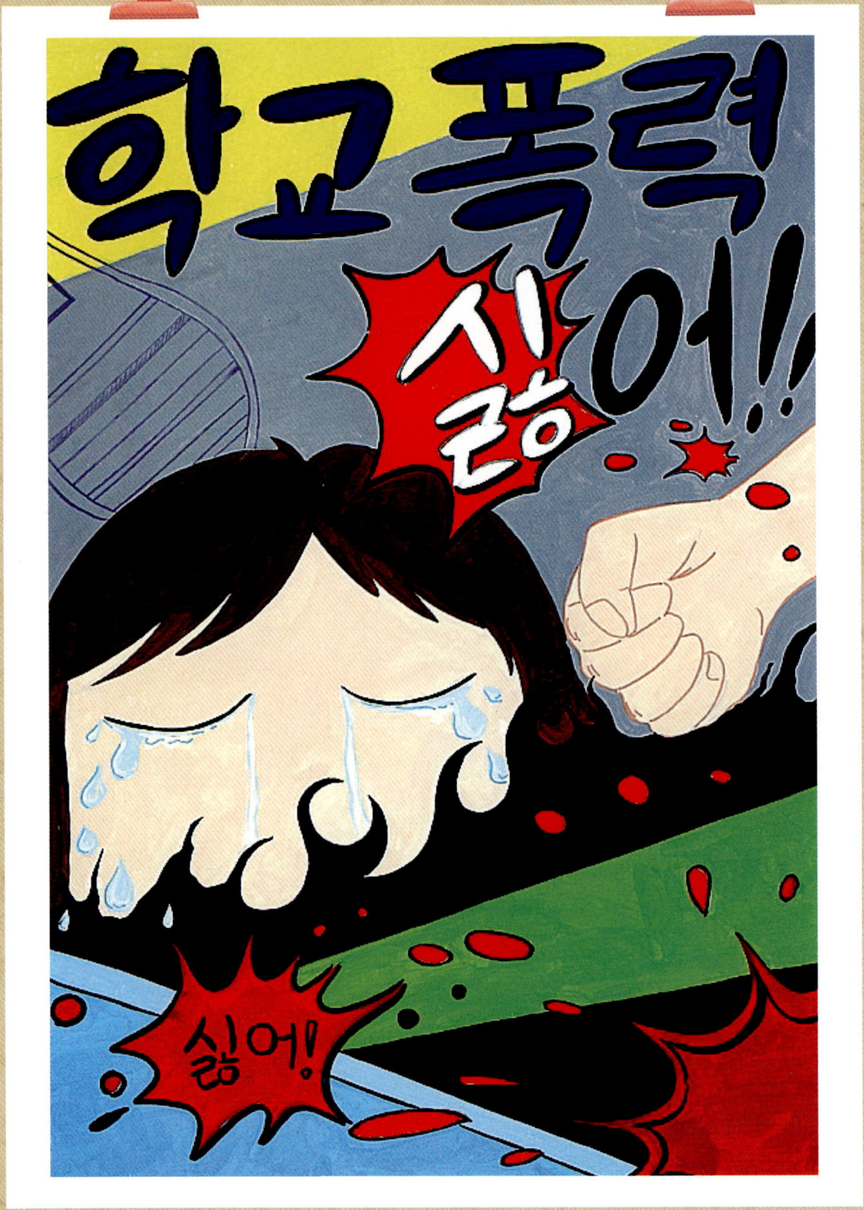

글씨체를 친구들의 글씨처럼 써보았습니다. 울고 있는 아이가 소리 지르는 것처럼 표현되어 더욱 안타깝게 느껴집니다. 연필로 스케치하고 포스터칼라로 채색하였습니다.

친구의 발을 아주 크게 강조하여 학교 폭력에 시달리는 아이를 더욱 안타깝게 표현해 보았습니다. 괴롭히는 친구들의 얼굴은 간단하게 단순화하여 표현하였습니다.

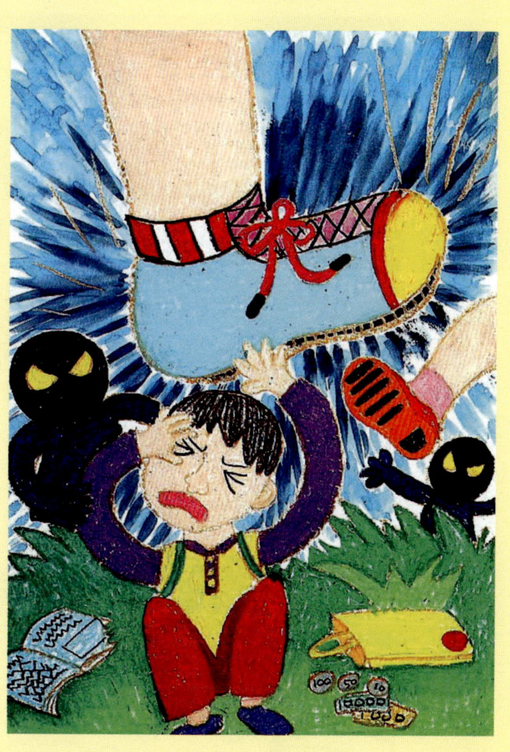

메시지를 전달하는 대회 그림에서는 강조와 생략이 아주 중요합니다. 친구의 발이나 주먹을 아주 크게 강조하면 폭력의 강도가 더욱 세게 느껴져 메시지를 강하게 전달할 수 있습니다.

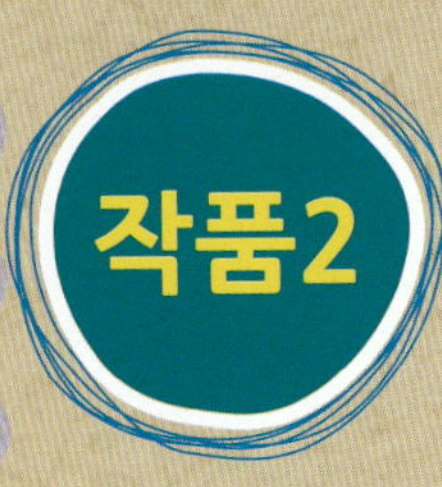

지울 수 없는 아픔은 이제 그만

폭력으로 인한 상처는 눈에 보이는 상처뿐만이 아니라, 피해자의 인격을 변화시키고 평생 지울 수 없는 마음의 상처로 남을 수 있습니다. 극단적인 행동으로 소중한 친구를 잃을 수도 있다는 사실을 명심하고, 주위에 어려움을 당하는 친구가 보이면 지나치지 말고 도와주는 따뜻한 마음을 가지도록 해요.

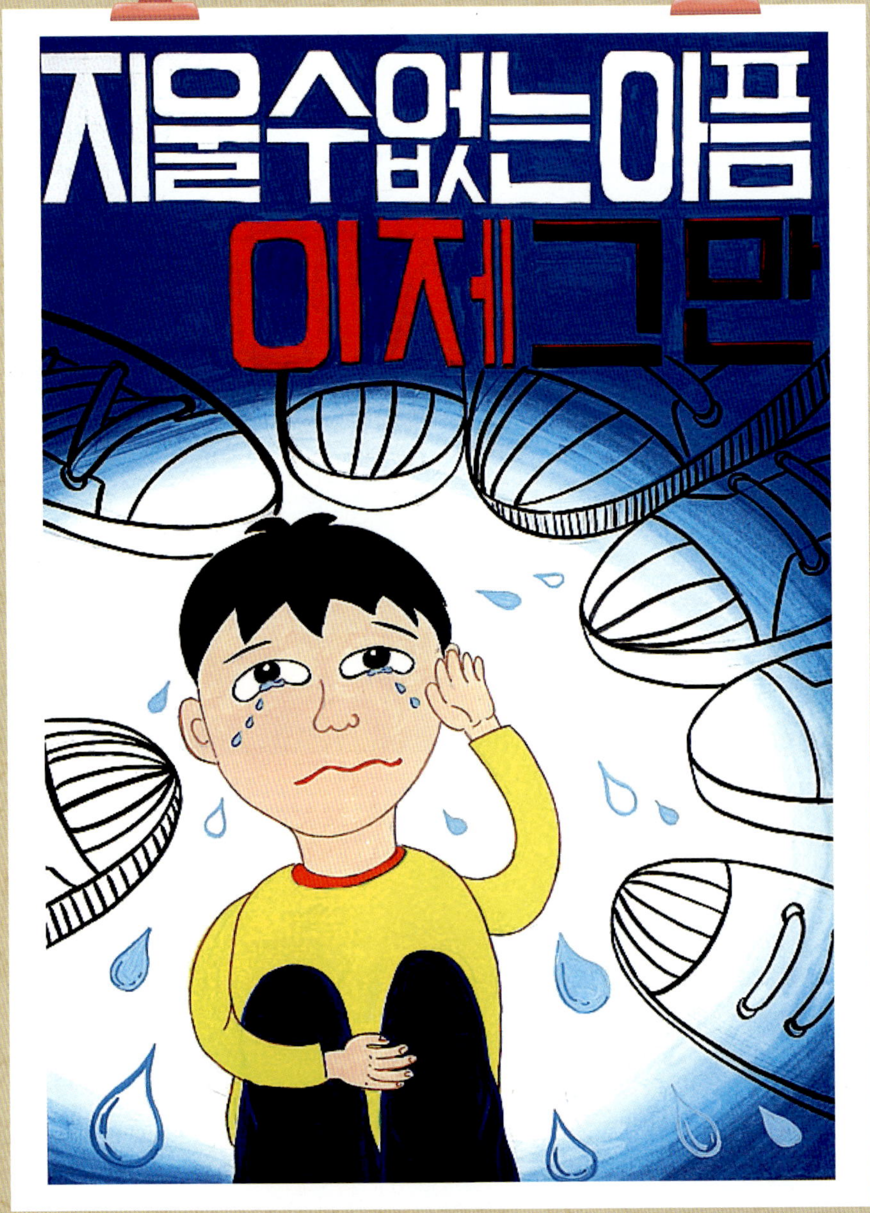

연필로 스케치하고 포스터칼라로 채색하였습니다. 폭력에 시달리는 아이는 웅크리고 앉아 있게 표현하여 더욱 슬퍼 보입니다.

학교에서 친구들의 놀림에 힘들어 하는 아이를 그려 보았습니다. 등을 돌리고 눈물을 흘리는 아이를 크게 강조하여 더욱 안타깝게 느껴집니다.

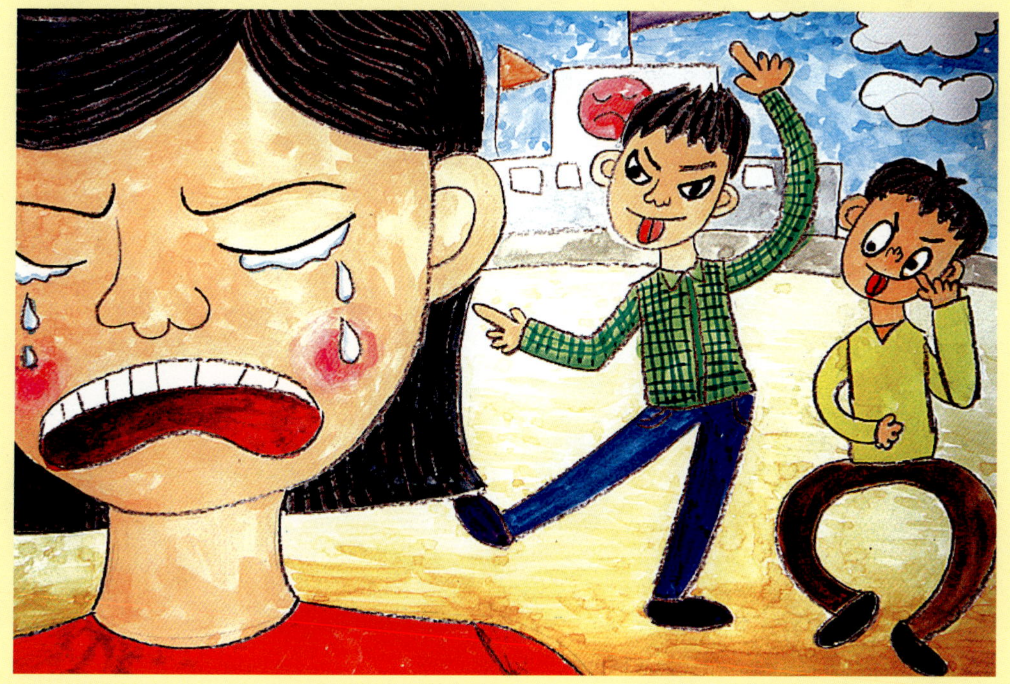

알아두면 좋아요

크레파스로 채색하기 힘들다면 색연필로 그리고 물감으로 채색해 보세요. 그림이 더욱 깔끔하게 보인답니다.

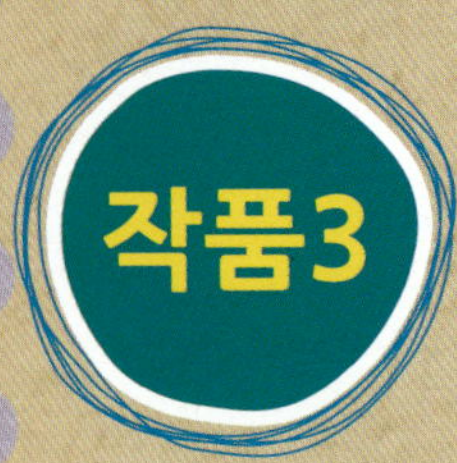

손가락질 하지 말아요

사람은 누구나 실수를 할 수 있는 완벽하지 않은 존재입니다. 친구의 실수나 허물을 따뜻한 손길로 안아 주는 것이 친구의 역할입니다. 그러니 잠깐의 실수나 잘못 때문에 친구에게 손가락질 하는 일은 없도록 해야겠죠? 사람은 누구나 친구가 필요한 존재임을 잊지 주세요.

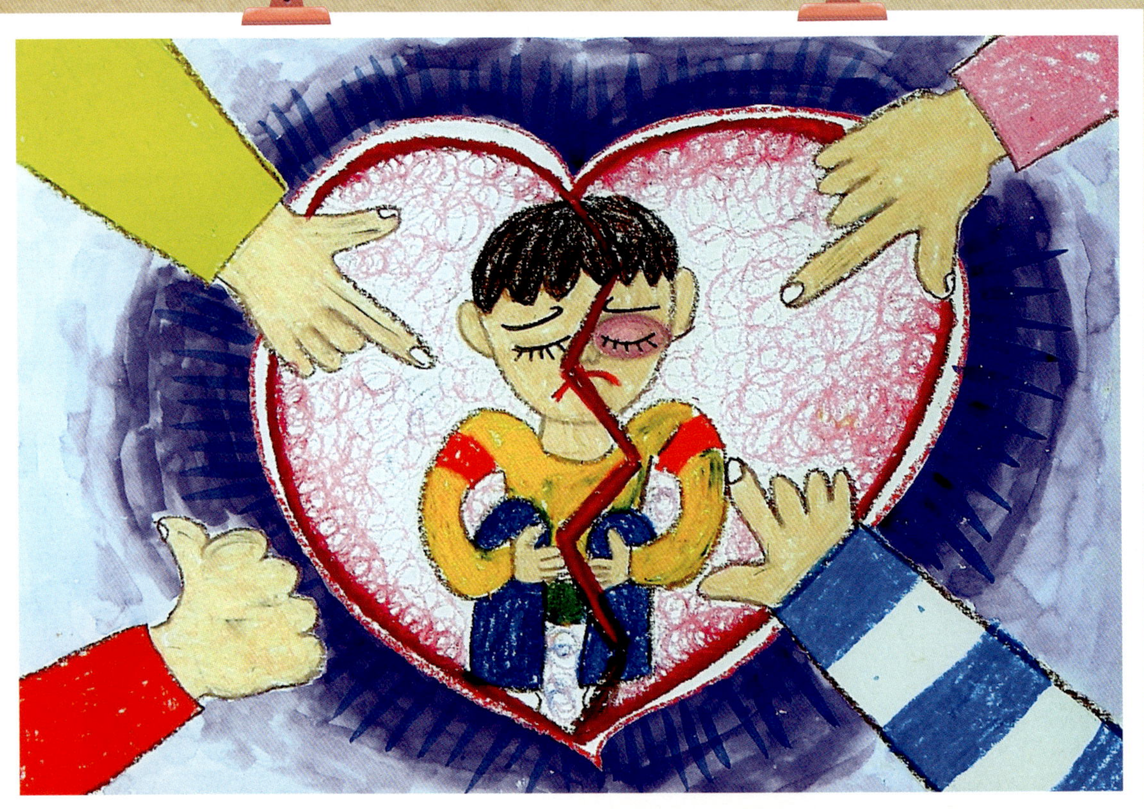

무너진 친구의 마음을 깨진 하트로 표현해 보았습니다. 이렇게 복잡하게 설명하지 않아도 상징적인 요소 하나만으로 이야기하고자 하는 내용이 쉽게 전달되도록 표현하는 연습을 많이 하세요. 고동색 크레파스로 스케치하고 크레파스와 물감으로 채색하였습니다.

학교 폭력에 시달리는 아이를 따뜻한 맘을 가진 다른 친구들이 모두 함께 위로하고 있어요. 마음속에 큰 상처를 받았지만 따뜻한 친구들 때문에 금방 치유가 되겠네요.

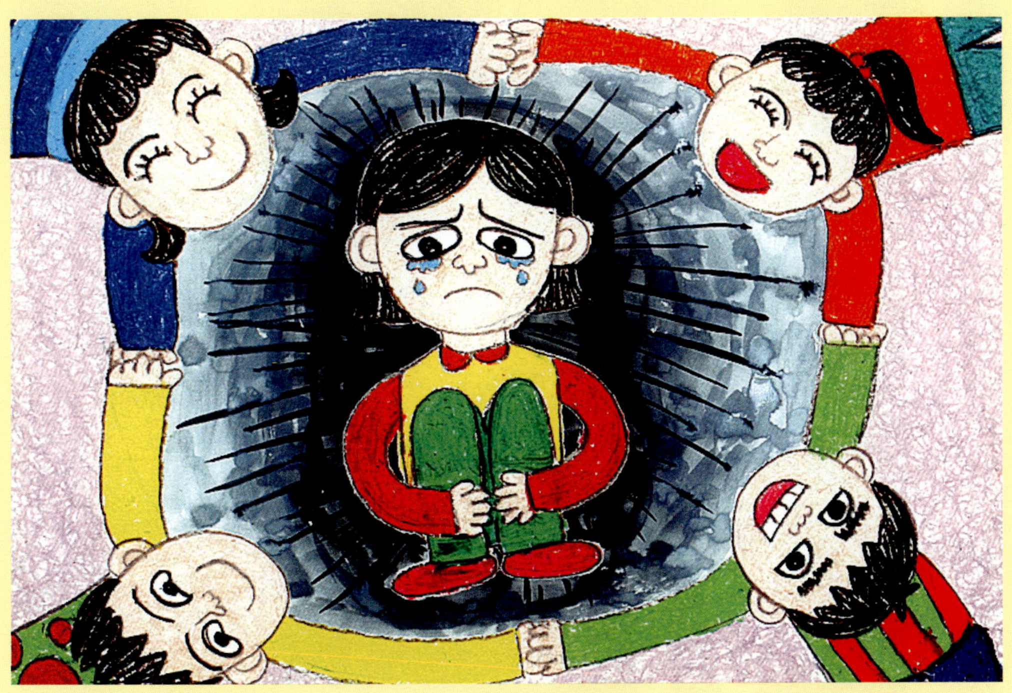

알아두면 좋아요

인물이 중심이 된 그림을 그릴 때에는 인물들의 표정, 머리, 옷을 각기 다른 모양으로 그려 그림이 지루하게 보이지 않게 표현해야 합니다. 배경은 꼭 채도가 낮은 색을 선택해 주세요.

친구의 상처는 모두의 책임

친구에게 상처를 주지 않는 것이 가장 중요하지만 이미 상처받은 친구가 있다면 깊은 관심을 가지고 위로해 주는 노력이 필요합니다. 선생님, 부모님, 친구, 우리 사회 모두가 관심을 갖고 친구의 상처가 아물 수 있도록 노력하도록 해요. 그리고 친구의 아픔은 결코 혼자의 아픔으로 끝나는 것이 아니라 같이 생활하고 공부하는 친구들 모두에게 책임이 있다는 사실을 명심하세요.

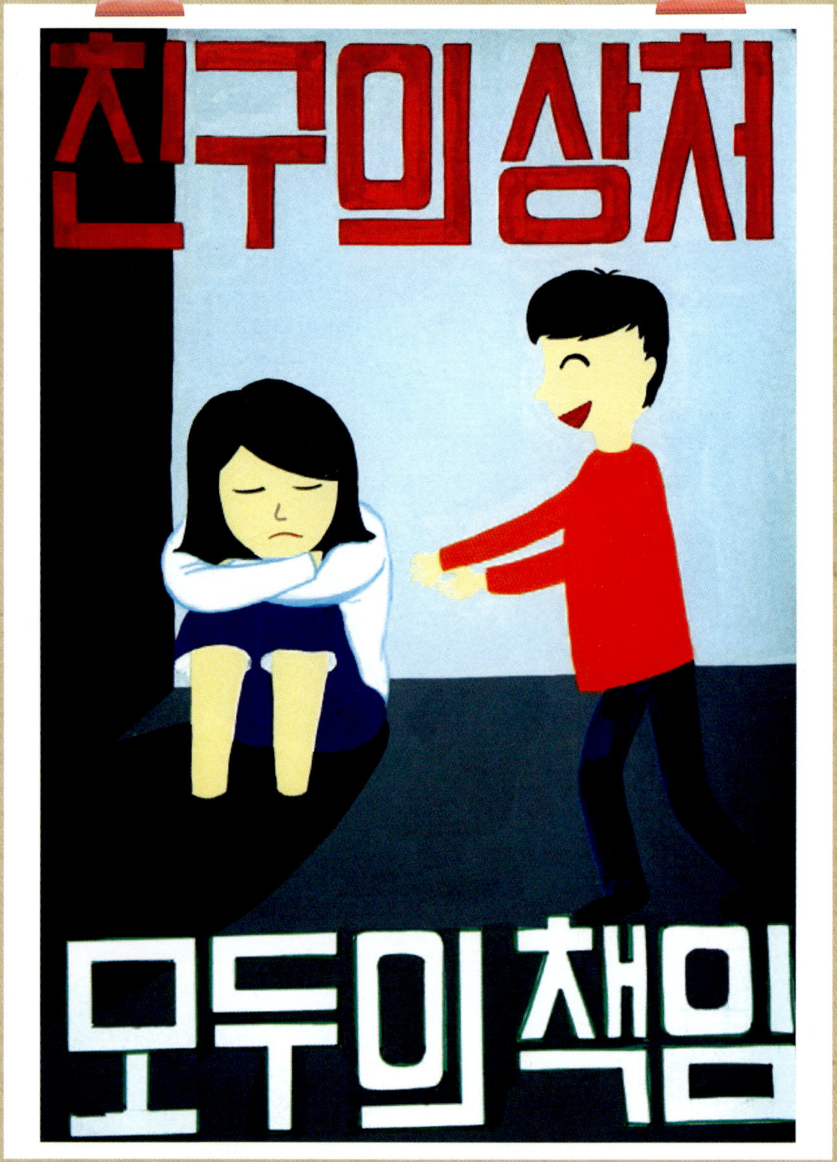

연필로 그리고 포스터칼라로 채색하였습니다. 학교폭력에 시달리는 친구에게는 어두운 그림자를 그려 더욱 슬퍼보이게 표현하였습니다.

여러 친구들이 힘없는 친구에게 가방을 들게 하고 밀며 괴롭히고 있어요. 앞뒤로 가방을 메고 울고 있는 친구도 그려 보세요.

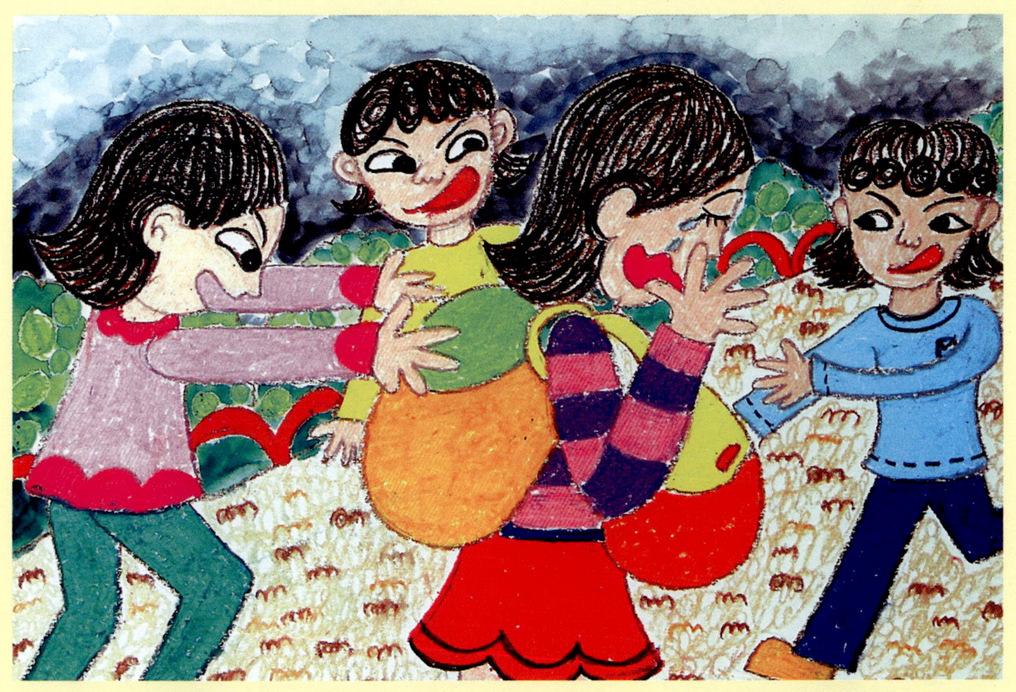

왕따 당하는 친구들을 뚱뚱하거나, 너무 마르거나, 피부색이 우리와 다르거나, 키가 작은 친구들로 표현해 보세요. 메시지 전달이 더욱 확실하겠죠?

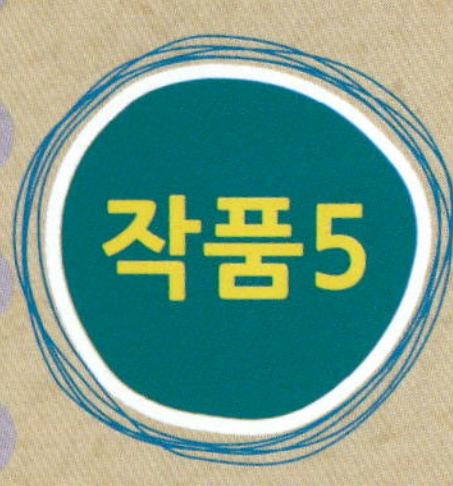

너일 수도 있어

학교폭력은 피해자와 가해자가 따로 정해져 있는 것이 아닙니다. 가해자가 언젠가 피해자가 될 수도 있으므로, 지금 당장 피해자가 아니라고 안심할 수 없습니다. 그러므로 지금 내가 피해자가 아니라고 해서 결코 친구들의 부당한 폭력을 외면해서는 안 됩니다. 폭력은 어떠한 경우에도 정당성을 인정받을 수 없습니다.

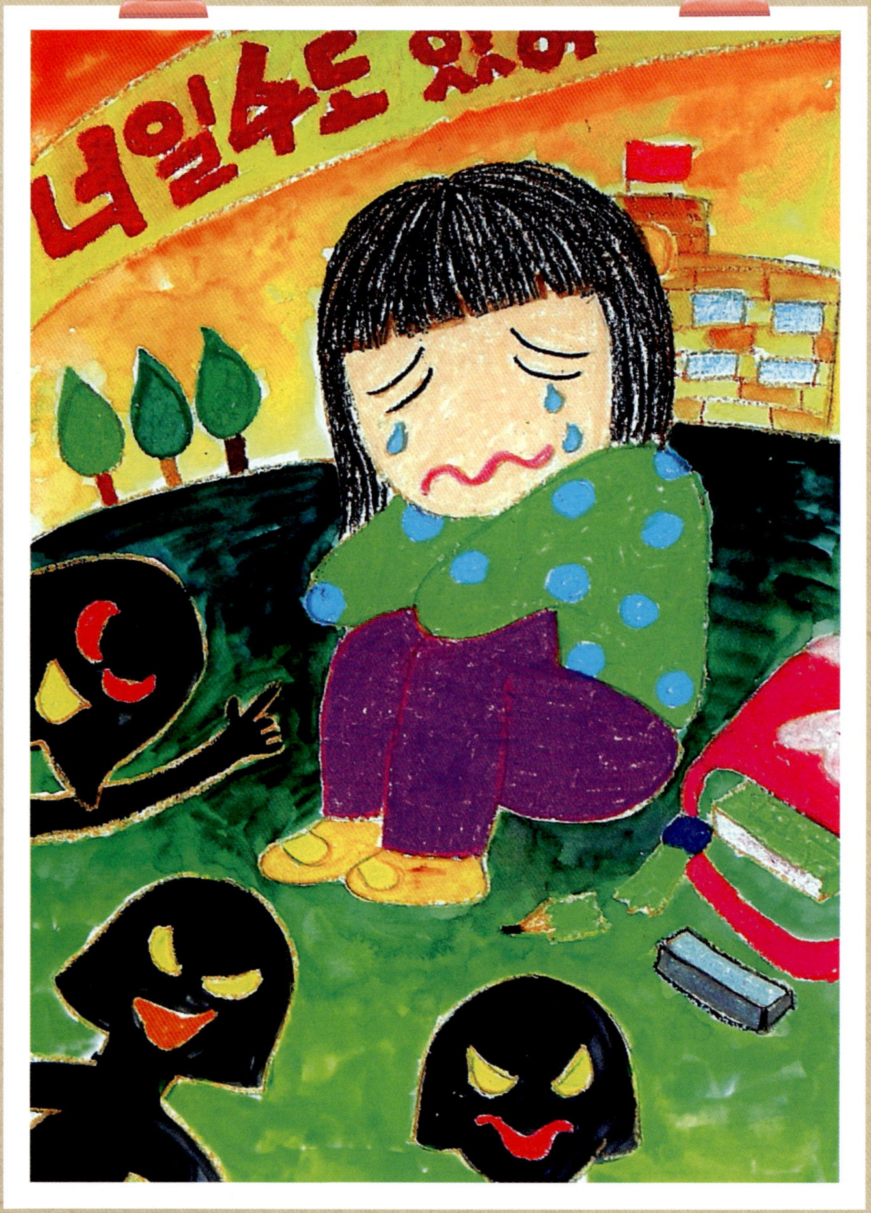

황갈색 크레파스로 채색하고 크레파스와 물감으로 채색하였습니다. 괴롭히는 친구들을 검은색으로 악마처럼 표현해 보았습니다.

여러 친구들이 한 친구를 왕따시키고 있어요. 얼굴을 감싸고 울고 있는 친구와 괴롭히는 친구들을 그려 보세요. 괴롭히는 친구들은 악마처럼 단순화하여 표현해 주세요.

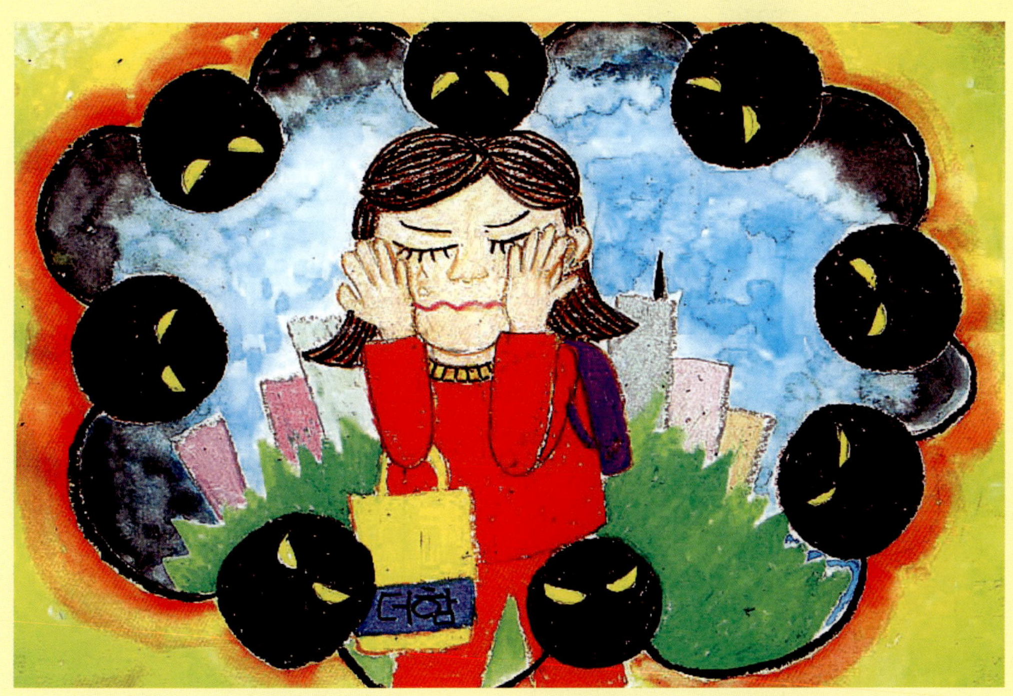

알아두면 좋아요

인물을 여러 명을 그려야 할 때에는 눈, 코, 입을 단순화하여 표현해 보세요. 단순한 색깔과 모양으로도 느낌을 표현할 수 있어요.

우리 우정 영원히

어느 위인이 "가장 귀중한 재산은 사려가 깊고 헌신적인 친구이다."라고 말할 만큼 친구는 우리에게 소중한 존재입니다. 그런 친구들이 주위에 있다면 기쁨도 나누고 슬픔도 함께 나눌 수 있습니다. 기쁨은 나누면 2배가 되고 슬픔은 나누면 반이 된다고 하죠? 주위에 있는 친구와 따뜻하고 영원한 우정을 이어가세요. 친구가 많은 사람은 그만큼 더 행복하답니다.

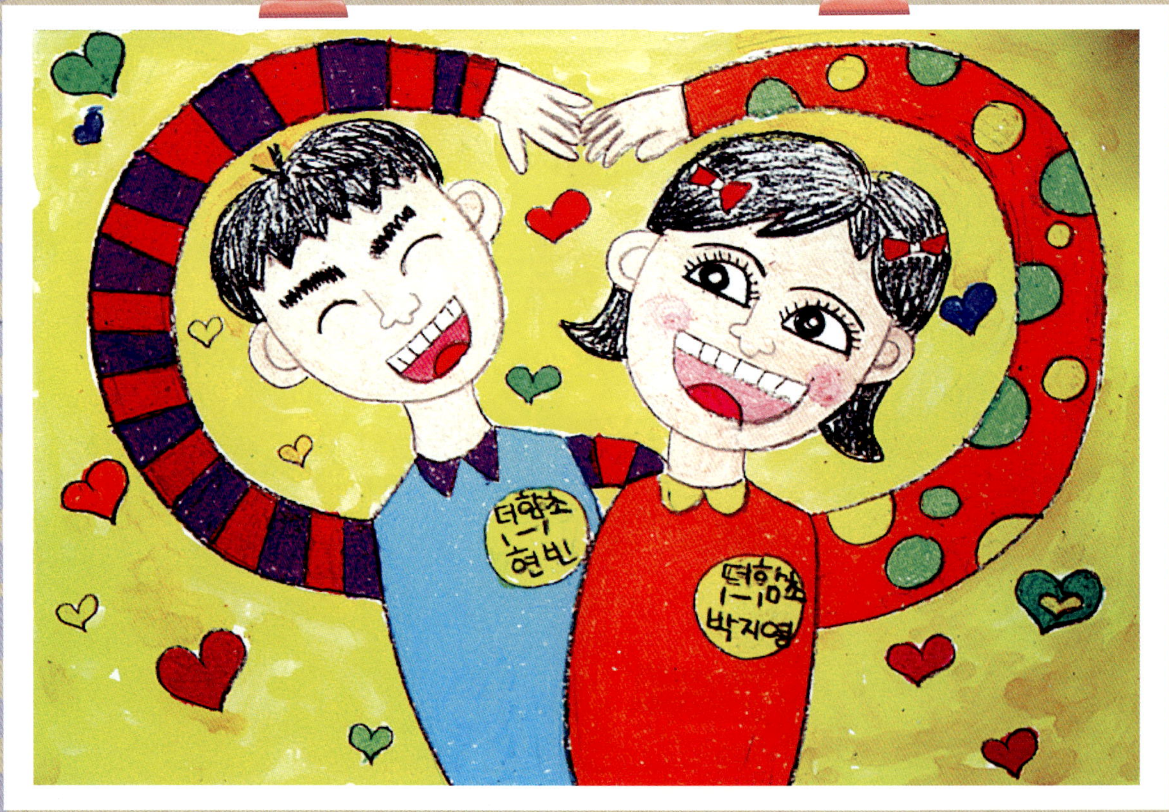

고동색 크레파스로 그리고 크레파스와 물감으로 채색하였습니다. 하트를 그리고 있는 친구
들의 팔을 길게 강조하여 표현하였습니다.

서로 안아주며 사랑해 주는 친구들도 그려
보세요. 하트를 그려 사랑이 싹트는 친구사
이를 표현해 보았습니다.

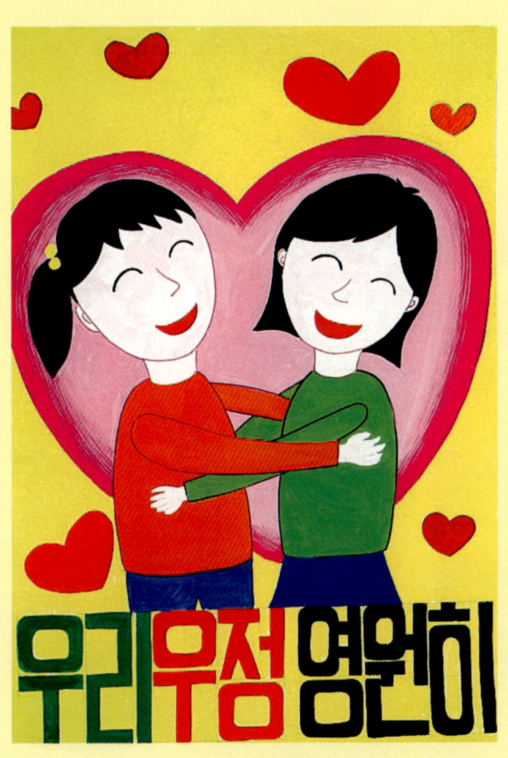

포스터를 그릴 때 연필만으로는 그림이 확실하게 보이지 않을 수 있답니다. 한눈에 들어
오는 확실한 그림을 그리려면 매직이나 네임펜으로 테두리를 그리고 채색해 보세요. 채색
하기에도 훨씬 편하답니다.

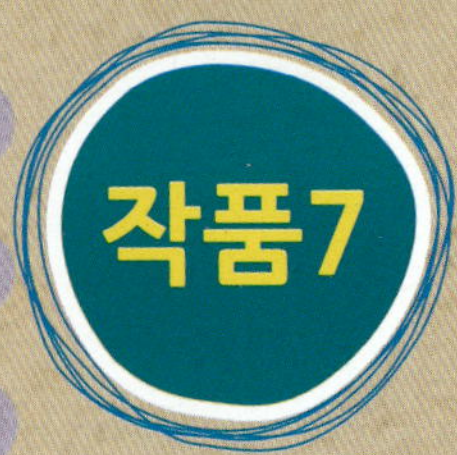

사랑해요, 선생님

우리 친구들이 올바르게 자라게 하기 위해서 선생님은 늘 최선을 다하십니다. 우리들을 생각해 주는 선생님 마음을 헤아린다면 선생님에 대한 예의를 갖추어야겠죠? 예의 바르게 선생님께 먼저 인사하는 학생들과 반갑게 맞아주는 선생님의 모습을 표현해 보았습니다.

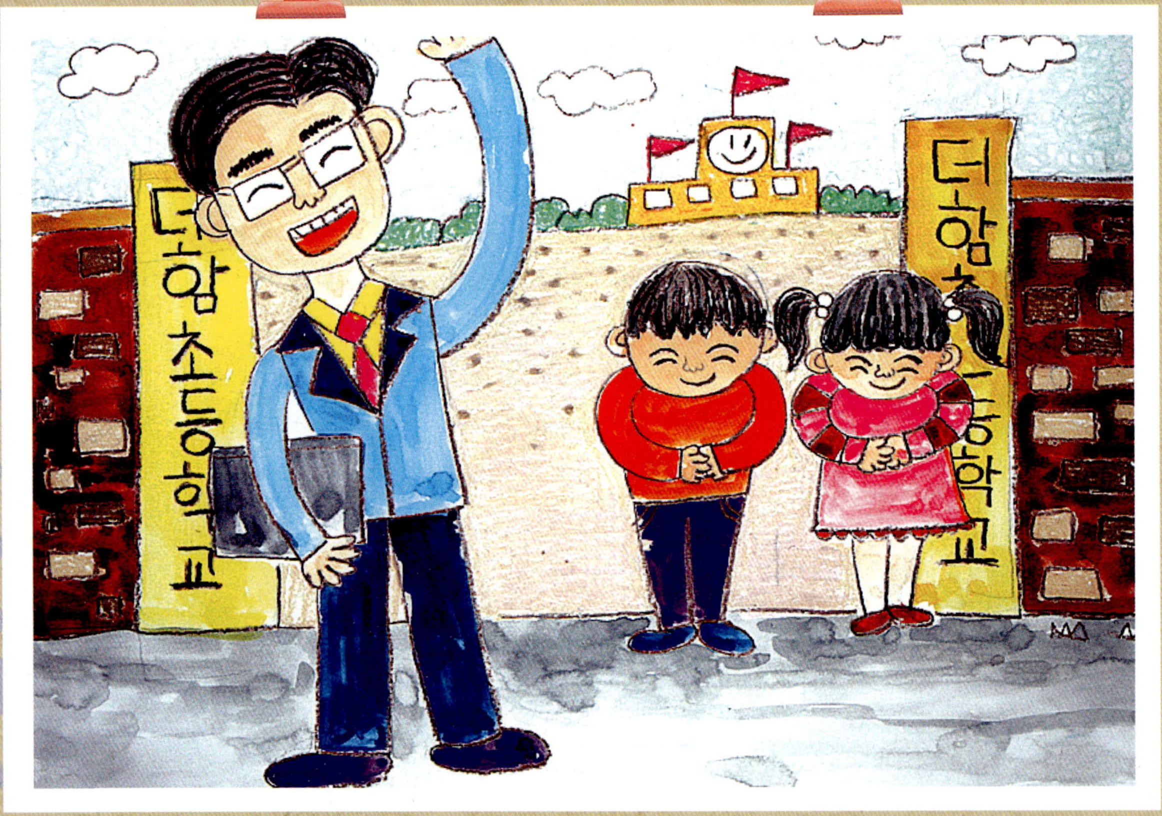

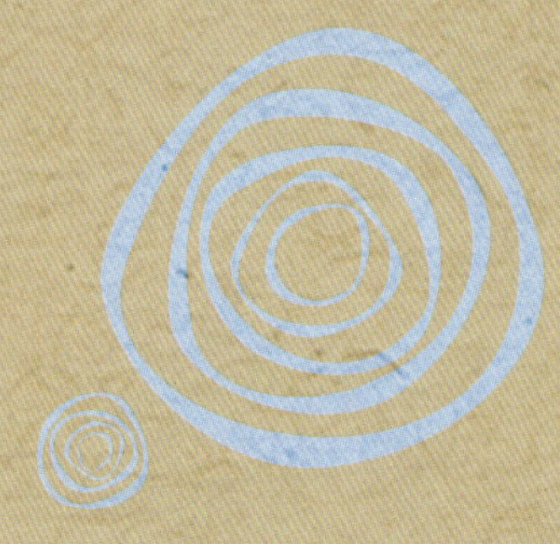

고동색 크레파스로 그리고 크레파스와 물감으로 채색하였습니다. 두 손을 모으고 선생님께 인사하는 착한 어린이들을 보며 학교도 웃고 있어요.

선생님과 함께 운동하면 몸도 마음도 튼튼해져요. 몸과 마음이 튼튼한 어린이들이 다니는 초등학교는 학교폭력 없는 건강한 학교일 것입니다.

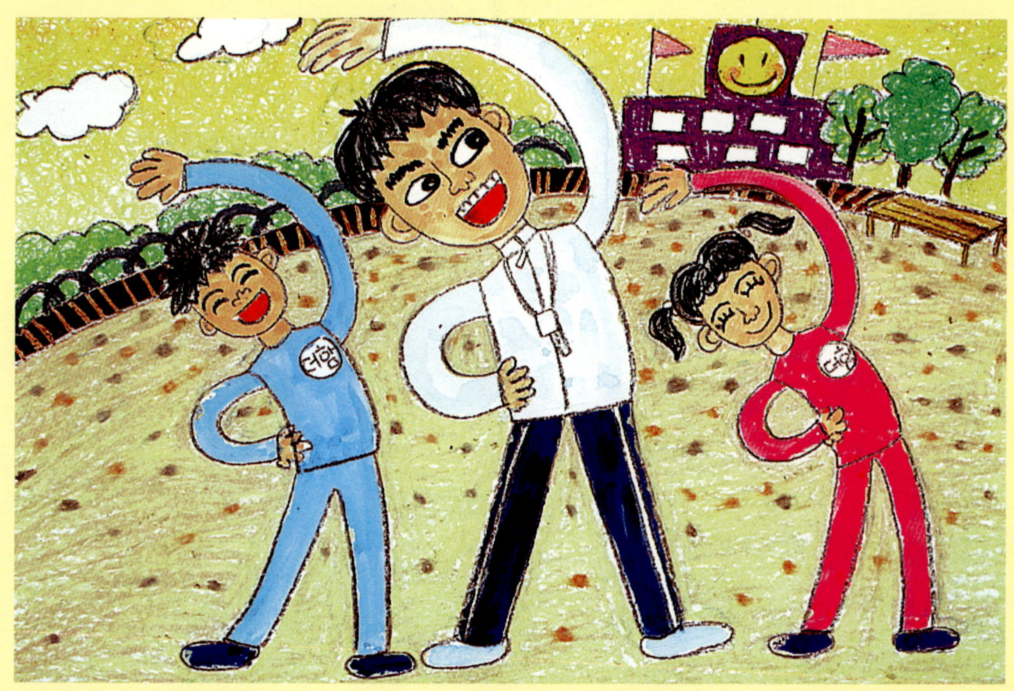

선생님과 함께 책도 읽고 다정하게 이야기 나누는 모습도 그려 보세요. 학교생활이 즐거우면 학교폭력도 없어지겠죠?

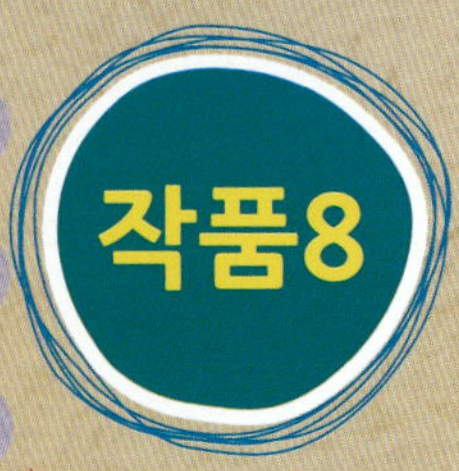

학교를 내 몸처럼

학교에 가서 선생님과 친구를 만나 공부하고 노는 것이 얼마나 행복한 일인지 우리 친구들은 느끼고 있나요? 하루 중 상당한 시간을 보내는 학교를 그저 가기 싫지만 억지로 가는 그런 장소로 여긴다면 매일 매일이 얼마나 불행할까요? 학교를 내 몸처럼 아끼고 사랑하면 그것이 곧 나의 행복이 된다는 것을 명심하세요!

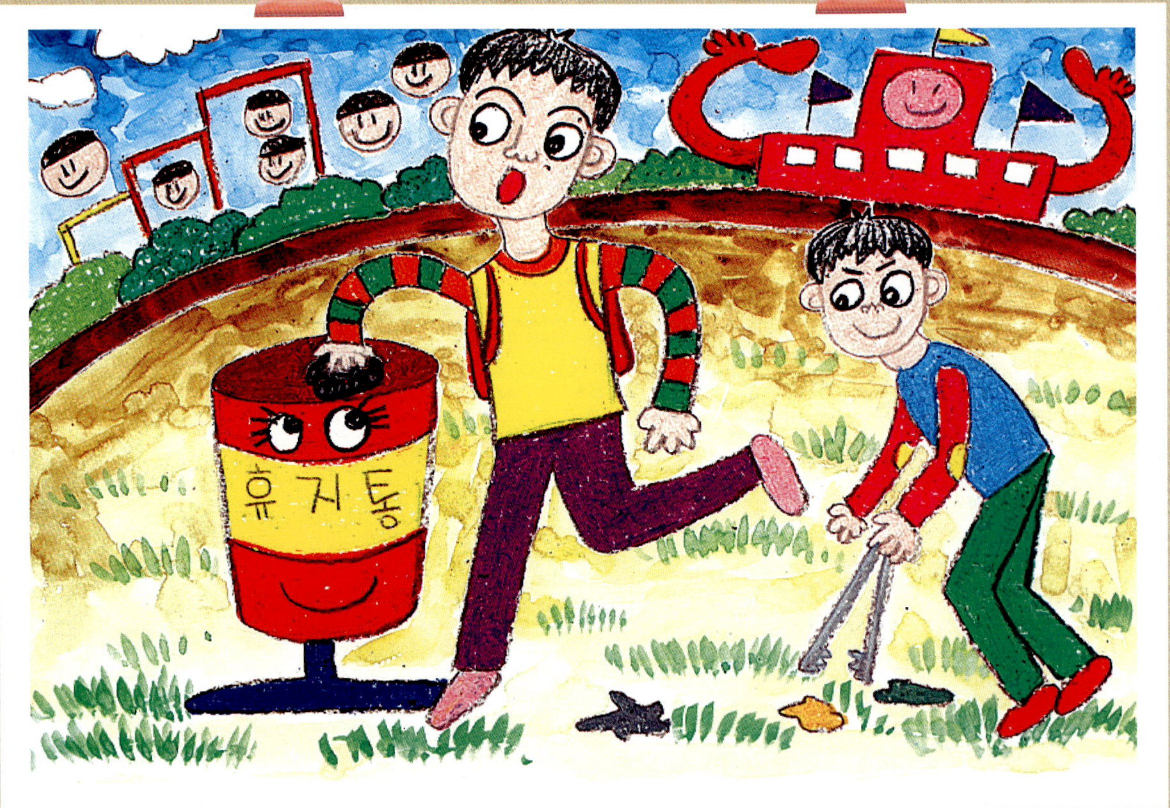

고동색 크레파스로 그리고 크레파스와 물감으로 채색하였습니다. 지저분해진 학교 구석구석을 깨끗하게 청소하는 착한 친구들을 보며 학교도 최고를 외치고 있네요.

우리 학교에 있는 나무와 꽃도 사랑해 주어야 합니다. 우리 친구들이 물도 주고 잡초도 뽑아주면 더욱 아름다운 학교를 만들 수 있겠지요?

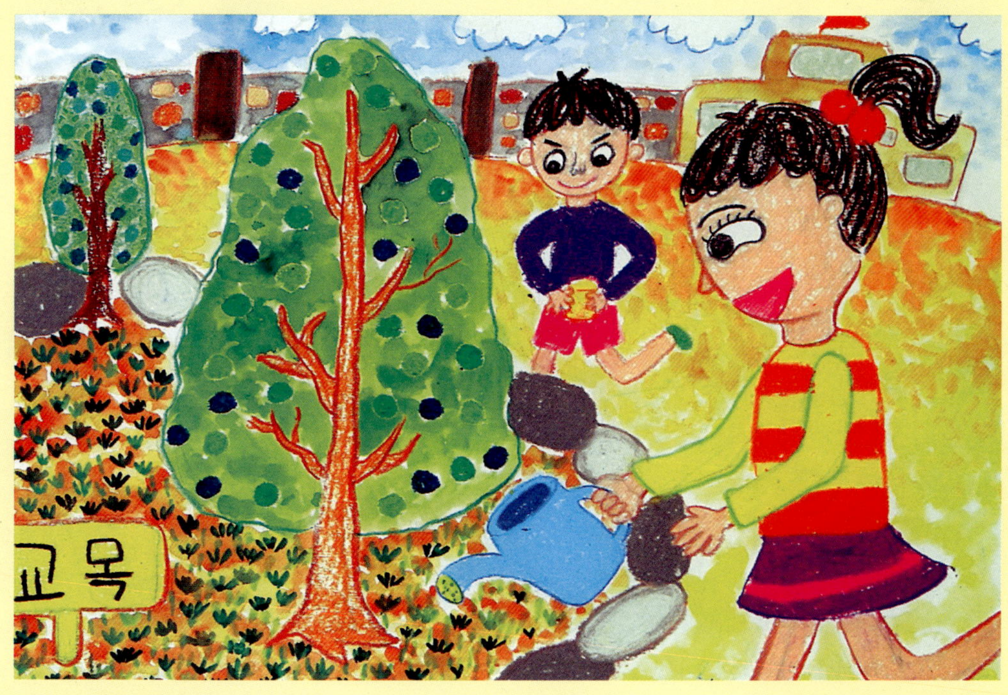

우리가 다니는 학교의 이름, 교화, 교목, 로고 등을 알아보고 그림 속에 넣어 보세요. 더욱 독특한 그림이 되겠죠?

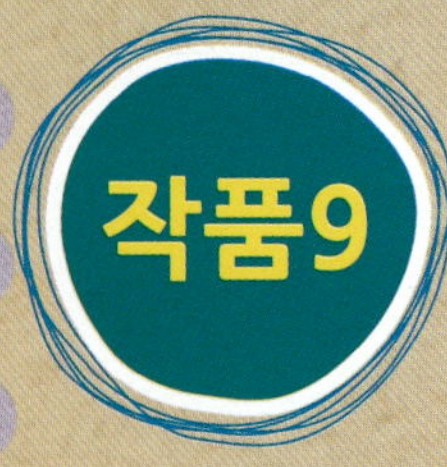

사랑의 학교

학교를 사랑하면 친구들과의 우정도 돈독해지고, 반대로 친구들과 사이좋게 잘 지내다 보면 학교도 좋아집니다. 학교를 사랑하려면 어떻게 해야 할까요? 우리 학교의 자랑을 친구들 앞에서 발표해 보세요. 학교 자랑, 선생님 자랑, 친구 자랑 등을 통해서 학교에 대한 우리 친구들의 사랑이 커진답니다.

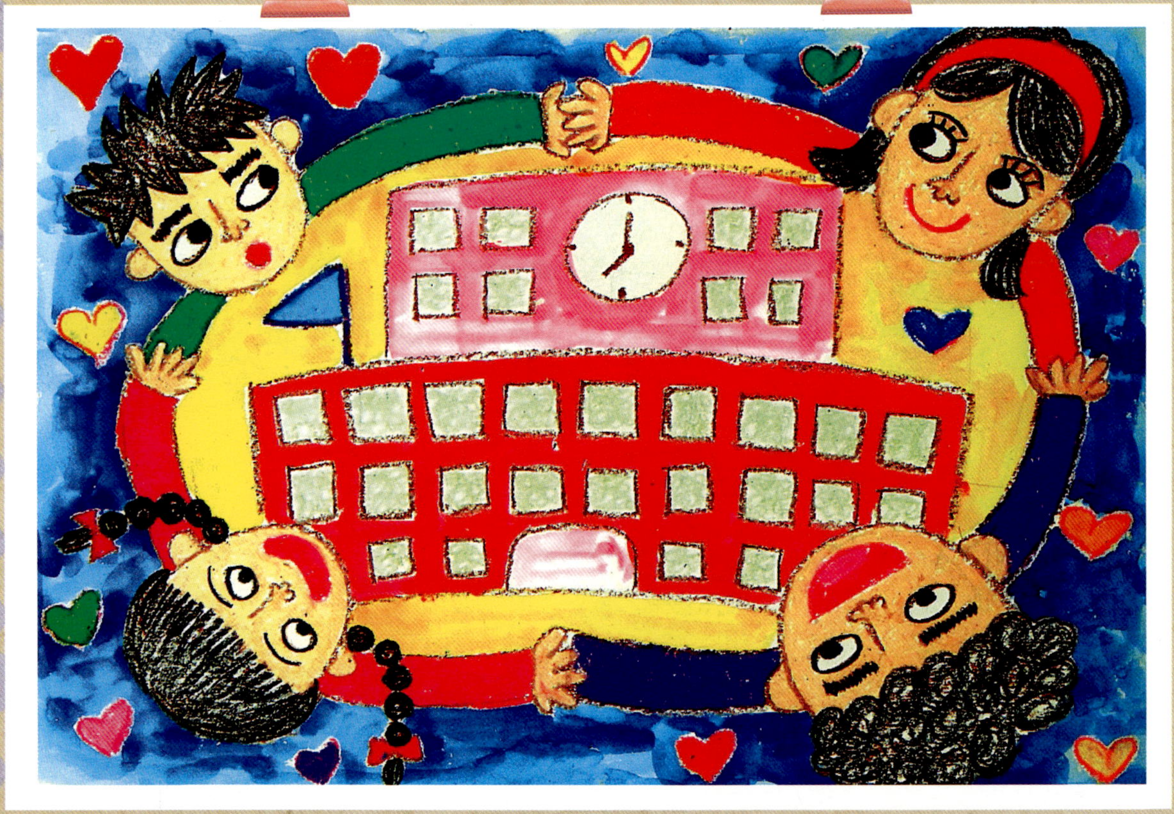

검정색 크레파스로 그리고 크레파스와 물감으로 채색하였습니다. 선생님과 친구들, 그리고 학부모와 함께 우리 학교를 사랑으로 감싸 안고 있어요. 우리 학교는 정말 사랑이 가득한 학교가 되겠네요.

친구들이 학교를 사랑하는 만큼 커다란 하트를 그려 보세요. 그리고 우리 학교의 자랑을 가득 써 볼까요. 우리 학교는 어떤 자랑거리를 가지고 있을까요?

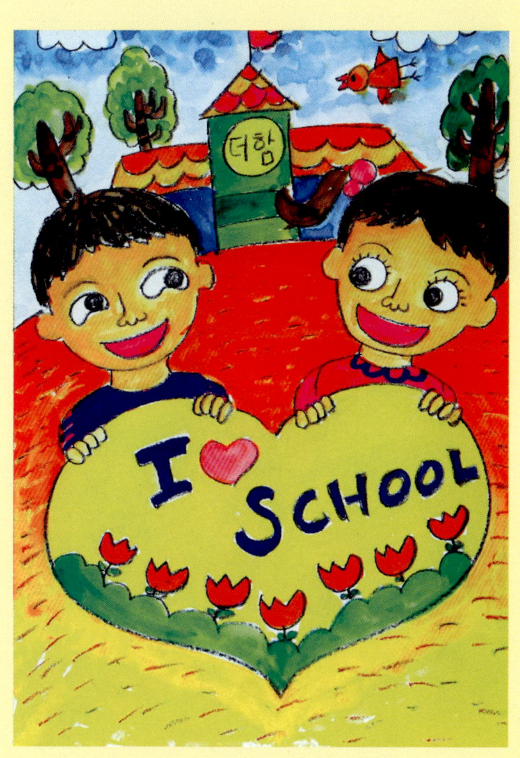

알아두면 좋아요

운동장이 넓은 우리 학교, 선생님들이 멋진 우리 학교, 산이 있는 우리 학교, 도서관에 책이 많은 우리 학교 등 친구들과 함께 우리 학교 자랑을 해 보세요. 친구들과 이야기해 보면 우리학교는 정말 자랑거리가 많다는 것을 알게 된답니다.

생일 축하해! 우리 학교

생일은 우리 친구들이 일 년 중 가장 손꼽아 기다리는 날 중의 하나입니다. 생일이 되면 친구들과 파티도 하고 선물도 주고받죠? 학교의 생일은 개교기념일입니다. 바로 우리 학교가 처음 문을 연 날이지요. 우리 가족의 생일을 다 알듯이 우리 학교의 개교기념일 정도는 알아두어야겠죠? 우리 학교의 생일에 무엇을 선물해줄지 우리 친구들과 고민해보는 것도 좋겠네요.

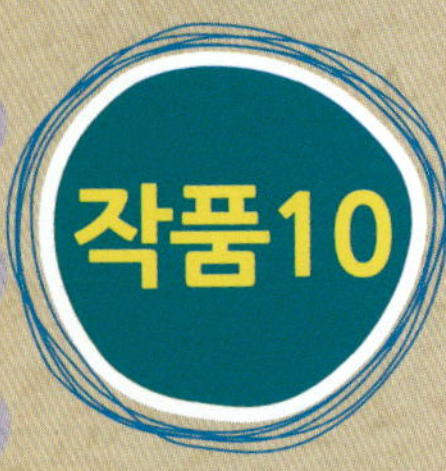

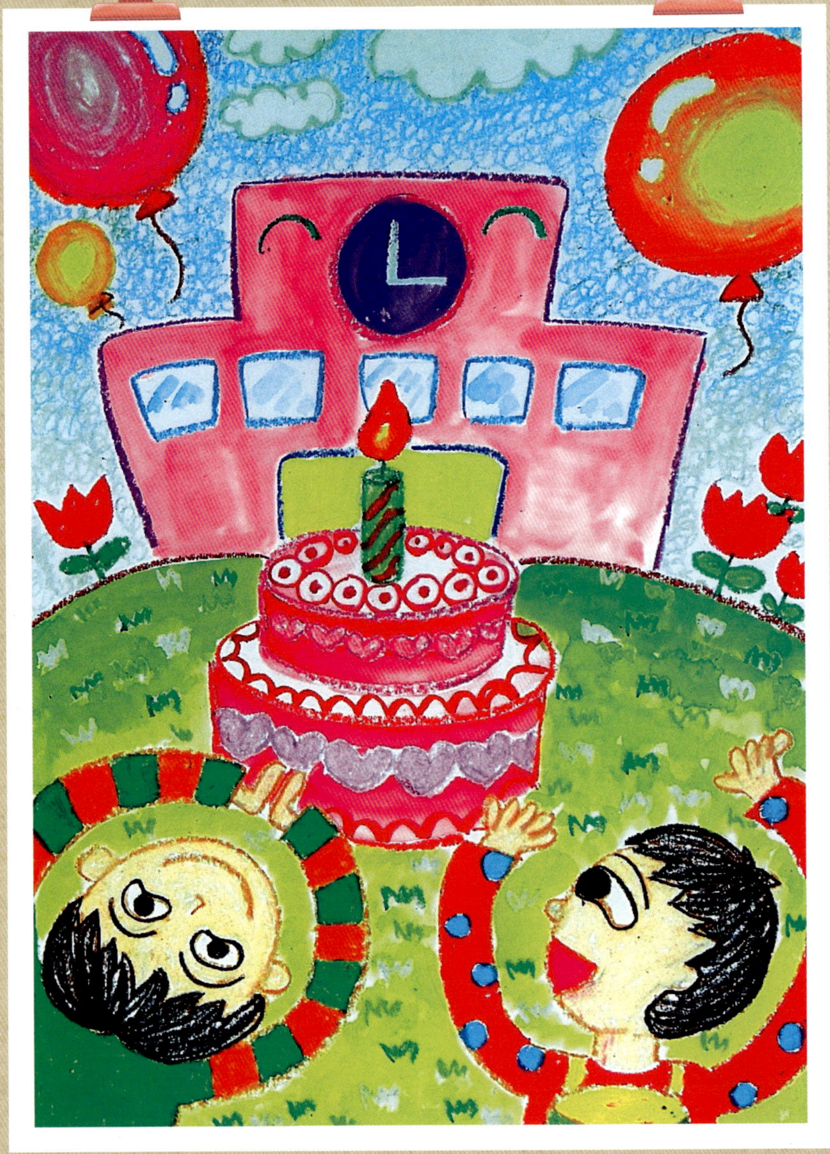

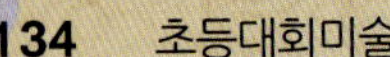

여러 가지 색의 크레파스로 그리고 물감으로 채색하였습니다. 우리 학교의 개교기념일은
언제인가요? 친구들의 생일을 축하하는 것처럼 학교의 생일도 축하해 주세요.

우리 학교의 생일날 선물로 멋진 로고를 만
들어 선물해 볼까요? 우리 학교의 이미지와
가장 잘 어울리는 로고를 만들어 보세요.

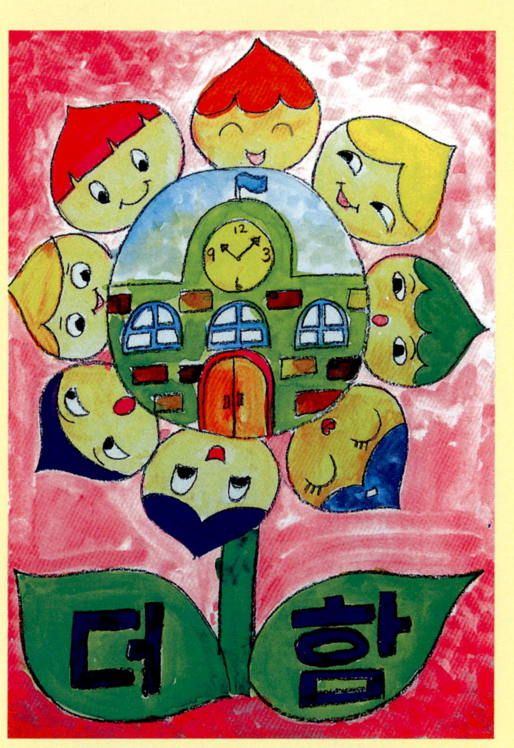

우리 학교의 특징을 살려 로고를 만들어 보세요. 교화, 교목을 넣어 로고를 만들면 우리
학교의 특징을 살릴 수 있습니다. 로고는 간단하고 너무 많은 색이 들어가지 않도록 주의
하세요.

불조심 그리기

불조심을 해야 한다는 사실은 누구나 알고 있는 사실이지.
하지만 늘 조심해야 한다는 걸 알면서도
깜빡 잊거나 부주의한 장난으로 화재를 일으키는 경우가 많아.
다리미, 전기난로 등 각종 전열 기구부터
밥을 짓는 데 꼭 필요한 가스레인지, 부모님의 담배꽁초까지
당장 우리 집안에서부터 조심해야 할 것들이 너무너무 많은데,
우리는 늘 그런 사실을 잊지 않고 있는지
다시 한 번 돌아보자.

불조심 그리기는 왜, 어떻게 할까?

불은 빛과 열을 내는 에너지로 인류의 문명이 있도록 뒷받침해 준 가장 중요한 요소 중 하나입니다. 불은 추위로부터 사람들을 따뜻하게 해주고, 생활에 필요한 밝은 빛을 주며 음식물을 조리하고 나아가 도구를 만들어 활용할 수 있도록 도와주었습니다.

이처럼 불은 우리에게 유용하고 없어서는 안 되는 것이지만 이 불을 잘못 사용하면 한순간에 모든 걸 잿더미로 만드는 화재라는 커다란 재난이 될 수 있습니다.

화재는 순간의 방심과 사소한 부주의로 인해 발생하는 무서운 재난으로 우리가 평소 조금만 관심을 갖고 대비한다면 엄청난 피해는 미리 막을 수 있답니다. 화재는 대부분이 자연발생적이 아니라 인간의 실수로 인한 인재인 경우가 많습니다. 어릴 때부터 이러한 화재의 위험성을 알리고 어떤 점을 주의해야 하는지 교육하고, 학교마다 불조심 그리기 대회를 개최하는 이유도 여기에 있습니다.

불조심 그리기는 어떻게 해야 할까요?

먼저 화재의 주원인을 알고 있어야 주제를 선정하는 데 수월하겠지요. 우리 주변에서 흔히 일어나는 화재의 주원인은 무엇일까요? 먼저 전선의 합선/과부하로 인한 전기화재가 있습니다. 문어발식의 전기코드의 사용과 전자제품의 먼지 쌓임으로 인한 화재가 그 예이지요. 다음으로 석유난로 등의 유류화재가 있습니다. 석유난로 등의 취급부주의, 난로 주변에 가연성물질을 함부로 방치해서 일어나는 화재가 있습니다. 세 번째는 어린이의 불장난으로 인한 화재입니다. 라이터나 성냥으로 장난을 하거나, 야산 등에서의 모닥불 피우기 등이 큰 화재의 원인이 됩니다. 그 밖에 어른들의 담뱃불로 인한 화재를 비롯해 많은 원인이 있습니다.

앞에서 언급했듯이 이러한 화재들은 사람들이 조금만 주의를 기울인다면 막거나 줄일 수 있답니다. 더불어 불이 났을 때의 대처요령과 신고요령, 화재대비용품 등에 대해서도 알아두면 좋겠습니다. 또, 그림을 그리기 전에 불조심이나 화재 사고와 관련된 기사를 검색해 보거나 관련 공익광고 포스터를 찾아보면 아이디어를 얻는 데 도움이 될 것입니다.

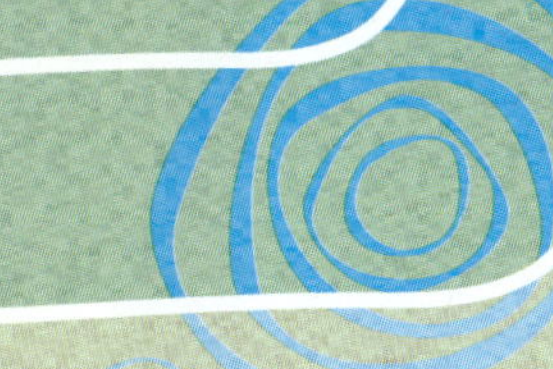

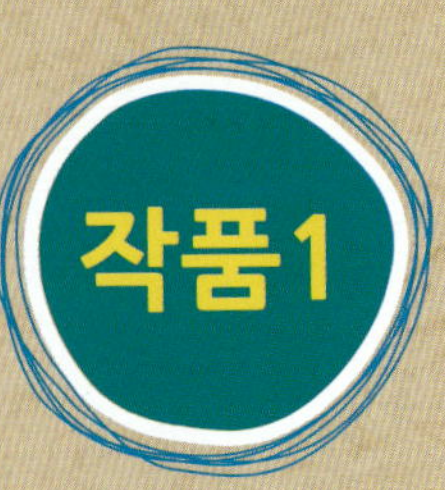

불이 나면 119

불이 났을 경우를 대비하여 화재 시 행동요령이나 화재 대비용품에 대해 알아두는 것이 좋아요. 불이 나면 119로 전화하고, 평소에 소화기는 쉽게 손닿는 곳에 준비해 둬야 한다는 것은 상식이겠죠? 119와 소화기는 불조심 관련 그리기에 꼭 등장하는 필수 소재라고 할 수 있습니다.

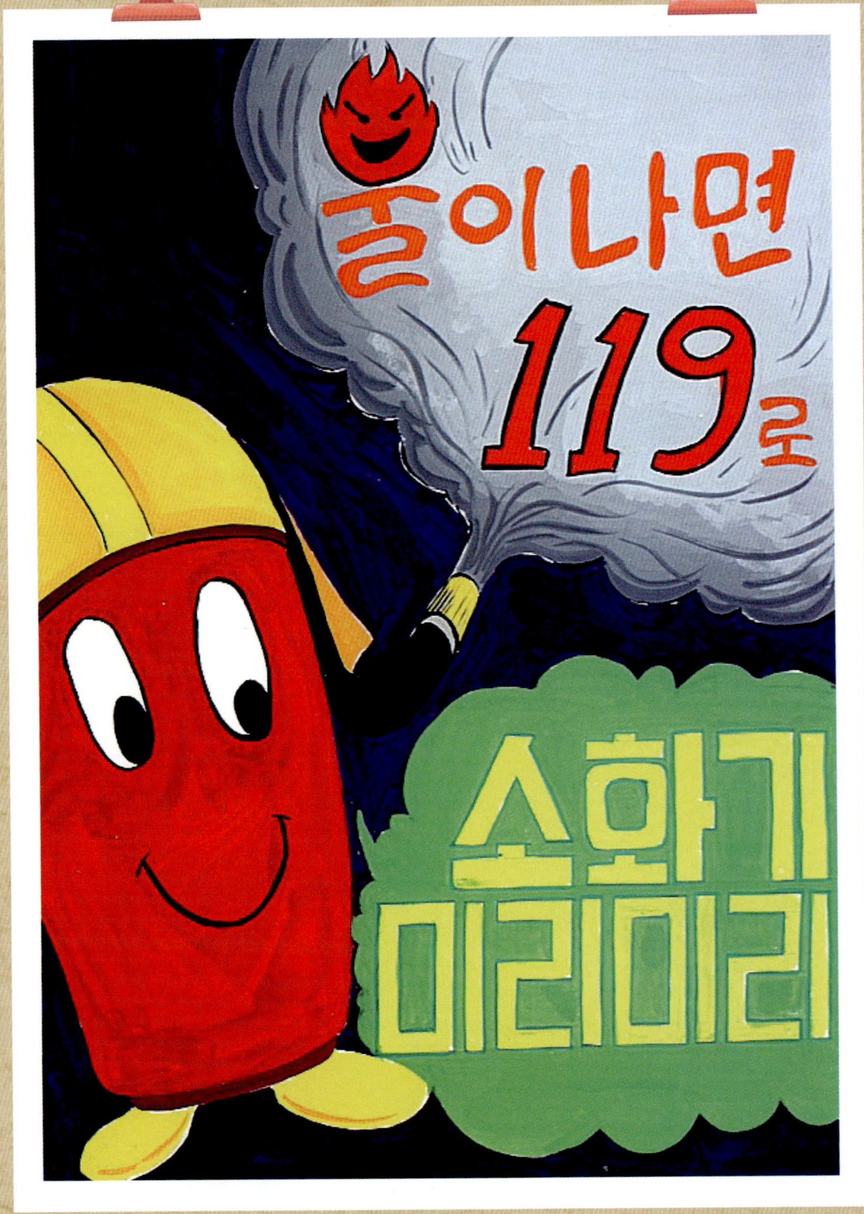

어떻게 그렸을까요?

불은 악마 같은 표정으로 그려 화재의 위험성을 표현하였고 소화기의 웃는 모습은 불이 났을 때 안전하게 불을 꺼주는 소화기의 믿음직한 모습을 나타낸답니다. 연필로 그리고 포스터칼라로 채색하였습니다.

다르게 그려봐요

높은 건물에서 불이 났을 때 아래층으로 빠져나갈 수 없다면 어떻게 해야 할까요? 이때는 옥상으로 올라가 구조를 기다려야 합니다. 화재가 났을 때 발생하는 유독가스가 제일 위험하니까 거즈나 젖은 수건으로 입과 코를 막고 낮은 자세로 움직여야 한다는 점도 잊지 마세요.

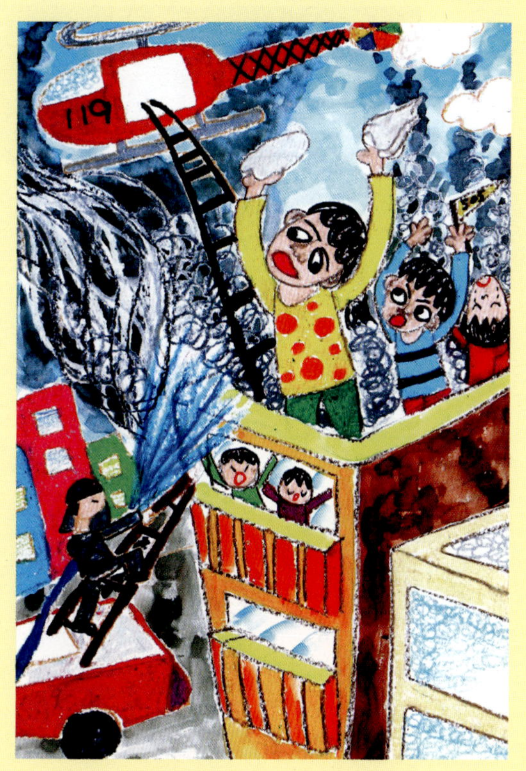

알아두면 좋아요

고층 빌딩에서 화재가 발생했을 경우 실내로 이미 연기가 새어 들어오고 있다면 문틈을 젖은 수건으로 막아 두고 집안에서 대기해야 합니다. 연기나 불길이 근처에 없으면 비상계단으로 대피하고 연기가 계단 아래에서 위로 올라오는 경우는 아래층에서 불이 난 것이므로 옥상으로 대피합니다.

방심은 금물

한순간의 부주의로 인한 화재로, 대대로 아끼며 가꾸어온 우리의 푸르른 숲이 사라져 버립니다. 숲을 다시 복원하기 위해선 몇 배의 노력과 시간이 걸린다고 하니 산에서 일어나는 화재는 더더욱 없어야겠죠? 그러려면 산지에서의 불장난이나 취사 행위는 절대로 하면 안 되겠죠.

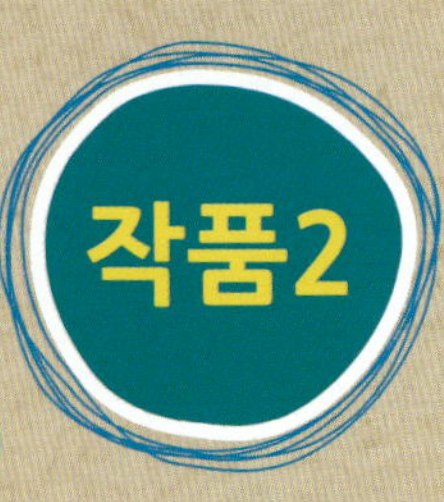

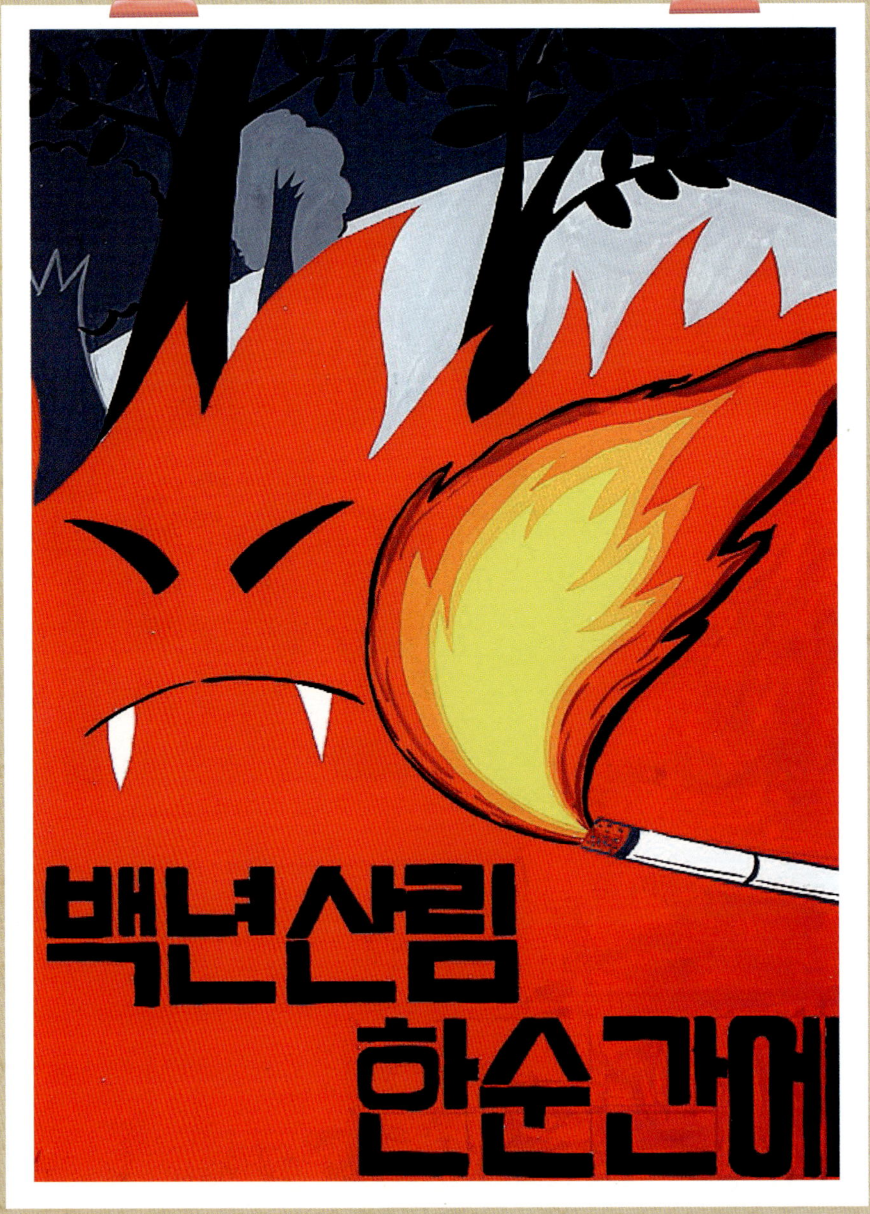

붉은 색으로 숲을 집어 삼킨 불을 표현했습니다. 검게 타버린 나무의 모습도 실감나게 표현해 보세요. 연필로 그리고 포스터칼라로 채색하였습니다.

한순간의 방심으로 우리의 집과 숲은 모두 재가 되어 버릴 수 있답니다. 담배꽁초나 작은 불씨도 다시 보아야 합니다.

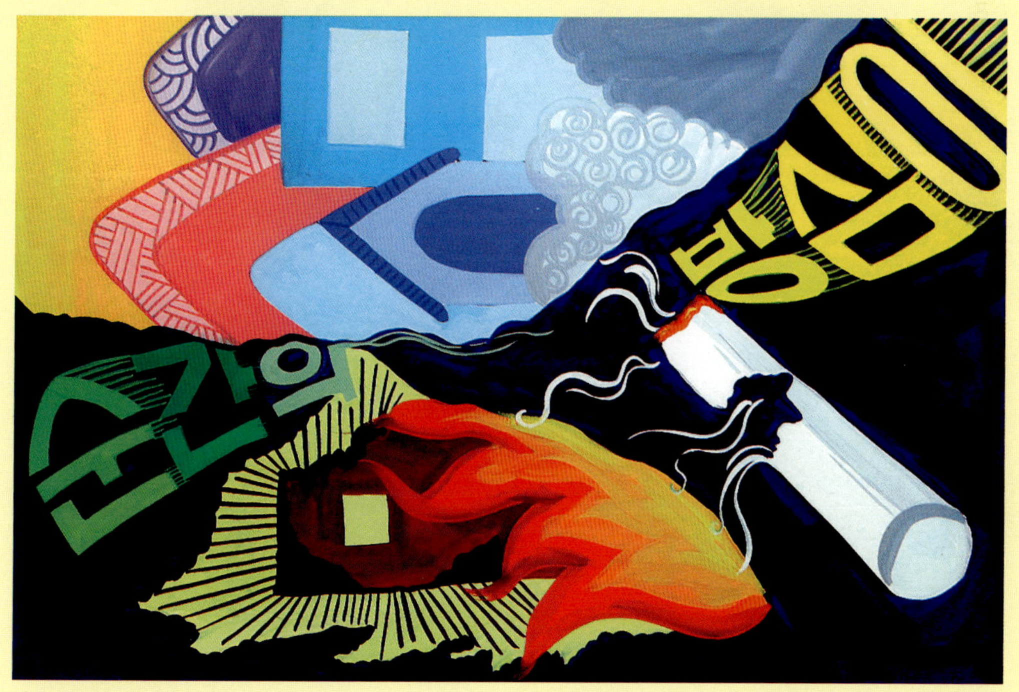

담배꽁초로 인한 산불이 전체 산불 발생 원인의 절반이 넘는답니다. 아주 작은 불씨라도 건조한 계절에는 커다란 산불이 될 수 있다는 것을 꼭 명심하고 산에 오를 때에는 인화물질을 소지하지 않아야 합니다.

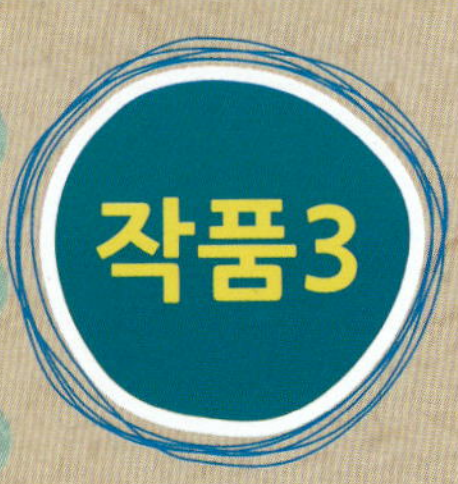

자나 깨나 불조심

전열기구나 화재의 위험성이 있는 가연성 물질은 항상 주의가 필요합니다. 난로나 모기향 등의 화기 주변에는 빨래나 불에 잘 타는 물질은 두지 않도록 주의합니다. 잠을 잘 때도 자다가 무의식적으로 건드려 화재를 일으킬 만한 물건이 없는지 잘 살펴보도록 하세요.

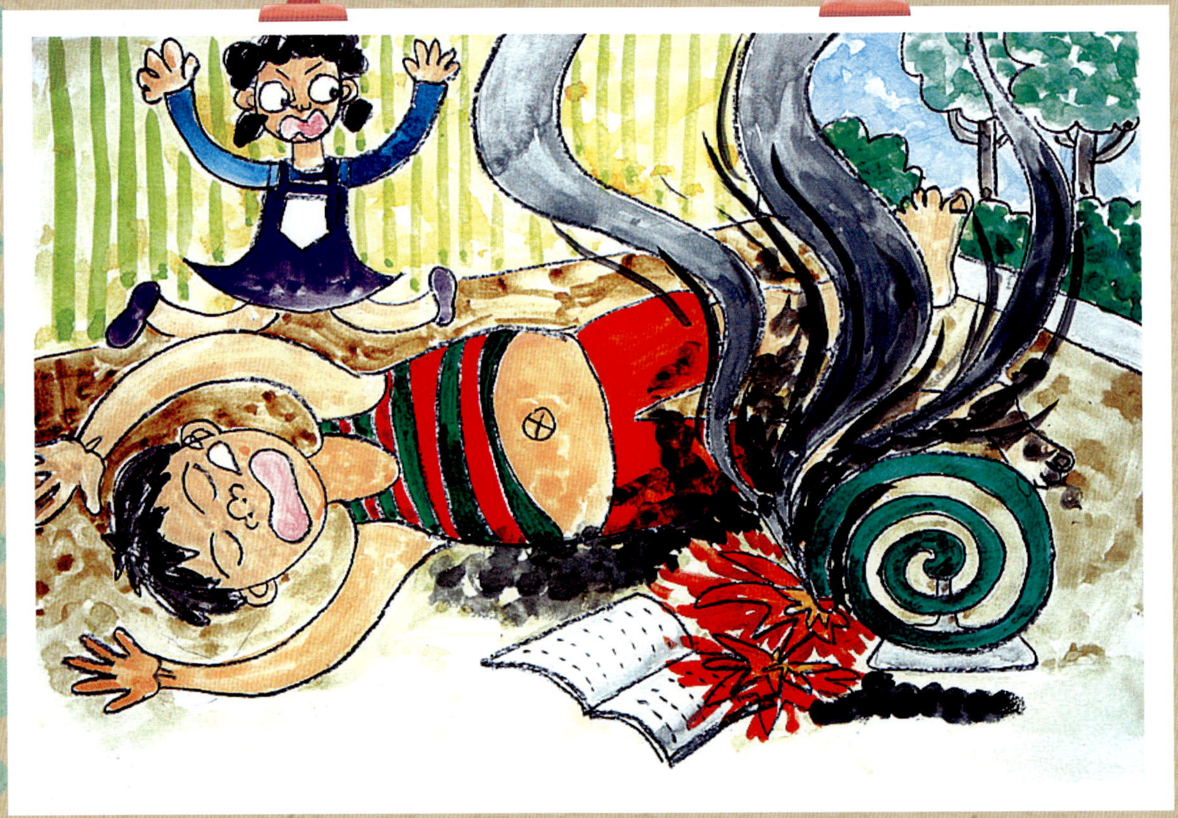

검은색 색연필로 그리고 물감으로 채색하였습니다. 이 그림에서 주요 소재가 되는 모기향과 연기를 더욱 강조하여 표현하였습니다.

전기난로는 열선이 노출되어 있기 때문에 화재의 위험성이 크답니다. 따라서 항상 조심해야 합니다. 화재가 발생하는지도 모르고 게임에 몰두하고 있는 어린이들을 그려 보세요.

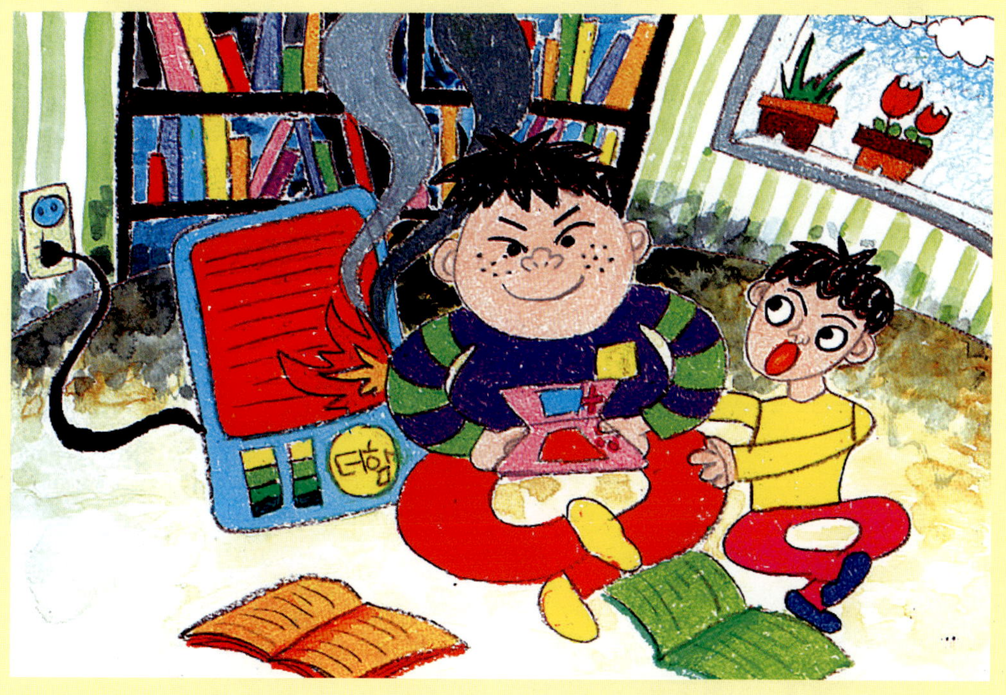

알아두면 좋아요

여름 동안 창고에 보관했던 전기난로에 쌓인 미세먼지를 제거해 주지 않으면 미세먼지가 불씨를 옮겨 화재가 발생하기 쉽답니다. 사용하기 전에 꼭 청소를 해 주세요.

잃어버린 소중한 추억

아무리 화목하고 아름다운 가정이라도 화재가 일어나는 순간 모든 것을 잃을 수 있습니다. 우리의 소중한 가족과 재산을 지킬 수 있도록 노력해야겠습니다. 한순간의 방심과 부주의로 평생을 고통받으며 살아야 한다면 얼마나 괴로울까요?

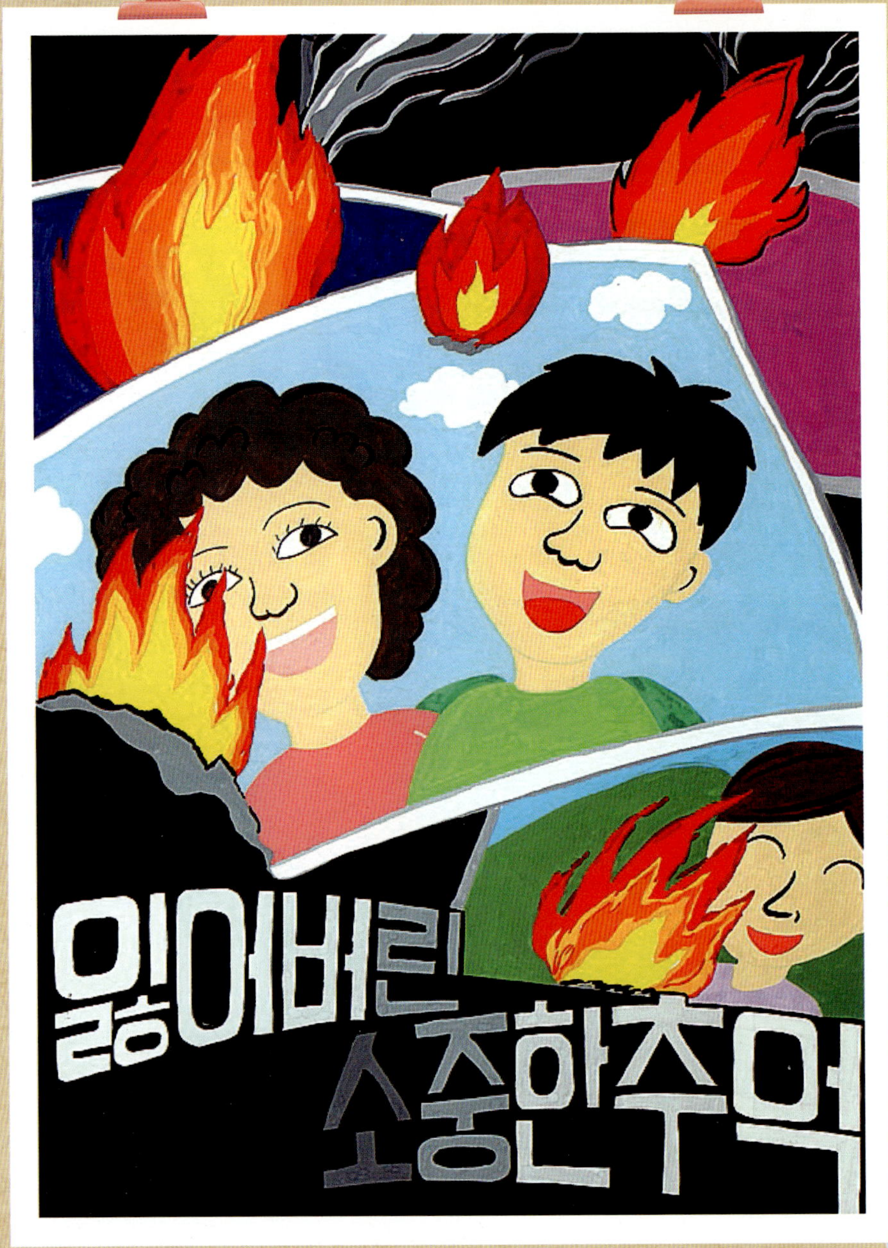

연필로 그리고 포스터칼라로 채색하였습니다. 행복했던 순간의 사진은 유채색으로, 배경은
무채색으로 채색하여 주제를 더욱 강조하였습니다.

우리 가족의 행복했던 기억들도 불씨들이 집어삼켰습니다. 불씨를 붉은 한자(火)로 표현해
보았습니다.

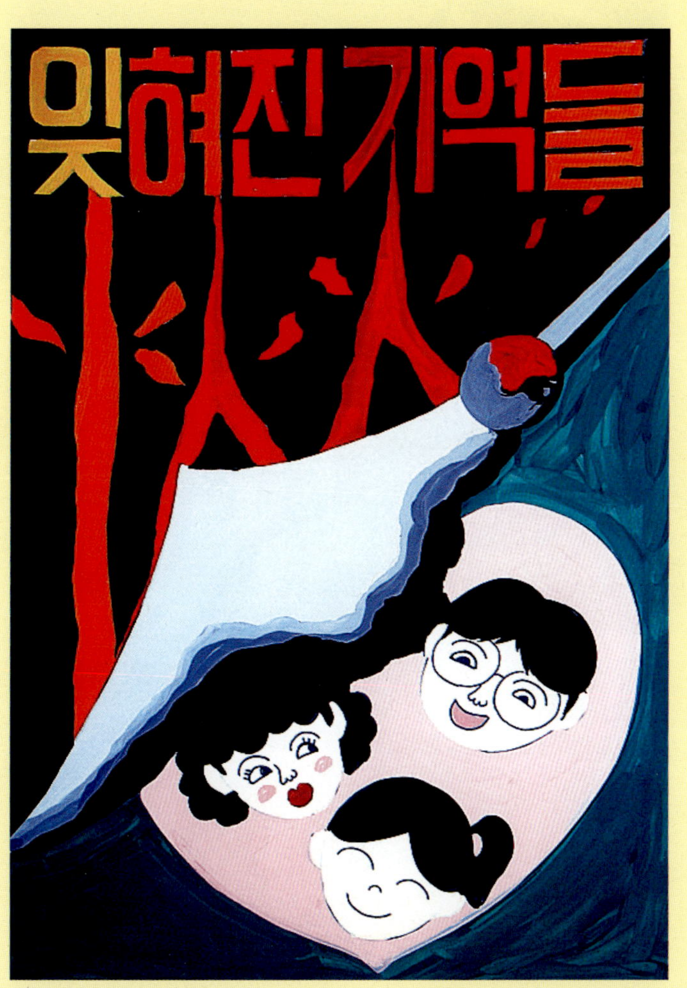

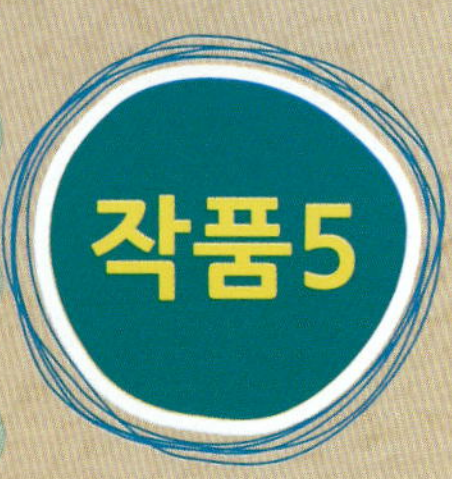

고마운 소방관 아저씨

무서운 화재 현장에서 사람들이 도움을 요청하면 대부분의 소방관 아저씨들은 투철한 직업 의식과 사명감으로 뒤돌아보지 않고 불길 속으로 뛰어든다고 합니다. 불이 나면 목숨을 걸고 달려오시는 이런 소방관 아저씨께 항상 고마운 마음을 가져야겠지요. 소방관 아저씨의 늠름하고 멋진 화재 현장에서의 모습을 표현해 보세요.

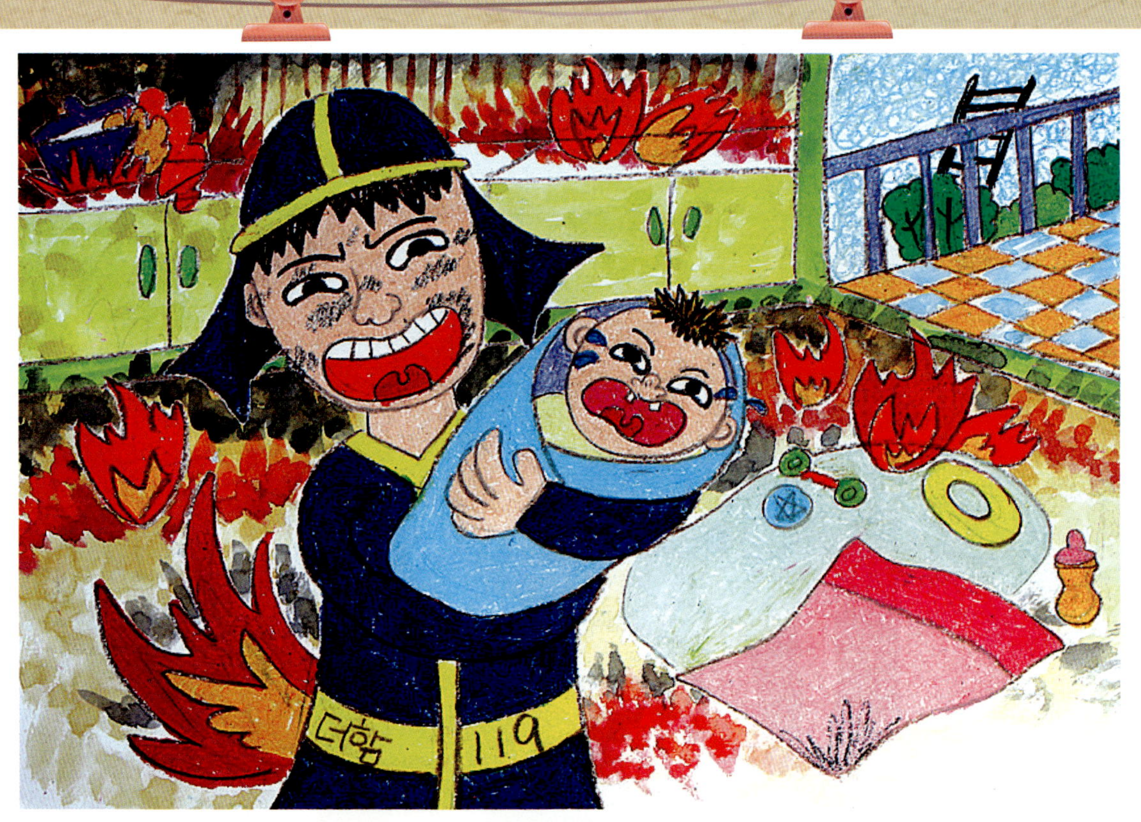

고동색 크레용으로 스케치하고 크레파스와 물감으로 채색하였습니다. 아기와 소방관 아저씨의 표정을 실감나게 표현해 보세요.

소방관 아저씨들이 고층 빌딩에 사다리를 놓고 올라가 위험에 빠진 사람들도 구조한답니다. 멋진 소방차와 소방 호스, 소방관 아저씨의 멋진 장비들도 그려 보세요.

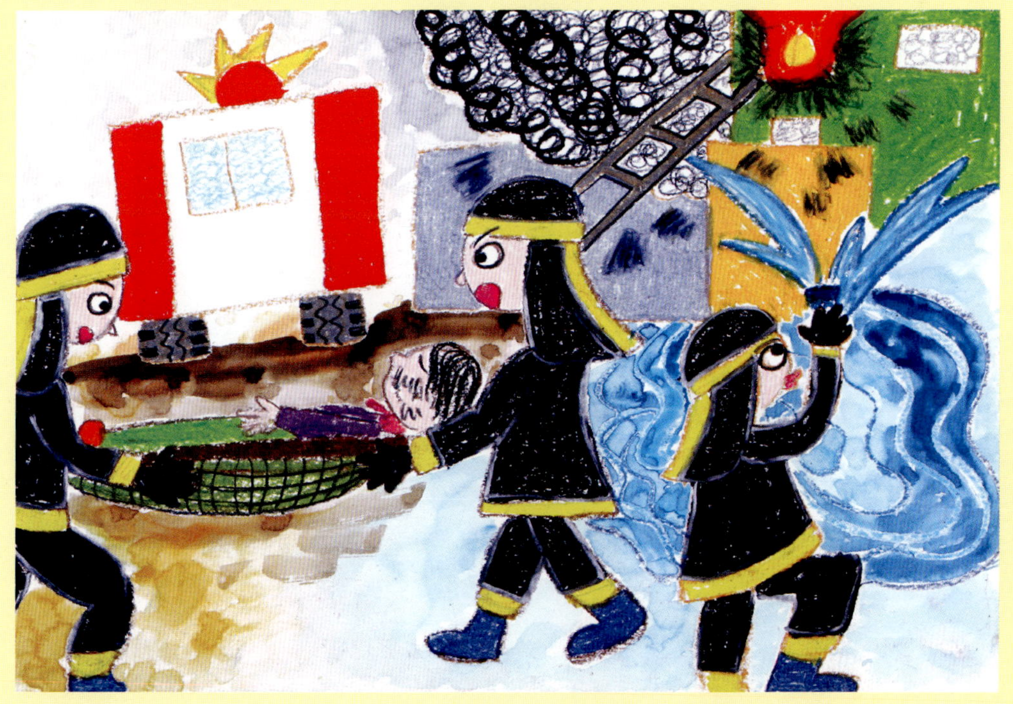

알아두면 좋아요

소방관들은 자신의 몸을 보호하는 옷차림, 특수한 보호 외투와 바지, 장갑, 두건, 장화를 착용합니다. 불을 끄다가 위험한 일이 생겼을 때 도움을 청할 수 있는 비상 신호장치도 옷 속에 있답니다. 불 속으로 들어갔을 때 숨을 쉴 수 있도록 산소 마스크도 착용한답니다.

깜빡 잊으셨나요?

요리를 하고 집안을 따뜻하게 하는 등 불은 우리 생활에 없어서는 안 되는 소중한 에너지입니다. 하지만 잘못 사용하면 우리에게 무서운 재앙으로 다가오는 양면성을 가진 것이기도 합니다. 잠시 방심한 사이 화재가 발생하거나 깜빡 잊은 사이 불길은 무섭게 일어납니다.

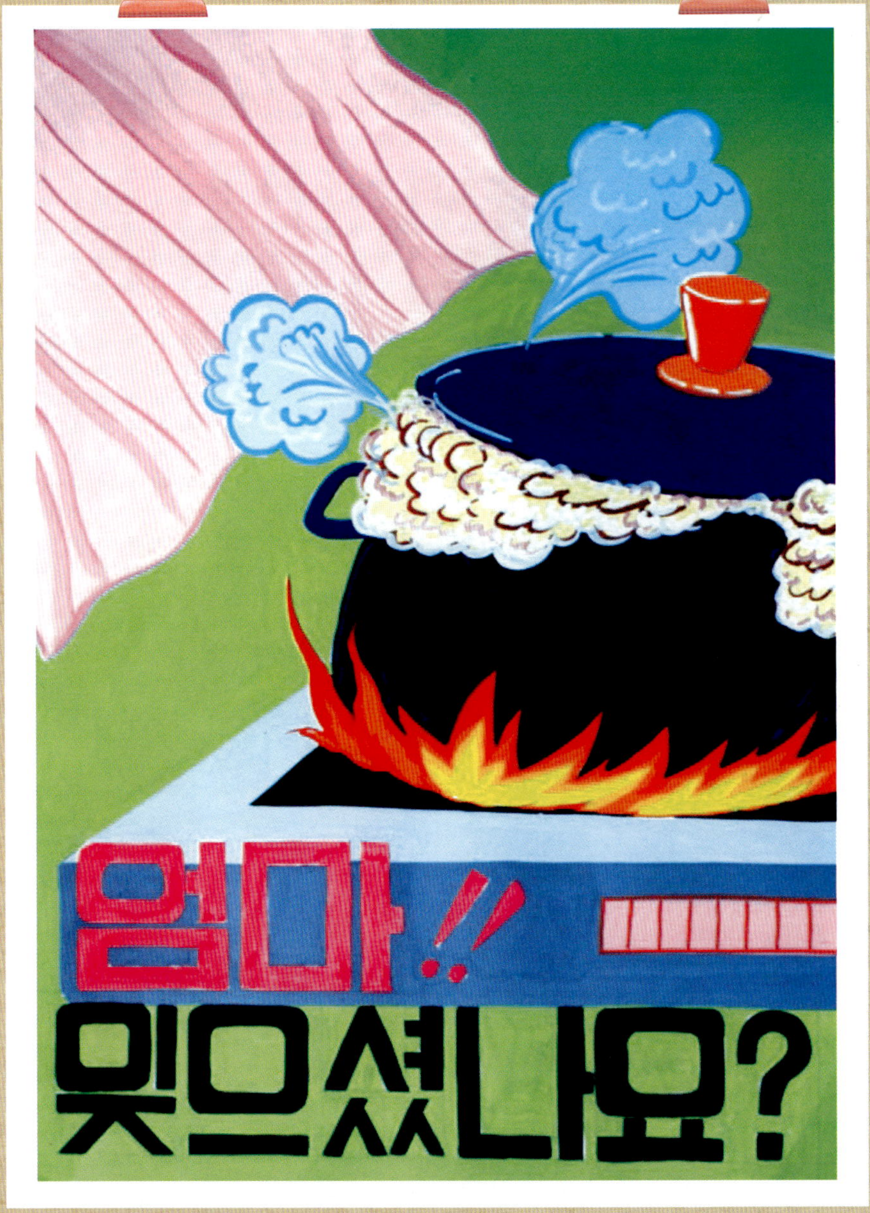

연필로 그리고 포스터칼라로 채색하였습니다. 불길이 잘 보이도록 냄비의 색은 진한 남색으로 채색했습니다. 알리고자 하는 메시지를 담은 문구도 창의적으로 떠올려 써 넣어 보세요.

다리미를 올려 둔 걸 깜빡 잊고 다른 일은 하다가 옷을 태워본 경험을 엄마들은 한 번쯤 해 보셨을 거예요. 실수로 아까운 옷을 버리거나 집안의 물건을 태우는 일이 일어나지 않도록 늘 조심해요.

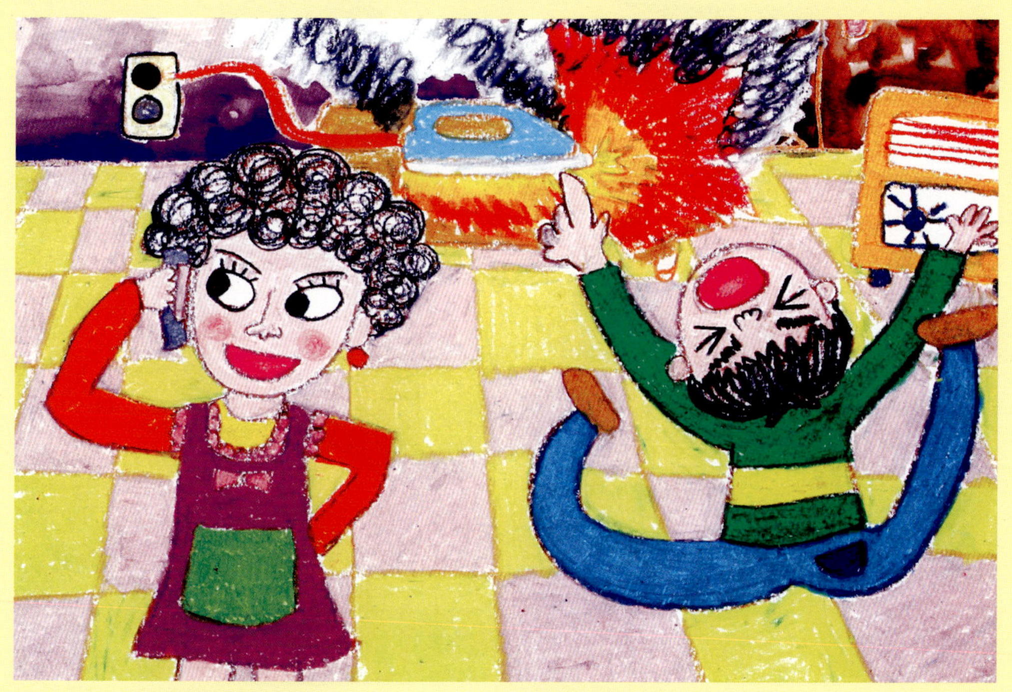

뉴스를 보면 집안에서의 화재도 빈번하게 발생하고 있습니다. 집안에도 소화기를 하나쯤 준비해 두세요.

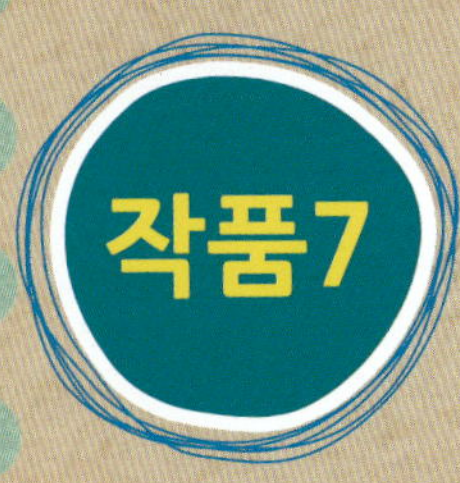

엄마, 아빠도 조심조심

어른들의 부주의로 인한 화재 사고가 많습니다. 가스나, 발열이 되는 전기제품을 사용할 때에는 자리를 떠나지 말고 항상 주시해야 합니다. 어른들이 가스 불을 끄는 것을 잊지는 않으셨는지, 다리미 코드를 뽑는 것을 잊지는 않으셨는지 우리 친구들도 함께 확인해 주세요.

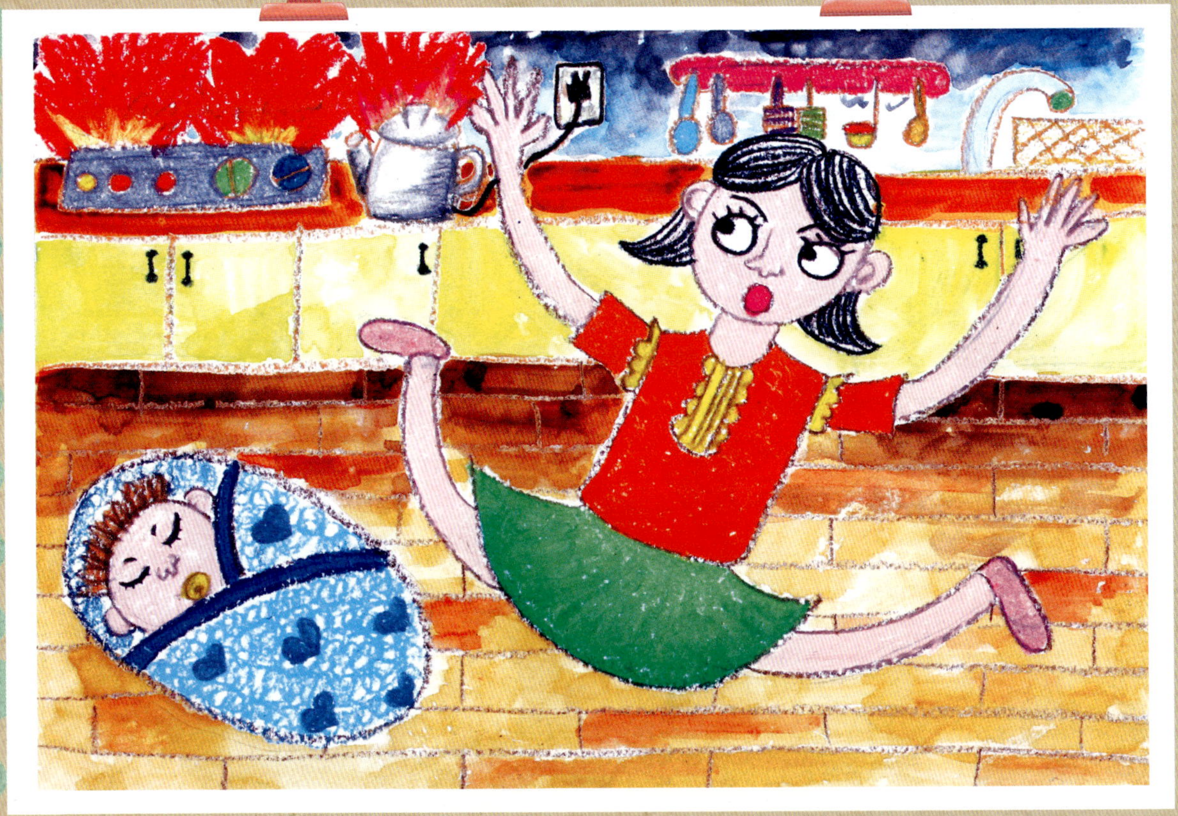

고동색과 황갈색으로 스케치하고 크레파스와 물감으로 채색하였습니다. 깜짝 놀란 엄마의
모습을 과장하여 표현해 보았습니다.

집안에서 불이 나는 여러 가지 상황들을 표현해 보세요. 부모님이나 우리 가족들의 부주의
로 우리 집에 불이 날 수 있답니다. 가스불이나 난방 기구를 꼼꼼하게 관리하는 습관을 들
여요.

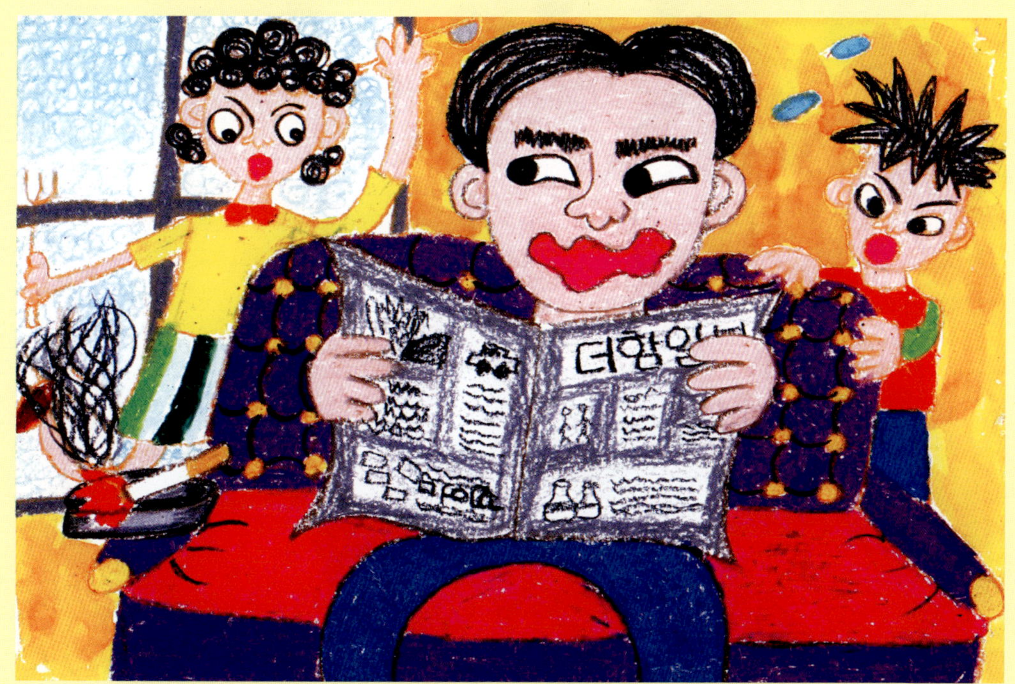

가정에서 일어나는 화재를 예방하기 위한 몇 가지 안전수칙에 관해 알아보세요. 집을 비
울 때는 코드를 뽑아두기, 전기장판의 노후로 열선이 노출되지 않았는지 확인하기, 정기
적으로 전기 점검하기 등 우리가 가정에서 일어나는 화재 예방을 위하여 할 수 있는 일들
은 어떤 것들이 있을까요?

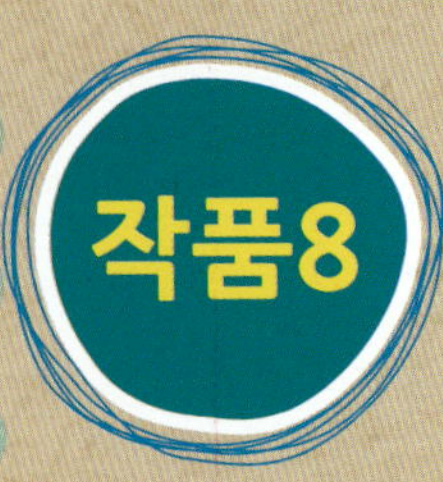

불장난은 하지 말아요!

우리 친구들의 불장난도 화재 원인 중의 하나랍니다. 어린이들은 라이터나 성냥 등의 발화기구는 사용을 금해야 합니다. 특히 나무나 마른 낙엽 등이 많은 곳에서 불장난을 하면 더 위험하겠죠? 아름답게 가꾼 숲이 화재로 인해 한순간에 사라지는 일은 결코 없어야 할 것입니다.

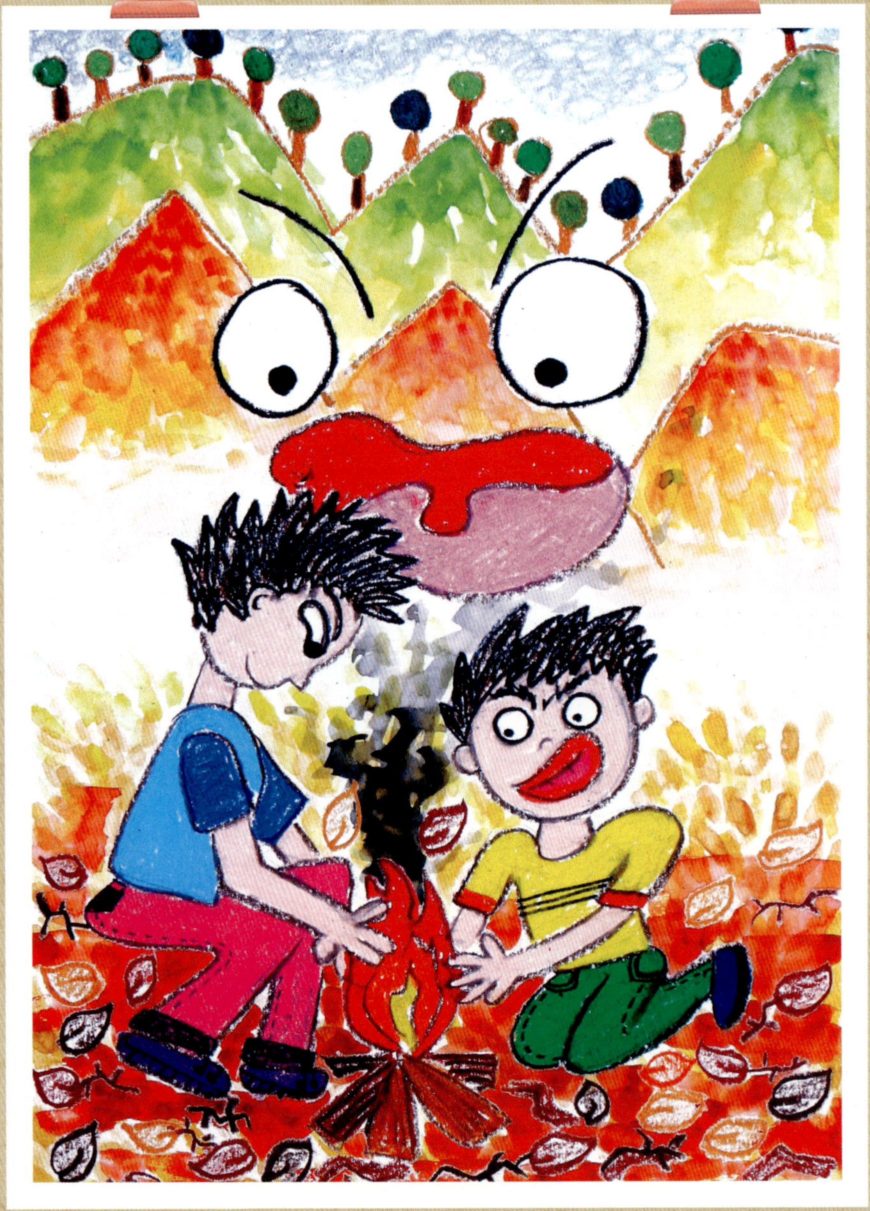

고동색 크레파스로 그리고 크레파스와 물감으로 채색하였습니다. 단풍으로 아름답게 물든 산에서 불장난을 하고 있어요. 매우 위험해 보이죠?

공원 잔디밭에서 친구들이 불장난을 하는 장면을 그려 보았어요. 가을 분위기를 내기 위하여 풀을 노랑, 주황색으로 그렸습니다.

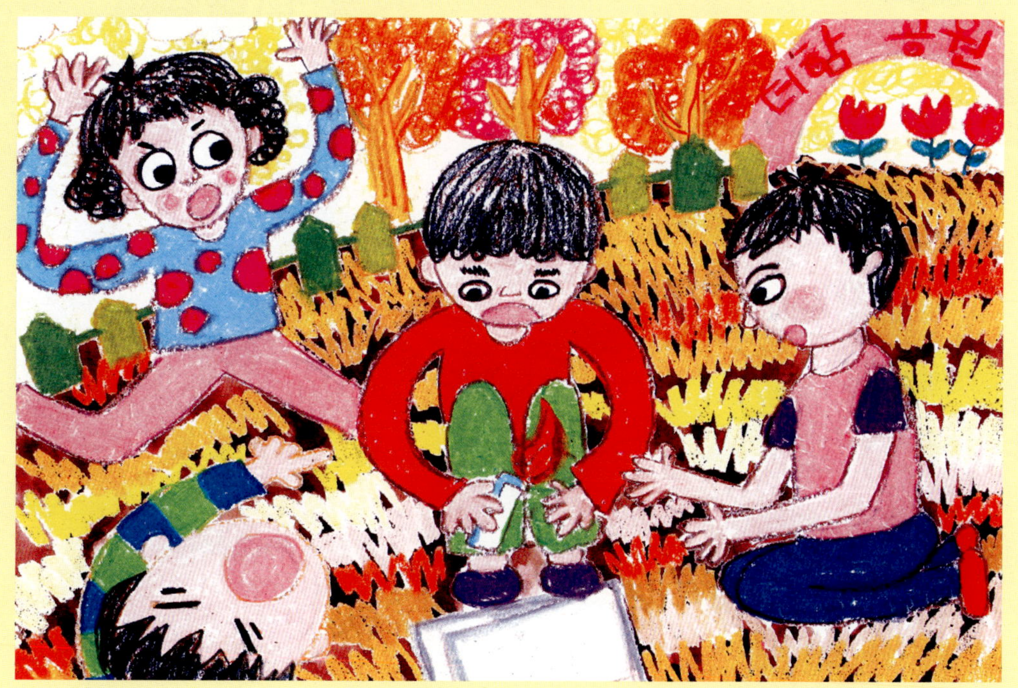

아동화에서는 인물의 표정이 매우 중요합니다. 불장난을 하는 어린이의 표정, 깜짝 놀라 뛰어오는 어른의 표정, 위험한 행동을 보며 말리는 어린이의 표정 등 그림 속에 등장하는 인물의 표정을 하나하나 생동감 있게 표현하면 그림도 더욱 재미있어진답니다.

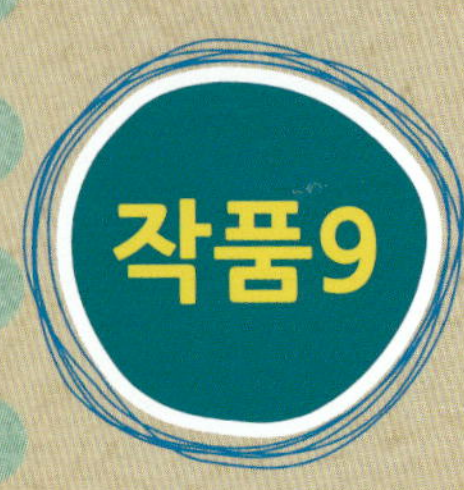

화재는 모두에게 재앙

화재는 인간에게 씻을 수 없는 상처와 피해를 줍니다. 이런 화재가 산에서 일어난다면 어떻게 될까요? 수십, 수백 년을 가꾸어 온 숲이 한순간에 잿더미가 되는 것은 물론 산 속에 살고 있는 여러 동물들도 먹을 것과 잘 곳을 잃고 떠돌 수밖에 없겠지요. 이렇게 화재는 일단 일어나면 모두에게 재앙이 됩니다.

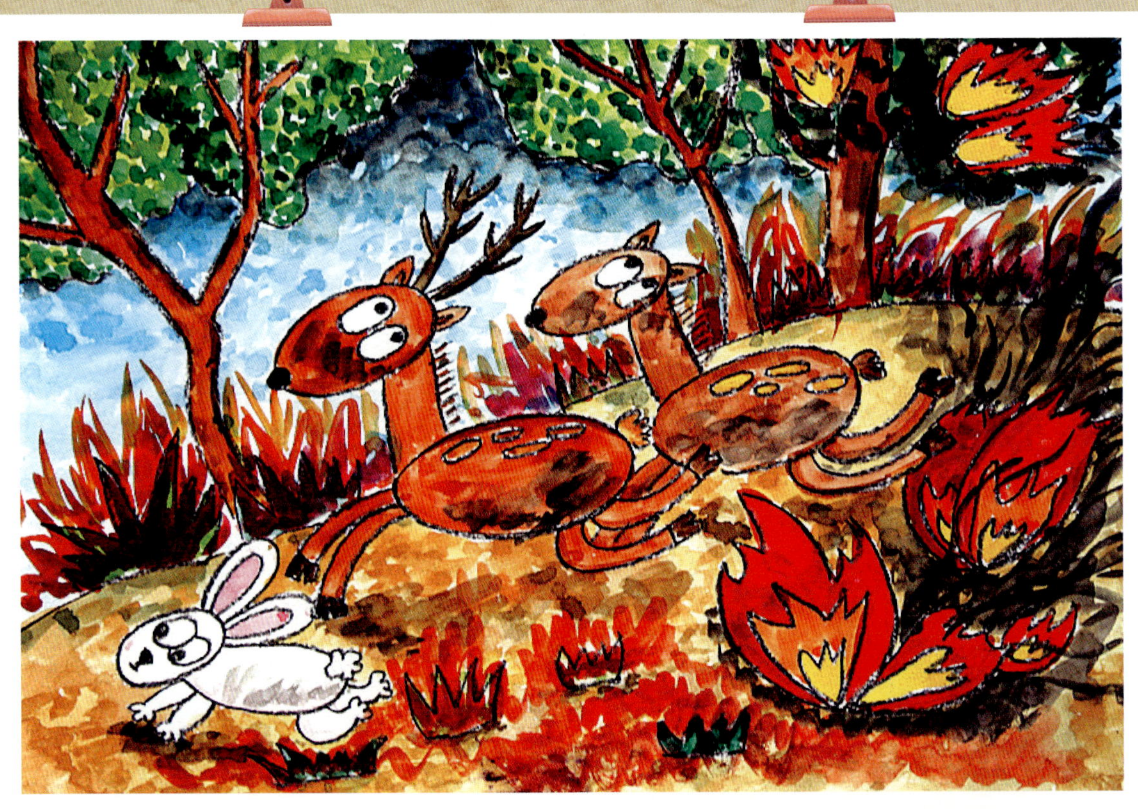

어떻게 그렸을까요?

산불을 피해 동물들이 어디론가 뛰어가고 있어요. 산불은 나무만 태우는 게 아니랍니다. 산 속에 사는 동물들에도 엄청난 위협이 된답니다. 검은색 연필로 스케치하고 물감으로 채색 하였습니다.

다르게 그려봐요

화재로 인하여 화상을 입은 얼굴을 표현해 보았습니다. 얼굴에 입은 상처도 아프지만 가슴 속에 입은 상처가 더 아프겠죠?

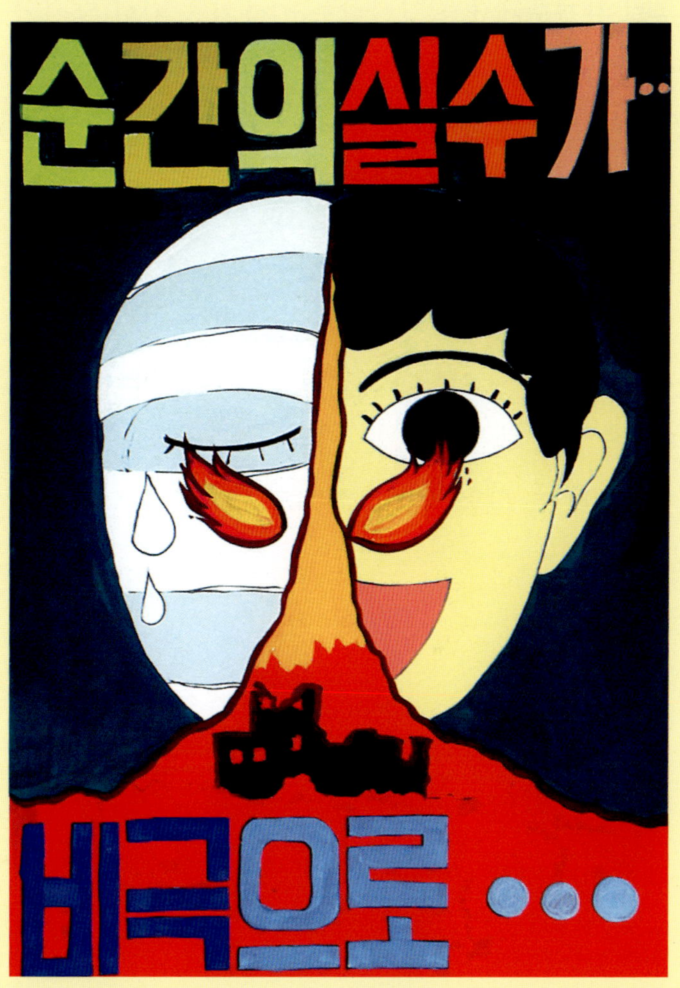

환경 그리기

지구 온난화 현상에 대해 알고 있니?
지구의 환경문제가 심각하다는 이야기는 이미 많이 들어 보았
을 거야.
모두 인간이 지구를 깨끗하게 보존하지 못해 일어난 일이지.
인간의 욕심으로 오염된 지구를 이제부터라도
되돌려 놓아야겠지?
그러려면 어떻게 해야 할까?
환경오염을 일으키는 물건을 되도록 쓰지 말아야 하고
강이나 바다에 함부로 쓰레기를 버려서도 안 되지.
에너지를 절약하는 것도 한 방법이야.
많은 에너지를 생산하려면 지구의 자원을 많이 써야 하니까.

환경 그리기는 왜, 어떻게 할까?

우리나라는 해마다 여름과 초가을에 한두 차례 태풍이 옵니다. 그런데 올해는 벌써 세 번째 태풍이 휩쓸고 지나갔습니다. 우리나라에는 피해가 없지만 또 다른 태풍이 중국이나 일본 동남아를 강타하고 있습니다.

20세기 성장 제일주의와 무분별한 개발로 인하여 우리의 생태계는 많이 파괴되었습니다. 많은 종의 동물이 멸종되어 가고 폭염, 폭설, 폭우 등의 이상기후들이 우리가 사는 지구를 위협하고 있습니다. 얼마 지나지 않아 아이들이 뛰어놀며 자연과 숨 쉬는 우리의 아름다운 숲, 갯벌, 계곡, 하늘과 시원한 바람, 따뜻한 햇볕을 느끼지 못하게 될지도 모르겠습니다.

그래서 우리나라뿐만 아니라 국제적인 공조를 통해 지구의 환경을 지키자는 운동이 세계적으로 일어나고 있답니다. 여러 가지 환경단체들이 환경을 지키기 위해 파수꾼 역할을 하고, 환경보존 운동에 동참하고 있습니다.

지속 가능한 국토의 이용과 보전을 위협하는 정부의 정책을 감시하고 비판하며 대안을 제시하기 위한 노력을 진행하기도 하고, 사막화 방지를 위한 나무 심기, 멸종위기 동물의 서식지 보전 활동, 습지센터/갯벌센터 등의 운영, 이산화탄소 줄이기 연구, 재생 가능한 대안적 에너지 연구 등 다방면에서 지구를 살리기 위한 노력을 하고 있습니다.

몇몇 단체, 일부 국가의 노력으로는 지구를 살리기에 역부족입니다. 지구에 살고 있는 모든 사람들이 지구를 사랑하고 살리려는 노력을 기울일 때 가능한 일입니다. 우리 친구들도 이러한 지구의 위기를 알고 환경 보존 운동에 동참하도록 자연스럽게 유도해야겠지요. 거창한 것이 아니더라도 우리가 우리 생활에서 쉽게 환경을 보존하는 데 도움을 줄 수 있는 일이 참 많이 있습니다.

환경 그리기 대회는 이러한 취지하에 우리가 환경을 어떻게 지키고 가꾸어야 할지를 생각해 보는 뜻 깊은 시간을 만들어 줍니다. 또 우리가 생활에서 할 수 있는 일들을 이야기해 보고 그림으로 표현해 보면서 환경 오염의 심각성을 깨닫고 환경 보존의 필요성을 직접 느껴볼 수 있는 유익한 경험이 됩니다.

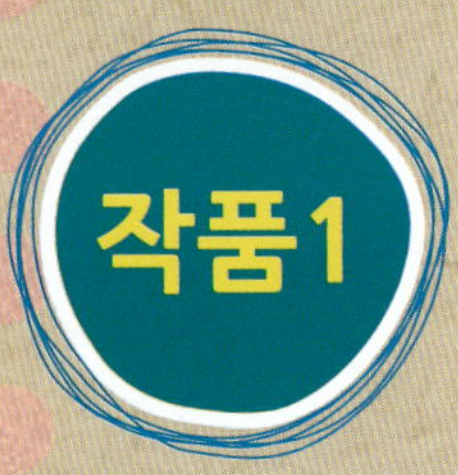

세제는 안 돼요

엄마께서 설거지를 하면서 세제를 너무 많이 사용하고 있네요. 거품이 가득한 물이 지구를 아프게 하고 있어요. 이렇게 합성세제 등으로 인한 하천의 오염이 심각합니다. 정화시설이 있다고는 하지만 늘어나는 인구와 물 사용량을 따라가기 힘듭니다. 가정에서부터 환경에 무해한 세제를 사용하고 물 사용량을 조금씩 줄여나가도록 합시다.

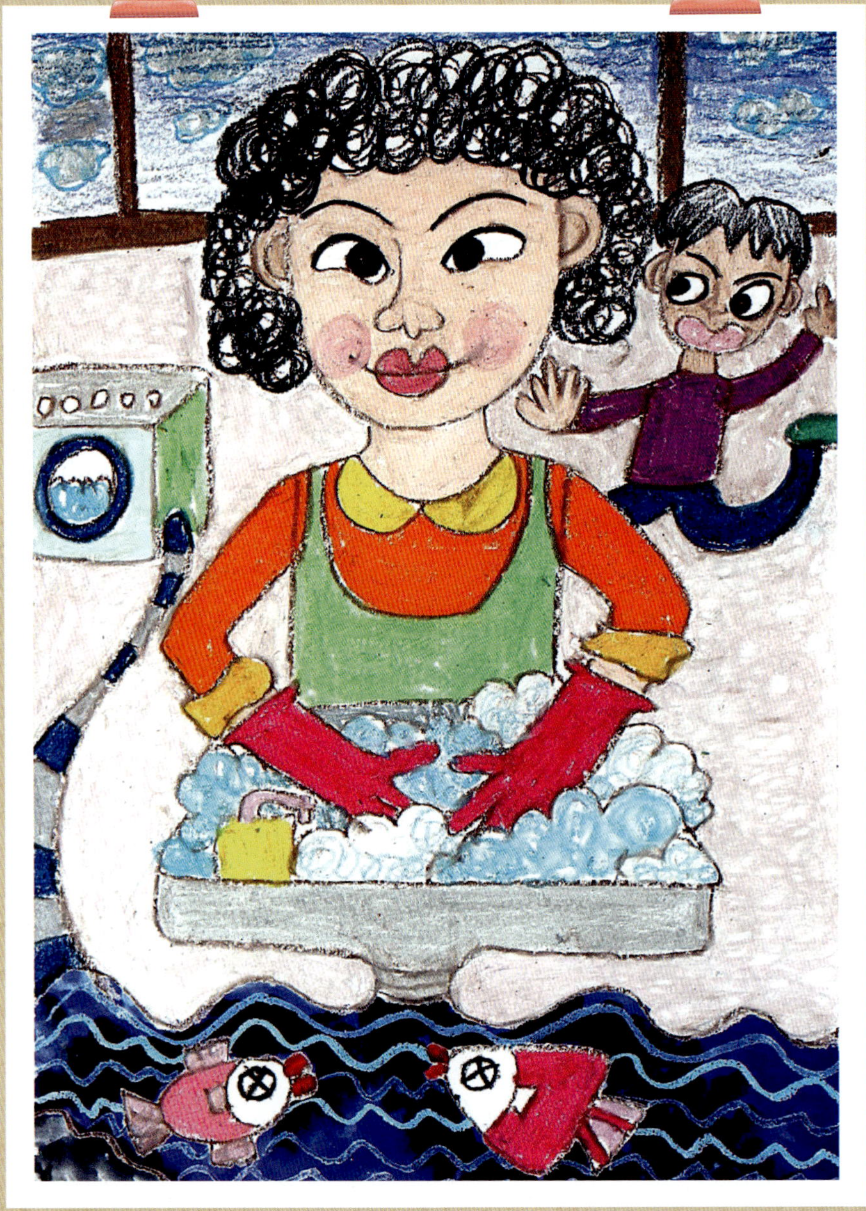

세제를 사용해 설거지나 빨래를 한 물이 결국 어디로 흘러가게 될까를 생각하며, 환경에 어떤 영향을 미치게 될지를 물고기를 통해 상징적으로 표현해 보았습니다. 고동색 크레파스로 스케치하고 크레파스와 물감으로 채색하였습니다.

아무도 보지 않는다고 쓰레기를 아무데나 버리면 안 되겠지요? 몰래 버린 쓰레기가 더 무서운 모습으로 우리에게 해를 입힐지 몰라요.

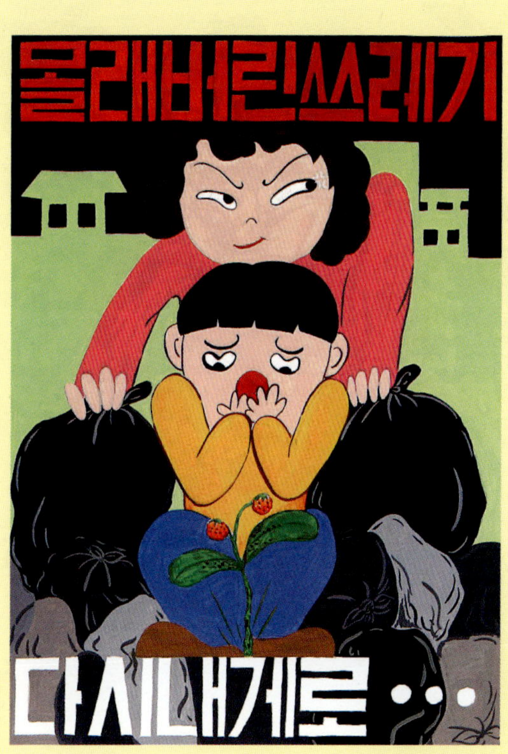

포스터칼라로 채색을 할 때에는 붓 터치를 하거나 명암을 주기 힘들어요. 포스터칼라로 포스터를 그릴 때에는 인물의 표정이나 대상을 더 많이 과장하여 표현해야 주제를 전달할 수 있습니다.

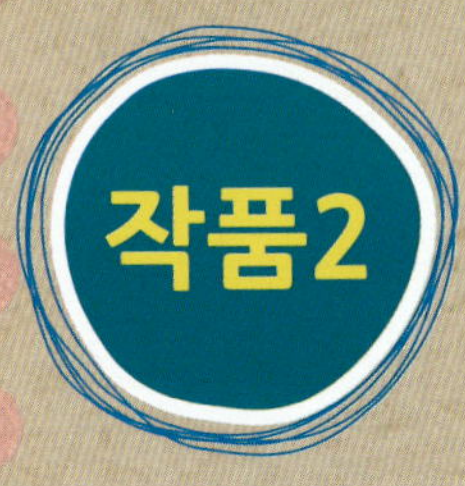

미안해, 우리 때문에

환경 파괴로 인하여 많은 동물이 다치고 멸종되어 가고 있습니다. 동물이 살아야 우리 인간도 살아갈 수 있는 건데 말이죠. 식물, 동물들이 살 수 없는 환경에서는 머지않아 인간도 살아남기 어렵다는 사실을 명심하도록 해요.

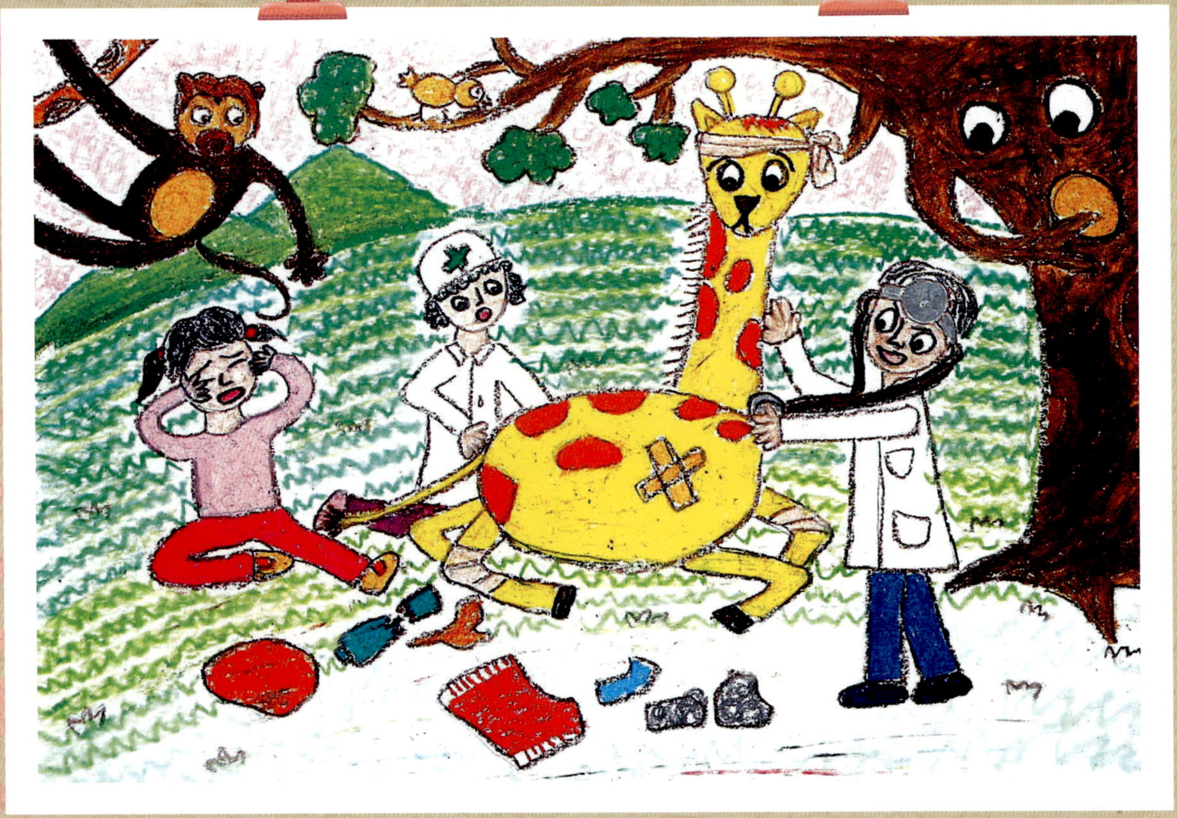

어떻게 그렸을까요?

환경 파괴로 인해 상처를 입은 기린을 그려 보았어요. 고동색 크레파스로 스케치하고 크레파스로 채색하였습니다. 배경까지 크레파스로 채색할 때에는 여러 가지 선을 이용해 채워도 멋진 그림이 된답니다.

다르게 그려봐요

공해와 환경오염으로 아름다운 들꽃들이 사라지고 있습니다. 사라지고 있는 야생화에 대해 알아보고 그려보세요.

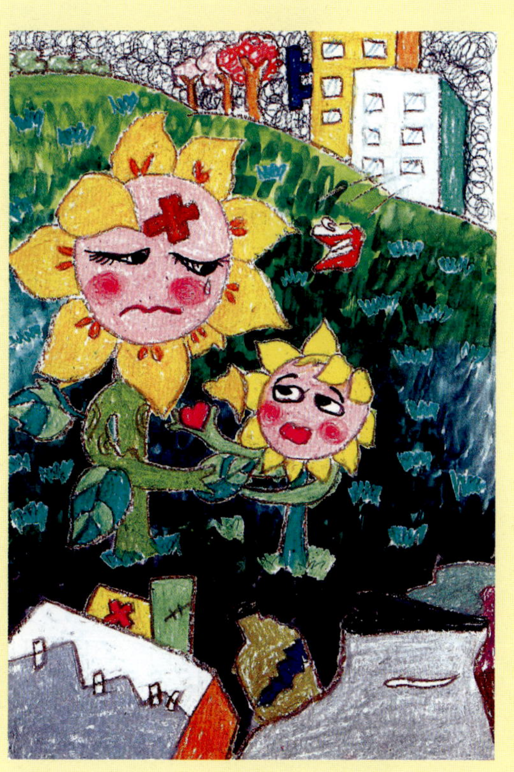

알아두면 좋아요

오염된 지구를 그릴 때는 여러 가지 색이 혼합된 탁한 색으로 배경을 채색해 보세요. 하늘도 물도 풀밭도 검은색을 섞어 채색하면 오염된 환경을 표현하기 좋아요.

지구의 신음 소리가 들려요

요즘 날씨를 보면 일기예보가 무색할 만큼 변화가 심하고 이상 기후가 자주 나타납니다. 이것은 아마 말 못하는 지구가 아프다고 우리에게 신호를 보내고 있는 것 아닐까요? 우리의 잠을 깨워주는 자명종 시계처럼 지구를 치료할 시간이라고 알려주고 알람을 울리고 있는지도 모릅니다.

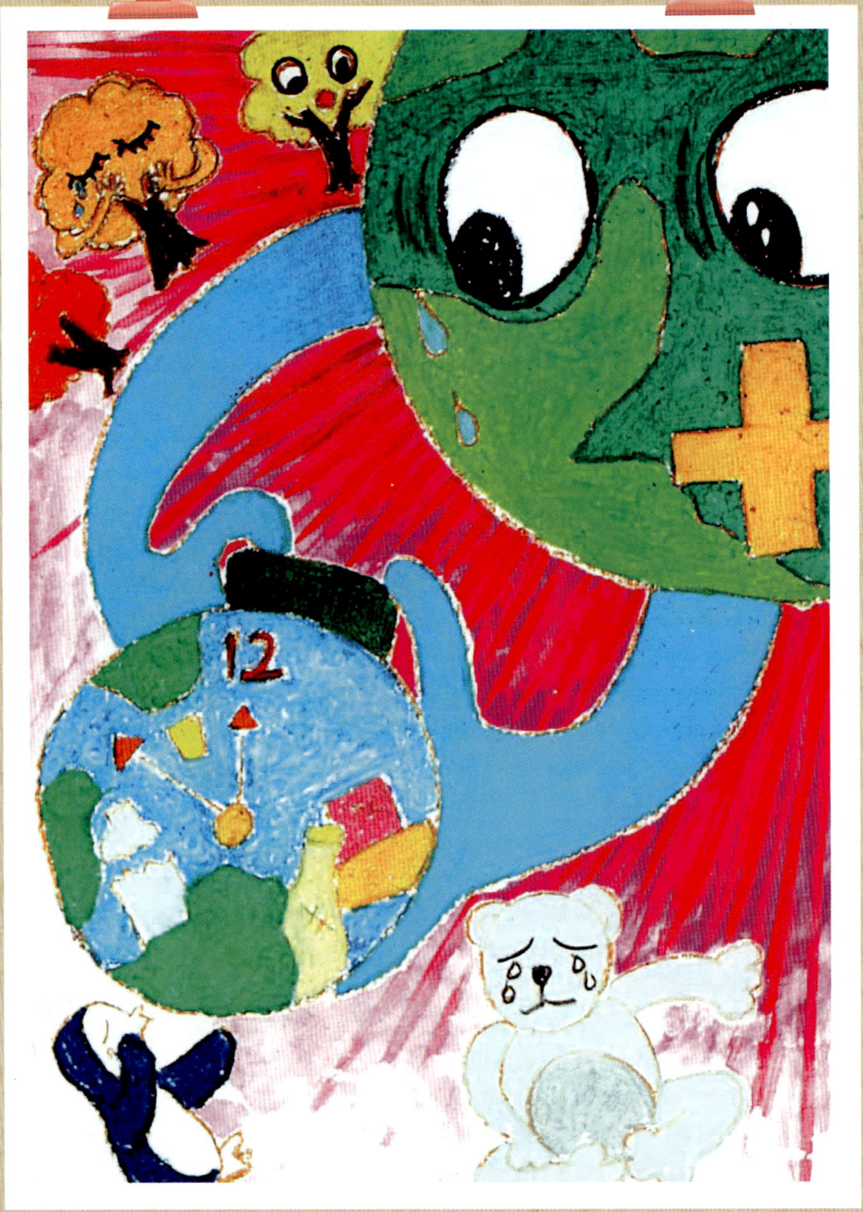

지구가 우리의 잠을 깨우는 자명종 시계를 들고 있어요. 상처 입은 지구와 함께 슬퍼하는 북극곰과 남극펭귄도 그려 보았습니다. 황갈색 크레파스로 스케치하고 크레파스와 물감으로 채색하였습니다. 두려움에 떨고 있는 지구를 강조하기 위해 배경은 보색으로 채색하였습니다.

자동차에서 나오는 매연 때문에 지구가 힘들어 하고 있는 장면을 그려보았어요. 그리고 아픈 지구를 위해 주사도 놓아 주었어요.

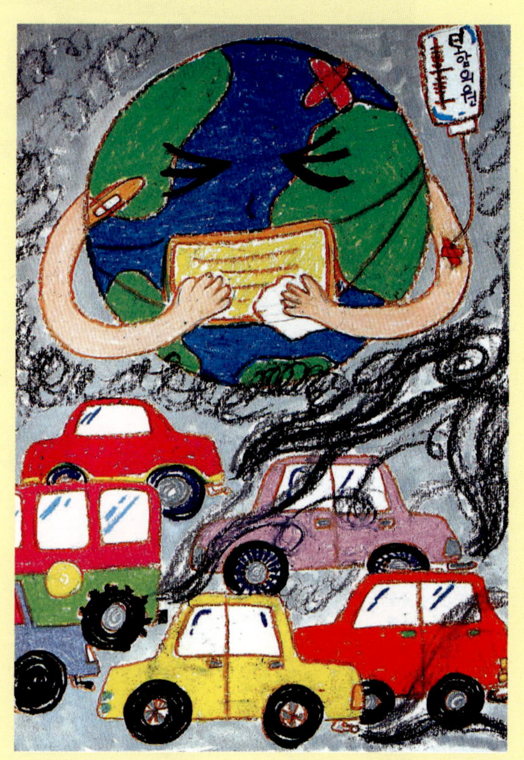

우리가 몸이 아프거나 다치면 반창고를 붙이거나 주사를 맞죠? 지구도 아프면 주사도 맞아야 하고 붕대도 감아야 해요. 이렇게 지구를 의인화하여 그리면 더욱 재미난 상상을 표현할 수 있어요.

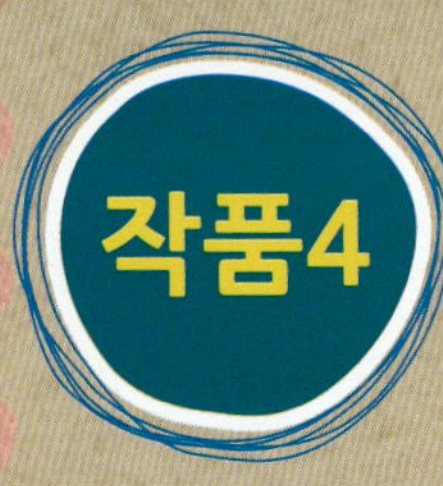

북극곰의 눈물

지구 온난화로 빙하가 녹으면서 북극곰이 멸종의 위기까지 놓인 현실을 보여준 '북극곰의 눈물'이라는 TV 프로그램을 보셨나요? 산업화로 인한 이산화탄소 증가가 온실효과를 일으켜 지구의 온도를 높이고 이로 인해 빙하가 계속 녹고 있으며, 지구가 온난화되면서 사막화 현상이 생기고 자연재해도 빈번하게 발생한다고 합니다.

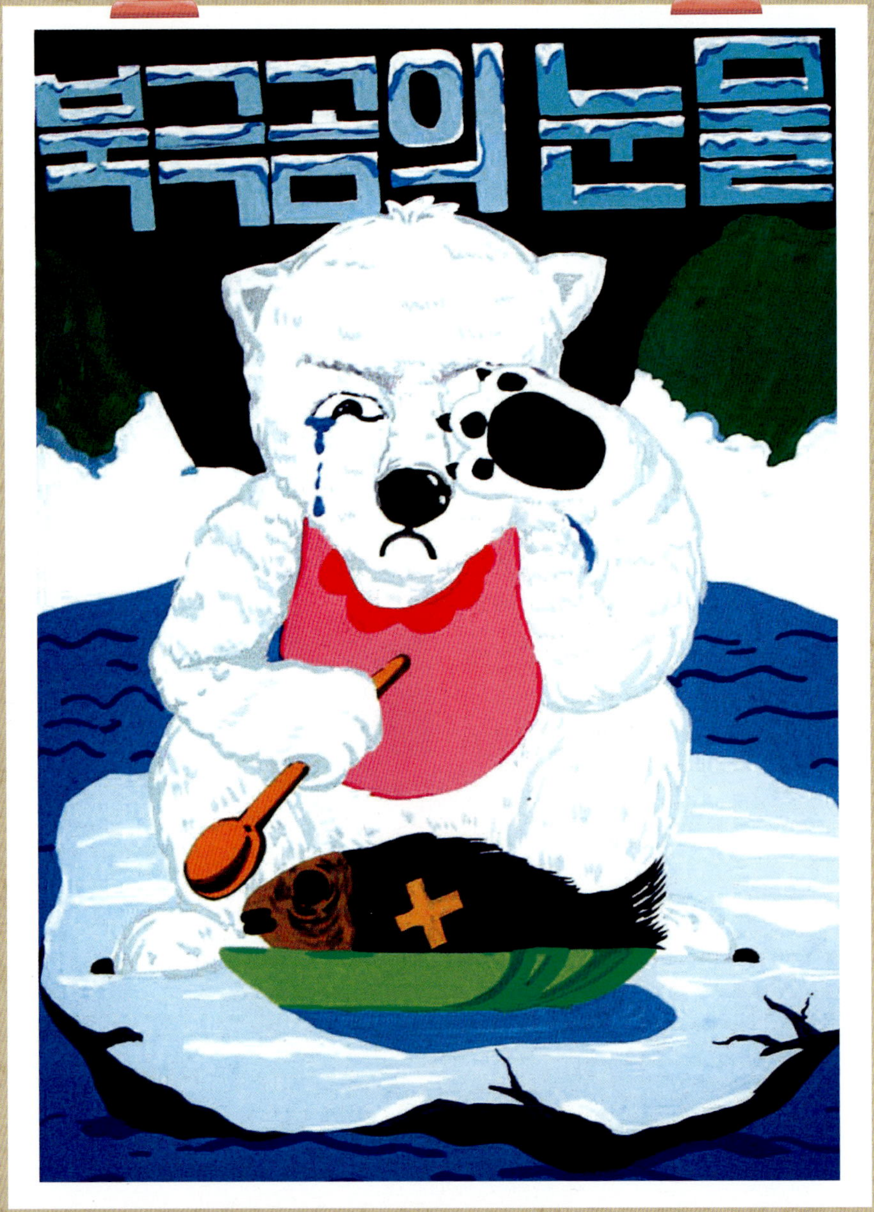

어떻게 그렸을까요?

연필로 그리고 포스터칼라로 채색하였습니다. 눈물을 흘리는 북극곰의 눈은 슬퍼보이게 표현하였고 회색을 이용해 북극곰의 털을 자세하게 표현하였습니다. 눈물은 파란색으로 채색하였습니다.

다르게 그려봐요

지구 온난화로 인하여 북극의 얼음이 녹아 아기 곰이 엄마 곰에게 건너가지 못하고 있어요. 빙하가 녹은 물에는 쓰레기가 떠다니고 원망스럽게도 햇볕조차 강하게 내리쬐고 있어 빙하는 계속 녹고 있네요.

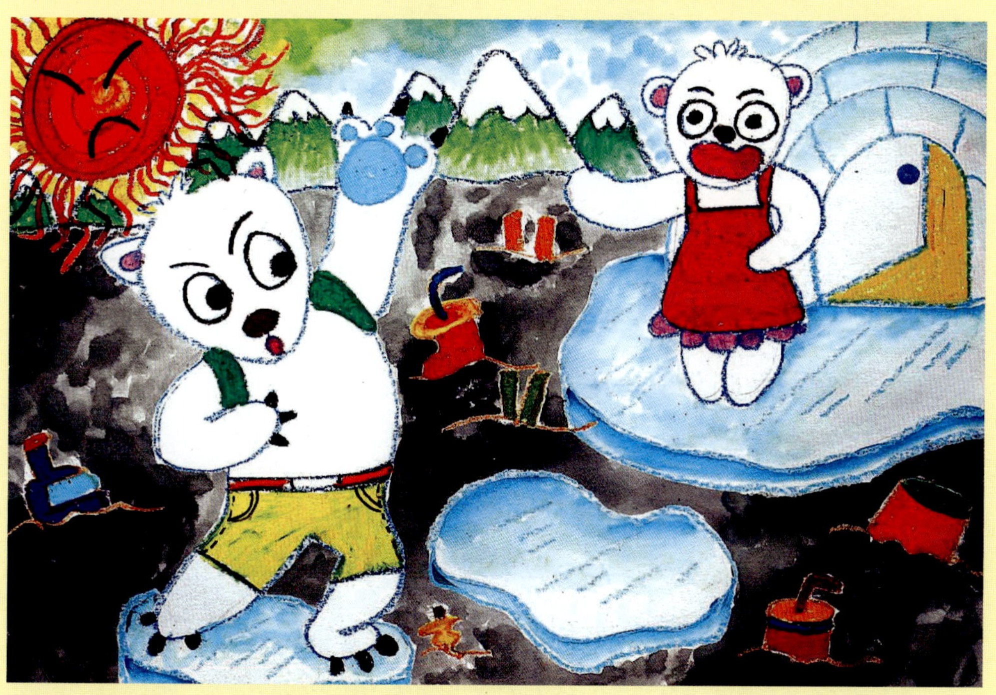

알아두면 좋아요

멸종 위기에 놓인 동물들을 알아볼까요? 코뿔소와 시라소니, 흑곰, 판다, 분홍 돌고래 등 멸종 위기에 놓인 동물들도 그려 보세요.

깨끗이 청소하자

바다나 하천에 마구 버려진 쓰레기와 고기잡이 그물들은 바닷속 환경 파괴의 주범들
이랍니다. 마구 버려진 그물에 걸려 물고기나 고래가 죽기도 하죠. 인간이 버린 쓰레
기로 오염된 바다를 깨끗이 청소하는 모습을 그려 보세요.

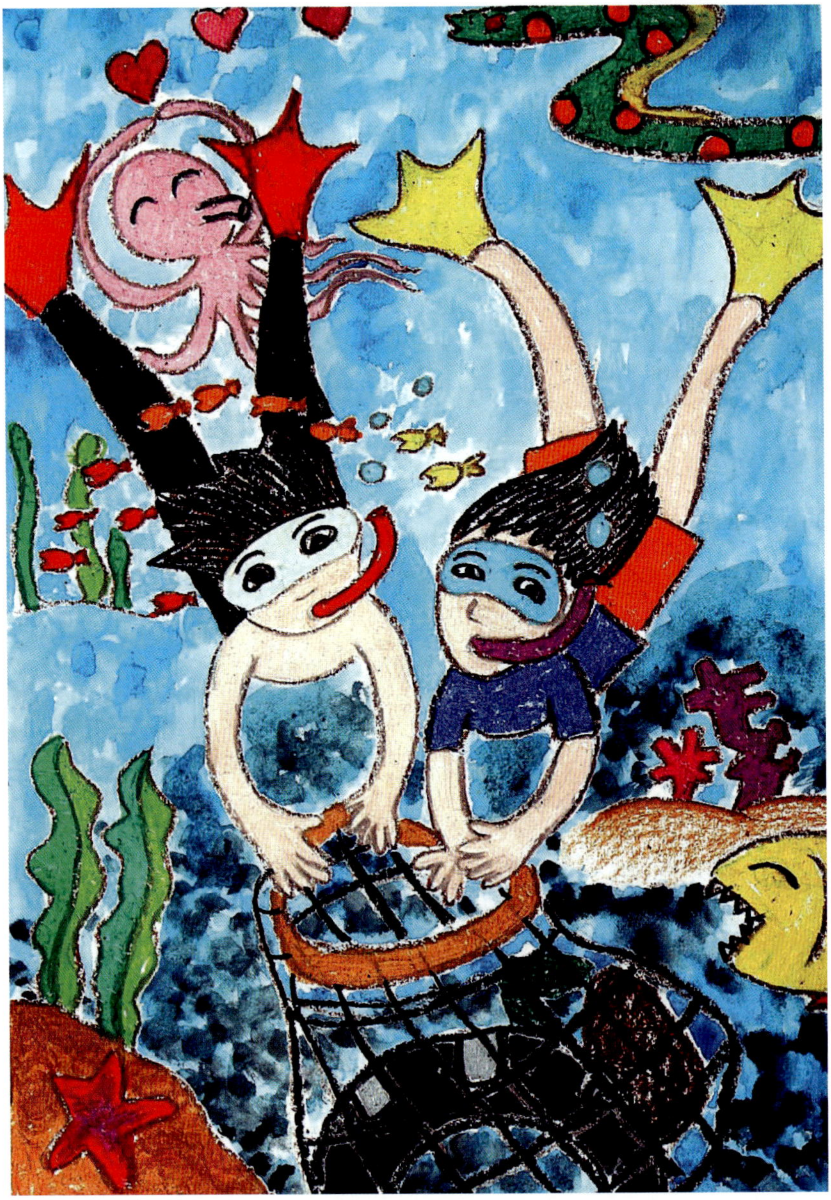

어떻게 그렸을까요?

바다를 청소해 주면 바닷속 생물들도 좋아하겠죠? 물고기와 문어들을 의인화해서 좋아하는 모습을 표현하였어요. 고동색 크레파스로 스케치하고 크레파스와 물감으로 채색하였습니다.

다르게 그려봐요

우리 동네에 있는 개천을 청소하거나 잔디밭에 버려진 쓰레기를 줍는 모습도 그려 보세요.

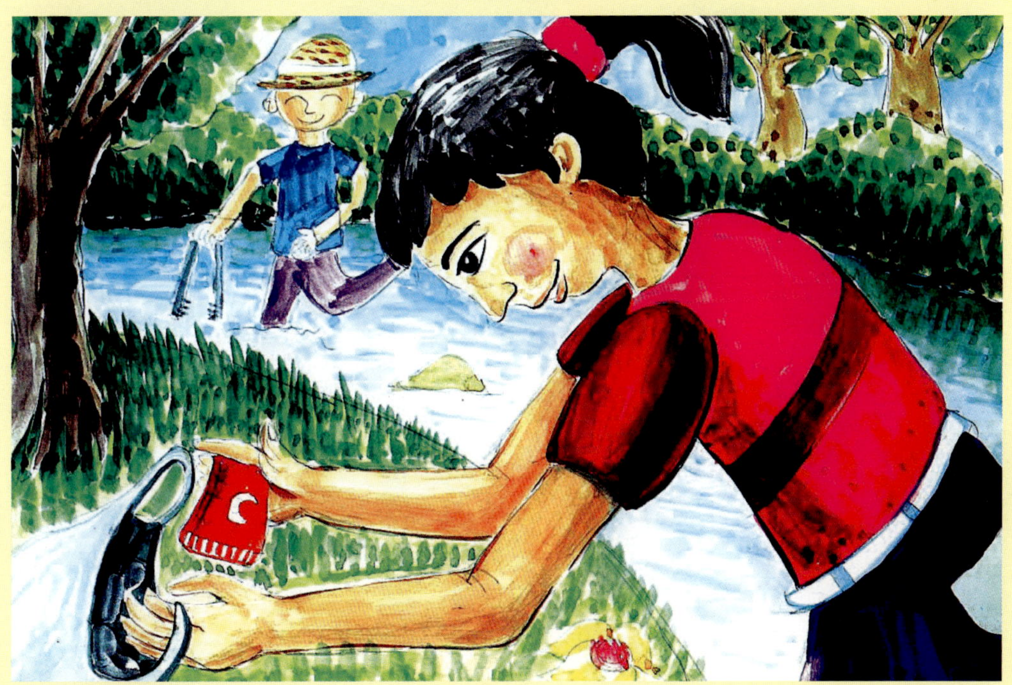

알아두면 좋아요

수채화로 그릴 때에는 주제 부분은 진하게 채색하고 뒷부분은 흐리게 채색해 주세요. 어둠은 보색을 섞어 눌러주면 입체감 내기가 쉽답니다.

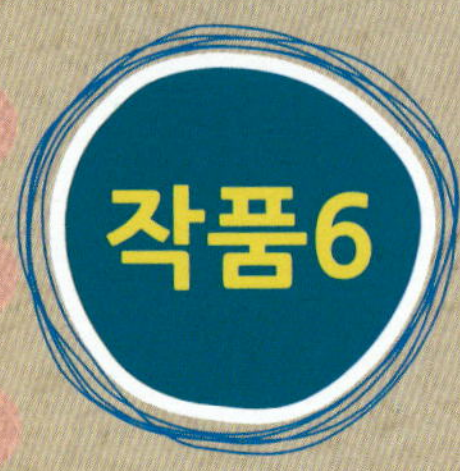

지구를 깨끗이

나부터 환경보존의 필요성을 깨닫고 조그만 일부터 실천한다면 지구는 조금씩 살아
나겠지요. 일회용품 사용을 줄이고, 재활용을 생활화하며 분리수거도 철저히! 우리들
이 노력한 만큼 지구는 깨끗하고 아름다워지며 더욱 살기 좋은 곳이 될 것입니다.

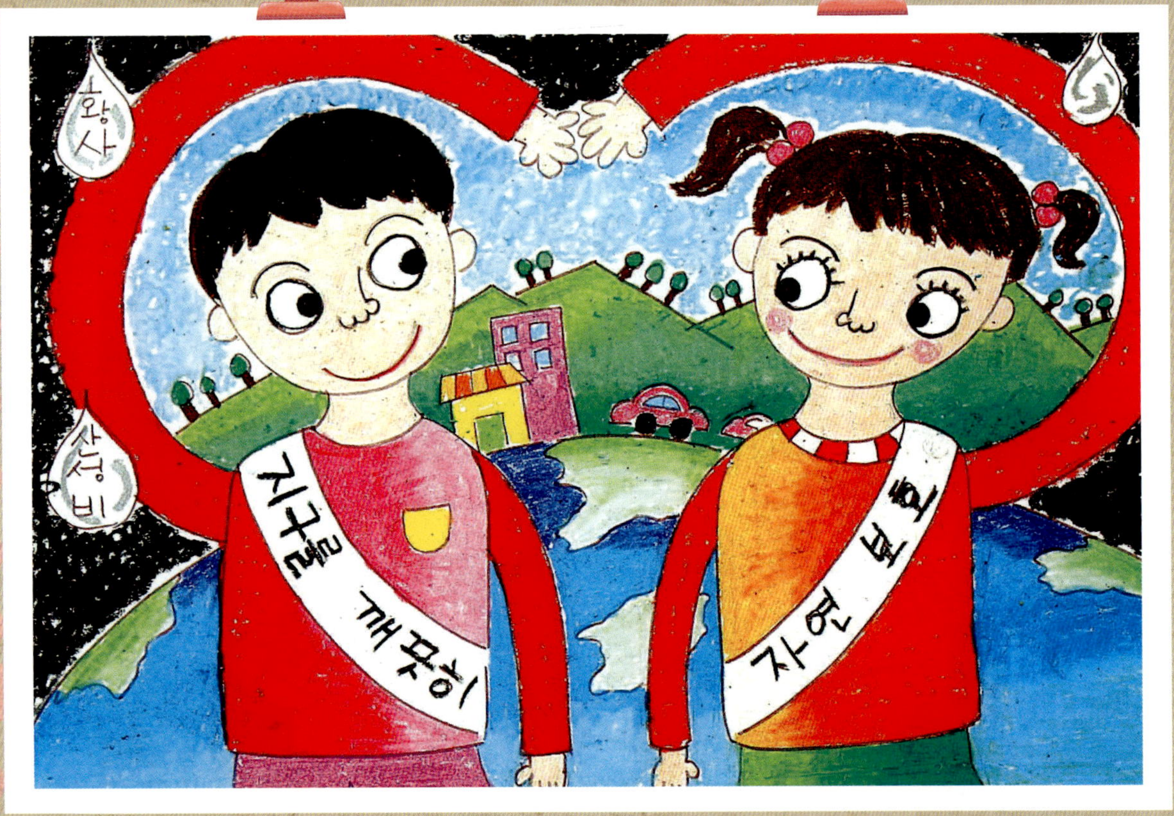

어떻게 그렸을까요?

두 친구의 팔을 길게 그려 황사와 산성비 등으로부터 지구를 보호하고 있는 모습을 그려 보았어요. 네임펜으로 스케치하고 크레파스로 채색하였습니다. 지구의 푸른 바다를 채색할 때는 유사색을 혼합하여 채색해 보았습니다.

다르게 그려봐요

지구를 사랑하는 우리 친구들이 지구를 온몸으로 안고 보호하고 있어요. 지구를 사랑하는 여러 가지 방법을 생각해 보세요.

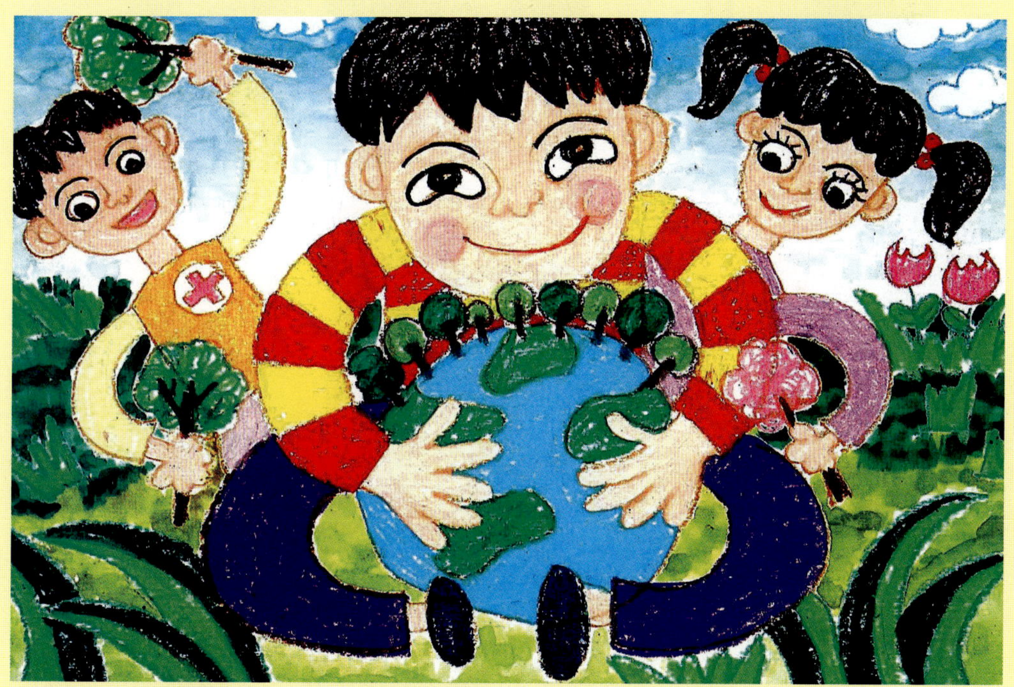

알아두면 좋아요

그림은 사진과 다르기 때문에 여러 가지 상상을 맘껏 표현할 수 있습니다. 우리 친구들의 상상력을 맘껏 펼쳐 그림으로 표현해 보세요.

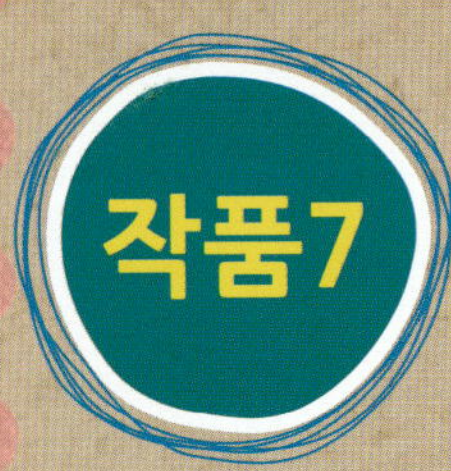

자연과 함께 더불어 사는 우리

자연은 우리 주위에 가까이 있습니다. 가까운 데서부터 조금만 관심을 갖는다면 환경 보전을 어떻게 실천할 것인지 알 수 있답니다. 가까운 자연에 찾아가 자연의 소중함을 직접 느껴보세요. 자연과 가깝게 지내는 모습을 나무 위에 올라가 놀이터처럼 맘껏 놀고 있는 친구들을 표현해 보았습니다.

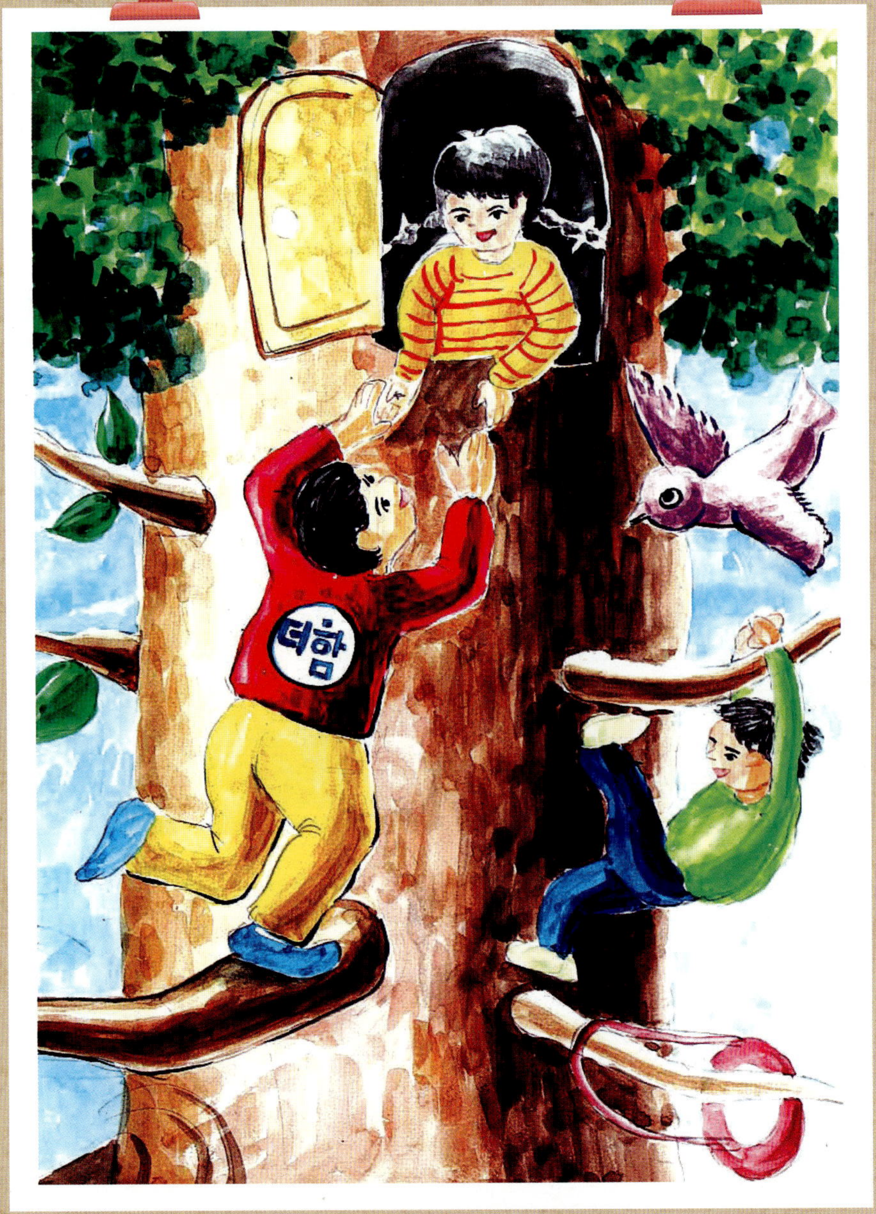

어떻게 그렸을까요?

등장인물을 서로 다른 동작과 표정으로 그려 보았어요. 그리고 날아다니는 새를 그려서 자연스럽게 동물과 어울리는 모습도 표현하였습니다. 연필로 그리고 물감으로 채색하였습니다.

다르게 그려봐요

다리를 다친 참새를 마음이 따뜻한 친구들이 도와주고 있어요. 수채화를 그릴 때는 붓 터치에도 신경을 써야 합니다. 어두운 곳은 보색을 섞어 눌러 표현하세요.

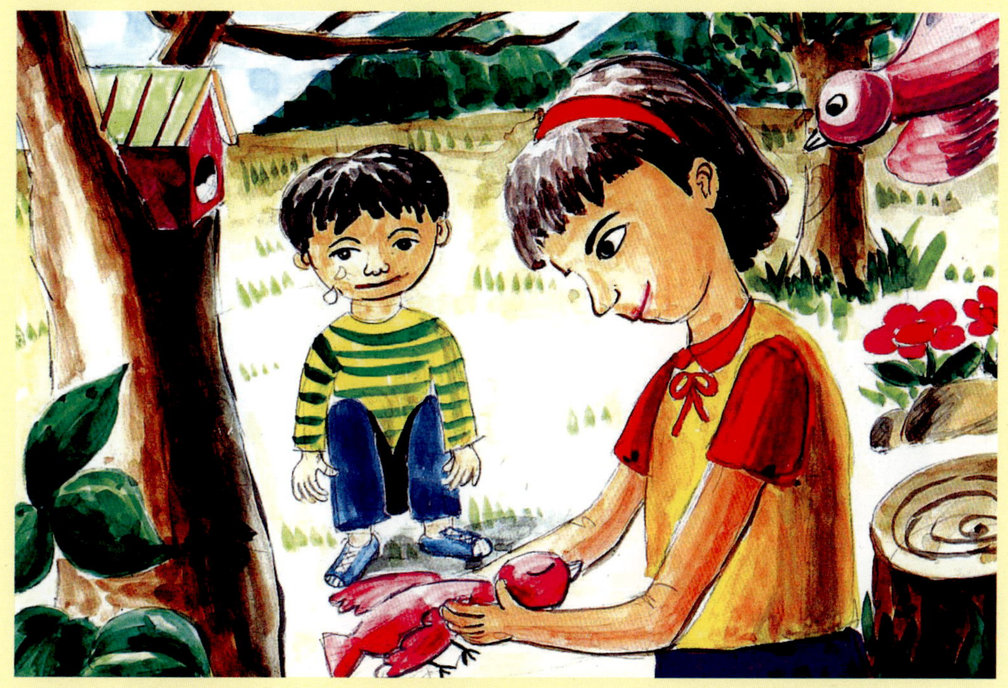

알아두면 좋아요

가까운 우리 동네에도 산이 있어요. 동물 친구들이 살기 좋은 환경을 만들어 보세요. 새집도 만들어 주고, 동물 친구들의 먹이도 준비해 주세요.

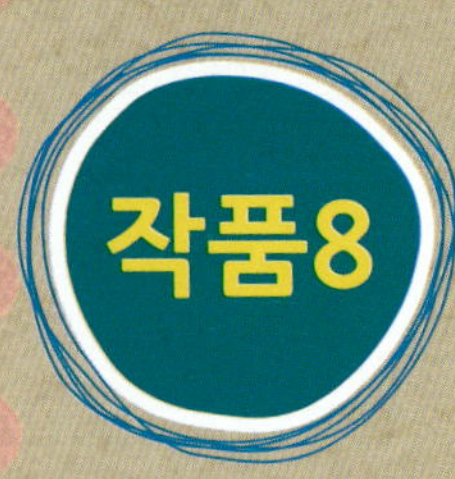

다시 초록빛으로

푸르른 자연과 매연으로 가득한 도시가 한눈에 비교되게 그려 보았습니다. 공해로 찌든 도시의 모습을 어떻게 하나의 장면으로 표현할 수 있을지 잘 생각하며 그리면 좋아요. 인터넷에서 도시공해를 검색해보면 오염된 도시의 모습을 많이 볼 수 있으니 참고하도록 합니다. 여러분은 어떤 곳에 살고 싶은가요?

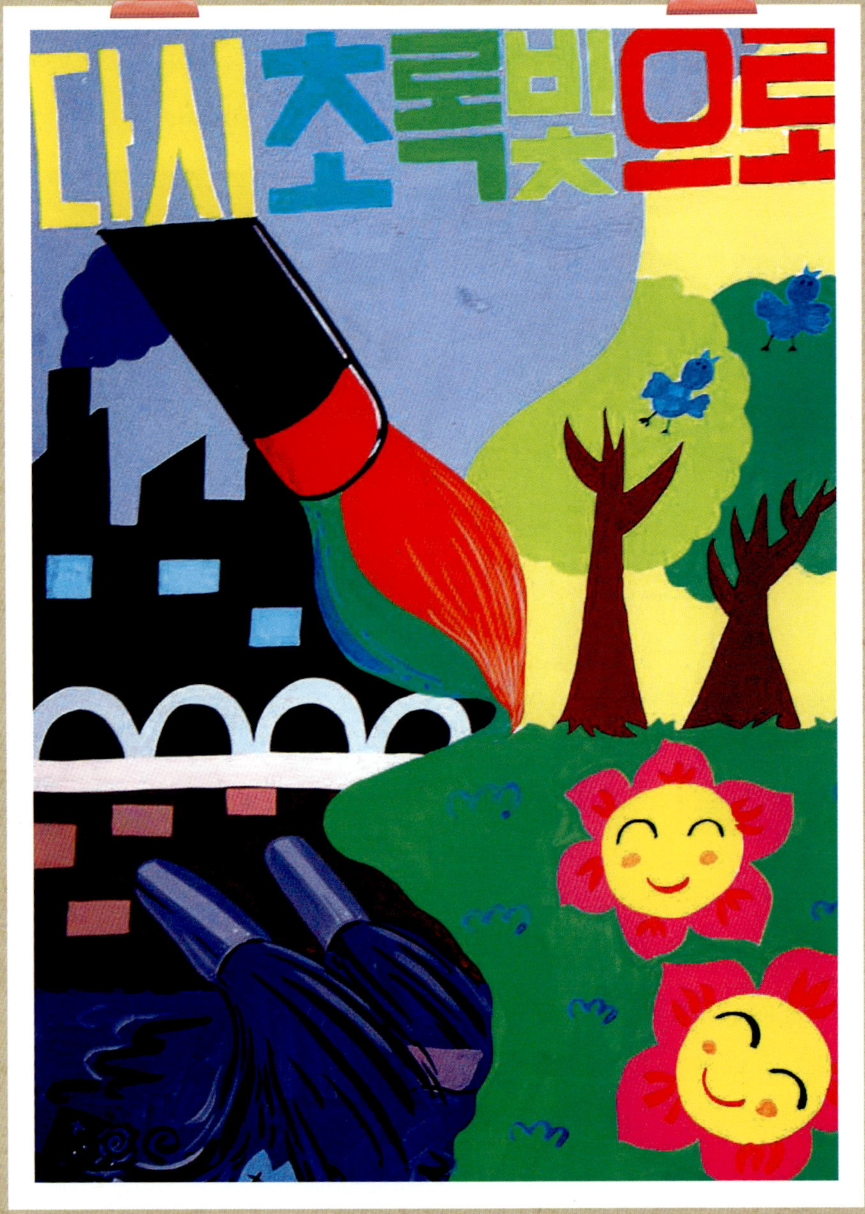

연필로 그리고 포스터칼라로 채색하였습니다. 밝은 느낌의 색과 어두운 느낌의 색을 나누어 채색하여 한눈에 주제를 전달할 수 있게 표현했습니다.

우리 친구들이 알고 있는 무지개는 어떤 색인가요? 대기가 오염되면 무지개 색도 변할지 몰라요. 오염된 곳의 무지개는 원래의 색에 회색을 섞어 채색하였습니다.

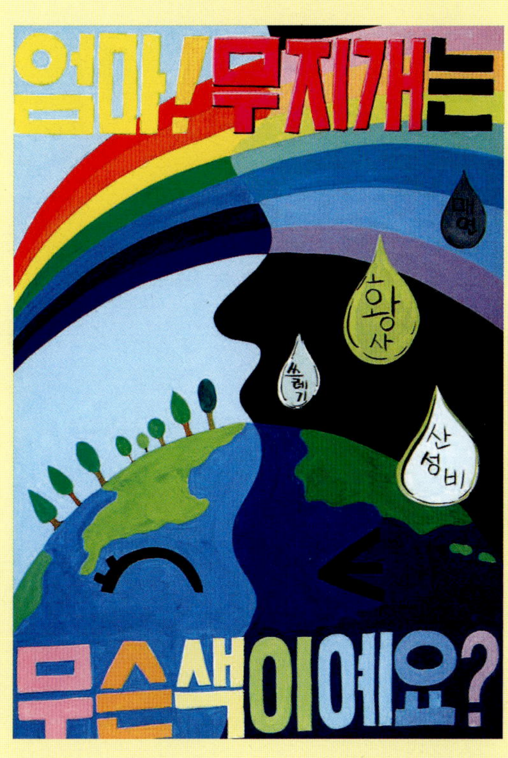

포스터칼라로 채색할 때에는 대부분 납작붓을 사용하지만 아이들의 경우엔 납작붓보다는 동그란 붓으로 채색하기를 좀 더 쉬워합니다. 포스터칼라로 채색할 때에는 붓 자국이 나지 않게 채색해야 합니다.

PART7.
독도, 민족공동체 그리기

일본은 자꾸 우리 땅인 독도를 자기네 땅이라고 우기고,
한 민족으로서 같은 역사를 공유하고 있는 남한과 북한이
원수처럼 분단되어 있는 지금, 우리는 어떤 노력을 해야 할까?
먼저 철저한 역사의식을 가지고 북한도 우리와 한 민족이라는
점을 명심하면서 반드시 통일을 이룰 수 있도록
노력해 나가야겠지. 그리고 나라의 힘을 키워야 할 거야.
우리나라가 힘이 없으면 일본이 억지로 우겨서
독도를 자기네 땅으로 만들어 버릴 수도 있기 때문이야.

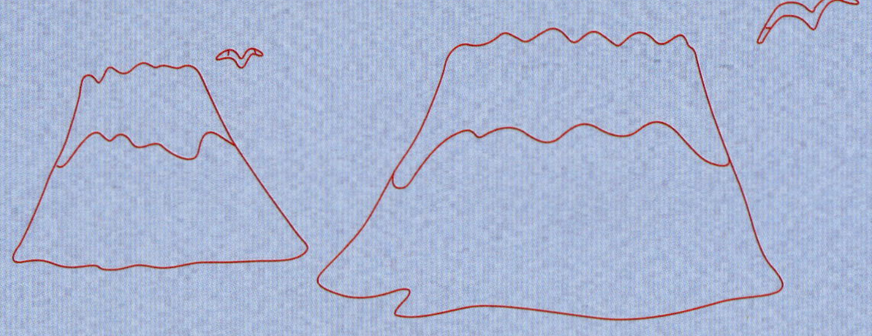

독도, 민족공동체 그리기는 왜, 어떻게 할까?

1. 독도 그리기

오랜 옛날부터 한국의 영토였고 지금도 우리 경비대가 상주하며 1년 365일 지키고 있는 독도를 두고 일본은 자꾸 자기네 땅이라고 우기고 있습니다. 독도를 지키려면 어떻게 해야 할까요? 국가 또는 일부 단체의 관심과 노력만으로는 독도를 지키기에 부족함이 있습니다. 독도는 우리의 선조가 대대로 지켜오며 살아온 분명한 대한민국의 영토입니다. 감정적으로 대응하거나 일본의 도발에 무시하는 식의 대응은 합리적이지 않다고 생각합니다. 명백한 대한민국의 영토임을 증명하는 자료들을 준비하여 합리적으로 대응해야 합니다. 그 시작은 독도가 우리나라 영토이며 우리의 자랑이라는 범국민적 인식입니다. 독도 사랑 그리기를 통해 독도에 관한 관심을 유도하고, 자랑스러운 우리나라에 대한 애국심을 고취해야 합니다.

2. 민족공동체 그리기

우리 민족의 시조로 인식되어 온 단군은 민족이 수난을 당하고 위기에 처할 때마다 민족을 결속시키는 구심점이 되어왔습니다. 고려시대와 조선시대에는 외세의 침탈에 맞서 민족의 자주성을 지키는 데 큰 힘이 되었고 일제 강점기에는 항일 무장투쟁 등 국권회복 운동을 전개하는 데 정신적 원동력이 되었습니다. 이렇게 단군에서 출발한 같은 역사를 가진 남한과 북한이 지금은 단절되어 있는 안타까운 상황입니다. 게다가 일본은 역사교과서를 왜곡하여 한국사 흔들기를 멈추지 않고 있고, 중국은 동북공정을 통하여 고조선사, 고구려사, 발해사 등 우리의 고대사를 중국사로 편입시키려는 주장을 펴면서 우리와 마찰을 빚고 있습니다. 그래서 지금은 국가적/민족적 공동체 의식이 절실히 요구되는 시기라 할 수 있습니다. 군사적, 정치적으로 대립하고 있는 북한이지만 북한이나 남한 모두 한 뿌리에서 나온 다 같은 민족입니다. 평화적 통일을 통해 함께 가야 할 우리의 동료라는 사실을 잊지 말아야 하겠습니다. 여기에 민족공동체 그리기 대회의 의의가 있다고 보겠습니다.

독도는 우리 땅

대대로 독도는 한 번도 주권을 빼앗긴 적이 없는 우리의 영토입니다. 계속 자기네 땅이라고 우기는 일본에게 빼앗기기라도 한다면 우리나라를 지켜온 많은 선조들에게 너무나 부끄럽고 죄송한 일이겠죠? 일제로부터 대한민국을 지켰던 유관순 열사와 함께 독도를 지키는 장면을 그림으로 그려 보았어요.

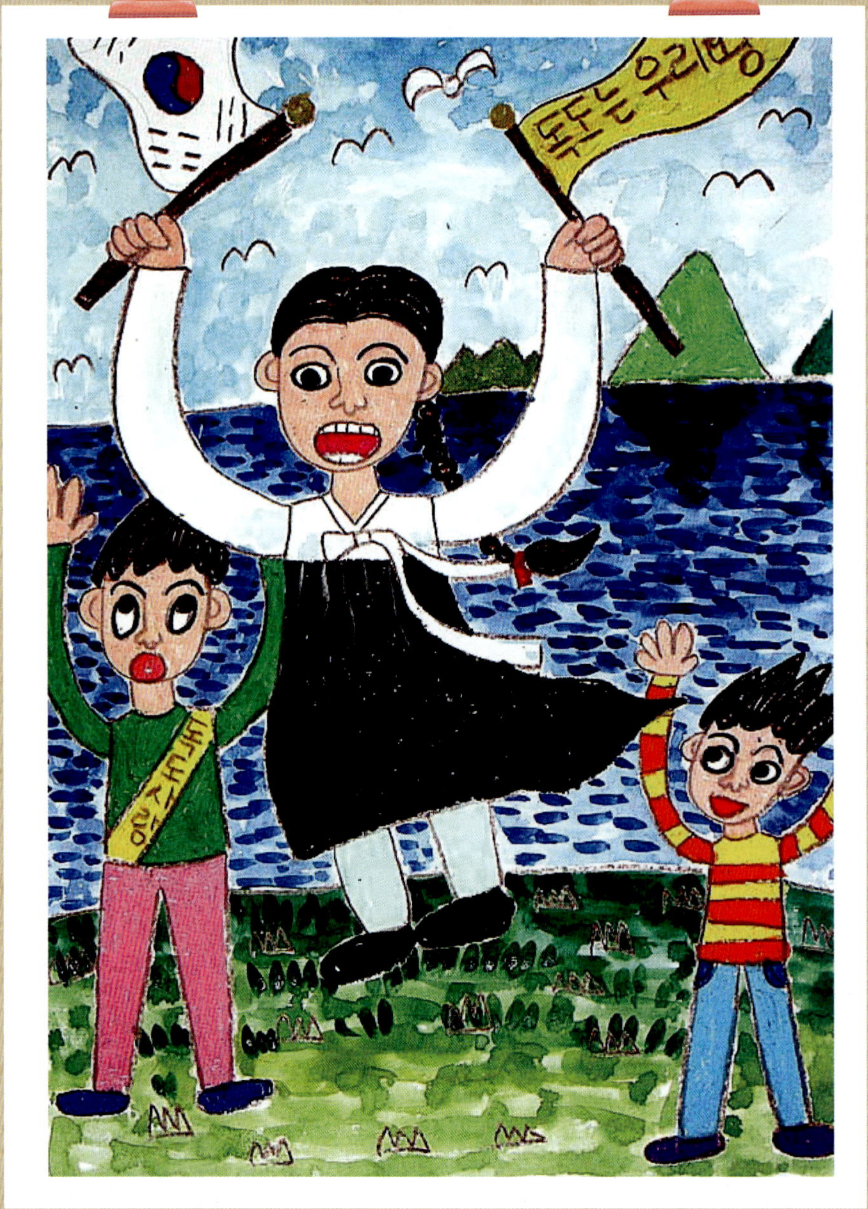

어떻게 그렸을까요?

유관순 열사는 오른손에 태극기를, 왼손에 '독도는 우리땅'이라고 쓰인 깃발을 들고 있고, 양 옆의 친구들은 만세를 외치고 있어요. 고동색 크레용으로 스케치하고 크레파스와 물감으로 채색하였습니다.

다르게 그려봐요

독도에 우리나라의 국화인 무궁화를 가득 심으면 의미 있는 일이 되겠죠? 무궁화를 심는 장면을 상상하여 그려 보세요.

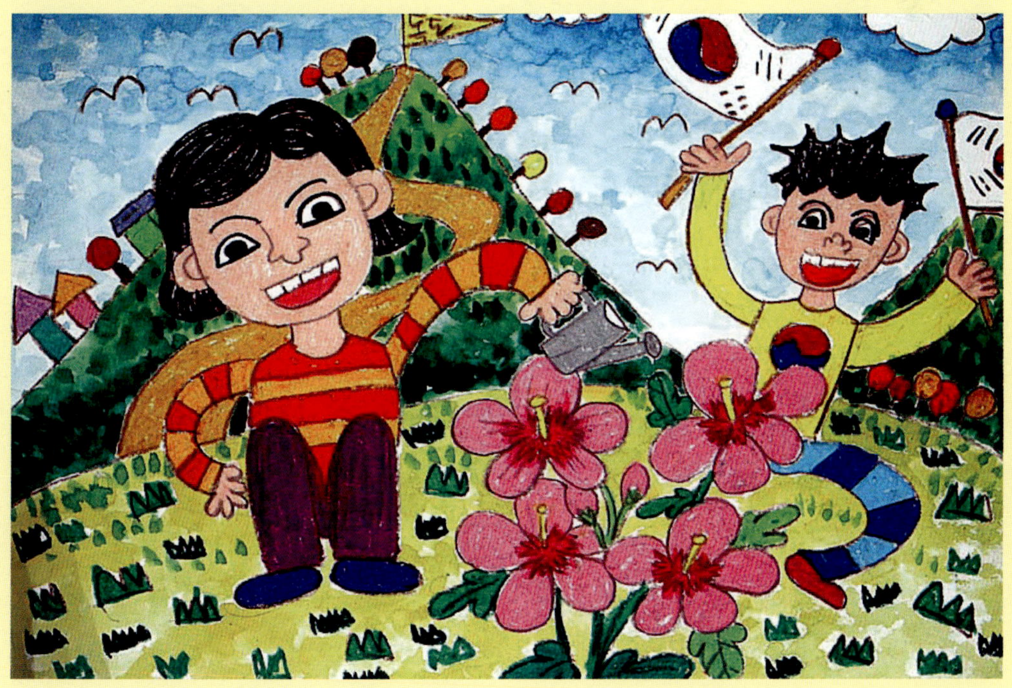

상상해 봐요

독도를 지키는 이순신 장군, 독도를 그리는 김홍도, 독도에서 한글을 연구하시는 세종대왕 등 우리나라를 빛낸 위인들을 독도와 함께 그려 보아도 좋아요.

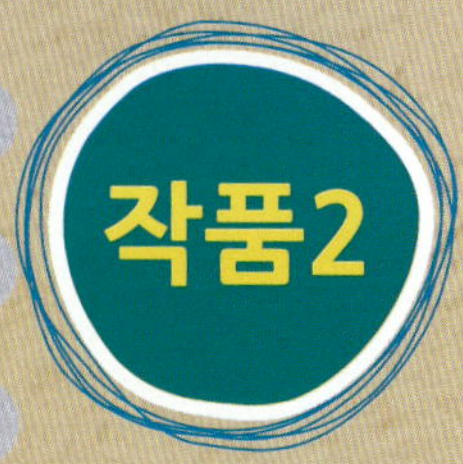

독도로 떠나요

이제는 독도 지키기에 우리 모두가 나설 때라고 생각됩니다. 유명한 스포츠 스타나 연예인들도 독도 지키기에 나서고 있죠. 많은 사람들이 독도에 가고, 독도와 관련된 여러 가지 행사를 하다 보면 자연스럽게 독도에 대한 관심과 사랑도 커질 거예요. 동해의 푸른 바다를 가르며 박태환 선수가 독도에서 수영을 하고 있는 모습을 상상해 그려 보았어요.

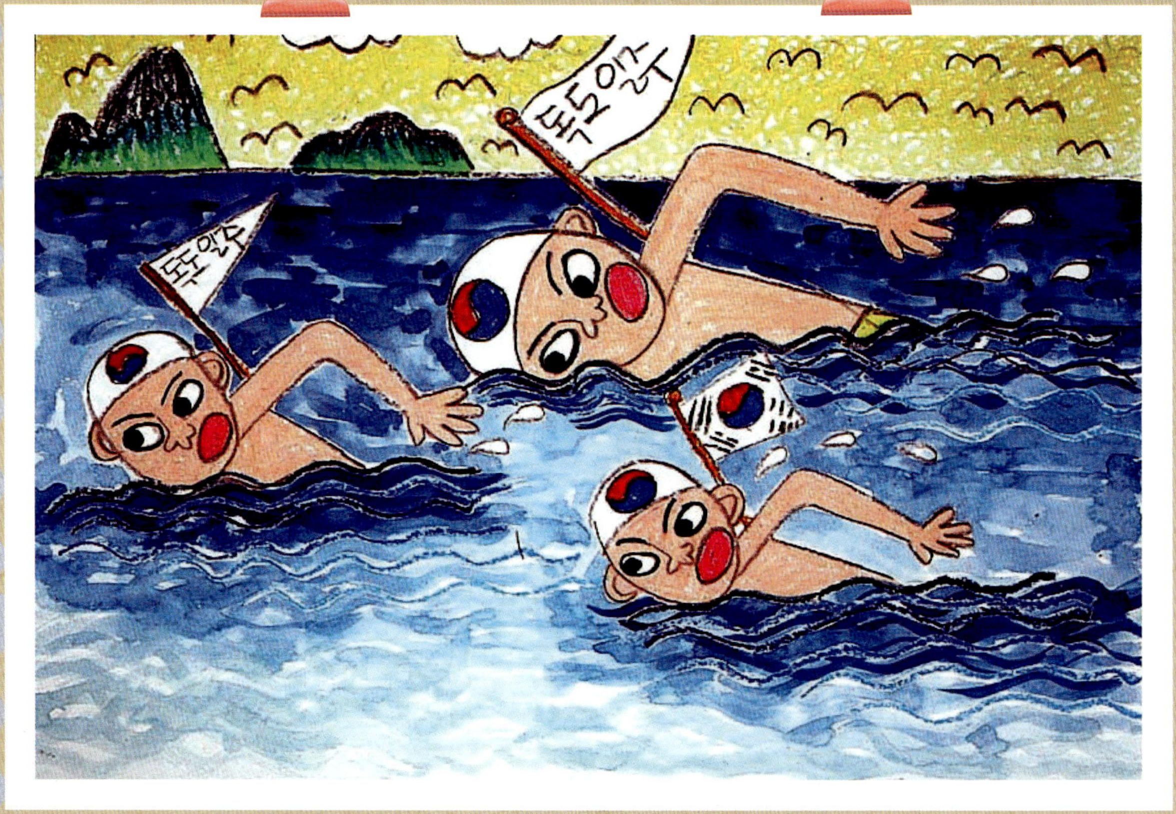

어떻게 그렸을까요?

수영하는 모습을 그릴 때 어떻게 그려야 할지 떠오르지 않는다면 올림픽이나 수영 대회 동영상을 찾아 관찰해 보세요. 미술 그리기는 세심한 관찰이 첫째랍니다. 고동색 크레용으로 스케치하고 크레파스와 물감으로 채색하였습니다.

다르게 그려봐요

우리나라를 대표하는 다른 연예인이나 스타들도 그려 보세요. 독도에서 말 춤을 추는 싸이, 독도에서 스케이트를 타는 김연아, 독도에서 리본체조를 하는 손연재, 독도에서 역기를 드는 장미란. 정말 재미난 그림이 되겠죠?

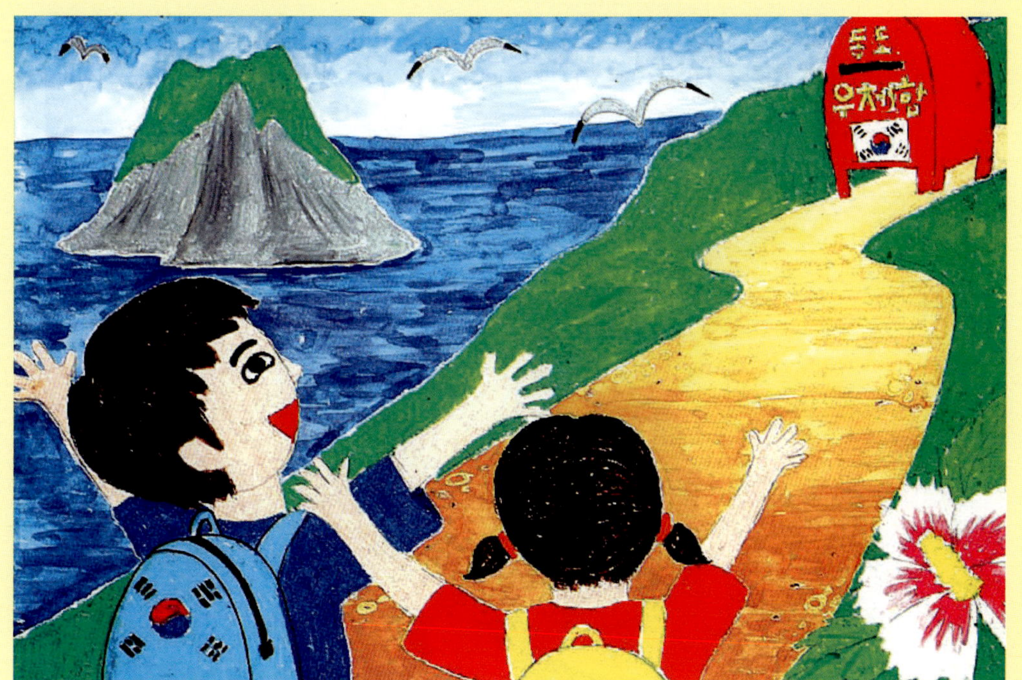

상상해 봐요

독도를 지키는 삽살이, 갈매기, 독도 수비대도 그림으로 표현해 보세요.

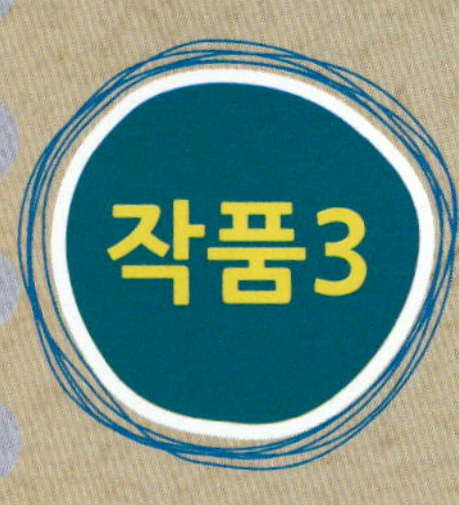

우리는 하나

북한 국민이나 남한 국민이나 모두 민족의 시조 단군왕검에 의해 한 뿌리에서 태어난 한 가족, 한 민족입니다. 비록 지금은 정치적인 이유로 단절되어 있지만 언젠가는 하나로 뭉쳐야 할 한 민족임을 잊지 말아야 할 것입니다.

우리의 옛 기록인 〈삼국유사〉에 의하면, 환인의 아들 환웅이 '널리 인간을 이롭게 한다'는 홍익인간(弘益人間)의 이념을 가지고 이 세상에 내려와 단군왕검을 낳으셨는데, 이 단군왕검께서 처음 나라를 '조선(朝鮮)'이라 하였습니다.

이렇게 건국된 고조선이 바로 우리 역사상 최초의 나라이며, 우리 민족사는 고조선으로부터 시작하였습니다. 단군을 우리민족의 시조로 믿는 인식은 고려시대 〈삼국유사〉와 〈제왕운기〉 등에서 이미 확인되고 있습니다. 이러한 역사인식은 그 후 〈응제시주〉, 〈세종실록 지리지〉, 〈동국통감〉 등 조선시대 문헌에 이어져, 우리 역사가 단군조선에서 출발하였다는 인식을 확고히 하게 되었습니다.

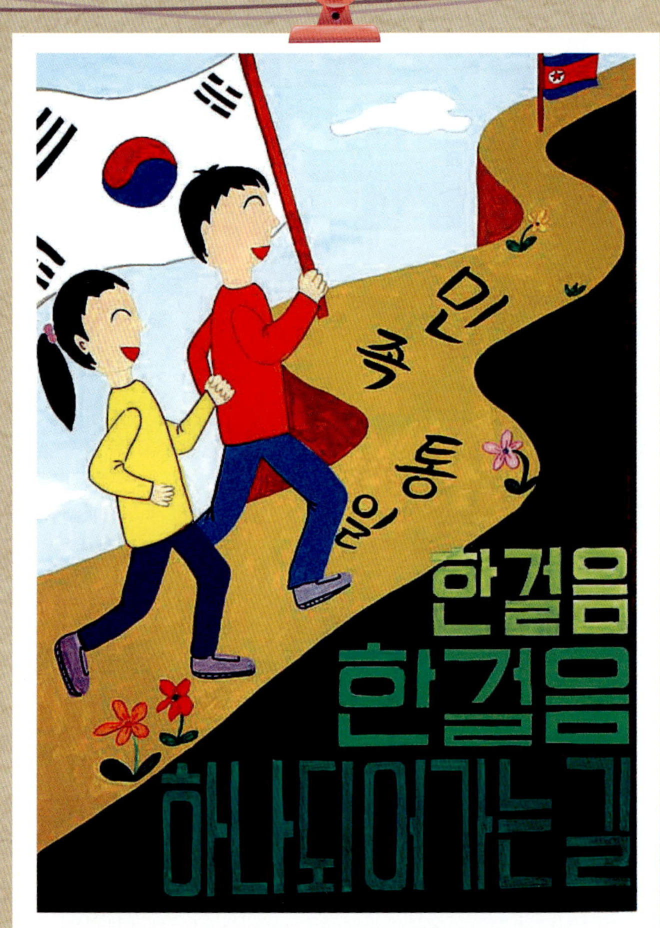

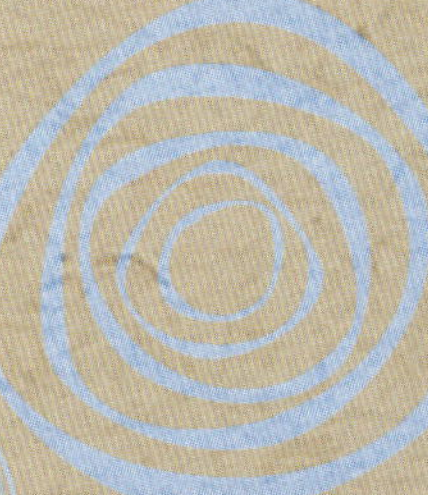

연필로 그리고 포스터칼라로 채색하였습니다. 통일의 길이 이제 멀지 않았습니다. 모두 함께 조금만 힘써 보세요.

한국의 어린이와 북한의 어린이가 함께 어깨동무를 하고 있습니다. 주제를 살리기 위하여 배경은 깔끔하게 흰색으로 채색하였습니다.

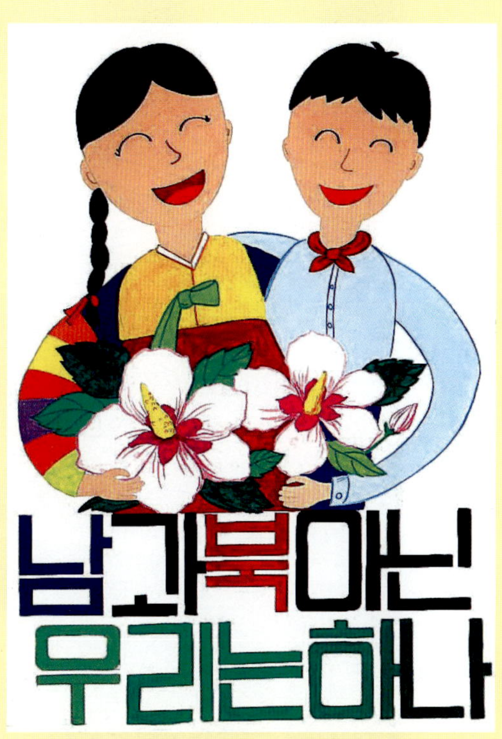

배경은 그림에 어울리게 채색하는 게 맞습니다. 하지만 주제 부분에 여러 가지 색이 들어가 있다면 배경은 깔끔하게 흰색이나 연회색으로 채색해 보세요. 더욱 깔끔한 그림이 완성됩니다.

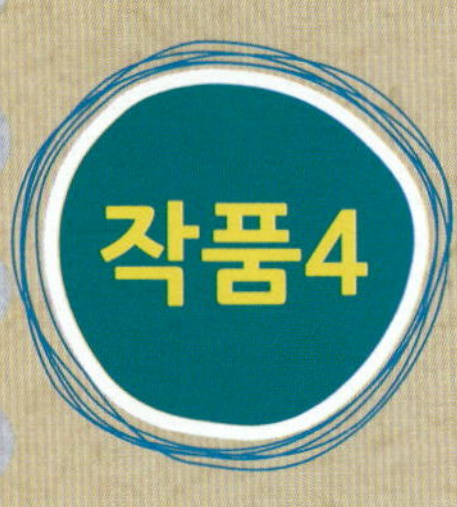

통일이여 오라

가끔 TV를 통해 이산가족 상봉 장면을 보면 나도 모르게 눈물이 나죠. 분단의 과정을 직접 겪은 할아버지, 할머니들은 그 고통이 이루 말로 할 수 없을 정도일 것입니다. 가족과 헤어지고 정든 고향에 마음대로 갈 수도 없으니 늘 그리운 마음만 가득하시겠지요. 그런 마음을 헤아리며 그림을 그려 보세요.

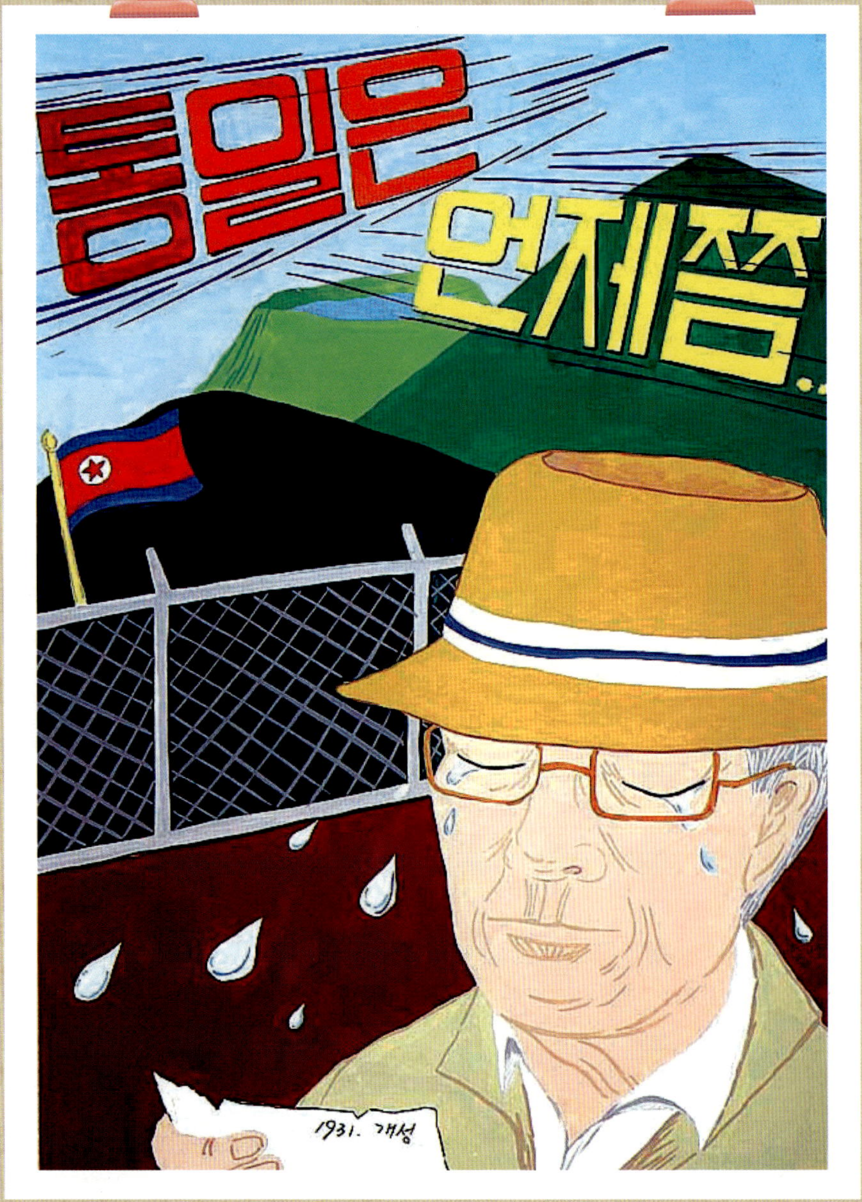

세필(가는 붓)을 이용하여 할아버지의 주름을 자세하게 그려 지나온 세월이 무척 길었음을 표현하였고, 분단의 현실을 강조하기 위해 휴전선을 배경으로 그렸습니다. 연필로 그리고 포스터칼라로 채색하였습니다.

백두산에서 한라산까지 이제 통일의 길도 얼마 남지 않았습니다. 남한의 어린이와 북한의 어린이가 함께 통일풍선을 타고 여행을 하고 있습니다.

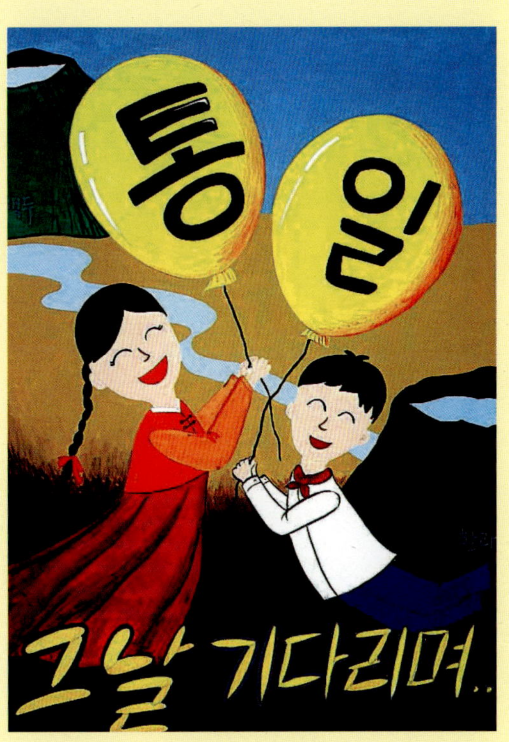

포스터에서 메시지를 전달하는 표어는 꼭 각진 고딕체로 쓰지 않아도 됩니다. 아이들이 좋아하는 POP 글씨로 써도 재미있는 포스터가 된답니다.

경험화 그리기

우리는 매일 학교에 가서 비슷한 공부를 하는 것 같지만
많은 친구들을 만나고, 생각지 못한 다양한 일들을 겪게 되지.
부모님과 여행을 가거나 특별한 체험을 하기도 하고
학교에서 가는 체험활동이나 수련회 등을 통해서도
새로운 경험을 하게 돼.
또, 일상생활에서도 우리는 날마다 새로운 장면을 목격하게
된단다.
이런 모든 것들이 경험화의 소재가 될 수 있어.
우리 친구들이 겪었던 재미있는 경험들을 그림으로 표현해 보자.
그림을 그리는 동안 재미있었던 추억이 새록새록 떠오르니
기분도 좋아지겠지?

경험화 그리기는 왜, 어떻게 할까?

어린이들의 그림은 항상 새롭습니다. 어린이들은 그림으로 자기의 생각과 자기의 이야기를 합니다. 특히나 글로 표현하기 힘든 유아, 유치, 초등 저학년 아이들은 자신의 경험과 생각을 그림으로 표현합니다.

이런 어린이들에게 '새로운 경험'이란 비타민과 같습니다. 부모님과 함께한 여행, 놀이터에서 만난 친구, 잔디밭에서 본 꽃과 곤충, 내가 좋아하는 만화 주인공 등 모든 것이 그림의 소재가 될 수 있습니다.

이렇게 어린이들이 좋아하는 내용, 흥미로워 할 주제를 나의 경험과 연결하여 그리는 그림을 '경험화'라고 합니다. 그리고 자신이 일상 속에서 경험한 내용을 그림으로 그려 보는 것은 참 좋은 미술 활동이 됩니다. 경험했던 순간을 떠올리면 가족과 친구와의 즐거웠던 기억도 되살아나고, 여러 가지 모습이 공존하는 장면을 그림으로 표현하면서 어떤 부분을 강조하고 어떤 부분을 생략해야 하는지 미술적인 감각도 기를 수 있기 때문입니다.

우리 어린이들은 풍부한 경험으로 생각과 창의력이 커집니다.

같은 주제로 그림을 그리더라도 경험한 아이들의 그림과 그렇지 않은 아이들의 그림은 확연하게 다릅니다. 경험한 내용을 주제로 그림을 그린다면 훨씬 더 자신감을 가지고 재미난 이야기들을 표현하게 됩니다. 그리고 그림 그리는 시간도 즐거운 시간이 된답니다.

부모님들께서 여러 사회적 문화적 경험과 배움의 기회가 많으면 창의력도 발달된다는 사실을 꼭 기억하고 교과 공부에, 과외 학습에 지친 어린이들에게 새로운 경험과 신나는 체험을 할 수 있는 기회를 주신다면 그 어떤 선물보다 값진 선물이 될 것입니다.

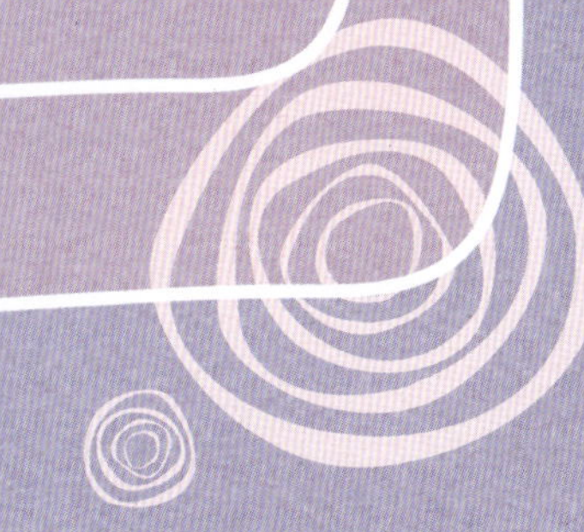

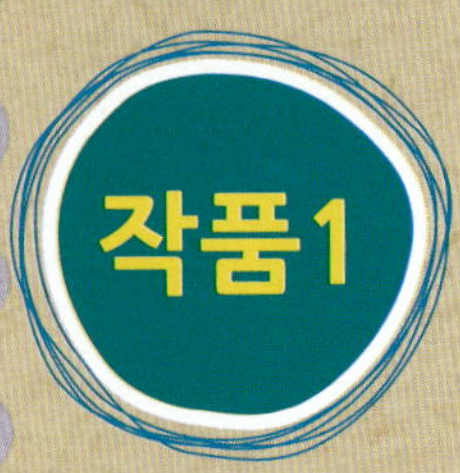

앗! 뜨거워

우리 친구들이 좋아하는 간식에는 어떤 것이 있을까요? 라면, 떡볶이, 순대, 어묵, 붕어빵, 피자, 치킨……. 친구들의 발표가 끊이질 않네요. 우리 친구들은 뜨거운 것을 먹을 때 어떤 표정이 될까요? 서로의 얼굴을 보며 재미난 표정을 지어 보세요. 그리고 그림으로 표현해 보세요.

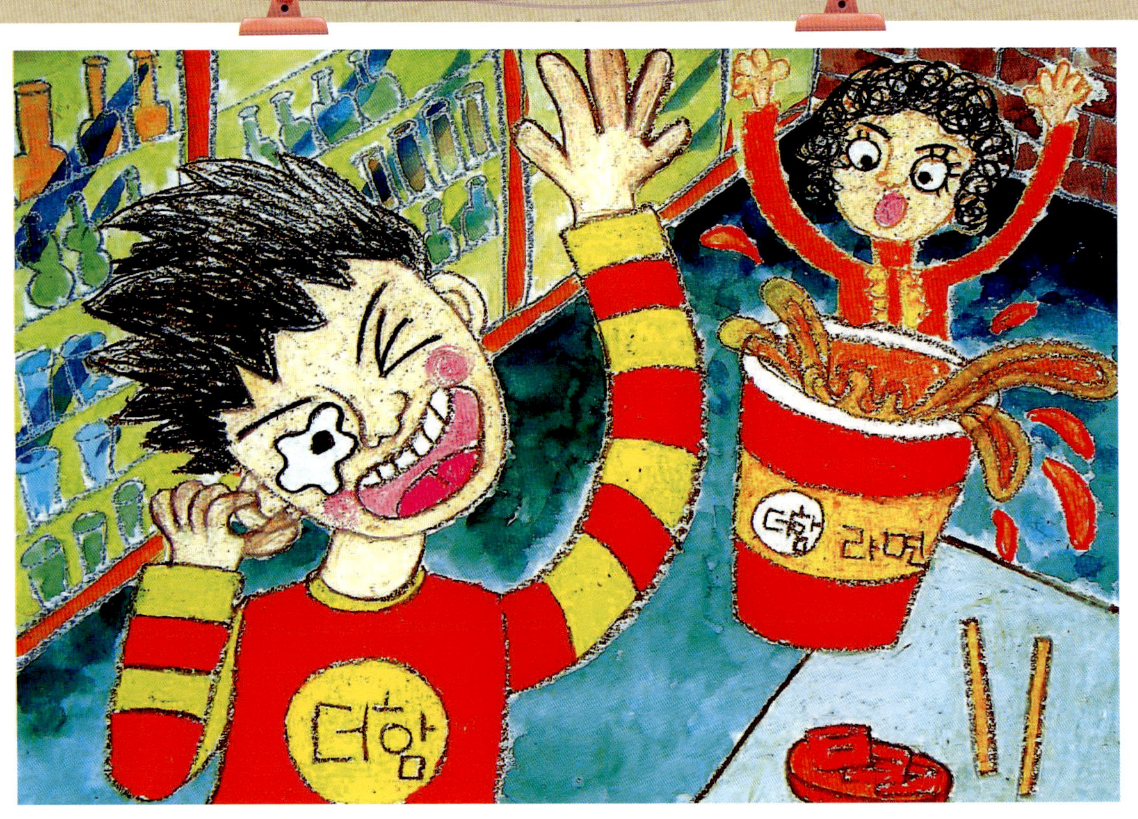

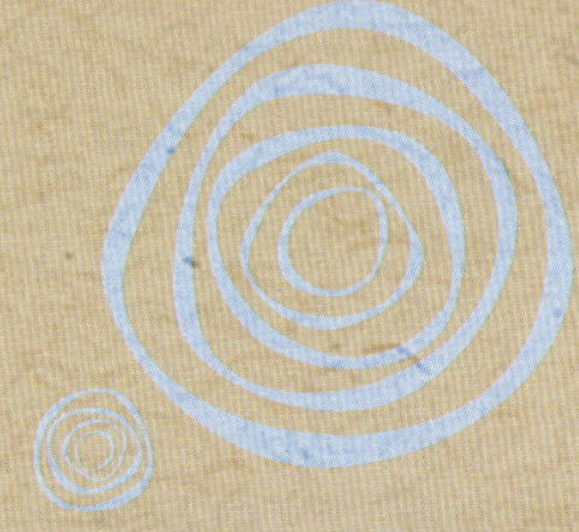

컵라면을 먹다가 떨어트렸어요. 너무 뜨거워 손가락으로 귀를 잡았어요. 깜짝 놀라 달려오시는 엄마도 표현해 보았어요. 고동색 크레파스로 스케치하고 크레파스와 물감으로 채색하였습니다.

호빵, 군고구마, 군밤 등 뜨거운 음식을 먹다 보면 너무 뜨거워서 깜짝 놀랄 때가 있죠? 이럴 때 무의식적으로 혀를 내밀기도 하고 이를 악물기도 하죠. 자기 자신이나 친구들은 어떤 표정을 짓거나 행동을 했는지 기억하나요? 상황에 따라 짓게 되는 표정을 잘 관찰해 보세요. 그리기의 기본은 세심한 관찰이랍니다.

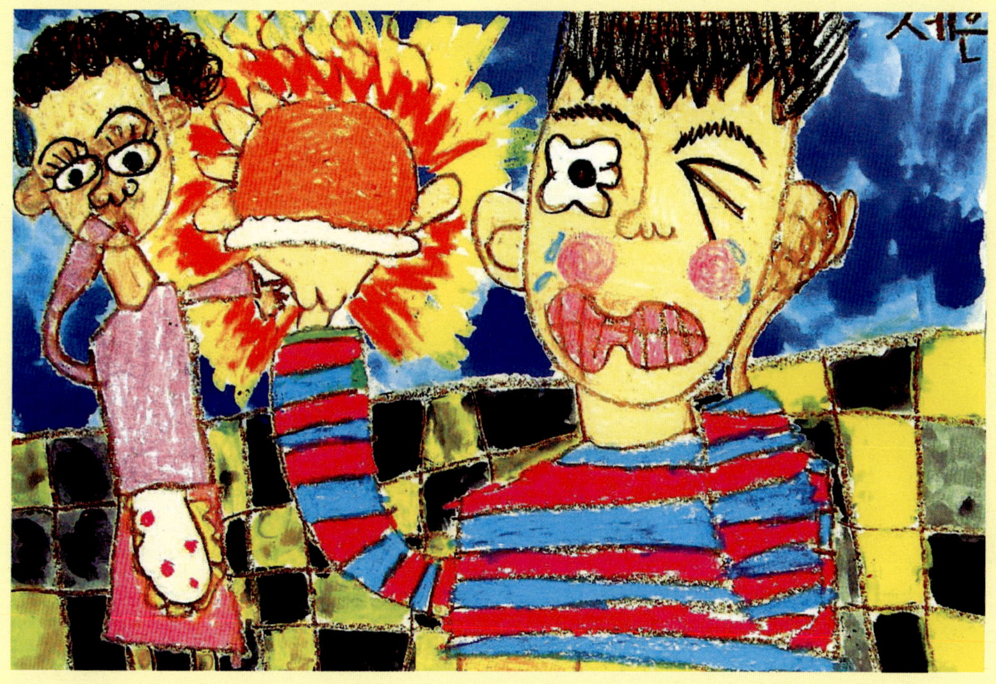

주제가 되는 나의 모습은 크게 상반신만 표현하고 깜짝 놀란 엄마나, 친구의 모습은 작게 그리되 전신으로 표현하세요.

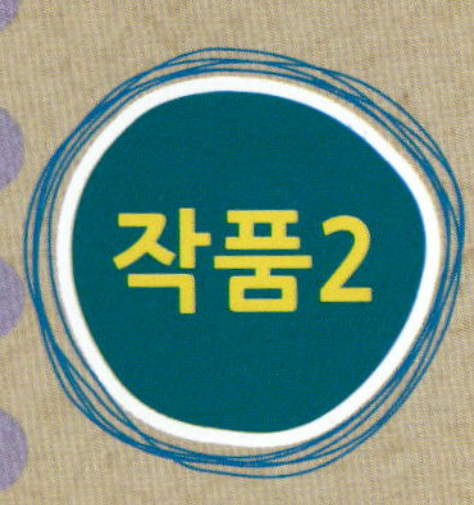

새해 소원을 빌어요

새해 첫날 해가 뜨는 모습을 보러 가족들과 동해에 가 본 적이 있나요? 또, 해가 떠오르는 모습을 보면서 어떤 새해 소망을 빌어 보았나요? 자신의 경험을 친구들과 이야기해 보세요. 어떤 소원이 있는지 이야기 나눠 보는 것도 재미있어요.

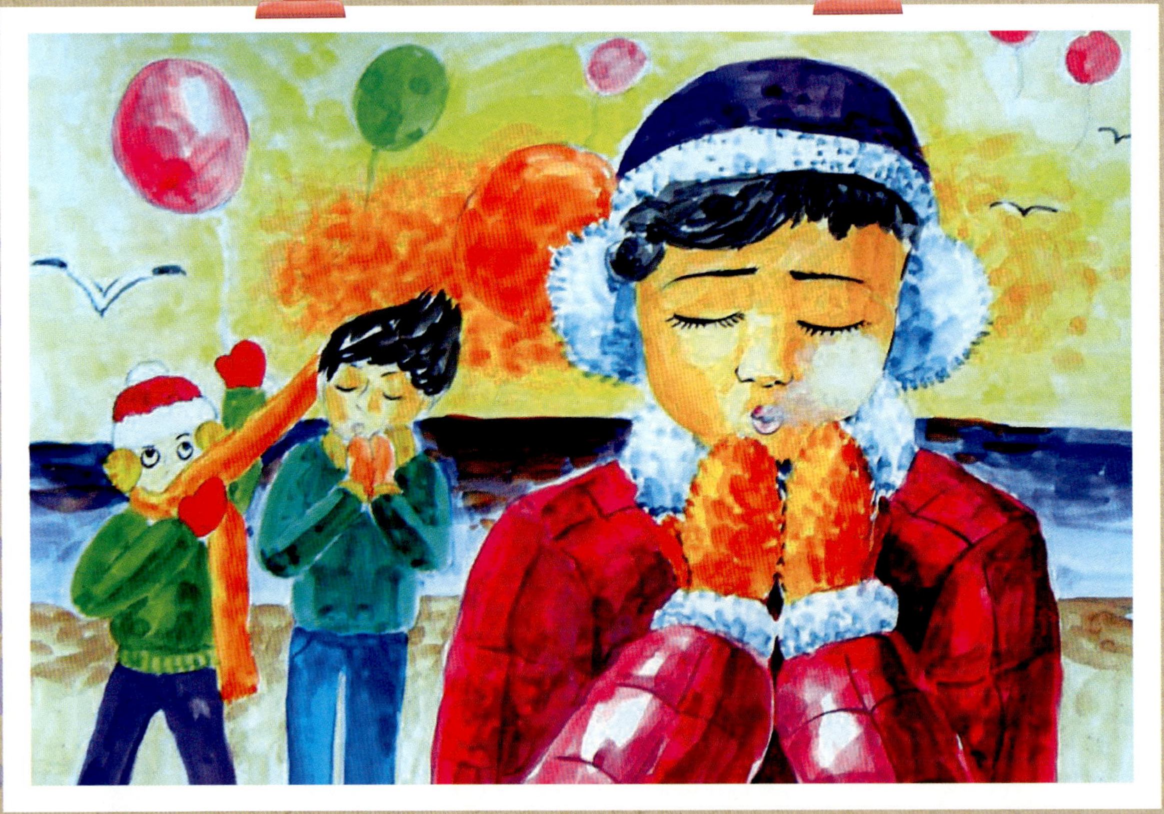

연필로 그리고 물감으로 채색하였습니다. 한겨울에 입에서 나오는 입김은 흰색 물감으로 표현해 보았습니다.

새해 첫날 일출을 보기 위해 동해 바다에 갔었던 경험을 생각하며 그려 볼까요? 연이나 풍등을 날리며 소원을 비는 사람들도 있답니다. 엄마, 아빠는 어떤 소원을 빌까요? 아마 우리를 비롯한 가족들의 건강이 첫 번째일 거예요.

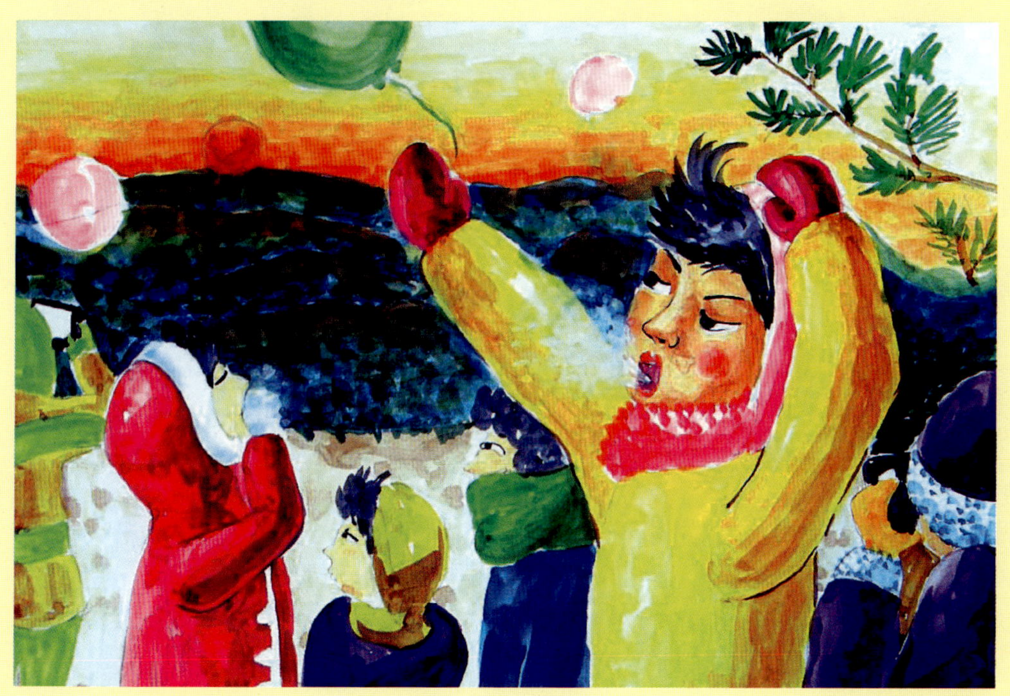

물감으로 그림을 그릴 때에는 붓 터치를 잘 살려야 합니다. 어둠은 보색을 섞어 눌러 주면 더욱 입체감을 살릴 수 있습니다.

신나게 눈썰매를 타요

여름이면 겨울이 그립고, 겨울이 되면 따뜻한 봄, 여름이 그리워지죠. 낙엽이 떨어지는 가을이면 벌써부터 첫눈이 오길 바란답니다. 눈이 오면 우리 친구들은 어떤 놀이를 하며 놀까요. 눈 오는 날에 있었던 경험이나 신이 났던 일들을 이야기하다 보면 어느새 주제가 정해집니다. 자신의 경험을 떠올리면 그림도 훨씬 생생해지겠지요.

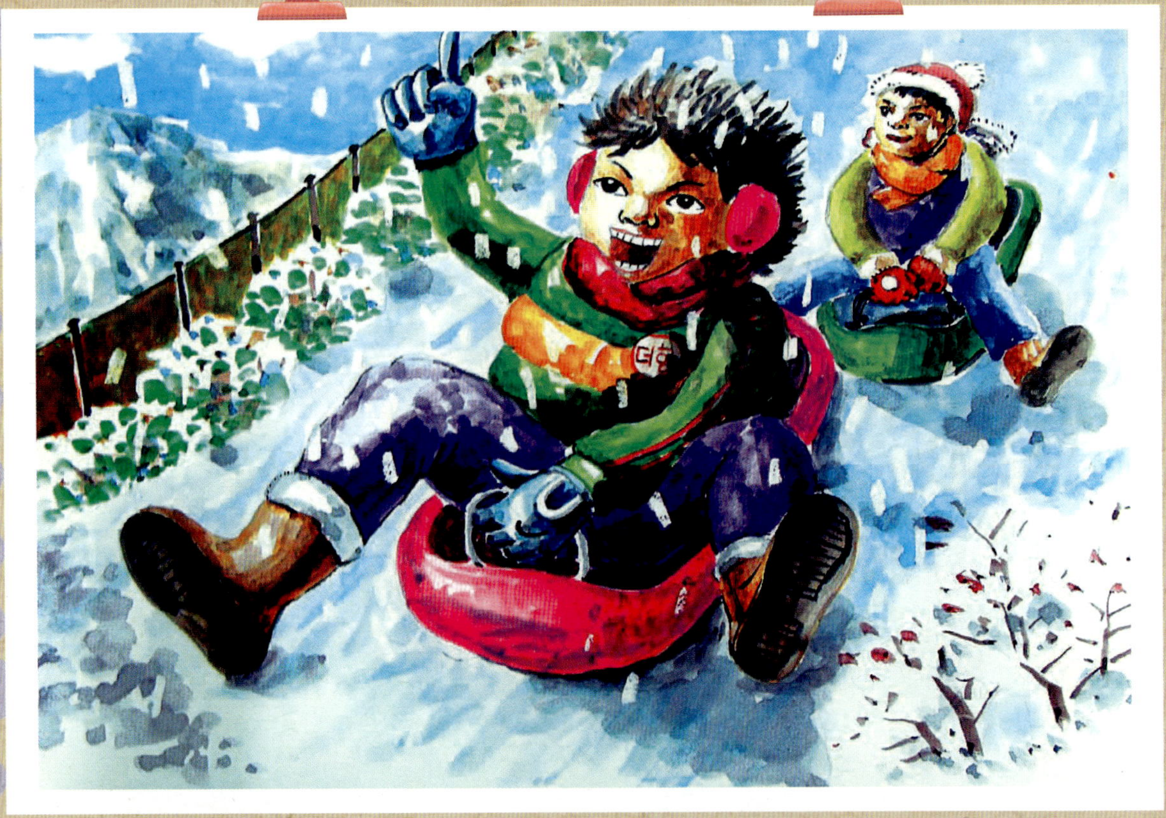

연필로 그리고 물감으로 채색하였습니다. 연필로 스케치한 후 물감 채색을 하기 전에 흰색 크레파스로 함박눈을 표현해 보았습니다. 쌓인 눈을 전부 흰색으로만 칠하면 눈처럼 보이지 않으니 푸른색이나 회색을 적당히 덧칠해 주는 것도 잊지 말아요.

눈썰매는 힘센 아빠께서 밀어 주시죠? 가족들과 눈썰매를 타러 가는 날에는 눈이 오는 것도 좋지만 엄마, 아빠와 함께라서 더 좋을 거예요. 눈 오는 날 우리 가족의 모습을 그려 보세요.

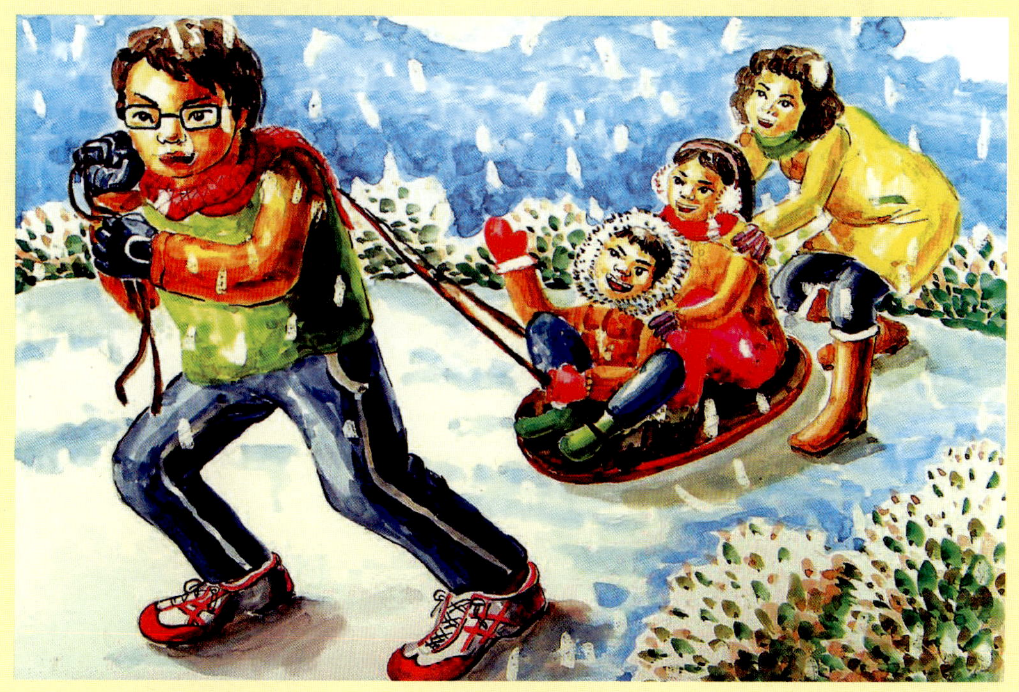

눈이 쌓인 나무나 풀은 여백을 많이 두고 채색을 하면 눈이 쌓인 것처럼 보인답니다. 눈 오는 풍경은 채색을 많이 하기보다는 흰 도화지를 남기며 채색해야 한답니다.

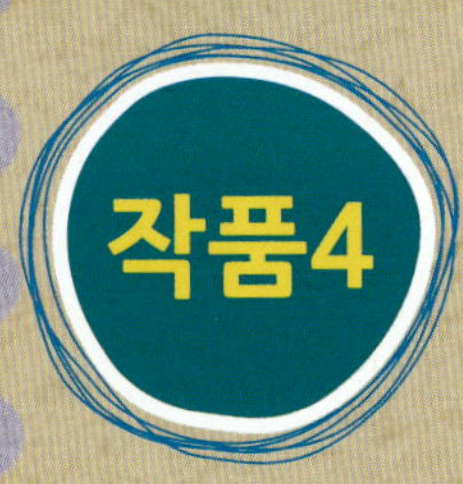

미끄러졌어요

눈 오는 날, 비 오는 날 따지지 않고 우리 친구들은 늘 뛰어 다닙니다. 그러다가 꽈당!
예견되었던 일이 일어나고 말지요. 친구들 모두 넘어져서 다친 경험이 있을 겁니다.
안전사고에 대비도 할 겸 우리 친구들과 넘어져서 다쳤던 경험을 이야기해 보세요. 그
림을 그릴 때는 표정과 자세를 자세히 묘사해야겠지요.

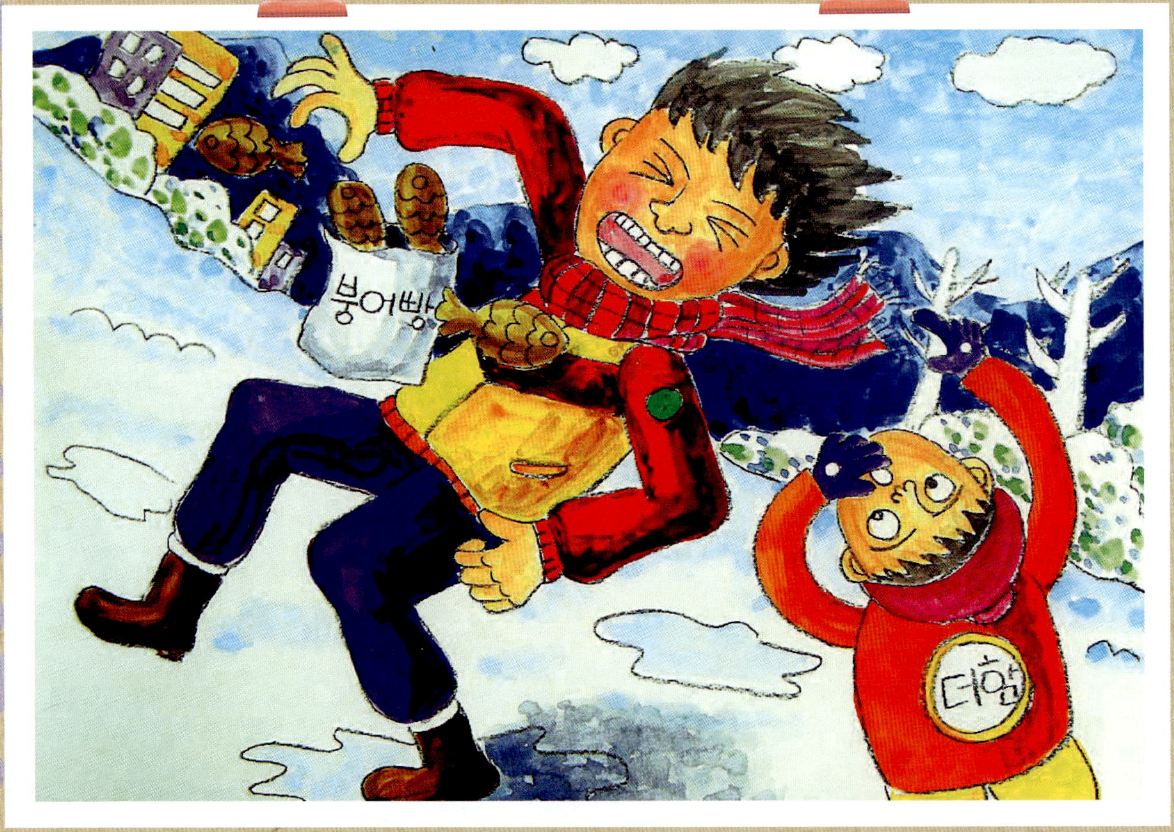

붕어빵을 사서 집으로 오다가 그만 얼음을 밟아 미끄러지는 장면을 그려 보았어요. 나도 모르게 눈을 꽉 감고 말았죠. 이 그림은 검정 색연필로 그리고 물감으로 채색하였습니다.

눈이 오면 내리막길을 내려가다가 넘어지는 경우가 많이 있습니다. 그래서 특히 땅이 얼어 있는 겨울에는 손을 주머니에 넣고 걸으면 안 된답니다. 겨울 산은 진한 남색으로 채색해 보세요.

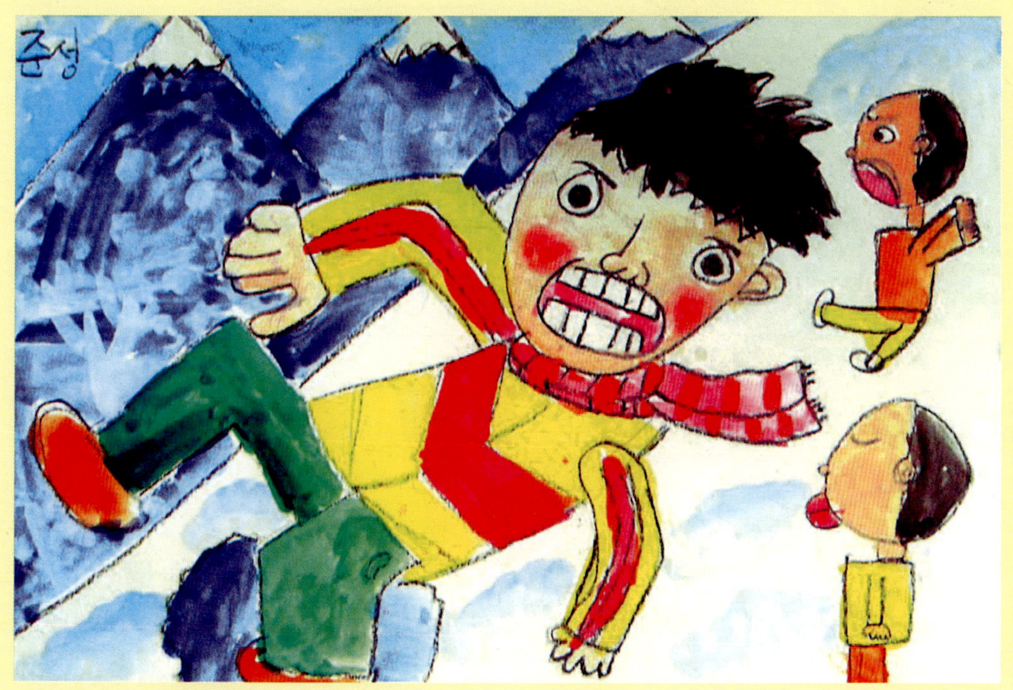

알아두면 좋아요

넘어질 때 그림자를 어떻게 표현할 것인지도 잊지 말도록 해요. 단, 눈 위에 지는 그림자이므로 너무 어둡게 하지 말고 검은색 물감을 적절히 사용해 표현해 주세요.

전을 부쳐요

명절이면 가족이 둘러앉아 송편도 빚고, 전도 부치며 즐거운 시간을 보냈던 기억이 납니다. 우리 친구들은 명절을 어떻게 기억하고 있을까요. 점점 핵가족화되어가는 요즘 대가족이 한자리에 모이는 경우는 흔하지 않죠. 할머니와 어머니께서 전을 부치실 때의 상황을 재미있게 표현해 봅니다.

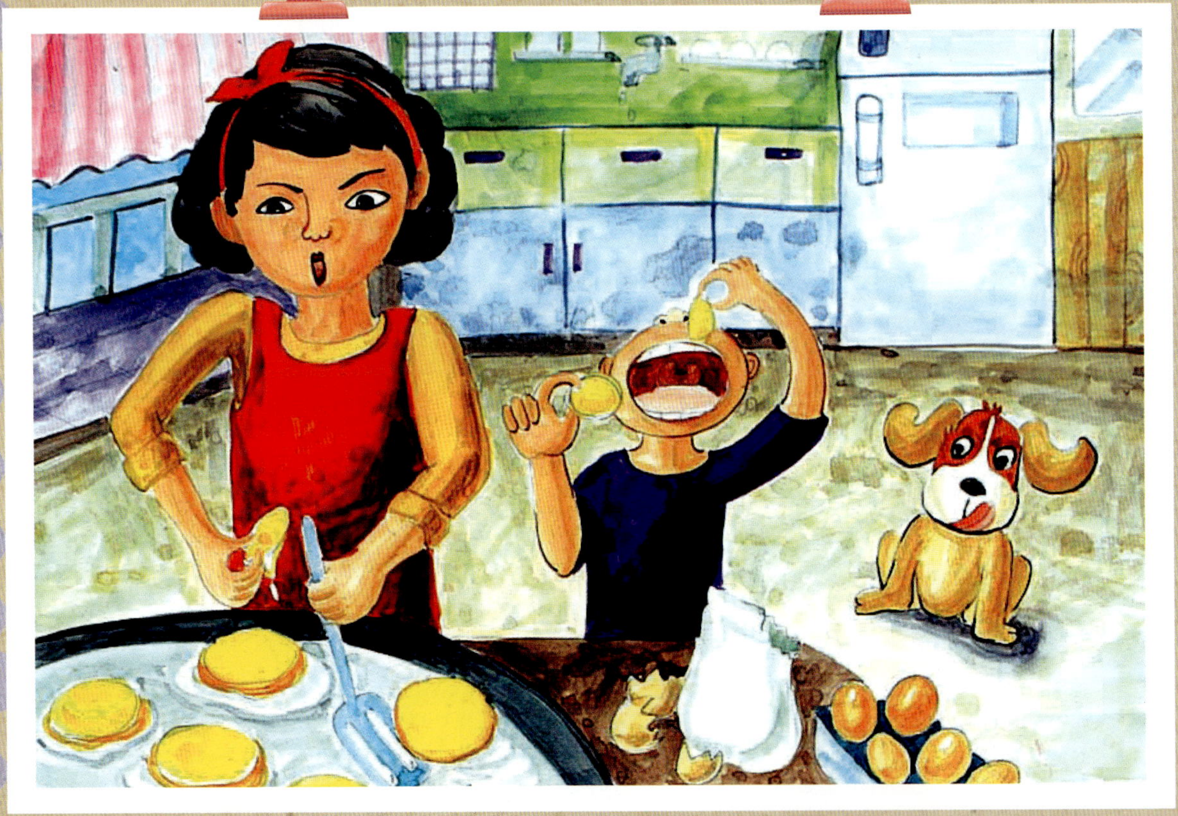

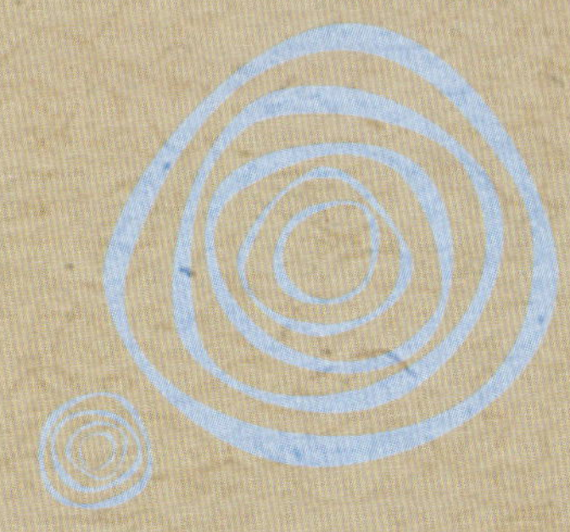

전 부치는 엄마 옆에서 맨손으로 전을 하나씩 집어 먹는 친구를 그려 보았어요. 강아지도 하나 얻어먹으려고 입맛을 다시며 앉아 있네요. 연필로 스케치하고 물감으로 채색하였습니다.

냄새가 많이 나서 베란다에서 전을 부치기도 하죠? 베란다에서 전을 부치는 모습을 그려 보았어요. 그런데 전을 부치는 것이 즐겁지만은 않은가 봐요. 아무래도 오랜 시간 쭈그리고 앉아서 전을 부치다 보면 허리도 아프고 팔도 아프겠죠. 명절날 고생하신 엄마를 위해 안마해 드리는 거 잊지 마세요.

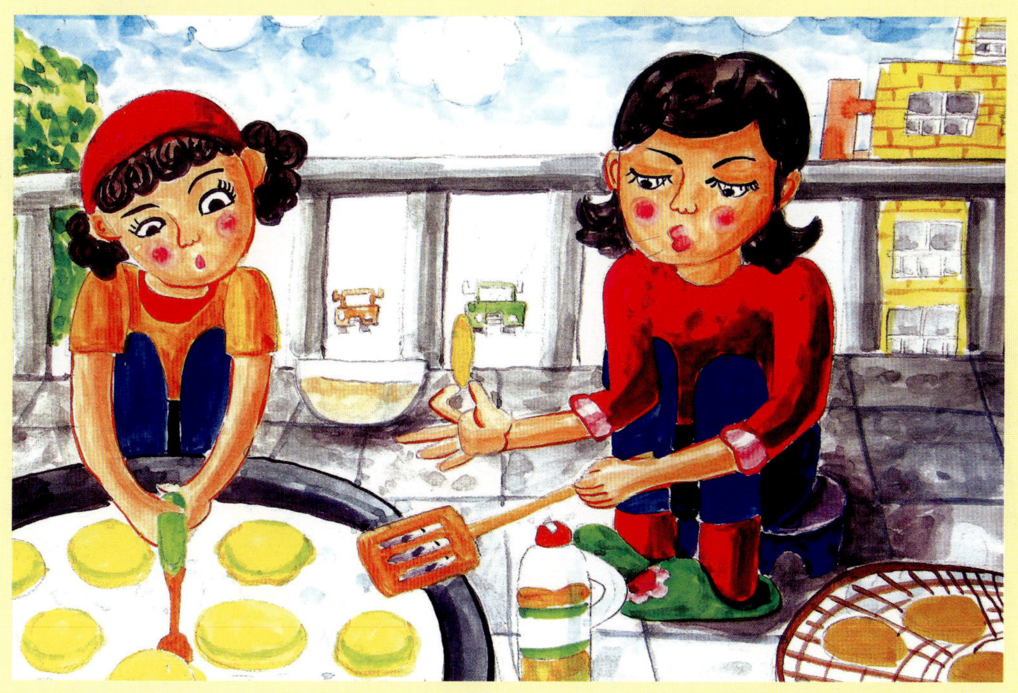

전은 종류가 많죠? 친구들이 좋아하는 전은 어떤 종류인지 이야기 나눠 보세요. 그러면 더욱 다양한 전을 표현할 수 있을 것이고, 표현력이 풍부한 그림이 되겠지요?

전통놀이를 즐겨요

명절에 온 가족이 모여 할 수 있는 놀이에는 무엇이 있을까요. 우리 친구들은 어떤 놀이를 해 보았을까요. 요즘에는 옛 전통문화를 체험할 수 있는 프로그램들이 많아서 한 번쯤은 경험해 보았을 거예요. 우리 가족들이 함께 즐겼던 윷놀이 모습을 떠올리며 그려 보세요. 뭐가 나올지 너무너무 궁금해지는 윷을 던지는 흥미진진한 순간을 생동감 있게 표현해 보세요.

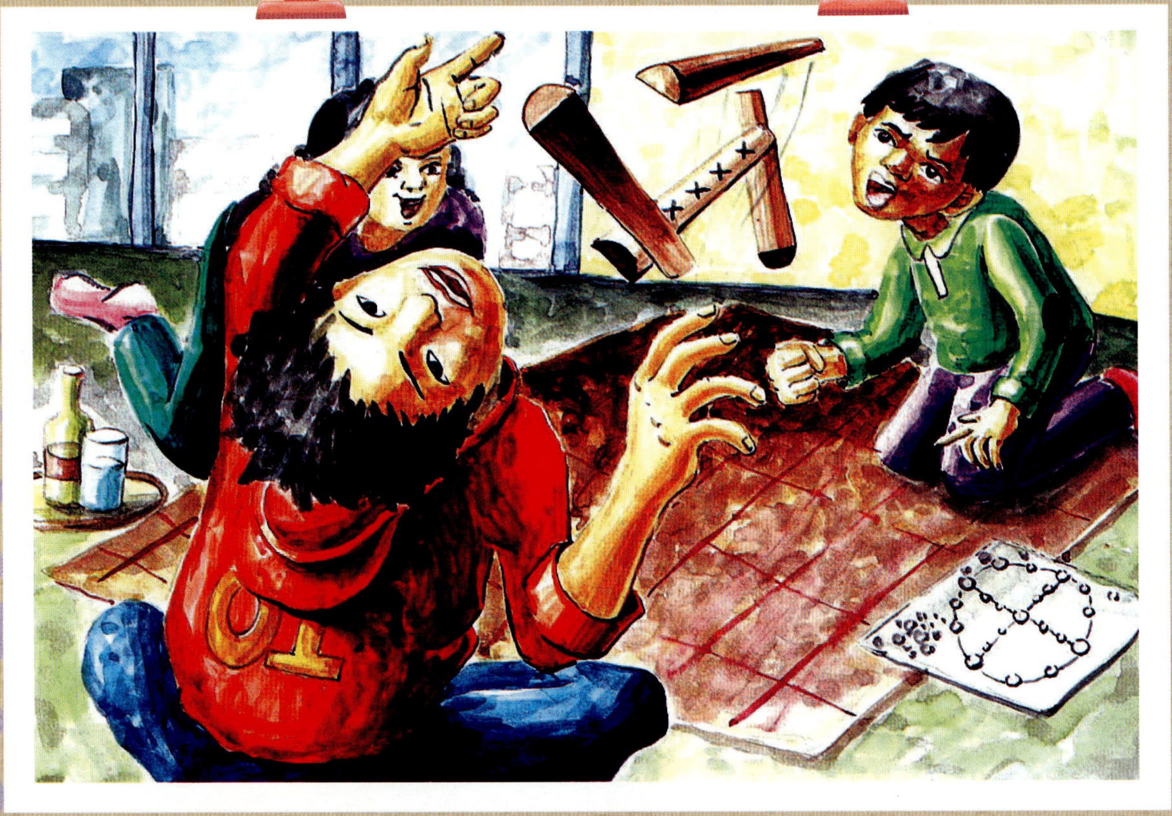

앞에 있는 사람은 크게 멀리 있는 사람은 작게 표현해 보세요. 던진 윷도 입체적으로 표현해 볼까요? 연필로 스케치하고 물감으로 채색하였습니다.

팽이 돌리기, 비석치기, 널뛰기, 연날리기, 제기차기 등 다른 전통놀이도 그림으로 표현해 보세요. 잘 떠오르지 않으면 사진 자료 등을 검색해서 보면서 그려보아도 좋습니다.

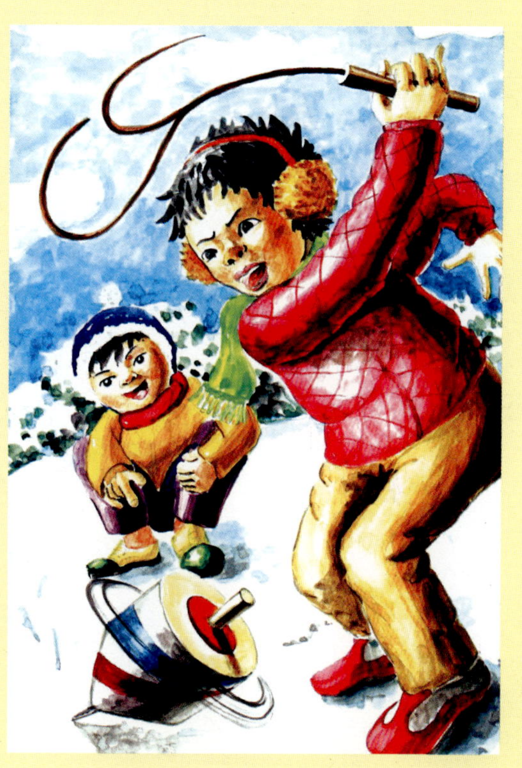

경험화를 쉽게 그리려면 자료가 많아야 합니다. 사진이나 그림 자료들을 충분히 준비하여 그려 보세요.

놀이터에서

우리 친구들이 가장 좋아하는 공간, 바로 놀이터랍니다. 아파트 단지에도 2~3개씩은 놀이터가 있지요. 우리 친구들도 놀이터에서의 기억이 많을 겁니다. 미끄럼을 타는 장면은 표현하기가 생각보다 쉽지 않지요. 미끄럼틀을 표현하는 각도와 미끄럼틀을 타는 친구들의 표정에 유의해서 그려 보세요.

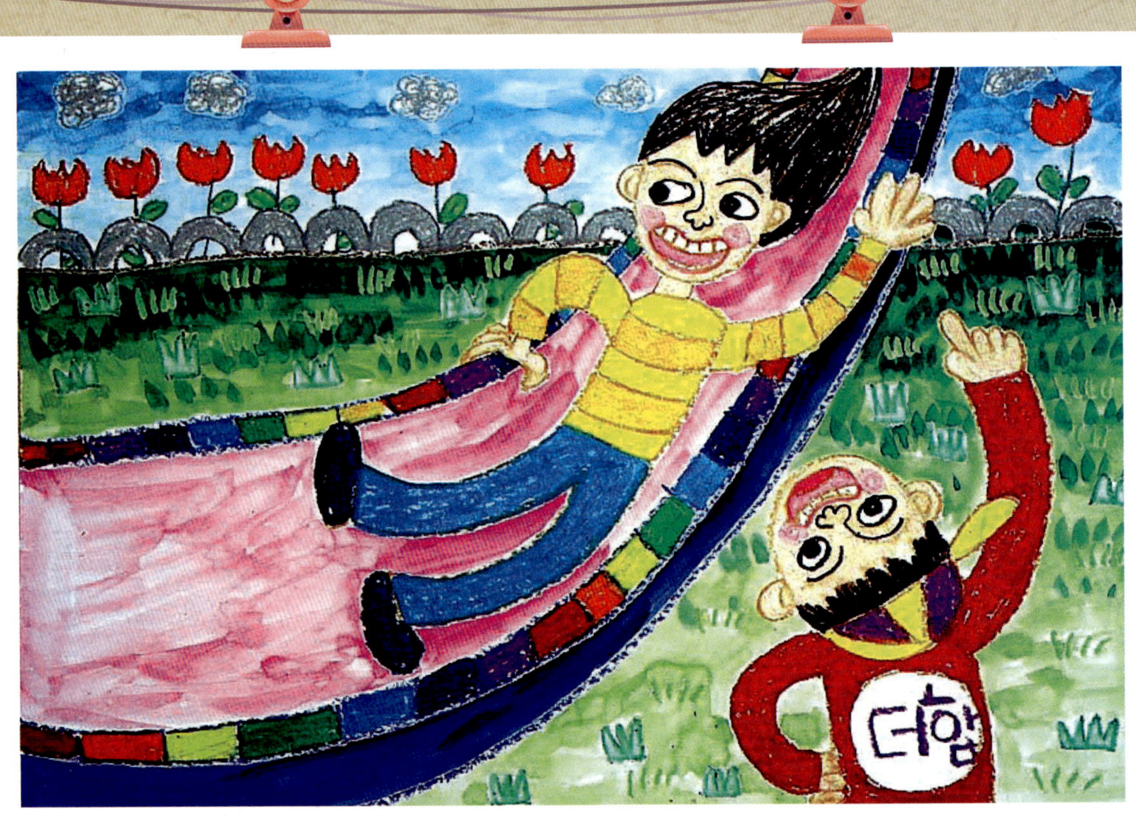

미끄럼틀 전체의 모습을 그리려면 힘들어요. 특징을 잡아 부분만 그려도 시원한 구도가 된답니다. 여러 가지 색의 크레파스로 그리고 물감으로 채색하였습니다.

놀이터에 꼭 있는 그네도 그려 볼까요? 그네의 줄은 노끈을 이용하는 등 다양한 재료를 사용해 붙여 표현하면 더욱 재미있답니다.

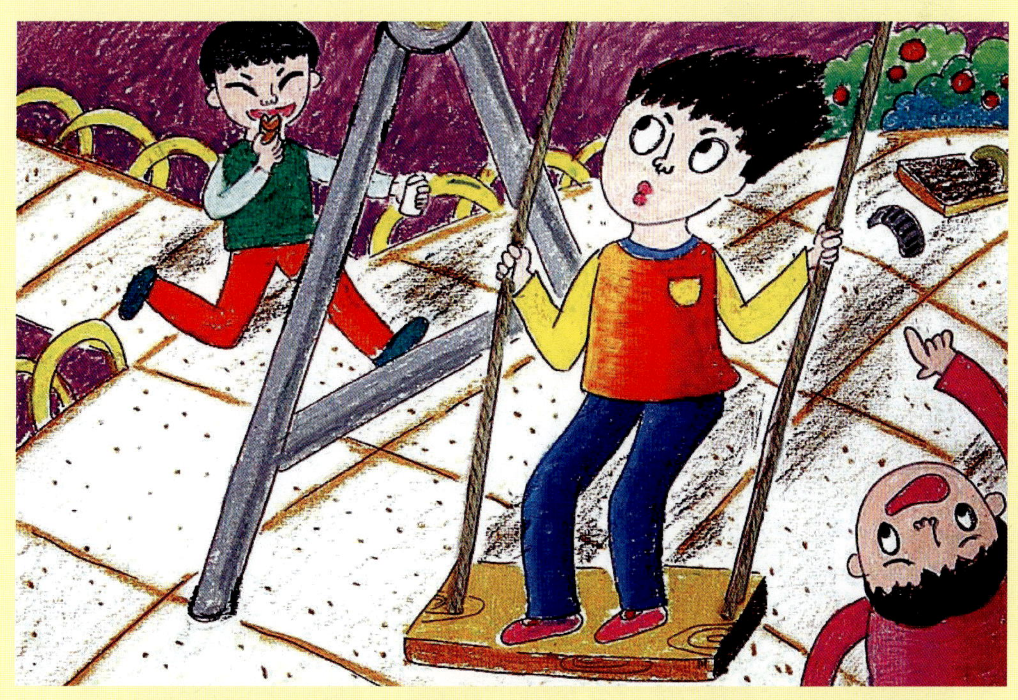

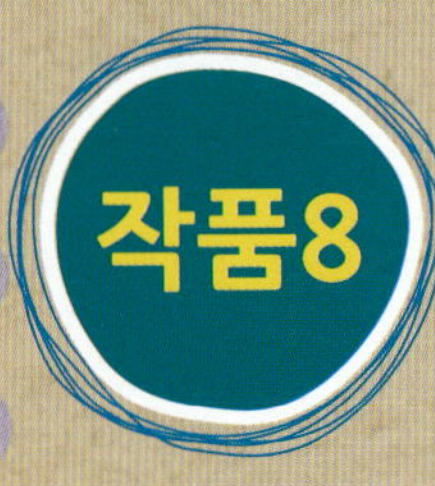

유관순 누나를 생각해요

태극기, 무궁화 그리기 등 애국에 관련된 주제가 교과서에 많이 나옵니다. 나라를 위해 희생하신 여러 인물들에 대해 친구들과 함께 공부해 보세요. 나라 사랑하는 마음을 가질 수 있는 좋은 기회가 될 거예요. 이번에는 나라를 위해 몸을 바치신 유관순 누나를 생각하며 그려 보았어요. 태극기는 따로 그려서 붙이니 더 재미있는 그림이 되었네요.

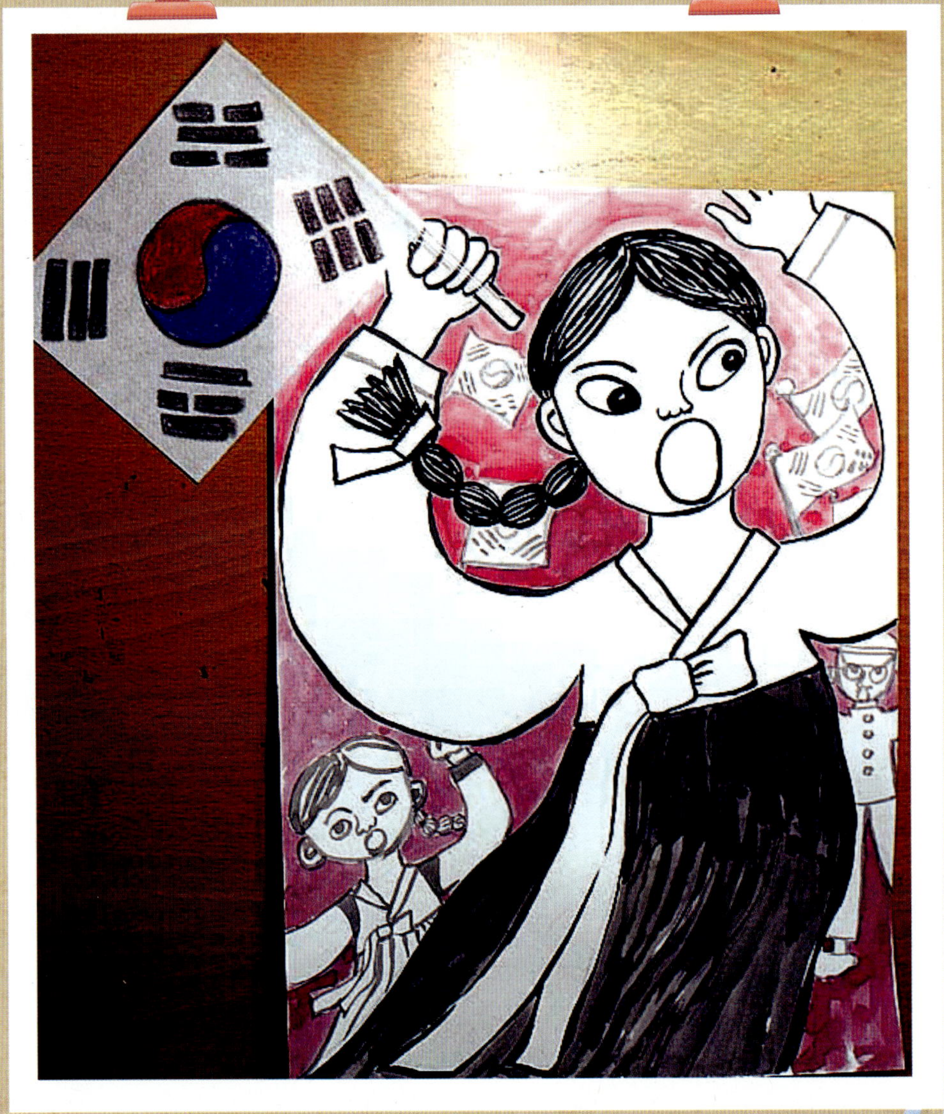

붓펜으로 그리고 물감으로 채색하였습니다. 유관순 누나가 들고 있는 태극기는 펠트지와 빨대를 이용하여 작게 만들어 붙여 주었습니다. 더욱 실감나는 그림이 되었죠?

다르게 그려봐요

우리나라를 위하여 희생하신 분들을 그려 보세요. 김구, 안중근, 윤봉길 등 관련된 일화를 떠올리며, 혹은 사진 자료를 찾아 보면서 특징을 살려 그려 보세요.

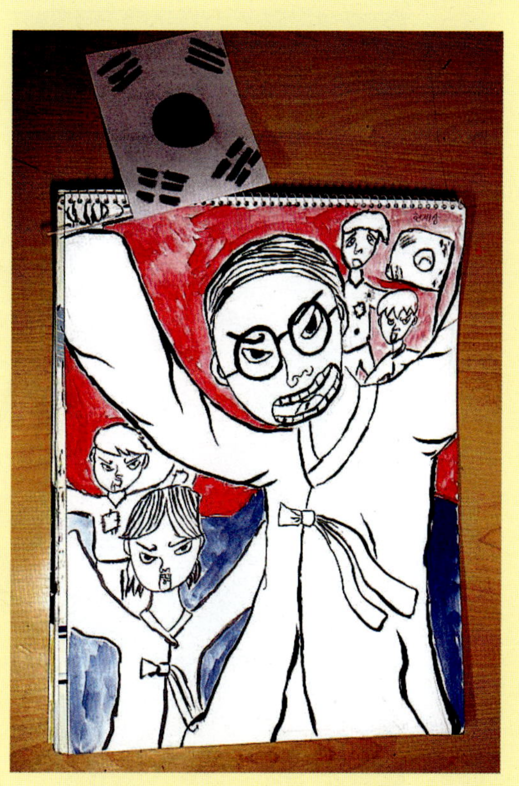

알아두면 좋아요

5학년 2학기 사회 교과서를 참고하면 더 많은 이야기를 나눠볼 수 있어요.

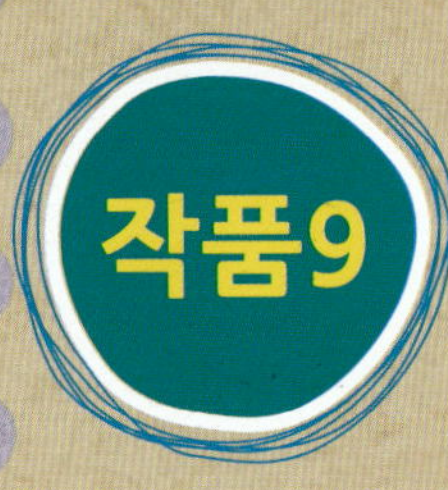

야구장에서

요즘은 야구장이나 축구장 같은 곳에서 가족 관람객을 많이 볼 수 있습니다. 경기를 관람하는 재미는 물론 가족과 함께 하는 시간을 갖는다는 데 더 큰 의미가 있겠죠. 각자 경기장에서 보았거나 경험했던 일들을 떠올리며 그려 보세요. 특히 야구 같은 운동 경기를 표현할 때는 생동감 넘치게 그리도록 노력해 보세요.

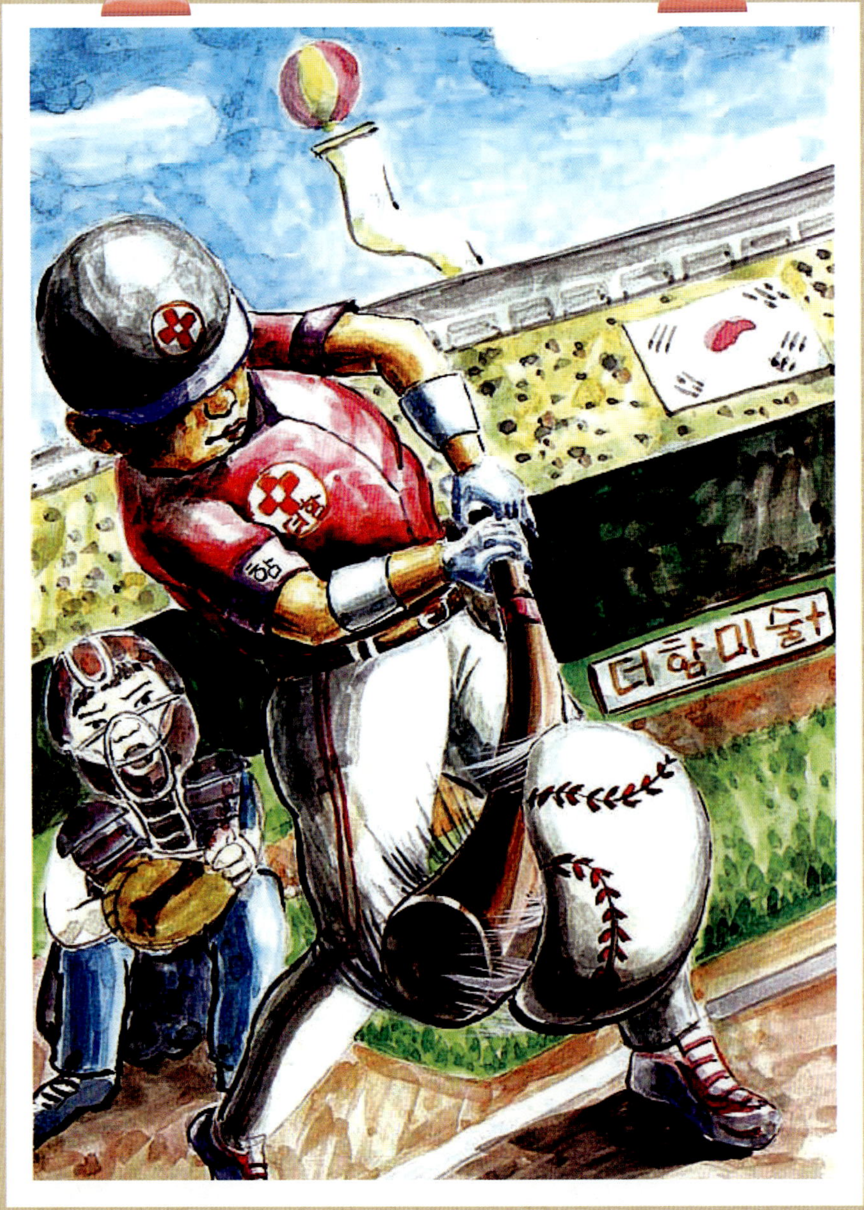

연필로 스케치하고 물감으로 채색하였습니다. 타자의 모습을 크게 과장하여 그리고 더욱 실감나게 표현하기 위하여 방망이를 휘어지게 표현해 보았습니다. 방망이가 돌아가는 방향을 잘 생각해 선으로 속도감을 표현하면 더욱 멋진 그림이 완성됩니다.

야구 선수 중에는 공을 치는 타자도 있지만 공을 받는 포수도 있습니다. 포수가 몸을 던져 공을 받는 장면을 실감나게 표현해 보세요. 공을 아주 크게 과장하여 표현해 볼까요? 더욱 긴장감 넘치는 그림을 그릴 수 있습니다.

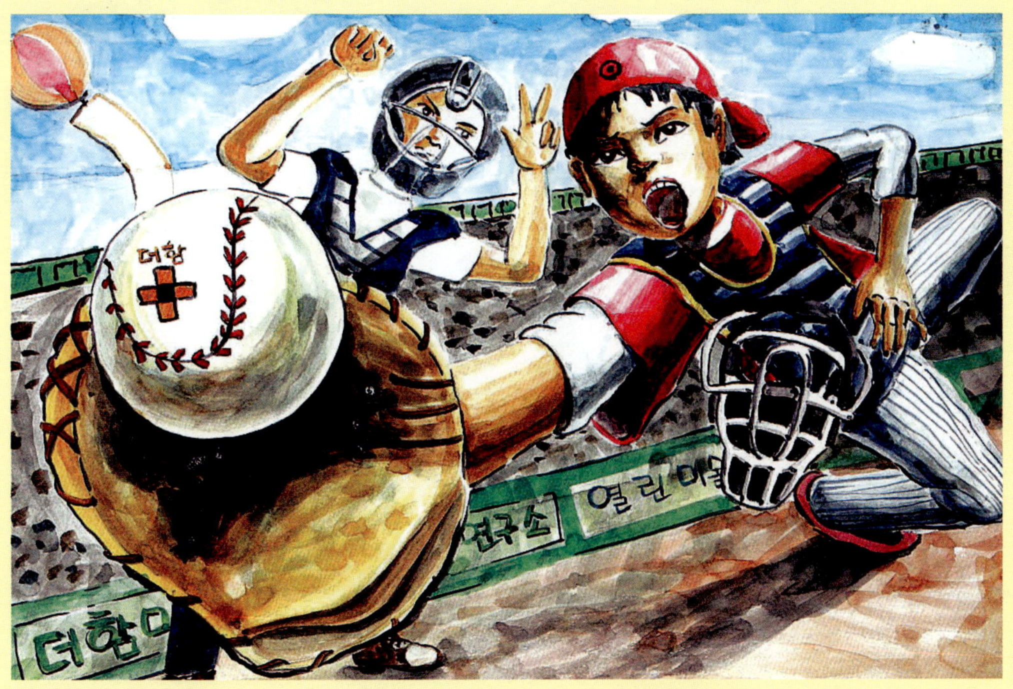

그림을 더욱 실감나게 표현하려면 빛의 위치를 잘 생각한 후 그림자를 표현해 보세요. 그림자 색은 반다이크 브라운과 울트라마린블루를 섞어 표현해 보세요.

봄소풍을 떠나요

소풍, 체험학습에 대한 경험을 떠올려 볼까요? 어머니가 싸 주신 맛있는 도시락, 신기한 곤충들, 재미있는 게임 등 우리 친구들이 경험했던 즐거운 소풍 이야기를 그림으로 표현해 보세요.

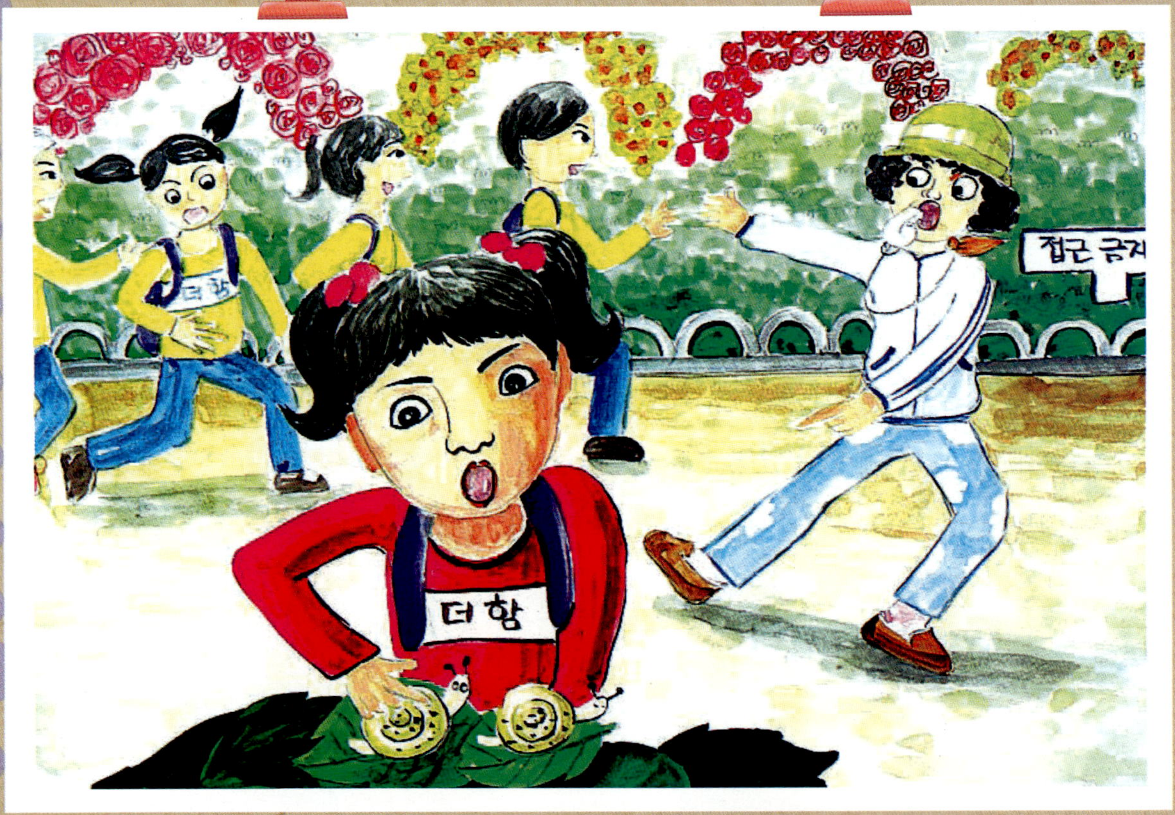

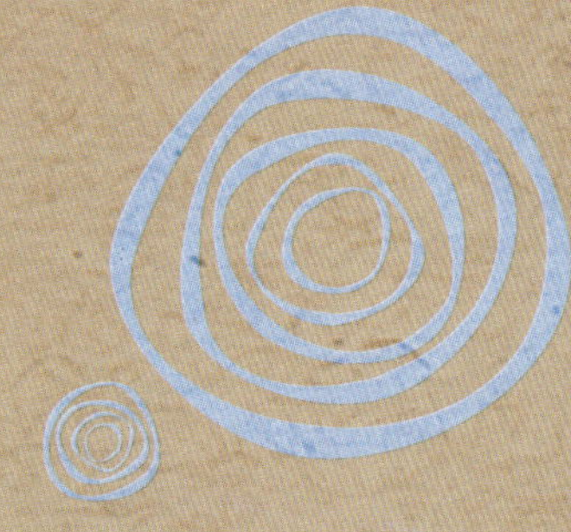

달팽이를 관찰하는 친구를 크게 그렸어요. 항상 주제가 되는 인물은 크게 표현해야 합니다. 달팽이를 관찰하는 친구의 표정도 실감나게 표현해 주세요. 연필로 그리고 물감으로 채색하였습니다.

소풍날 가장 좋은 시간은 뭐니 뭐니 해도 도시락을 먹는 점심시간이죠? 엄마가 싸주신 도시락을 친구들과 함께 나누어 먹는 장면을 그려 보세요. 친구들에게 내 도시락 자랑도 하고 친구가 싸온 맛있는 김밥을 나누어 먹기도 하죠.

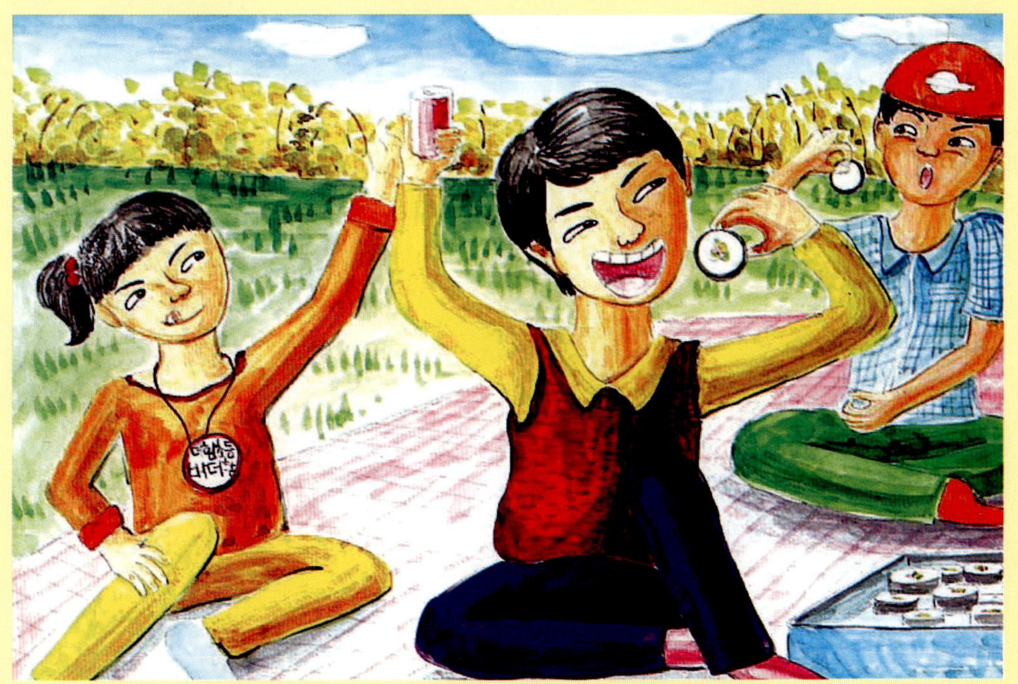

실제로 사람들은 무채색 옷도 많이 입지만 그림 속에 등장하는 사람들은 채도가 높은 알록달록한 옷을 입혀 주어야 더욱 눈에 띄는 그림을 그릴 수 있습니다.

신나는 하굣길

공부가 끝나고 집으로 돌아가는 하굣길은 발걸음도 가볍고 기분이 정말 좋죠? 빨리 집에 가서 게임도 하고 싶고, 간식도 먹고 싶고, 친구들과 뛰어놀고도 싶을 거예요. 기쁜 표정으로 운동장을 신나게 뛰어가는 나와 친구의 모습을 표현해 보세요. 집에 가는 길에 있는 건물, 풍경들도 떠올리며 그려 보는 것도 좋아요.

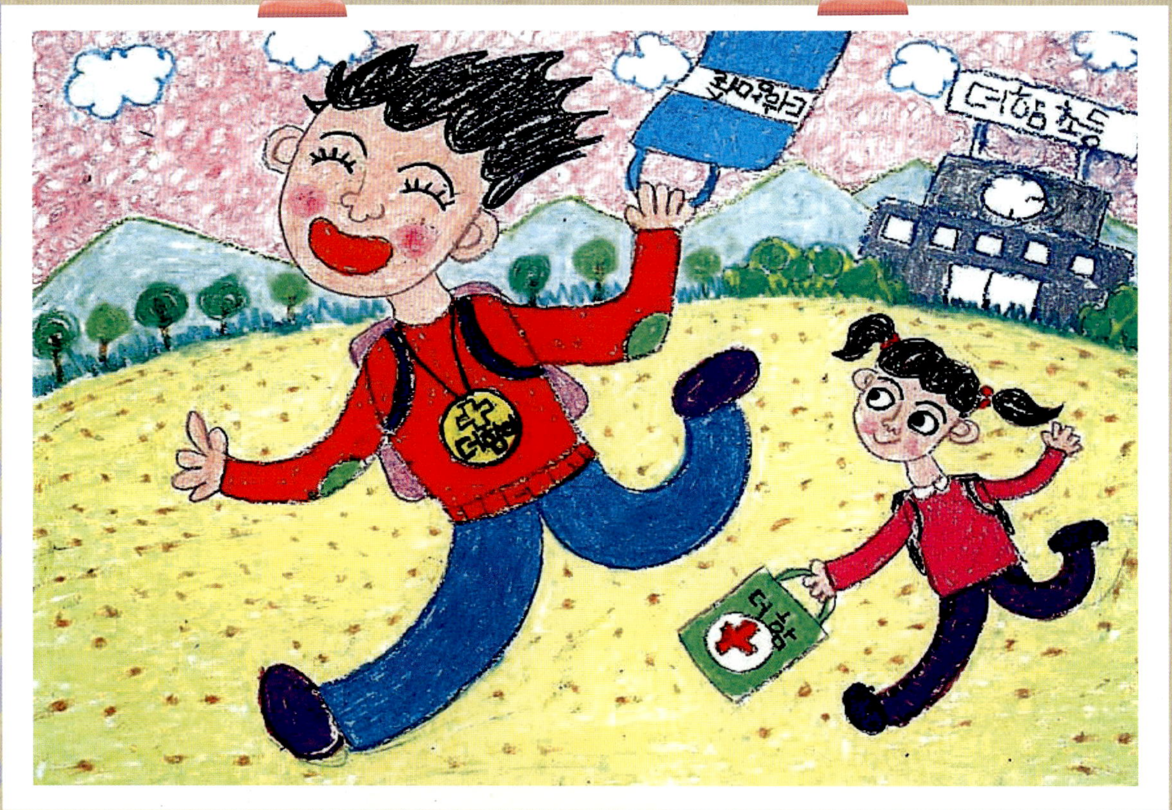

고동색 크레파스로 스케치하고 크레파스로 채색하였습니다. 바람에 날리는 듯한 실내화 가방과 신나게 뛰어가는 발 모양 덕분에 경쾌한 모습이 더 잘 표현되었어요.

하굣길만큼 등굣길도 즐거우면 얼마나 좋을까요? 등굣길이 즐거우면 학교에서 공부도 잘 되고, 친구들과도 기분 좋게 지낼 수 있을 거예요. 학교를 향해 즐겁게 걸어가는 모습을 표현해 보세요.

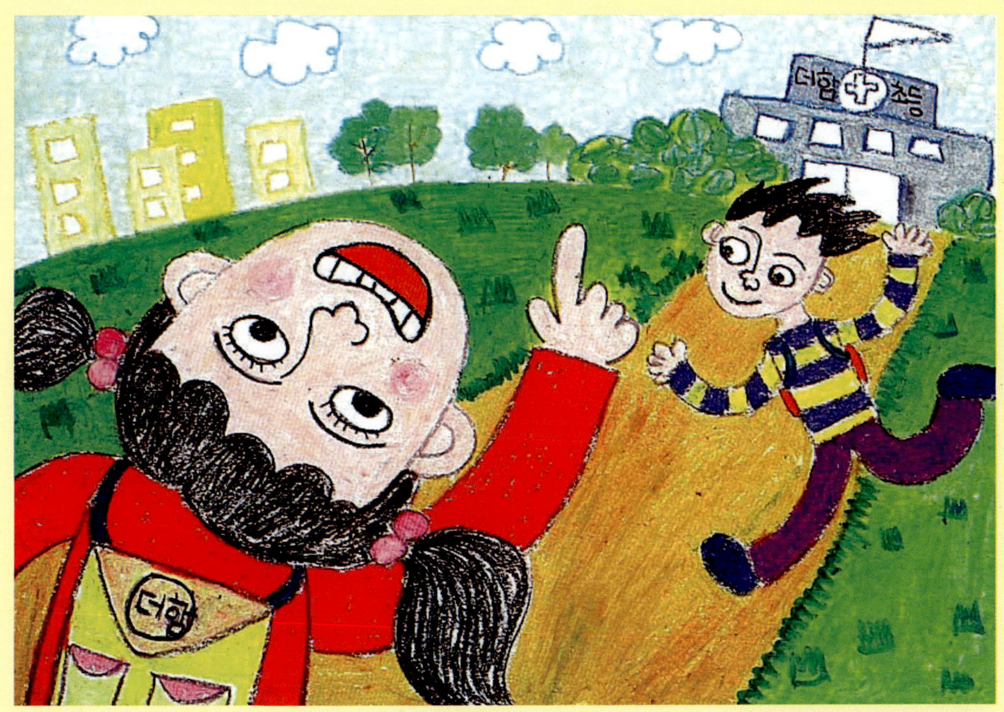

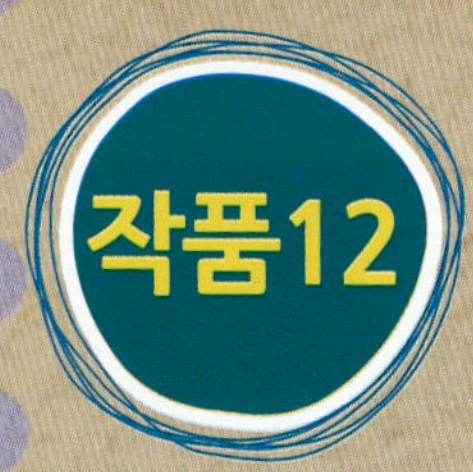

운동회

학교에서의 큰 행사들 중 하나가 바로 체육대회, 운동회지요. 운동회 달리기에서 손등에 받았던 1등, 2등 도장, 계주 경기의 숨 막히는 박진감 등 여러 가지 경기 중에 있었던 재미있었던 경험을 자유롭게 표현해 주세요.

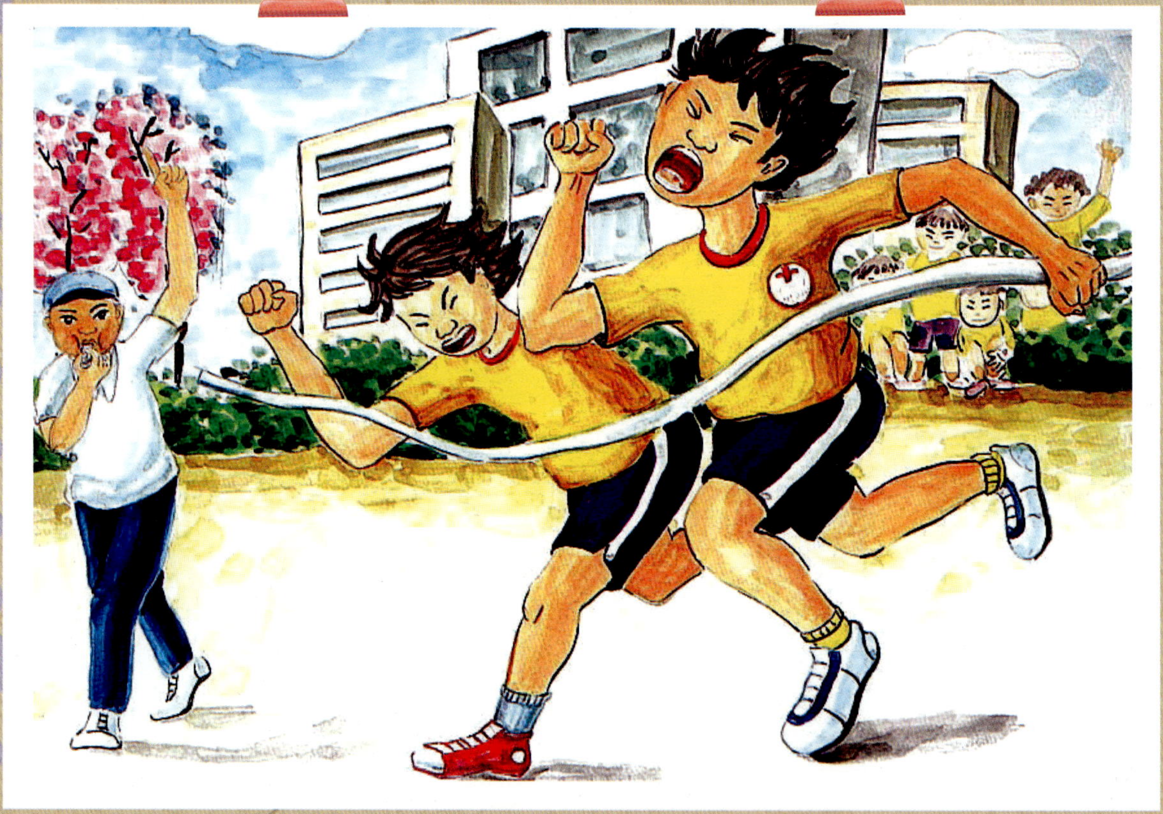

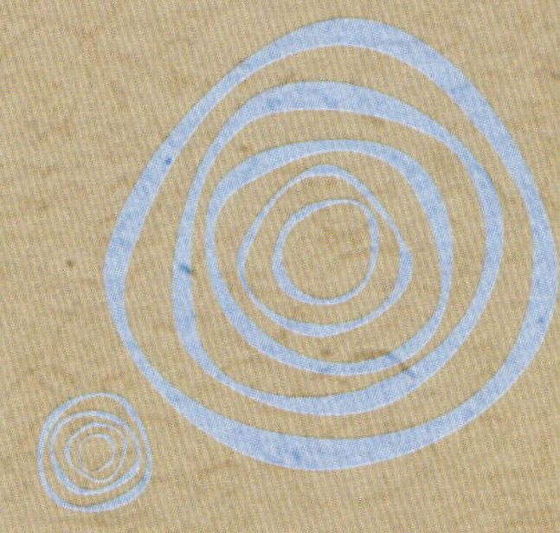

운동회의 꽃은 달리기랍니다. 우리 친구들이 운동회에서 달리기를 했었던 순간을 잘 생각하며 그림으로 표현해 보세요. 응원하는 친구들은 작고 간단하게 표현하세요. 연필로 그리고 물감으로 채색하였습니다.

운동회날에는 또 어떤 경기를 하나요? 박 터트리기, 큰 공 굴리기, 줄다리기 등 운동회에서 즐겁게 했던 운동경기를 잘 생각해 보고 그림으로 표현해 보세요. 인물의 표정과 동작을 신경 쓰며 그려 보세요.

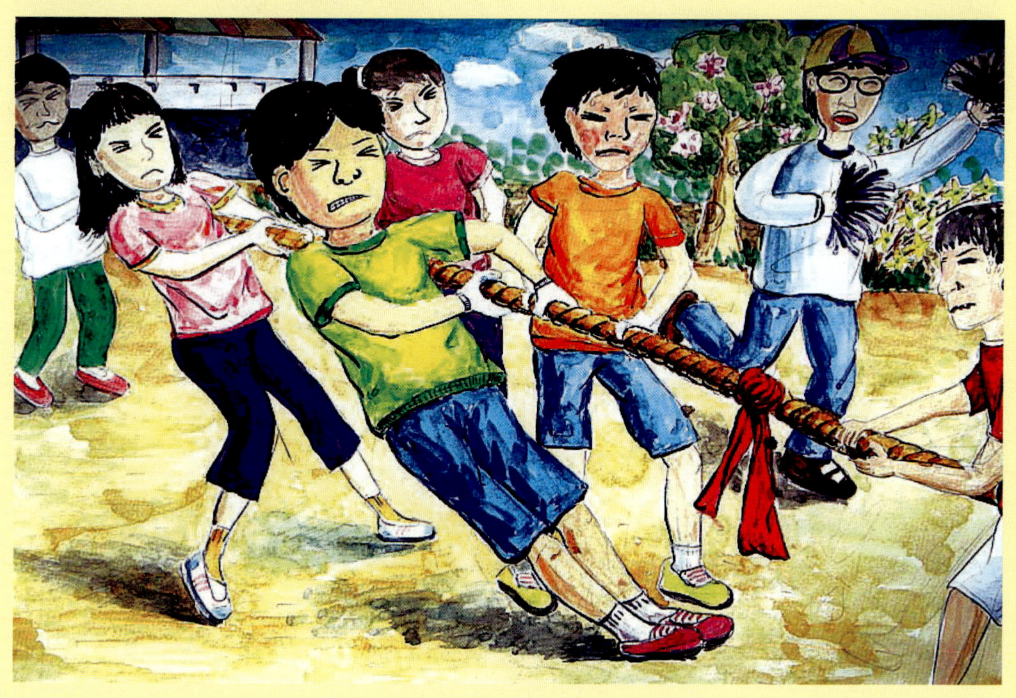

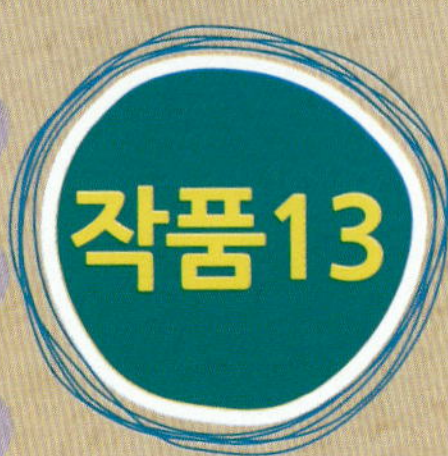

경례! 군인 아저씨

군인이나 경찰관처럼 제복을 입은 아저씨들을 보면 참 멋있죠? 해군의 늠름한 모습을 표현해 보세요. 군인을 그릴 때는 제복을 잘 관찰하여 그려야 합니다. 머릿속에 쉽게 떠오르지 않는다면 인터넷에서 사진 자료를 찾아 복장을 그릴 때 참고하세요.

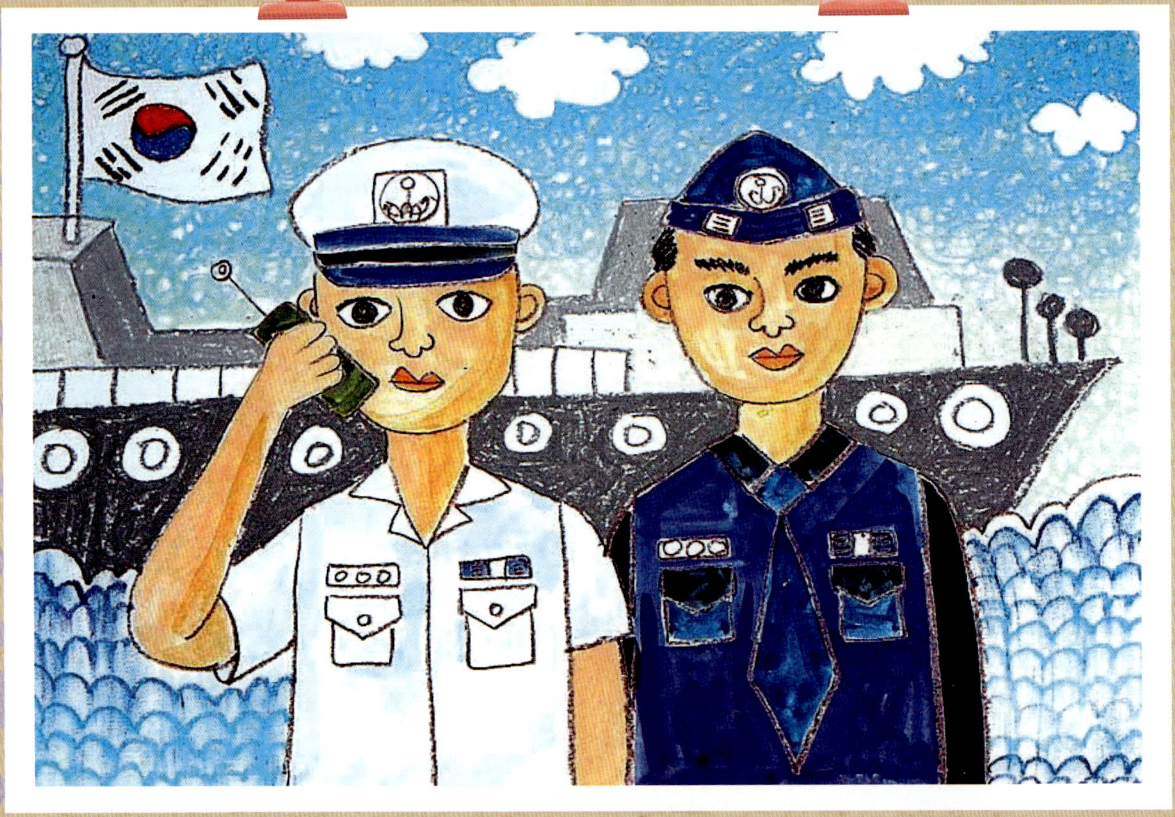

배경에 커다란 군함과 물결 모양의 바다를 그려 넣어 해군의 이미지를 강조해 그렸습니다. 고동색 크레파스로 스케치한 후 주제가 되는 부분은 물감으로, 배경은 크레파스로 채색하였습니다. 이렇게 채색하면 채색이 조금 어렵게 느껴지는 어린이들도 쉽게 인물을 채색하고 명암을 넣을 수 있습니다.

공군, 육군, 해군 아저씨들의 군복을 알아보고 배경도 군인 아저씨와 어울리게 그려 보세요.

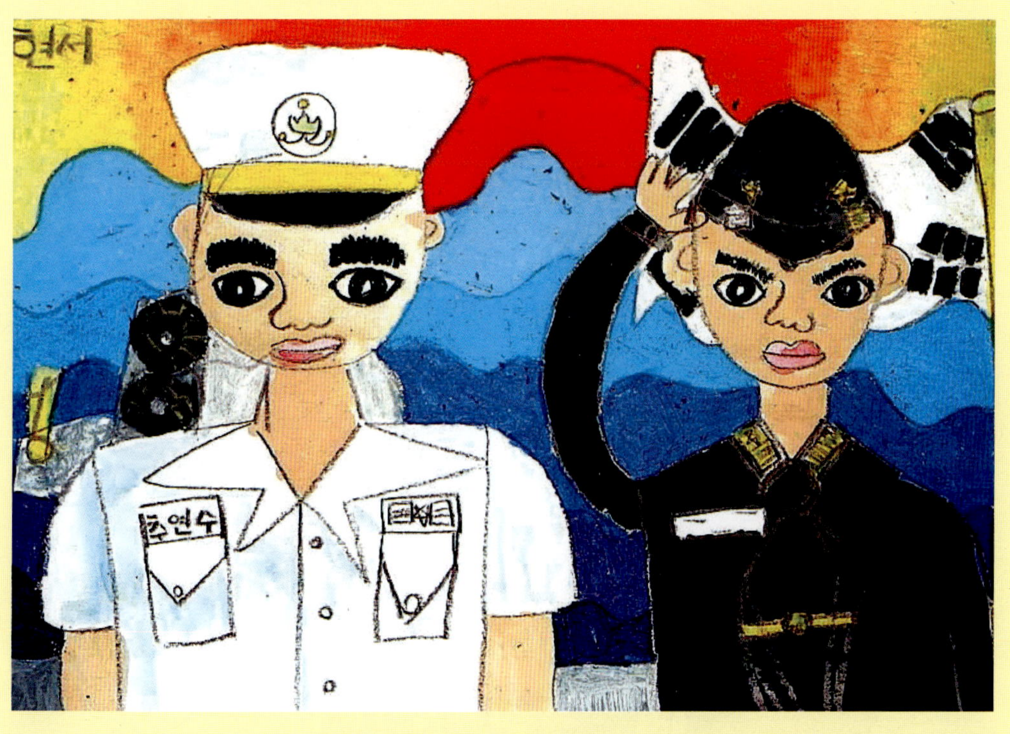

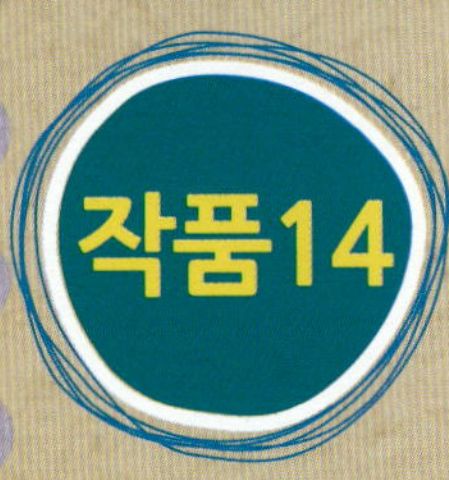

붉은 악마와 신나게 응원을!

다른 나라와의 축구경기가 있을 때마다 나타나는 우리의 붉은 악마. 우리나라 축구 사랑의 대명사이지요. 붉은 악마 복장을 하고 응원하는 모습을 그려 보세요. 얼굴에 태극 마크를 그리고 붉은 두건을 쓰고 북을 치는 붉은 악마들이 있어 우리나라 축구 선수들이 더 힘을 낼 수 있는 거겠죠?

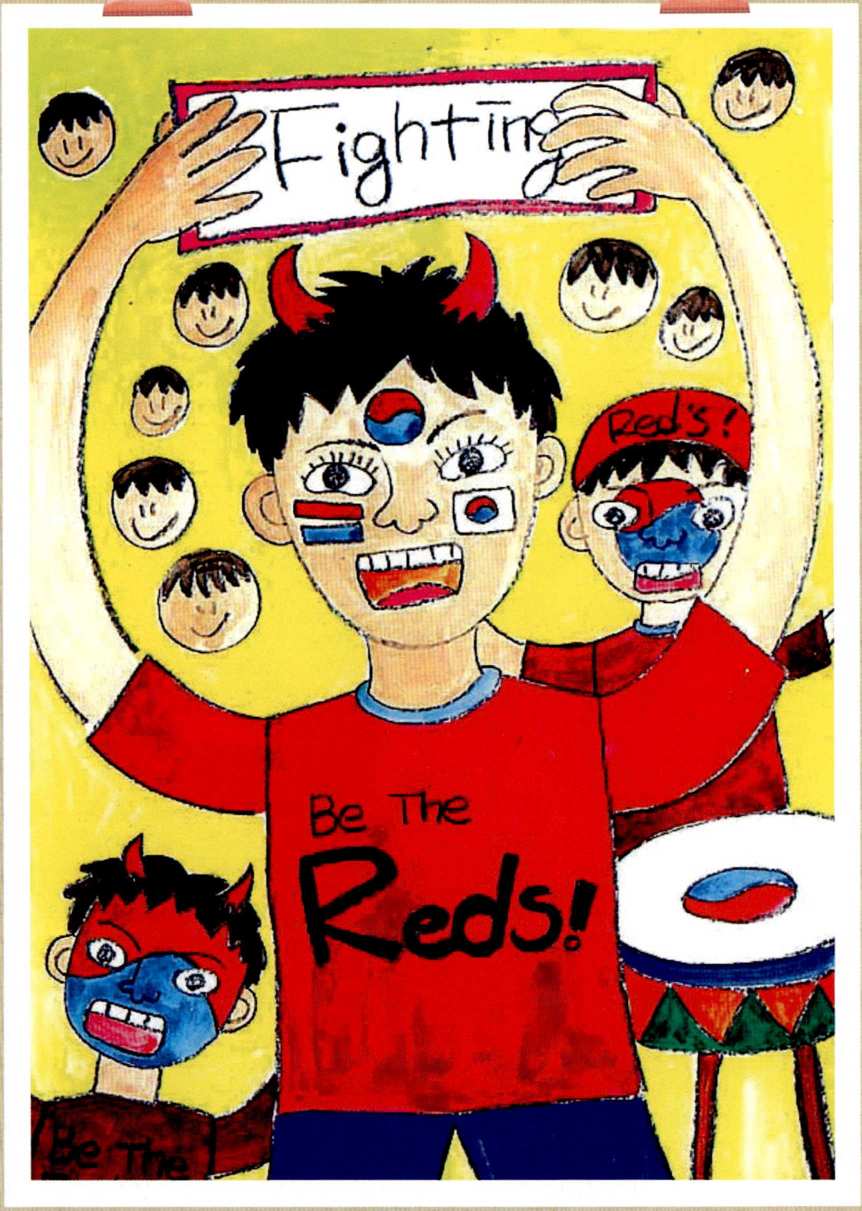

주제가 되는 붉은 악마를 크게 강조하여 그리고, 관중들은 얼굴만 그려 넣는 식으로 표현해 보았습니다. 군중이라고 해서 꼭 많은 사람을 복잡하게 그릴 필요는 없고 상징적으로 그려도 괜찮습니다. 검정 색연필로 그리고 물감으로 채색하였습니다.

응원을 할 때 어떤 응원 도구를 이용해서 응원을 할까요? 저마다 다른 응원 도구를 그려 보세요. 배경은 보색 대비를 이용하여 청록색으로 채색해 보세요. 더욱 강렬한 그림이 된답니다.

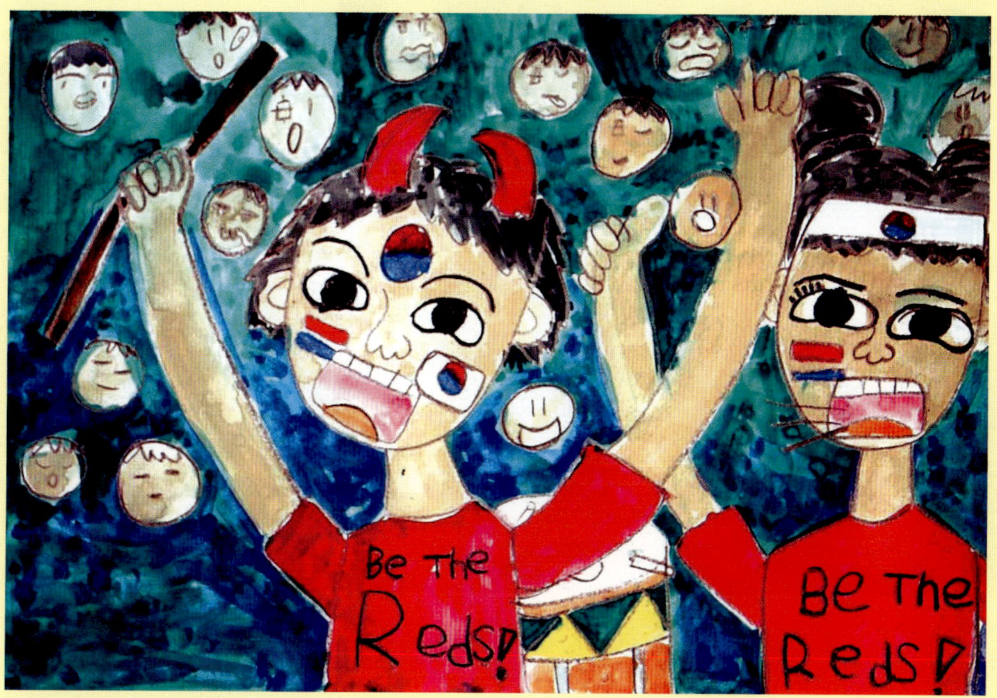

알아두면 좋아요

커다란 목소리로 소리를 지를 때는 입 모양이 어떻게 변할까요? 친구들과 함께 대한민국을 크게 외치며 입 모양을 관찰해 보세요.

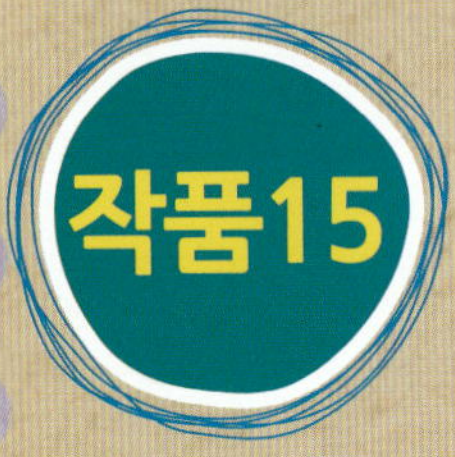

바닷속 탐험

해마다 여름이면 여기저기 시원한 곳으로 피서를 떠나지요. 여름 피서지에서 겪은 일들을 떠올려 보세요. 그리고 갯바위에서 게나 고동을 잡거나 얕은 바다에서 물안경을 끼고 바닷속을 들여다본 경험이 있다면 그림으로 그려 보세요. 해녀의 모습이나 스킨 스쿠버를 하는 모습을 표현해도 좋겠네요.

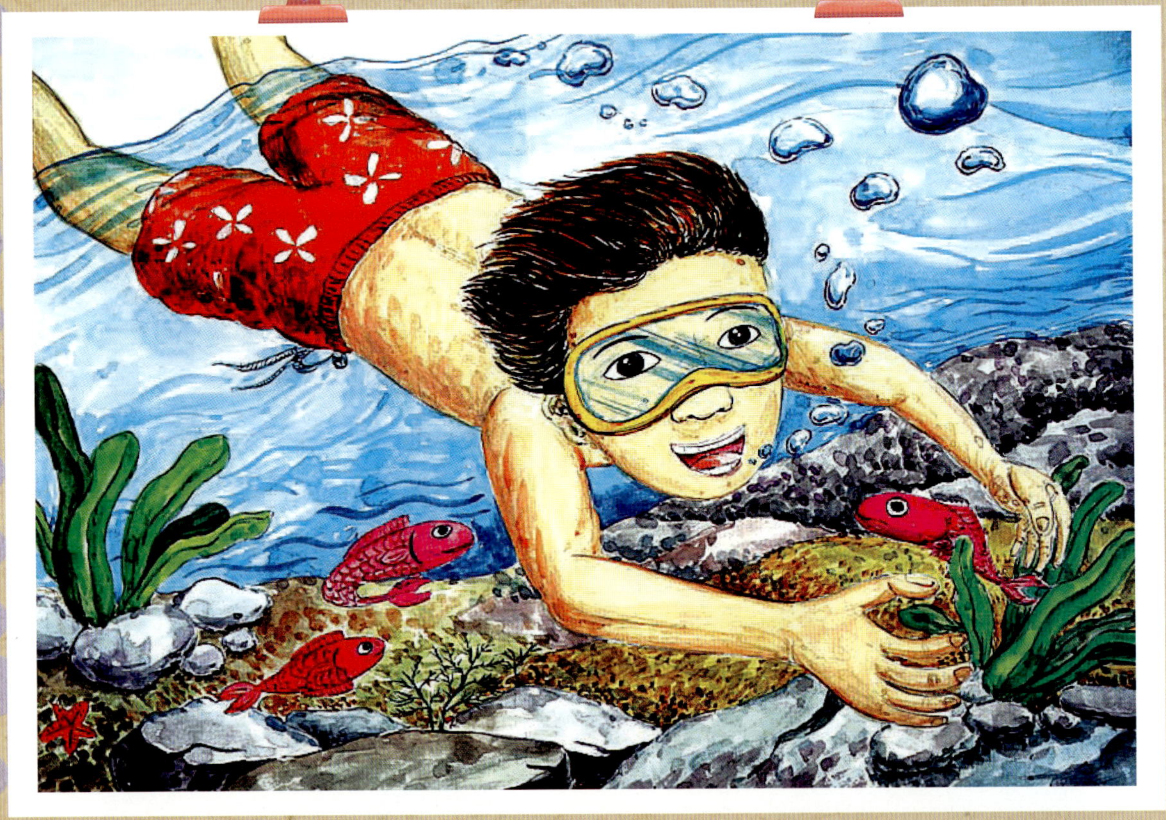

물속에서는 머리카락이 파도치듯이 출렁거리죠? 입에서 나오는 공기 방울도 실감나게 표현해 보세요. 연필로 그리고 물감으로 채색하였습니다.

수족관에 있는 아쿠아리스트, 제주도의 해녀도 그려 보세요. 현란한 색의 물고기도 표현해 보세요.

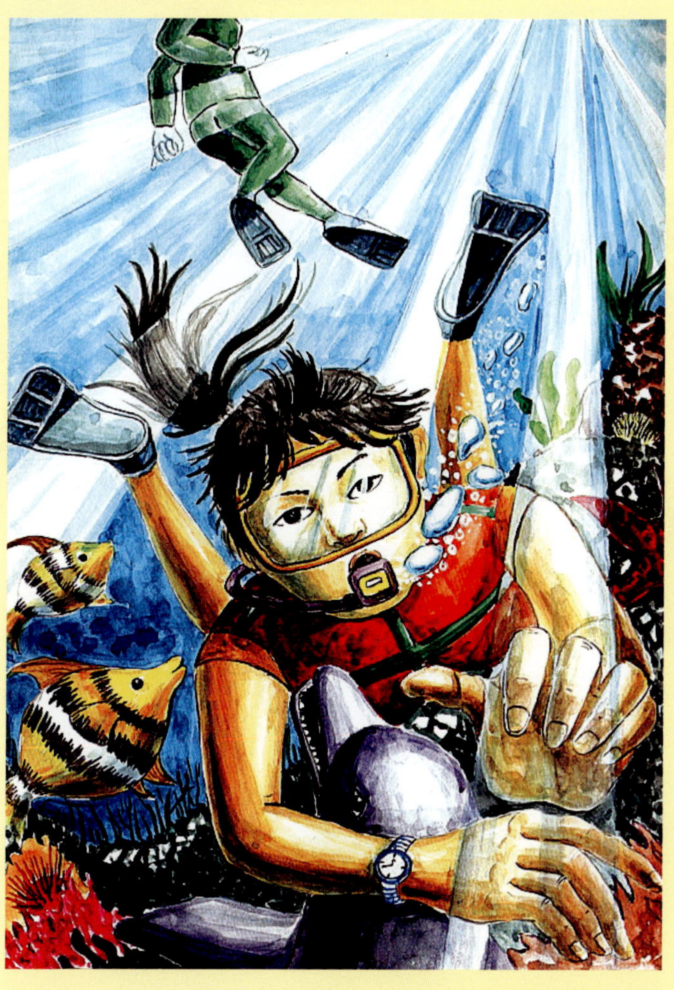

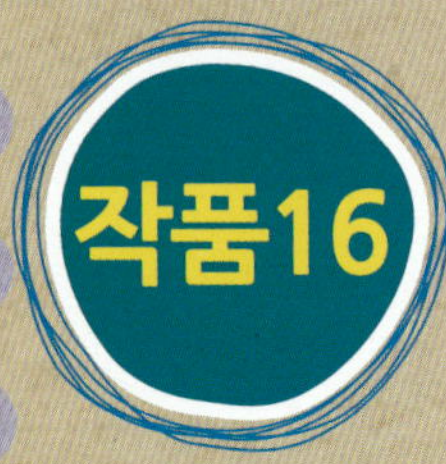

자전거를 타고

날씨가 좋으면 공원이나 자전거 전용도로에서 많이 즐기는 자전거 타기에 대한 경험
을 그림으로 표현해 보세요. 자전거길 주변에는 무엇이 있었는지, 날씨는 어땠는지 떠
올리며 그려 보세요. 자전거의 앞모습뿐 아니라, 옆모습이나 뒷모습으로 표현해 보아
도 재미있어요.

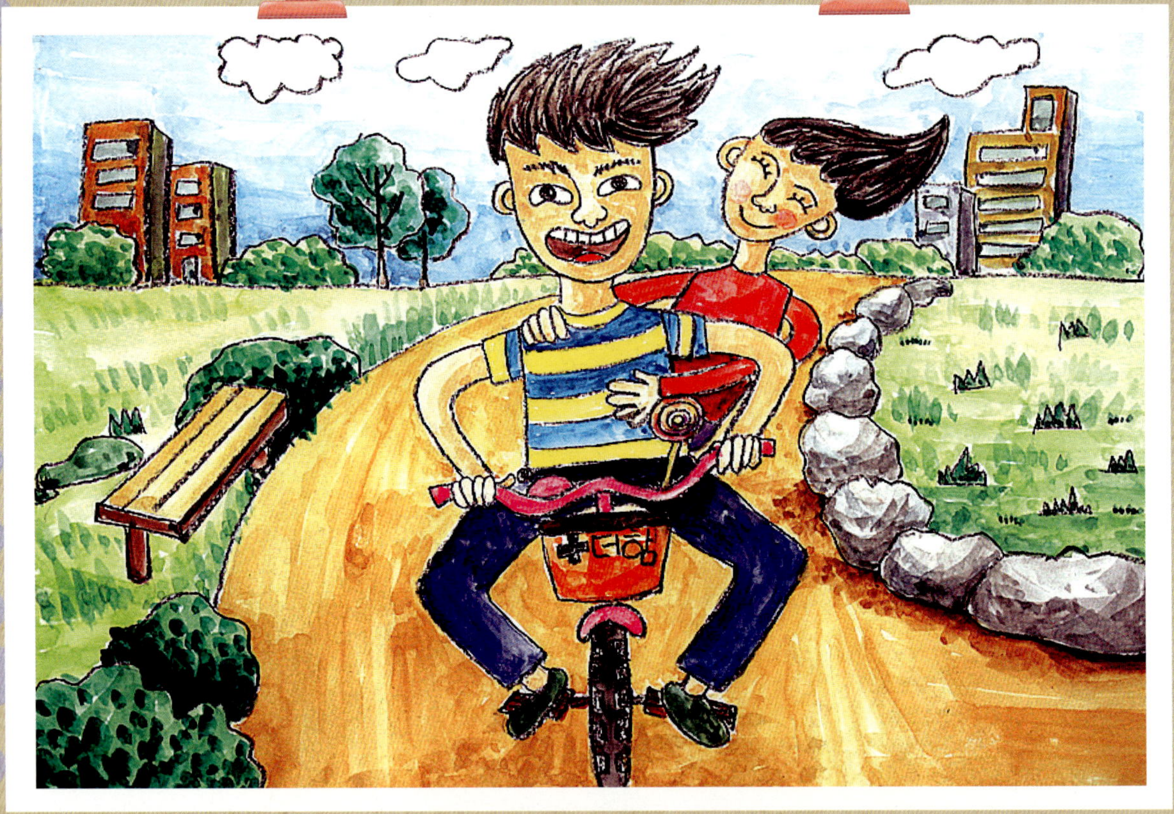

자전거 타는 모습을 앞모습으로 그려 보았습니다. 옆모습보다 앞모습이 조금 더 그리기 쉽습니다. 그리는 데 어려움이 있다면 앞모습을 그려 보세요. 색연필로 스케치하고 물감으로 채색하였습니다.

자전거를 타고 어디를 가고 싶나요? 하늘을 나는 상상을 해 보세요. 달에 사는 토끼도 만나고 알록달록 별님들도 만나 보세요.

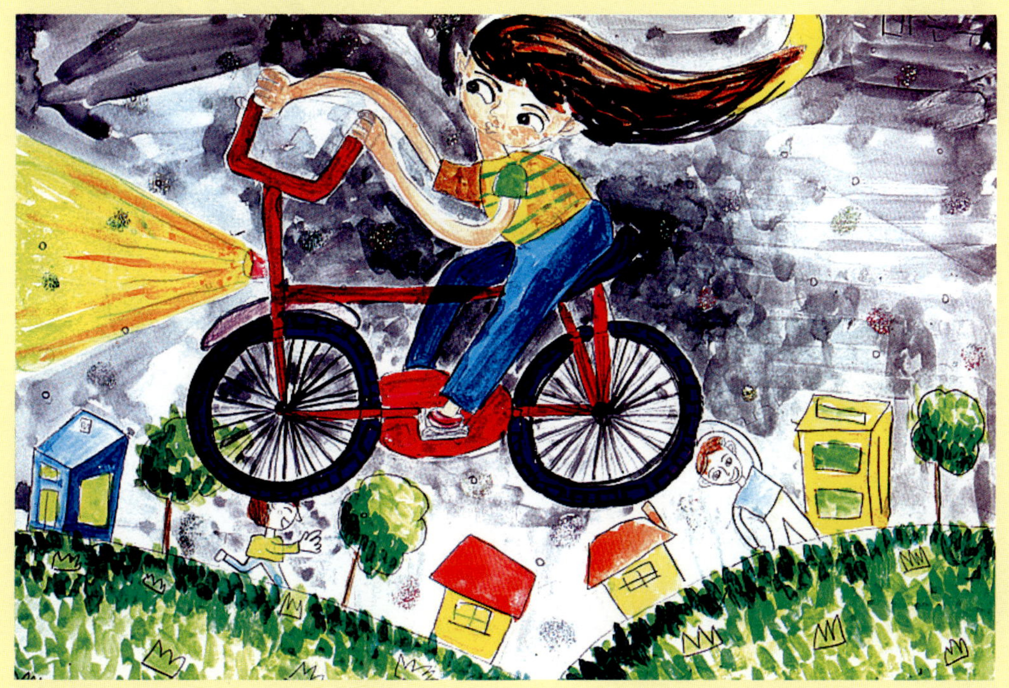

자전거는 그릴 게 참 많답니다. 실제 자전거를 놓고 관찰하며 그린다면 더 많은 공부가 되겠죠? 이렇게 하면 관찰력과 집중력도 기를 수 있답니다.

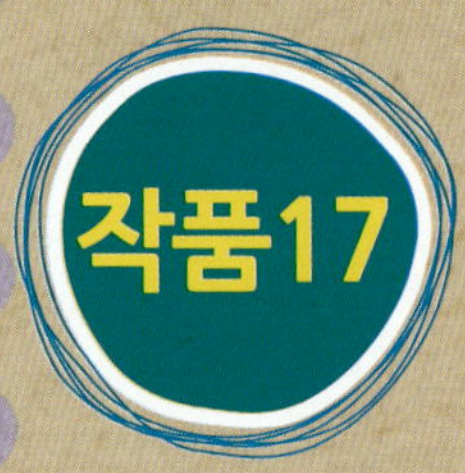

축구 경기

축구를 좋아하는 어린이들이 정말 많죠? 특히 남자 어린이들 중 축구를 좋아하지 않는 친구는 거의 없을 정도로 어린이들에게 인기 있는 스포츠가 바로 축구일 거예요. 축구장에서 직접 경기를 관람하거나 TV를 통해 국제경기를 시청한 경험이 있을 거예요. 그런 경험을 떠올려 축구의 역동적인 모습을 표현해 보세요.

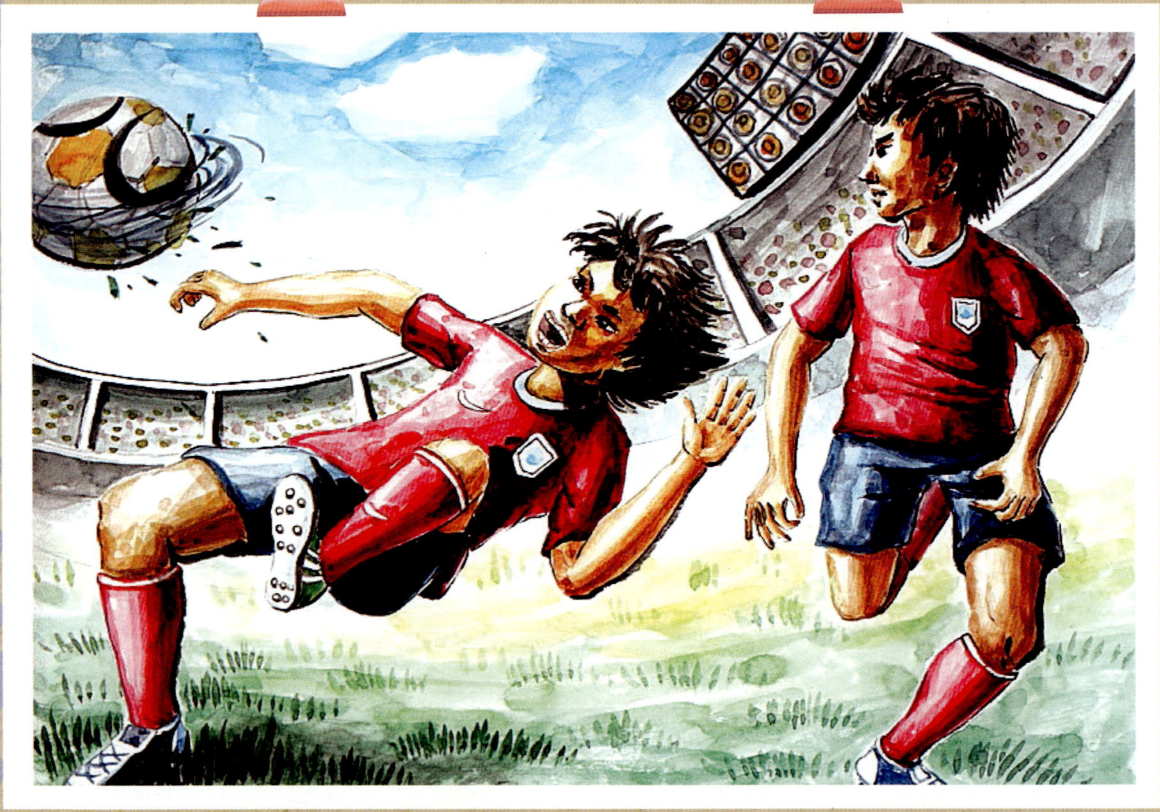

축구 선수들끼리 패스를 하고 있는 장면을 표현하였습니다. 배경은 볼록렌즈로 본 것처럼 원으로 굴려 볼까요? 더욱 박진감 넘치는 그림으로 표현할 수 있습니다. 연필로 스케치하고 물감으로 채색하였습니다.

골키퍼가 주제가 되는 그림으로도 재미난 표현을 할 수 있습니다. 브라질 선수의 강슛을 막아낸 한국 골키퍼, 일본의 골대를 향하여 강슛을 날리는 우리 선수의 발을 강조해 보세요. 상대편 선수들의 표정도 재미있게 표현해 보세요.

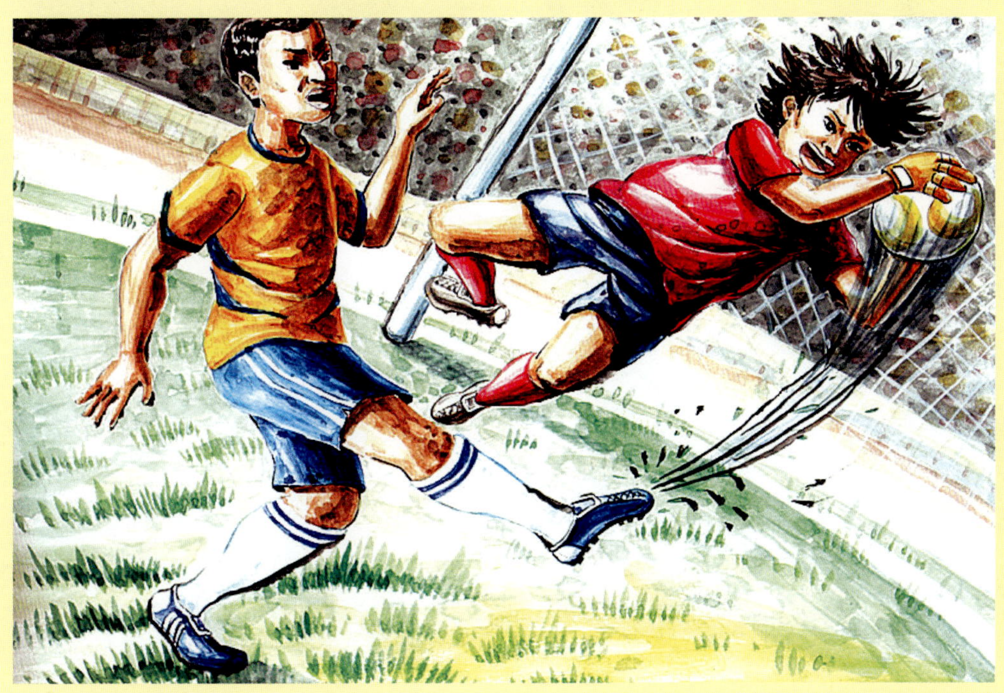

흰 도화지 위를 3차원 공간으로 그려내는 일은 어린이들에게 꽤 어려운 작업입니다. 풍경을 근경, 중경, 원경으로 나누어 시점에서 가장 가까운 근경은 가장 진하게, 중경은 조금 흐리게, 원경은 아주 흐리게 3단계로 채색해 보세요.

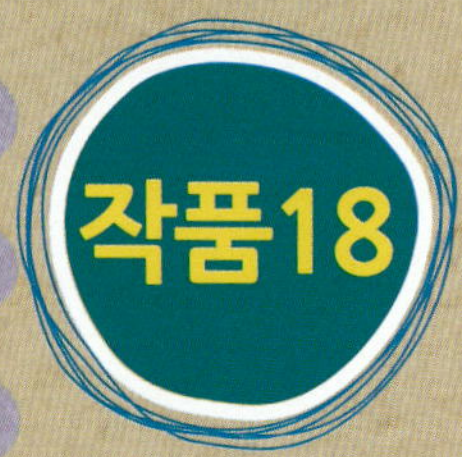

신나는 여름방학 그리기

학교에 다닐 때 가장 즐겁고 신나는 일 중 하나가 바로 방학을 맞이하는 일이 아닐까요? 여름 방학엔 들로, 산으로 피서를 떠나거나 할아버지, 할머니께서 계시는 시골로 가서 도시에서 하지 못한 다양한 경험도 할 수 있어요. 그럴 기회가 없는 친구들은 방학 동안 체험할 수 있는 농촌 체험 프로그램에 참여해 보는 것도 좋겠죠. 자신이 체험했던 일 중에 재미있는 장면을 떠올려 그려 보세요.

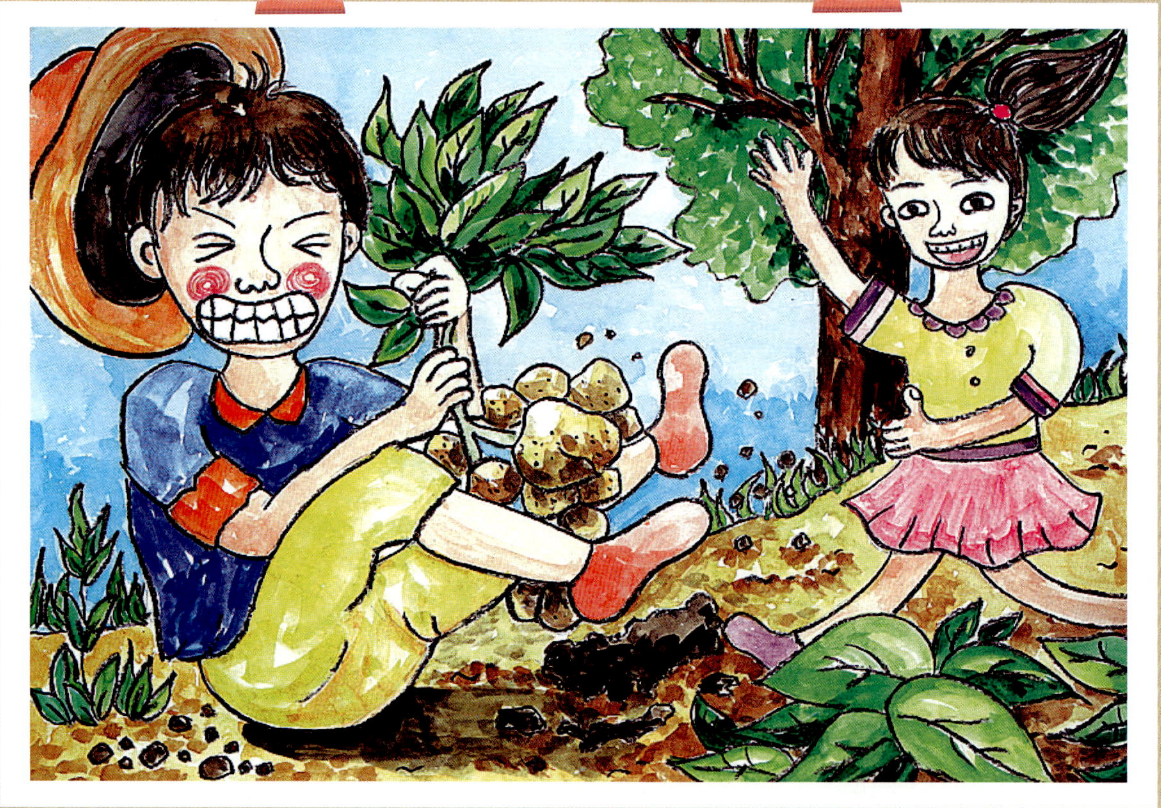

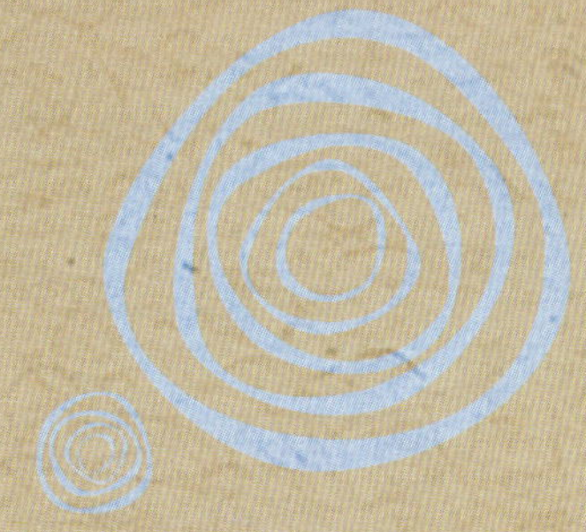

농촌 체험했던 경험을 그려 보았어요. 주제가 되는 사람을 크게 강조하여 그렸고, 물감으로 채색할 때에는 주제가 되는 인물은 강하게, 배경은 흐리게 채색하였습니다. 이를 악물고 감자를 뽑느라 빨개진 얼굴도 재미있죠? 검정색 색연필로 스케치하고 물감으로 채색하였습니다.

방학 동안 새로운 경험한 일을 그려 보세요. 신나는 방학 생활 그리기는 방학 숙제로 자주 나오는 단골 주제이기도 합니다.

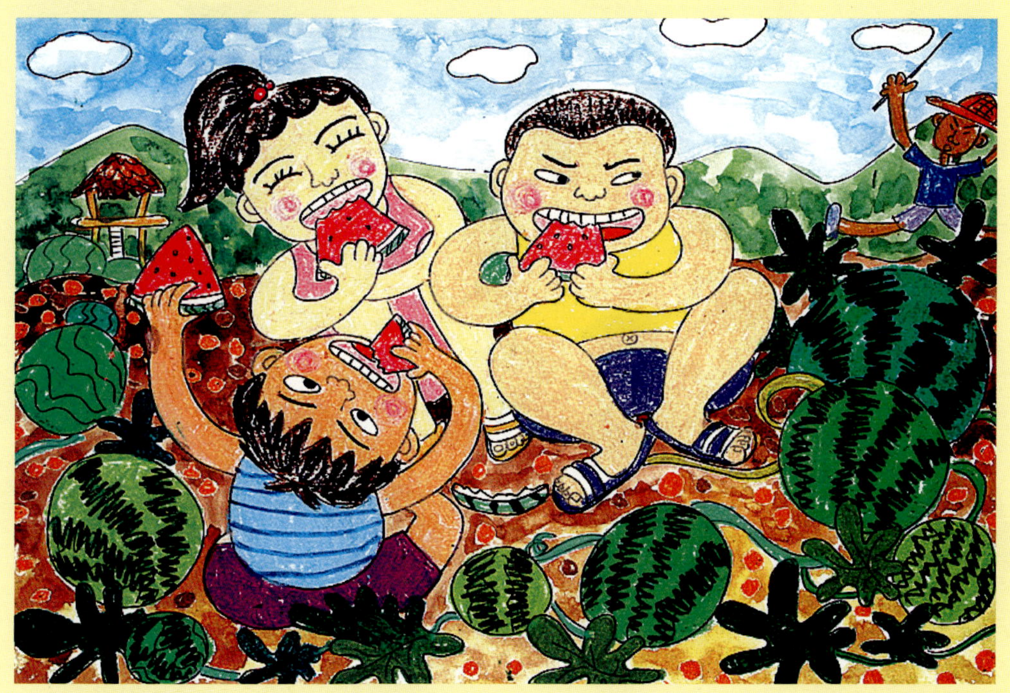

경험했던 일을 그리는 것을 어렵게 느끼는 어린이들도 많습니다. 그럴 때는 주제가 되는 내용이나 사람을 크게 강조하여 그리고 그 밖의 내용들은 작게 그리는 방법을 써 보세요. 그렇게 구도 잡는 연습을 하다 보면 경험화 그리기 실력이 쑥쑥 늘 거예요.

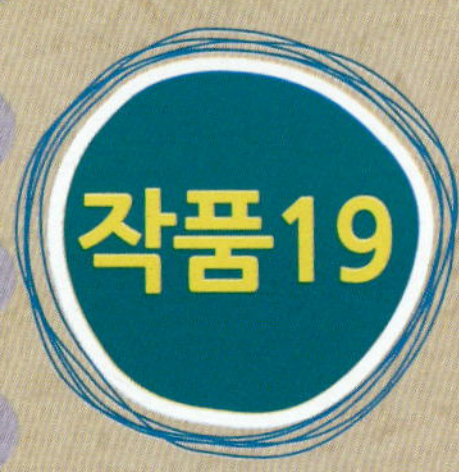

번지점프를 하다

직접 해보지는 못했지만 TV 등에서 많이 보았을 번지점프. 높은 곳에서 떨어질 때의 느낌은 어떨까요? 정말 아찔하겠죠? 내가 만약 번지점프를 한다면 눈을 뜨고 뛸 수 있을까요? 사진이나 그림 자료를 보며 시점이나 구도를 달리해서 표현해 보세요. 표정이나 동작에 유의하면 보다 사실적인 그림이 될 수 있답니다.

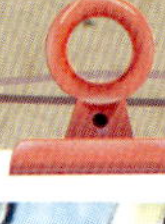
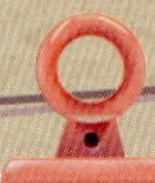

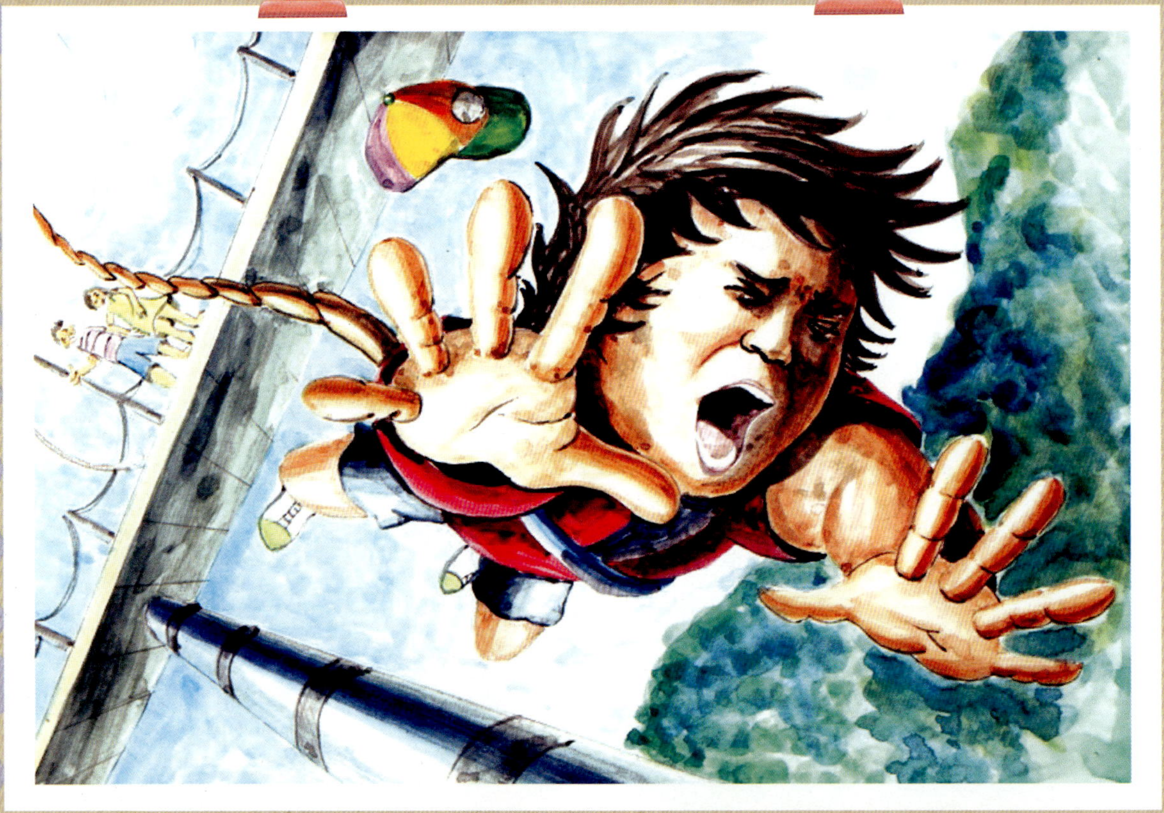

나의 시점이 아래에 있다고 생각하고 떨어지는 사람의 일그러진 얼굴을 재미나게 표현해 보세요. 그리고 위에서 내려다보는 사람도 작게 표현해 보세요. 시점이 아래에 있다면 어떻게 그려야 할까요? 연필로 스케치하고 물감으로 채색하였습니다.

뛰어내릴 때 너무 무서워 주먹을 꽉 쥐고 귀신이라도 본 것처럼 겁에 질린 표정도 그려 보세요. 무서운 표정은 어떻게 표현해야 할까요? 여자들은 긴 머리를 휘날리기도 하겠죠?

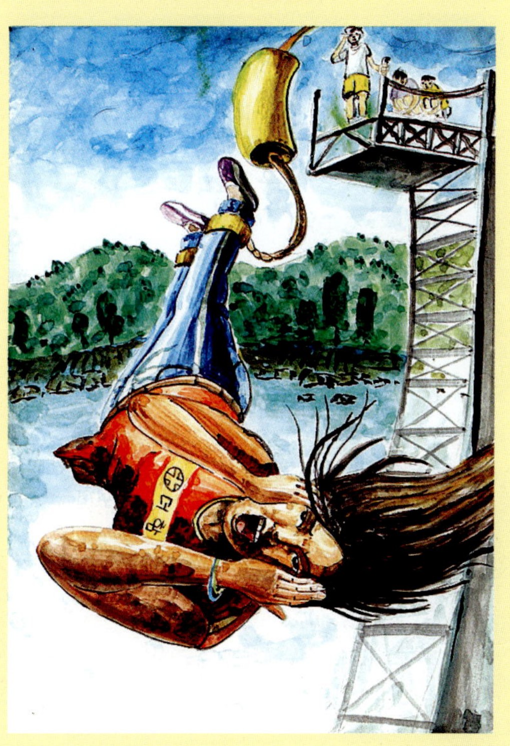

알아두면 좋아요

오늘날 세계 각국에서 즐기는 인기 스포츠인 번지점프는 남태평양에 있는 섬나라 바누아투의 펜테코스 섬 주민들이 매년 봄에 행하는 성인 축제에서 유래하였다고 합니다. 나무 탑 위에 올라간 뒤 칡의 일종인 번지라는 열대 덩굴로 엮어 만든 긴 줄을 다리에 묶고 뛰어내려 담력을 과시하는 의식이었다고 해요.

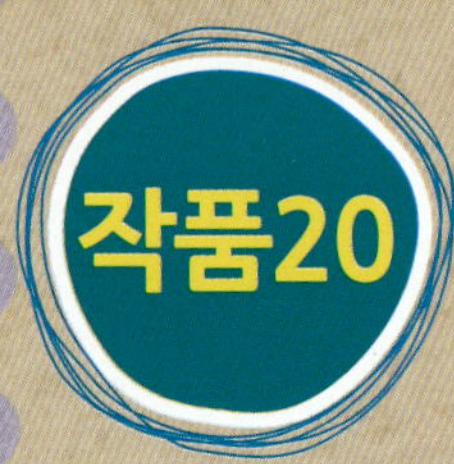

반가워요

우리 친구들은 누구를 만나는 게 가장 반가운가요? 오랜만에 만나 뵙는 할아버지와 할머니, 출장 갔다 돌아오신 아빠, 기다리던 물건을 가지고 오신 택배 아저씨 등 반가운 사람이 무척 많아요. 만나는 사람이 무척 반가웠던 순간을 떠올려 보고 재미있게 표현해 보세요.

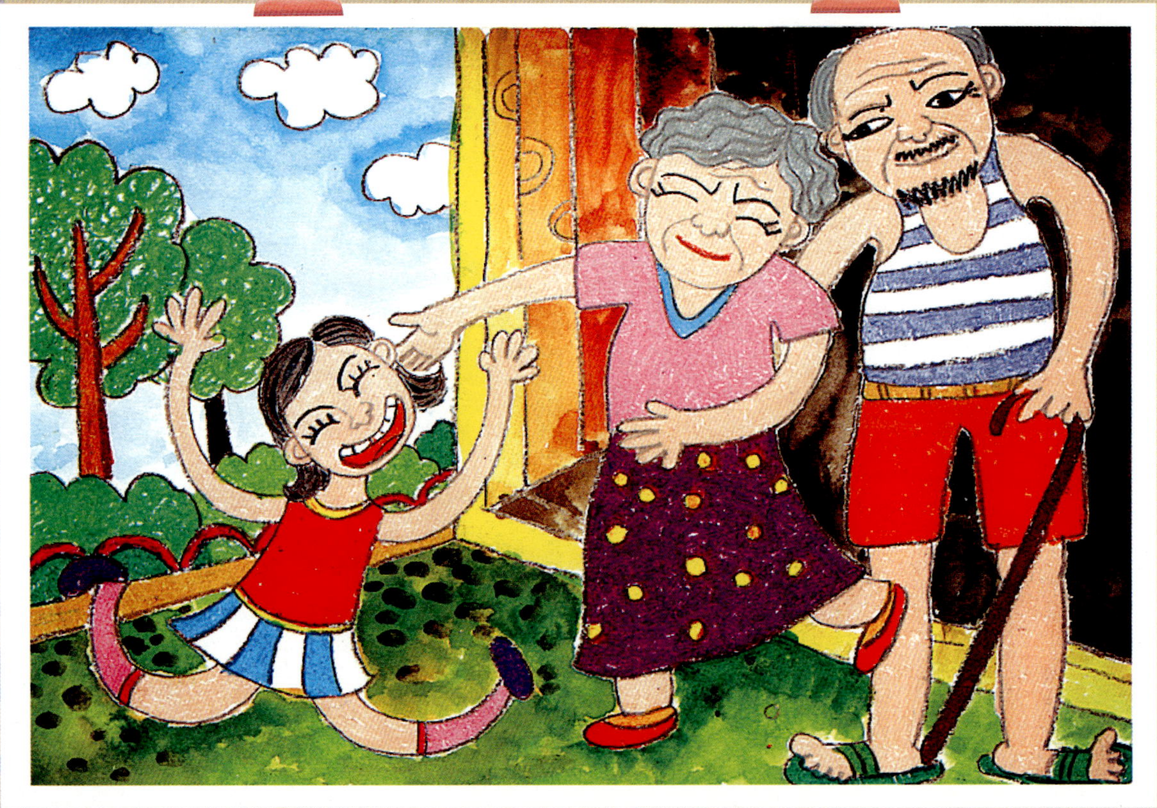

반가워서 눈이 반달 모양이 된 나와 할머니의 표정을 재미있게 표현해 보았어요. 검은색 크레파스로 스케치하고 크레파스와 물감으로 채색하였습니다.

하루 종일 열심히 일하고 늦게 돌아오시는 아빠도 반갑죠? 더구나 내 생일 선물을 사 오시는 날이라면 아무리 늦게 오신다 하더라도 잠도 자지 않고 기다릴 수 있어요.

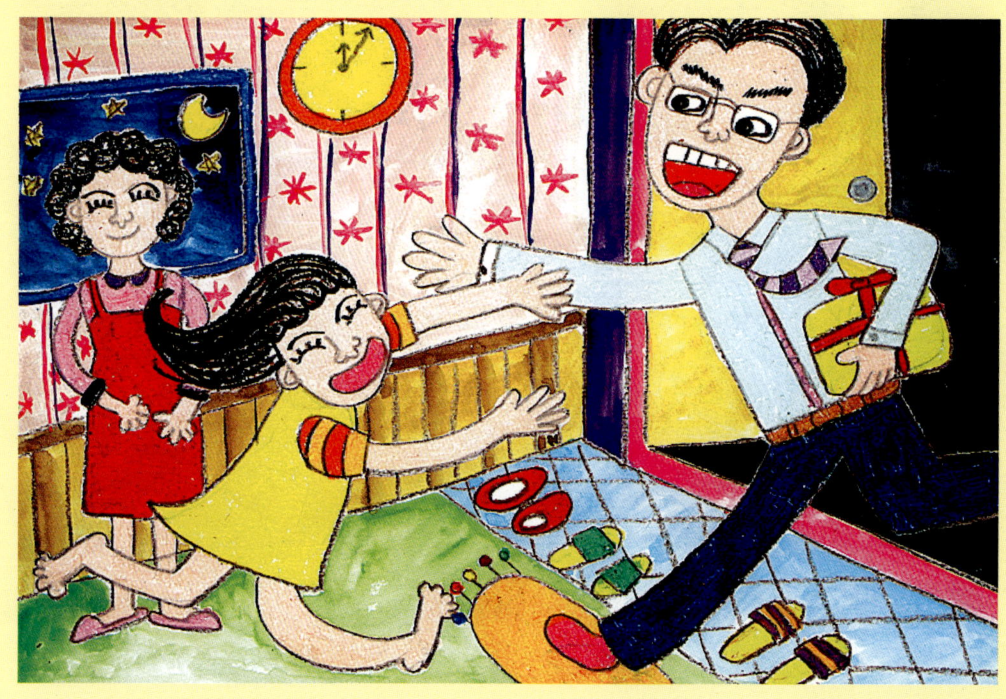

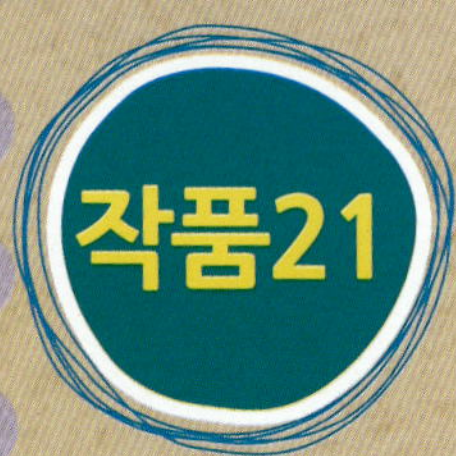

약속해요

'말은 행동보다 쉽고 약속은 실행보다 쉽다'라는 말이 있습니다. 그만큼 약속은 하는 것보다 지키기가 어렵다는 뜻이겠죠? 여러분도 친구들끼리 혹은 부모님과 많은 약속을 했을 거예요. 우리 친구들은 약속을 잘 지키고 있나요? 새끼손가락을 걸고 약속했던 것이 무엇이었는지 기억을 떠올려 보세요.

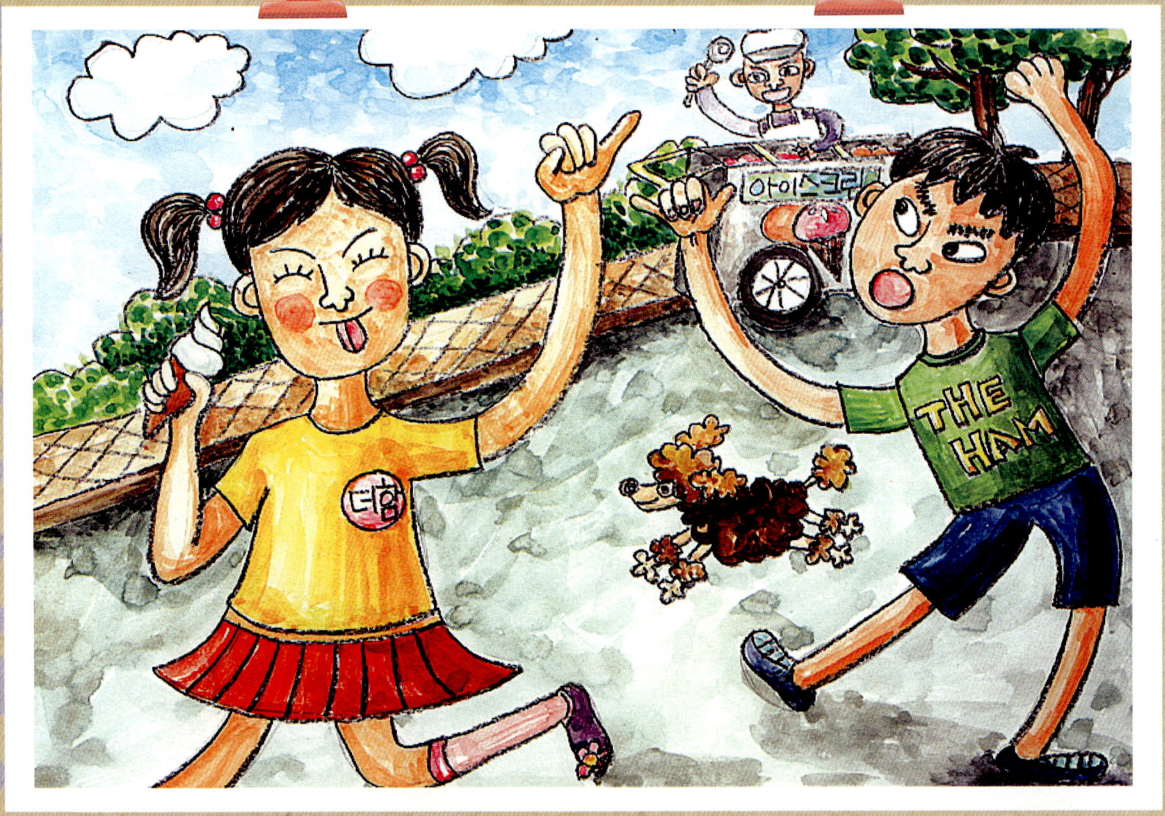

아이스크림을 나누어 먹기로 약속했지만 친구가 약속을 지키지 않아서 화가 났습니다. 아이스크림을 가지고 도망가는 얄미운 친구의 모습을 그림으로 표현해 보세요. 먼 풍경에는 아이스크림을 파는 아저씨가 있어요. 색연필로 그리고 물감으로 채색하였습니다.

친구와의 약속, 부모님과의 약속, 선생님과의 약속, 그리고 나와의 약속. 약속의 종류는 다양하지만 어떤 사람과 약속을 하든지 지키는 것이 중요하답니다. 친구와의 약속 말고 다른 사람과의 약속을 그려 보세요.

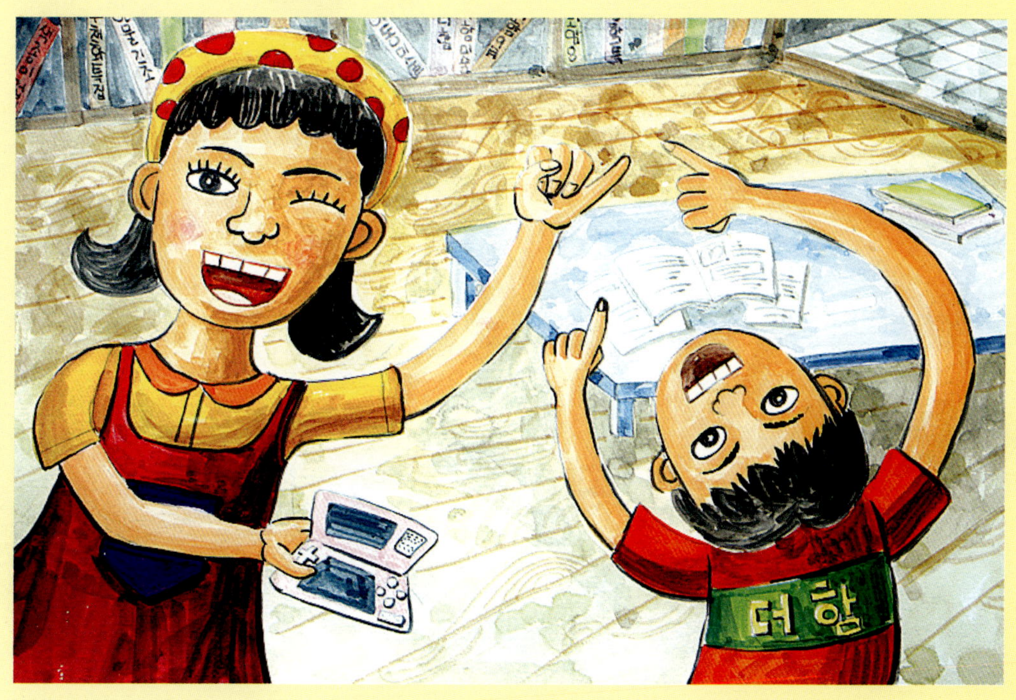

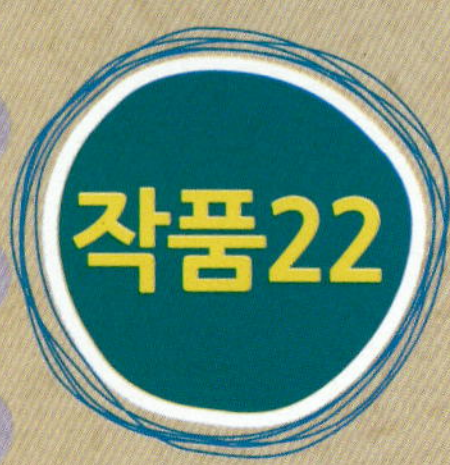

힘세고 믿음직한 황소 그리기

소싸움은 청도가 유명하지요? 우리에게 친숙한 황소를 주제로 표현해 봅시다. 소싸움을 직접 본 친구는 드물 테니 동영상이나 사진 자료를 준비하면 좋겠네요. 들판에서 한가로이 풀을 뜯어 먹는 소의 모습을 표현해도 좋겠습니다.

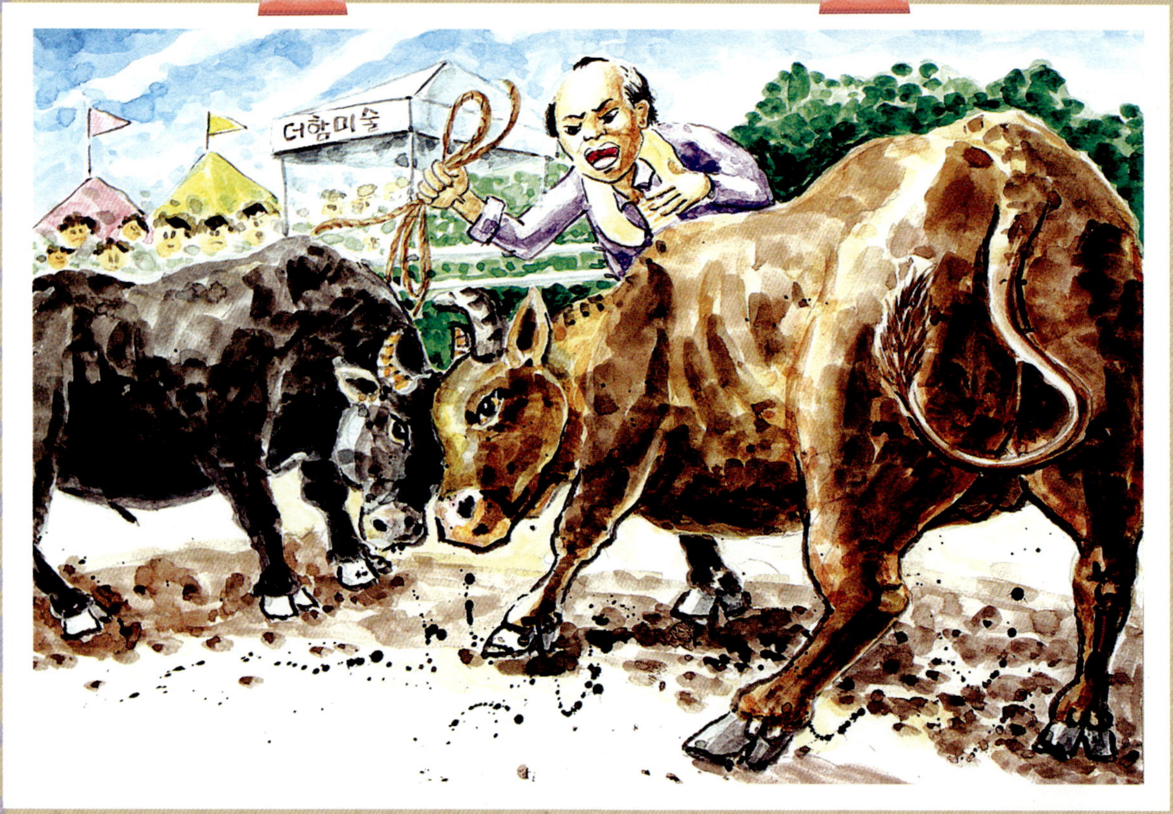

커다란 눈망울을 가진 황소의 사진을 보고 자세하게 묘사해 보세요. 소싸움에 나오는 소는 주로 황소지만 채색할 때에는 각각 다른 색으로 채색을 해야 그림이 재미있답니다. 바닥은 흙이 날리는 것처럼 물감을 뿌려 더 섬세한 그림이 되었습니다.

소싸움에서 소에게 소리를 지르는 주인아저씨를 재미나게 묘사해 보세요. 소에게 지시를 하는 아저씨의 표정에도 긴장감이 넘칩니다.

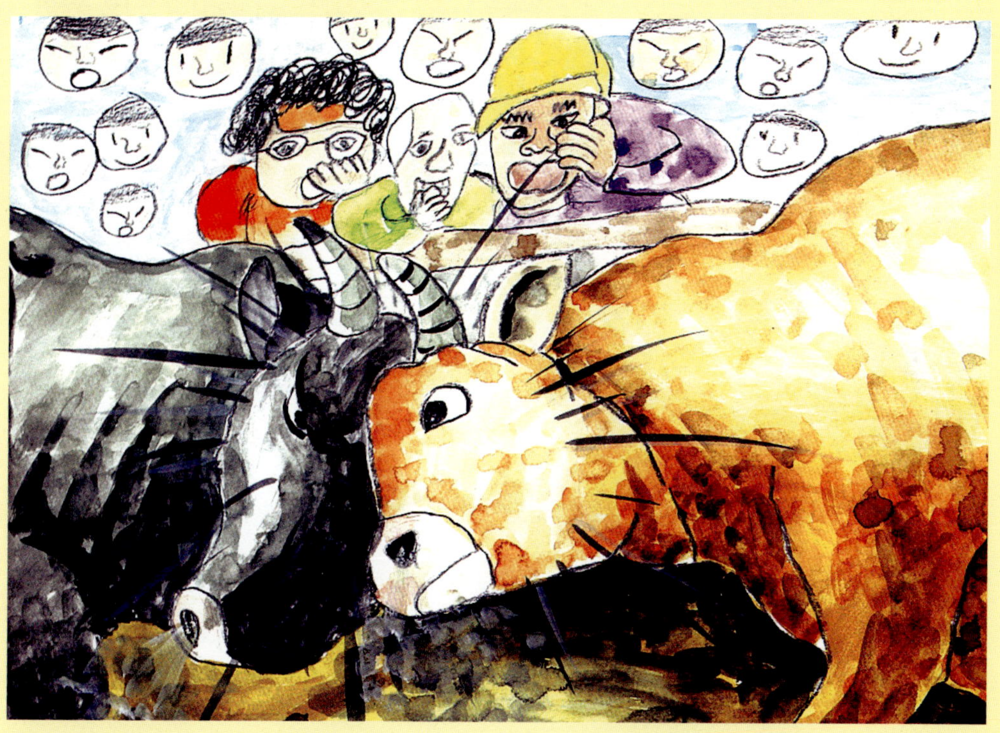

예전에는 마을마다 싸움소를 따로 길렀고 이 싸움에서 이기는 것을 마을 전체의 영예로 알았답니다. 두 소가 머리를 마주하고 싸우다가 무릎을 꿇거나 넘어지거나, 뒤로 밀리면 지는 것이었지요. 이긴 소에게는 우승기를 걸어주고 칭찬을 아끼지 않는다고 합니다.

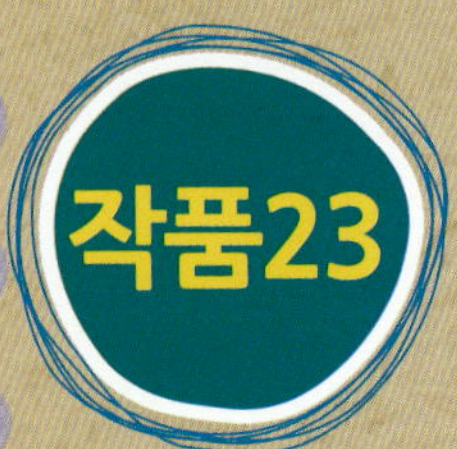

탈춤을 추자

궁중 광대들의 공연에서 시작해 민중 문화로 확장된 탈춤은 노래, 춤, 연극적 요소와 해학과 풍자 미학이 어우러진 종합예술입니다. 하지만 실제로 탈춤을 본 적이 있는 친구들은 드물 거예요. 우리 전통문화를 볼 수 있는 기회가 점점 없어지고 있어 안타깝습니다. 탈춤이나 마당극, 사물놀이 등을 표현해 봅시다.

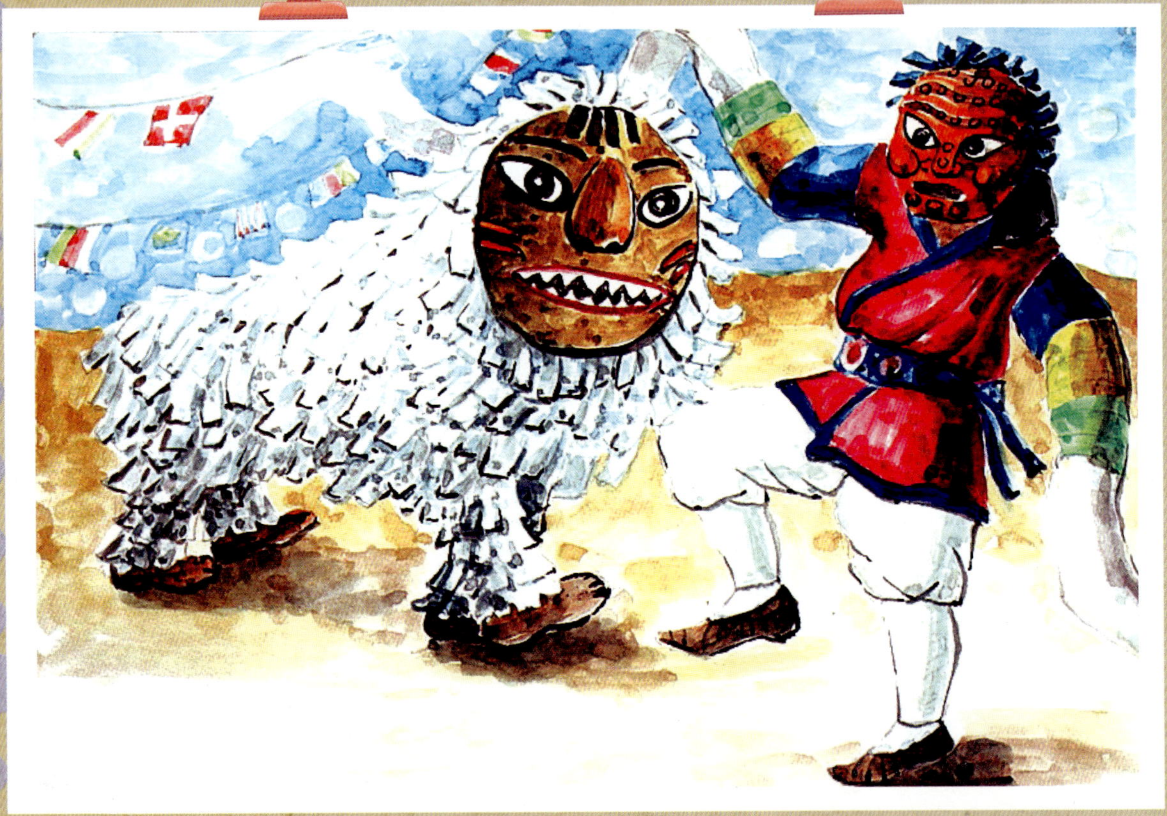

여러 가지 한국의 탈 중에 제일 마음에 드는 탈을 골라 그림으로 표현해 보세요. 사자놀이는 두 사람이 들어가서 추는 탈춤이랍니다. 사자의 우스꽝스러운 얼굴을 재미나게 표현해 보세요. 연필로 그리고 물감으로 채색하였습니다.

탈춤은 지역별로 조금씩 다릅니다. 봉산탈춤, 하회탈춤, 별산대놀이 등 탈의 모양이 어떻게 다른지 알아보고 그림으로 표현해 볼까요?

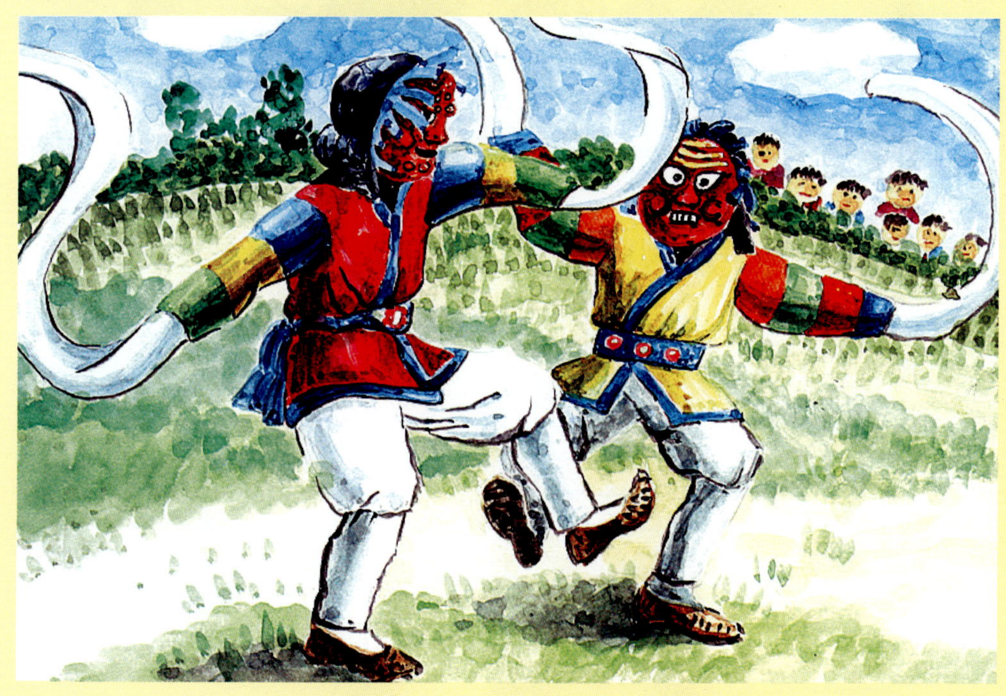

알아두면 좋아요

우리나라에서는 전통적으로 음양오행의 원리와 유교사상을 바탕으로 오방색(다섯 가지 색)을 기본색으로 여겼습니다. 우리나라의 오방색에 대해 자세히 알아보세요. 오방색을 넣어 채색하면 그림에 전통적인 느낌을 더할 수 있습니다.

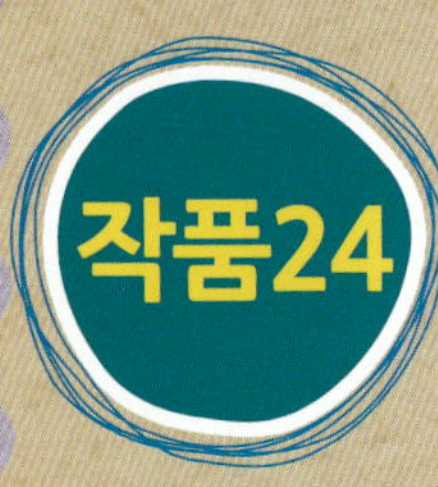

아시안게임/올림픽 그리기

4년마다 열리는 세계인의 축제가 있죠? 바로 올림픽, 아시안게임 등입니다. 대회 기간 동안 선수들도 피곤하겠지만 우리 친구들도 응원하느라 잠도 못 자고 피곤합니다.

특히 좋은 성적을 거둔 선수들은 연예인에 버금갈 정도로 어린이들에게 인기가 많죠?

우리 친구들이 응원하는 선수들을 그림으로 표현해 볼까요?

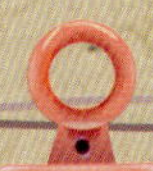
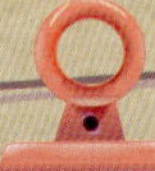

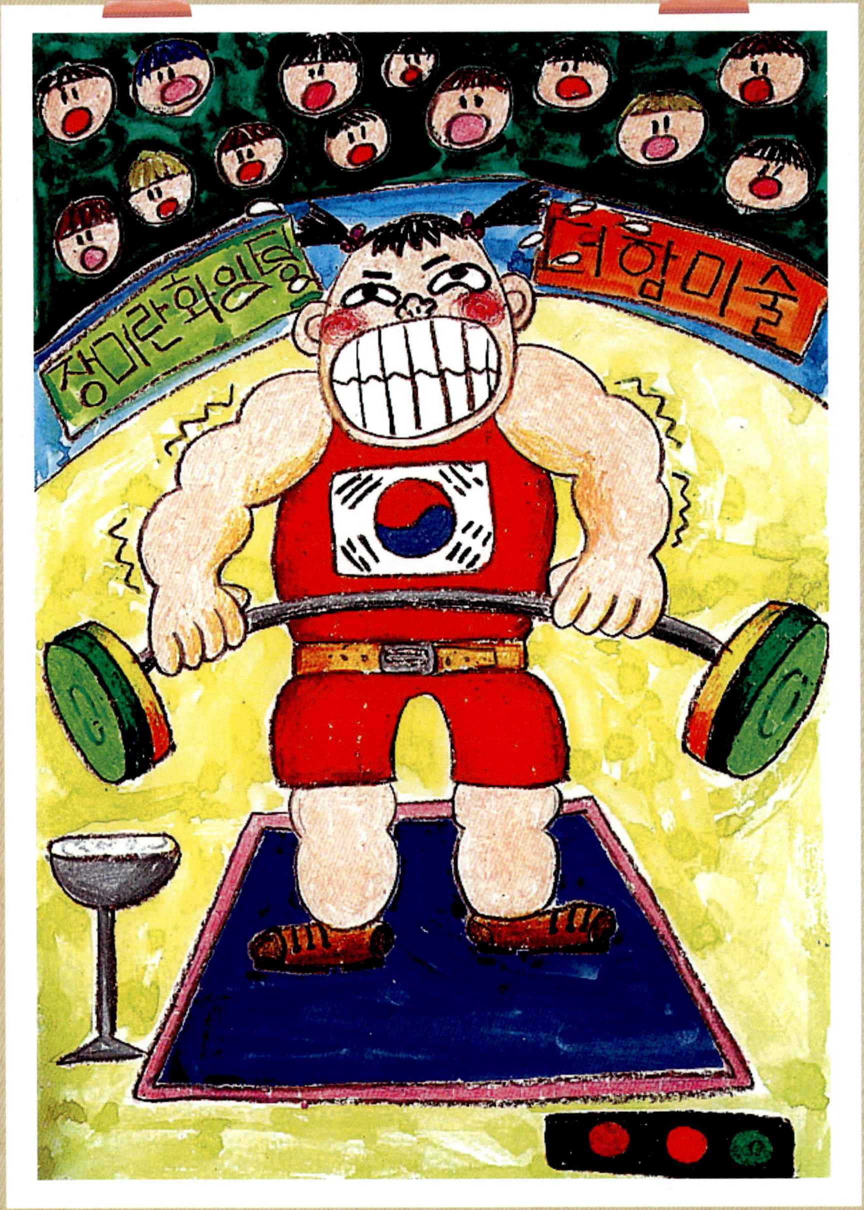

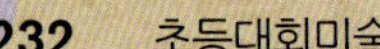

역도 선수가 힘껏 바벨을 들 때의 표정을 실감나게 표현해 보세요. 온힘을 다해 얼굴도 빨개지고 다리를 후들후들 떠는 모습을 본 적이 있죠? 세계에서 가장 힘센 여자 장미란 선수를 그려 보세요. 고동색 크레용으로 스케치하고 크레파스 물감으로 채색하였습니다.

우리나라는 태권도 종주국이랍니다. 씩씩한 태권도 선수들을 그림으로 표현해 볼까요? 그밖에 우리나라 선수들이 잘 하는 운동경기를 생각해 보고 재미나게 표현해 보세요.

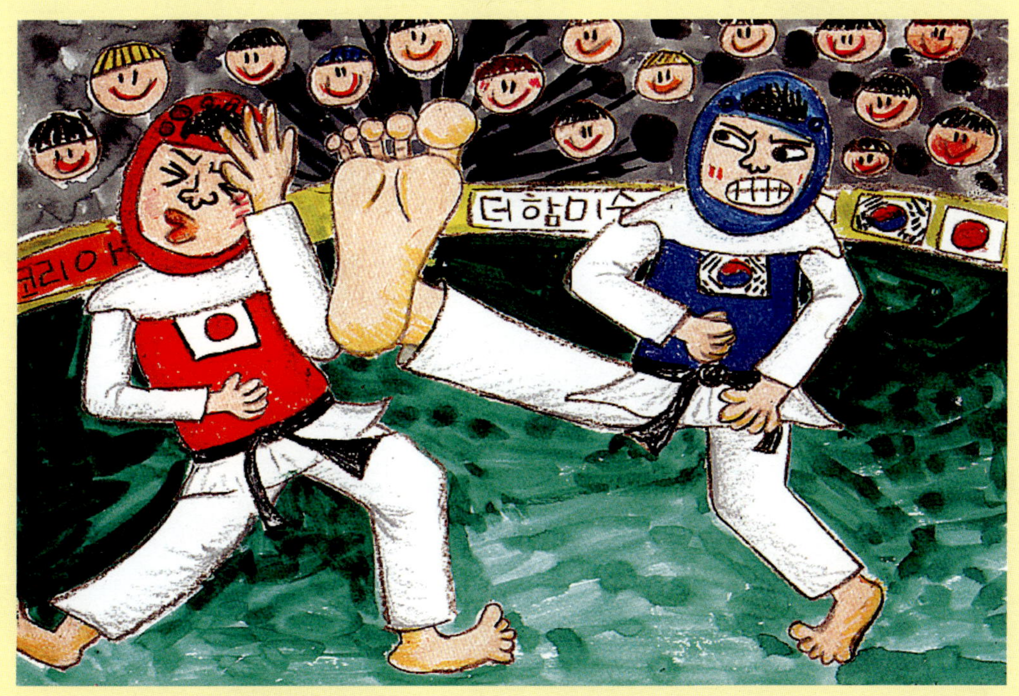

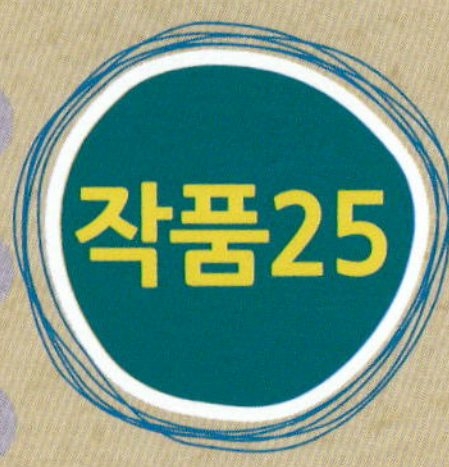

김장

온 가족이 모여서 하는 연중행사로 어떤 것이 떠오르나요? 각종 명절, 가족의 생일이 생각나나요? 그런데 김장도 일 년에 한 번씩 온가족이 모여 치러야 하는 연중행사라고 할 수 있습니다. 요즘은 김치를 사 먹는 가정도 많아서 모든 집이 김장을 하지는 않지만 가족들이 모두 모여 김장을 담그는 날이 있다면 우리 친구들도 꼭 참여해서 부모님을 도와 드리세요.

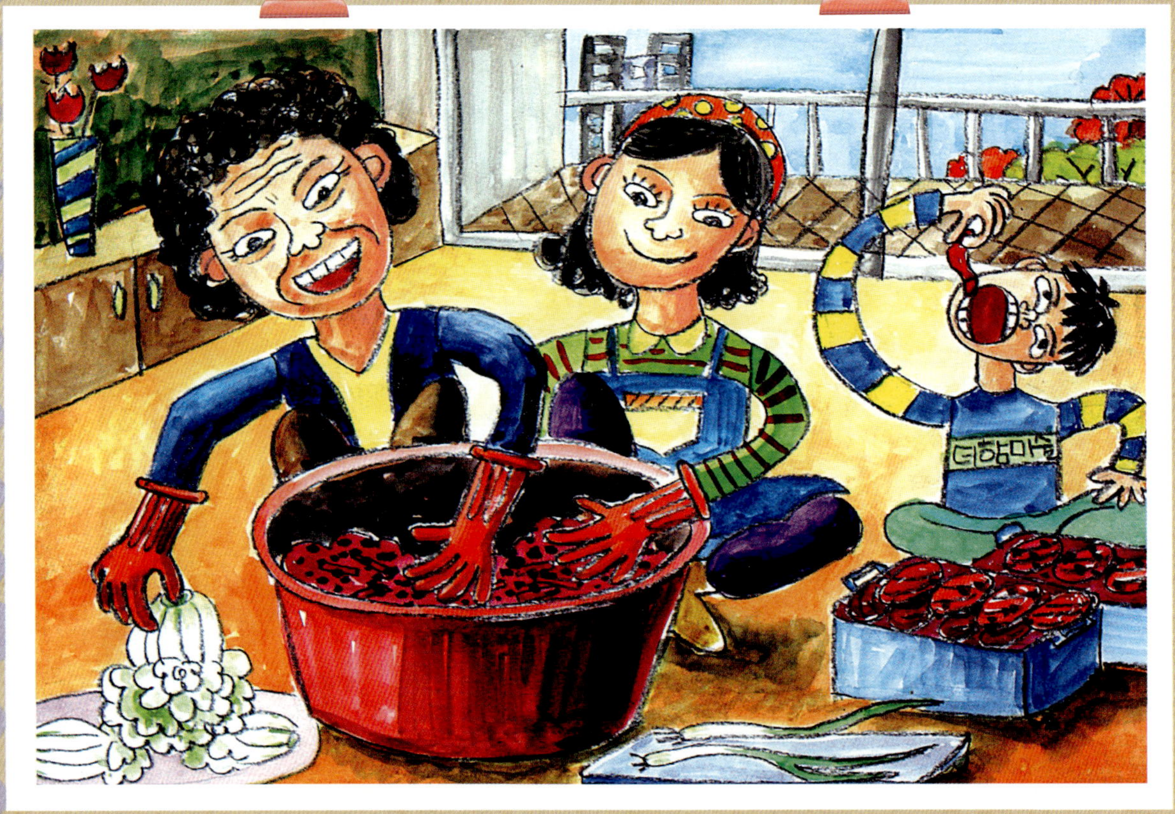

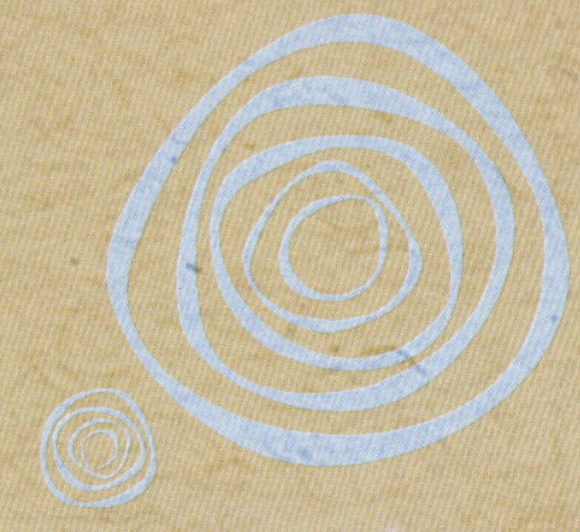

할머니 댁에 모여 김장을 담그는 집도 많습니다. 할머니의 손맛이 들어가야 일 년 동안 먹을 김치가 맛있어지기 때문이지요. 우리 할머니의 얼굴을 잘 생각해보고 김장 하는 날의 작은 재미를 그림 속에 그려 보세요. 검정 색연필로 그리고 물감으로 채색하였습니다.

옛날에는 김장 김치를 어떻게 보관했을까요? 요즘에는 김치 냉장고를 사용하지만 옛날 시골에서는 김치 항아리를 땅속에 묻어 보관했답니다. 땅속에 묻어두면 더욱 맛나게 숙성이 된다고 해요. 시골에서의 김장 담그는 풍경도 그림으로 표현해 볼까요?

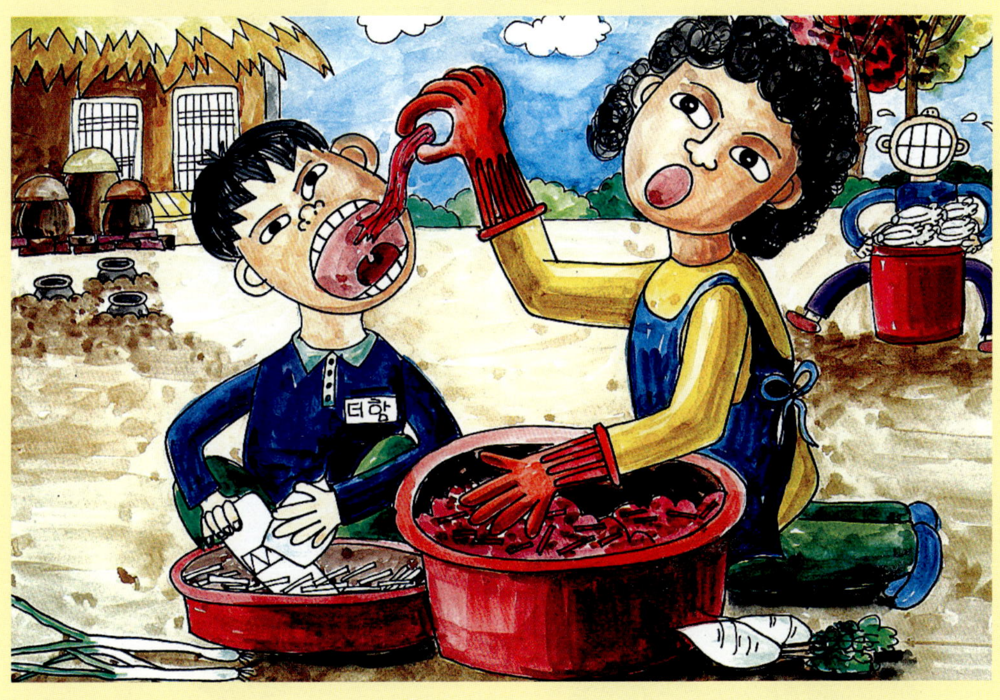

알아두면 좋아요

옛날에는 겨울철에 신선한 채소를 구하기 어려웠으므로 초겨울에 김치를 많이 담가서 저장하는 풍습이 발달하게 되었습니다. 이것이 바로 '김장'입니다. 김치는 밥과 함께 아침·저녁으로 먹는 우리나라의 대표적인 음식으로 저장성이 뛰어나며 비타민이 많이 보유되어 있고, 장을 튼튼하게 해주는 효과가 있는 채소 염장식품의 하나입니다.

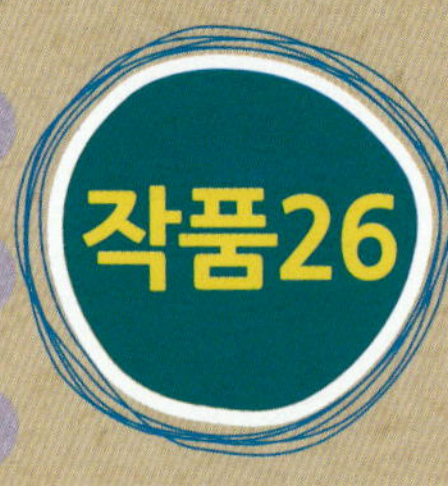

화가가 되어

우리 친구들의 꿈은 무엇인가요? 화가가 되고 싶은 친구들도 있을 거예요. 오늘은 화가가 되어 멋진 작품을 그리는 나의 모습을 시점을 달리하여 표현해 보도록 하겠습니다. 야외에서 풍경화를 그리거나 실내에서 정물화를 그리는 모습 등을 다양하게 표현해 봅시다.

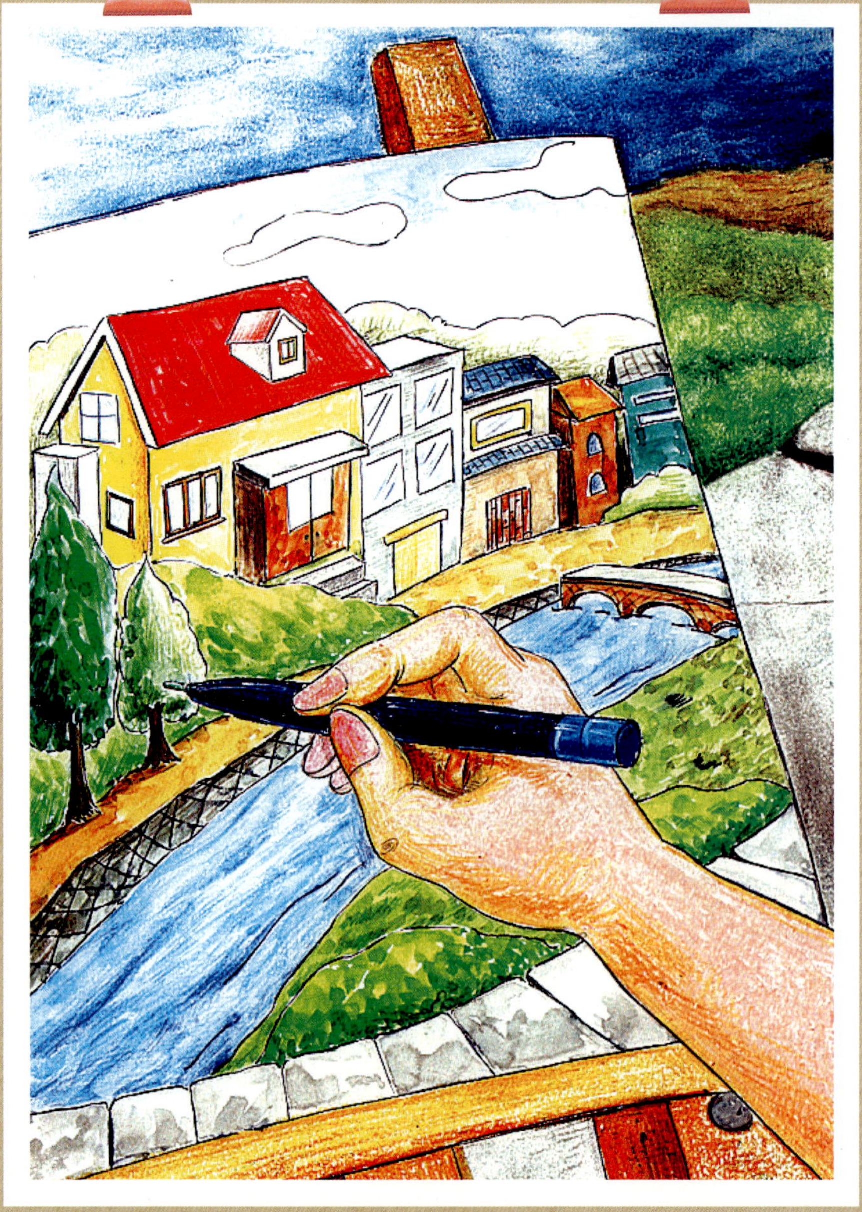

연필을 잡고 있는 손을 사진이나 그림 자료를 보고 자세하게 묘사해 보세요. 우리 친구들이 화가가 된다면 어떤 그림을 그리고 싶을까요? 평소에 그리고 싶었던 멋진 풍경이나 명화를 그려도 좋겠죠? 네임펜으로 그리고 색연필과 물감으로 채색하였습니다.

다르게 그려봐요

정물을 놓고 연필소묘 하는 모습도 표현해 보세요. 한 장의 그림에 두 가지 기법으로 그림을 그리니 더욱 멋져 보입니다. 여러 가지 그리기 도구를 이용하여 그려 보세요.

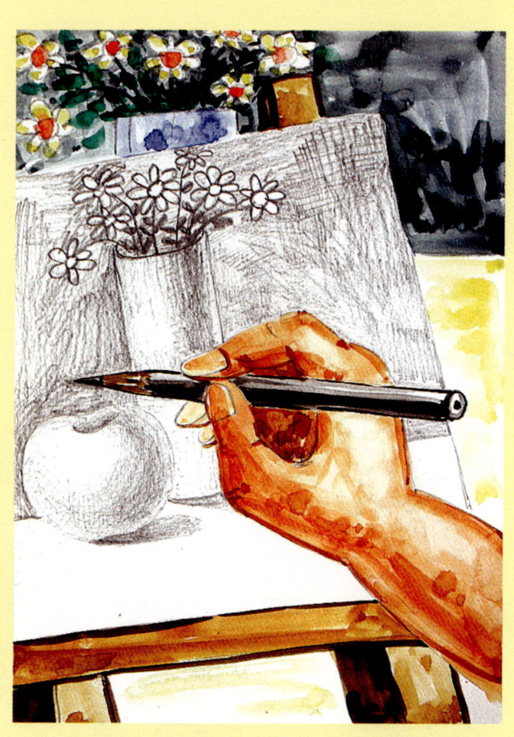

알아두면 좋아요

어린이들에게는 손 그리기가 무척 어려울 수 있어요. 연필을 쥐고 있는 나의 손, 붓을 쥐고 있는 나의 손을 사진으로 찍은 후 그것을 보면서 그리면 더욱 쉽게 표현할 수 있습니다.

동대문을 열어라

여러분은 친구들과 어떤 놀이를 많이 하나요? 집안에서 컴퓨터나 게임만 하지 말고 야외에서 시원한 공기를 맡으며 씩씩하게 놀며 건강해졌으면 좋겠네요. 친구들과 즐기던 여러 가지 놀이의 방법과 동작에 유의하면서 재미있게 표현해 봅시다.

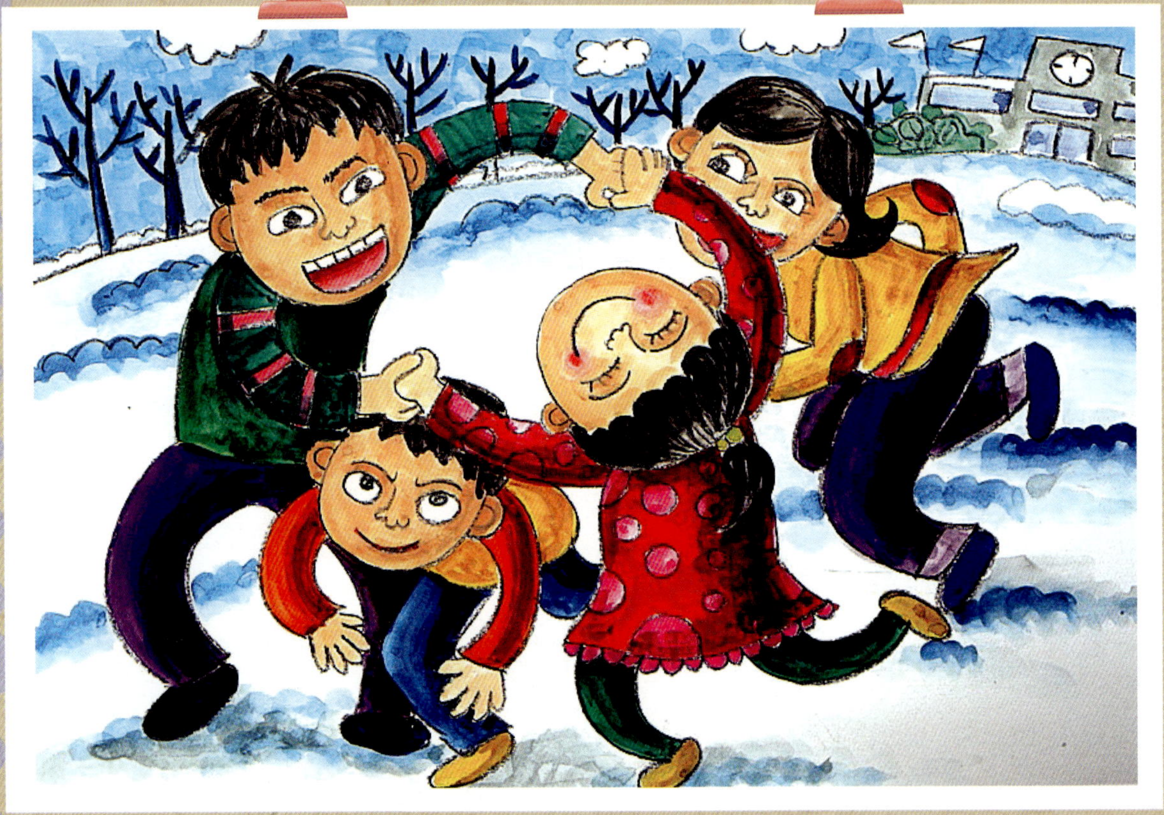

술래인 두 친구가 즐겁게 동대문을 열어라 노래를 하며 두 팔을 마주 잡고 있습니다. 다른 친구들은 허리를 굽히고 잡히지 않으려 뛰고 있습니다. 아이들의 재미난 표정을 신경 써서 표현해 보세요. 검은색 크레용으로 그리고 물감으로 채색하였습니다.

술래가 친구를 잡았다면 잡힌 친구는 정말 깜짝 놀라겠죠? 깜짝 놀란 친구의 표정은 어떨까요? 친구들과 함께 실제로 동대문을 열어라 놀이를 해 보고 그림을 그려 보세요. 더욱 재미난 상황들을 그릴 수 있습니다.

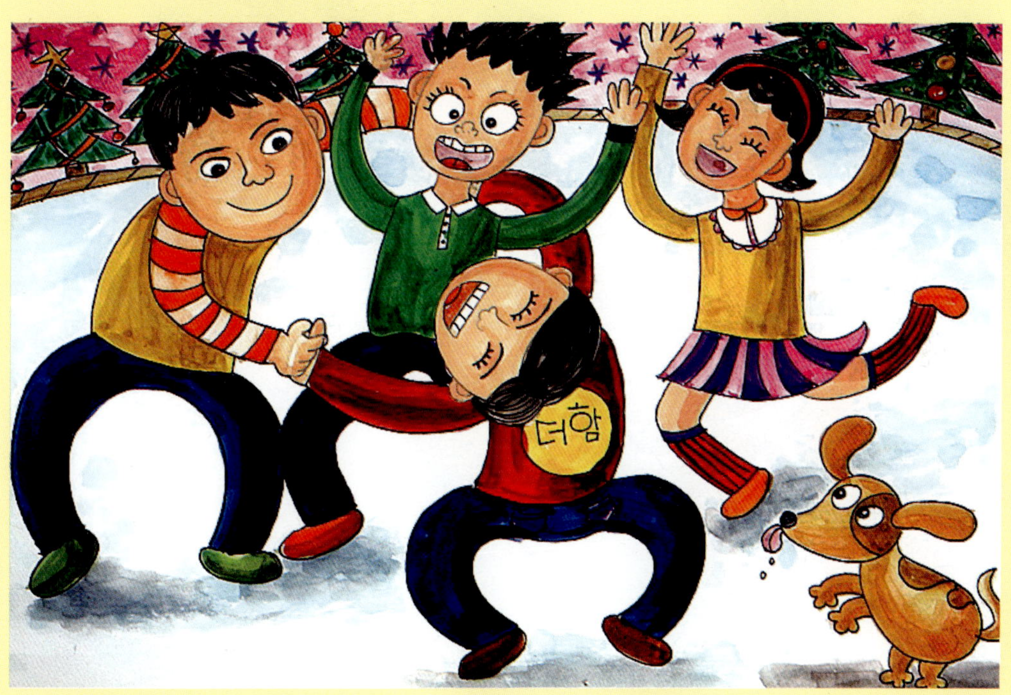

알아두면 좋아요

놀이를 소재로 한 그림은 실제로 경험을 해보면 더욱 재미있게 표현할 수 있습니다. 친구들과 여러 가지 놀이를 해 보고 그림으로 표현해 보세요. 무궁화 꽃이 피었습니다, 얼음 땡!, 숨바꼭질 등 다양한 놀이를 그림으로 표현할 수 있겠죠?

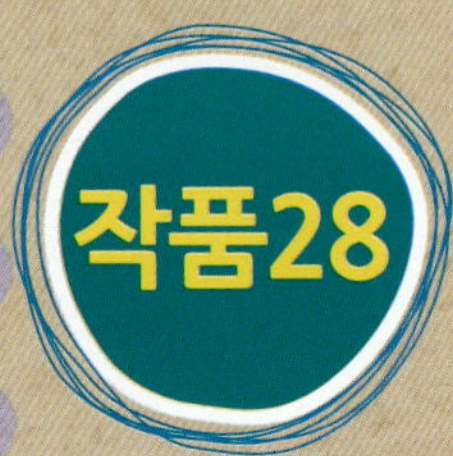

즐거운 겨울방학 그리기

여러분은 겨울방학 동안에 어떤 놀이를 하며 지내나요? 혹시 춥다고 밖에 나가지 않으려는 친구들이 있나요? 하얀 눈이 오는 겨울은 눈썰매, 스키, 눈싸움, 눈사람 만들기 등 다른 계절에는 경험할 수 있는 다양한 놀이를 할 수 있는 계절이에요. 춥다고 움츠리지만 말고 밖으로 나가서 씩씩하게 뛰어 놀아 보세요.

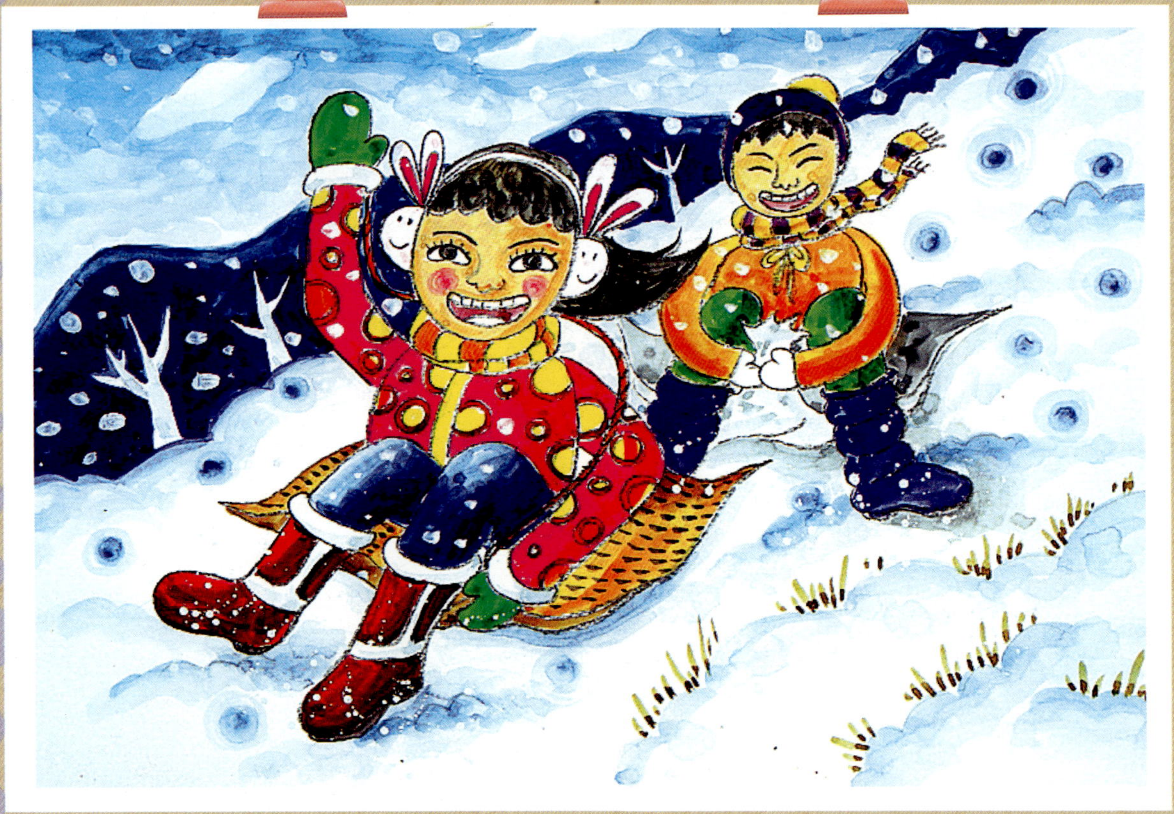

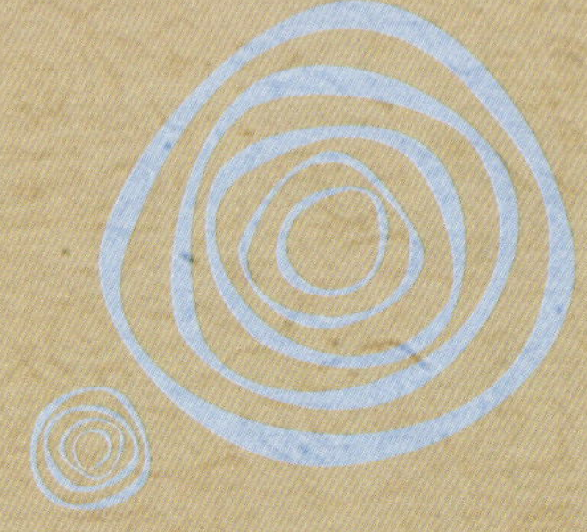

눈이 많이 오면 신나는 눈썰매를 탈 수 있죠? 빨리 내려오면 머리카락도 휘날리고 목도리도 휘날립니다. 춥지 않게 옷도 든든하게 입고 눈이 신발 속으로 들어가지 않도록 목이 긴 부츠도 신죠. 이렇게 옷차림에도 신경쓰면서 자세하게 묘사해 보세요.

겨울이면 날씨가 추워 밖에서 놀기 힘들지만 눈이 오면 또 놀거리가 많이 생기죠. 친구들과 눈싸움하기, 눈사람 만들기, 눈 쌓인 나무 흔들기, 아빠와 함께 얼음 낚시하기 등 겨울 방학 동안 즐겁게 지낸 이야기를 그림으로 표현해 보세요.

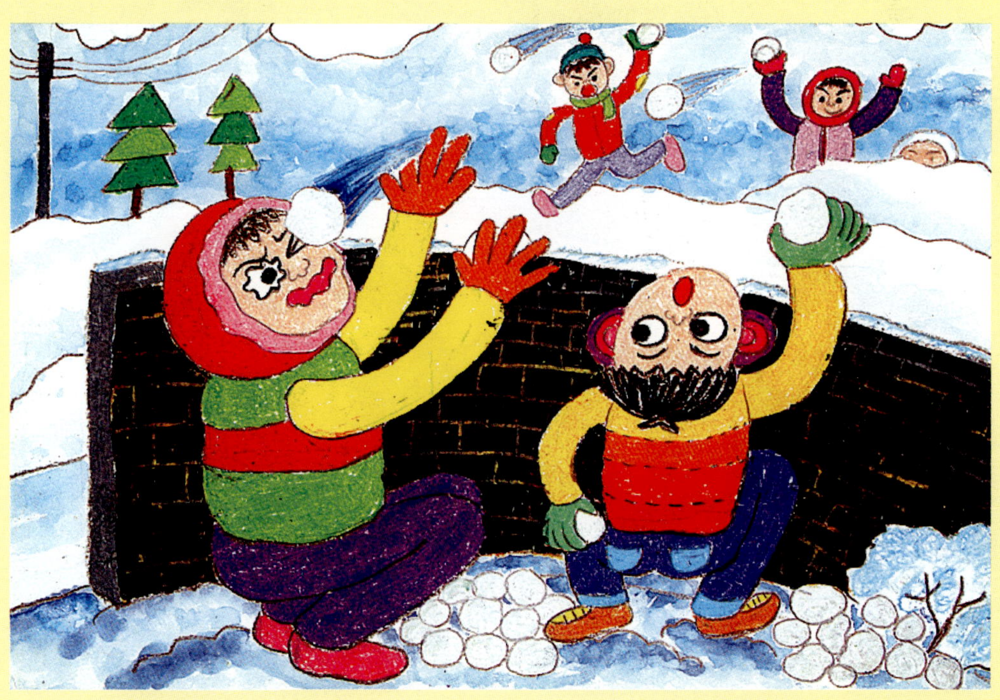

겨울 그림은 배경색이 밝게 들어가기 때문에 주제가 되는 인물의 색이 강하게 들어가야 눈에 들어온답니다. 무슨 색으로 옷을 칠해야 할지 고민된다면 가장 쉬운 방법! 바로 빨주노초파남보 무지개 색을 차례대로 써 보세요. 채색에 대한 고민이 사르르 사라진답니다.

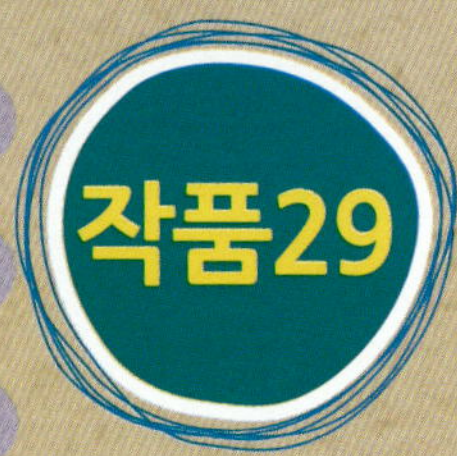

시장에서

어머니를 따라 시장에 가 본 경험은 누구나 있죠? 대형마트나 백화점에 밀려 사라져 가는 우리의 전통시장. 시장에 가면 여러 가지 재미가 있답니다. 여러 가지 간식거리도 있고, 재미있는 상인아저씨, 아주머니도 있지요. 시장에 갔던 경험을 바탕으로 그림을 그려 볼까요?

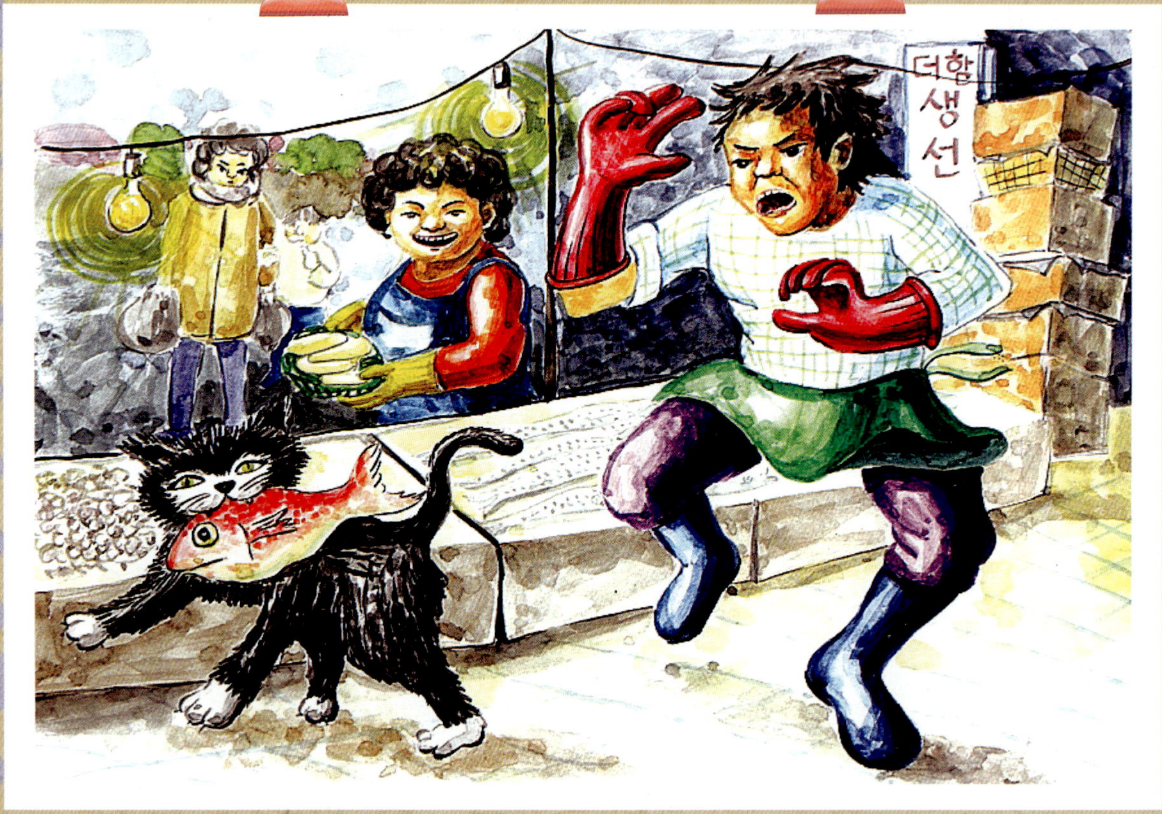

생선가게에 도둑 고양이가 생선을 물고 도망을 갑니다. 아저씨가 어쩌지 못하고 발만 동동 구르고 있어요. 고양이와 생선을 생각보다 크게 그렸습니다. 그러면 시선이 앞부분에 더 머무를 수 있답니다. 연필로 스케치하고 물감으로 채색하였습니다.

재래시장에 가면 길가에 앉아 야채를 파는 할머니를 보게 됩니다. 조금 안쓰럽지요. 할머니와 대조적으로 예쁜 엄마를 그려 보았습니다. 할머니에게 파를 사는 젊은 엄마와 엄마 뒤에서 어묵을 만나게 먹고 있는 친구들의 모습도 그려 보세요.

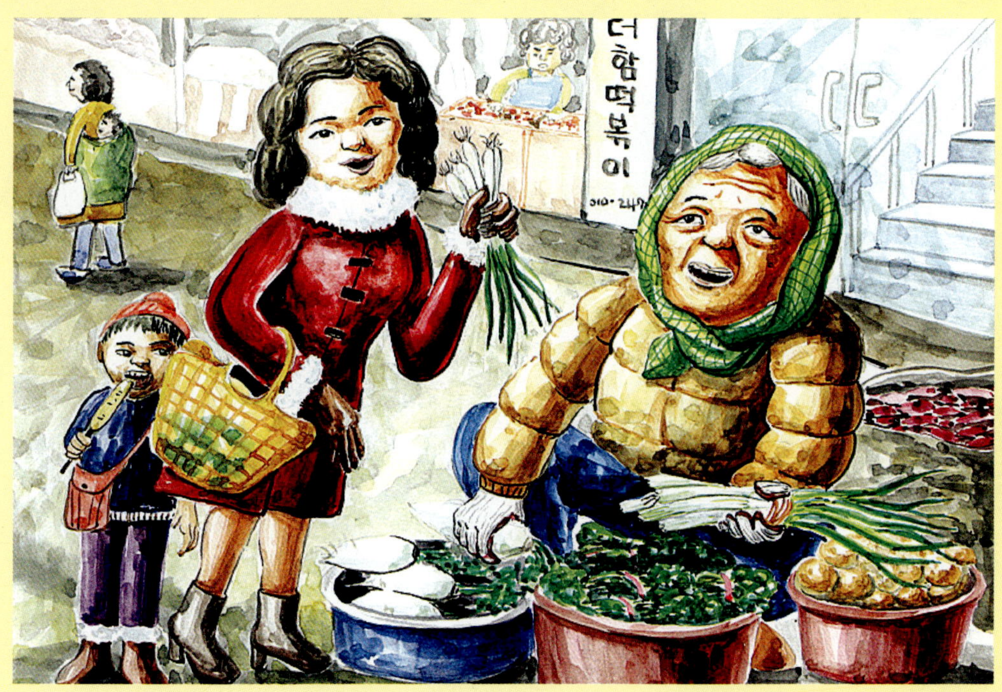

알아두면 좋아요

조금 쉬운 주제로 접근을 해도 재미있습니다. 생선 가게, 야채 가게, 떡볶이 가게 등 주제를 한 가지로 정해서 그림을 그려 보세요. 좀 더 쉽게 그릴 수 있습니다.

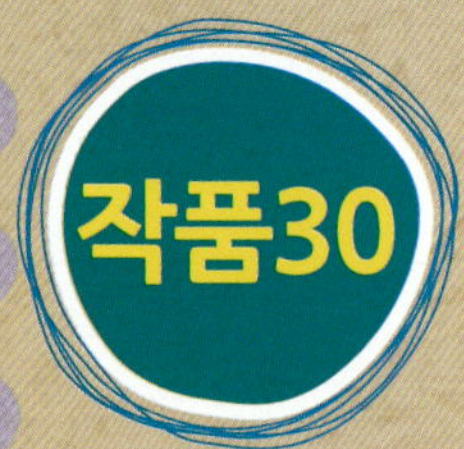

급해요, 급해

친구들과 이야기해 보면 화장실, 생리현상과 관련된 재미있는 일들이 정말 많답니다. 처음에는 부끄러워하지만 나중에는 시끄러울 정도로 재미있는 일들을 말하느라 정신이 없지요. 우리 반 00이는 바지에 쉬한 적 있어요~, 화장실에서 휴지가 없어서 친구들에게 소리 질렀었어요~! 등 화장실에 관한 이야기는 끝이 없네요.

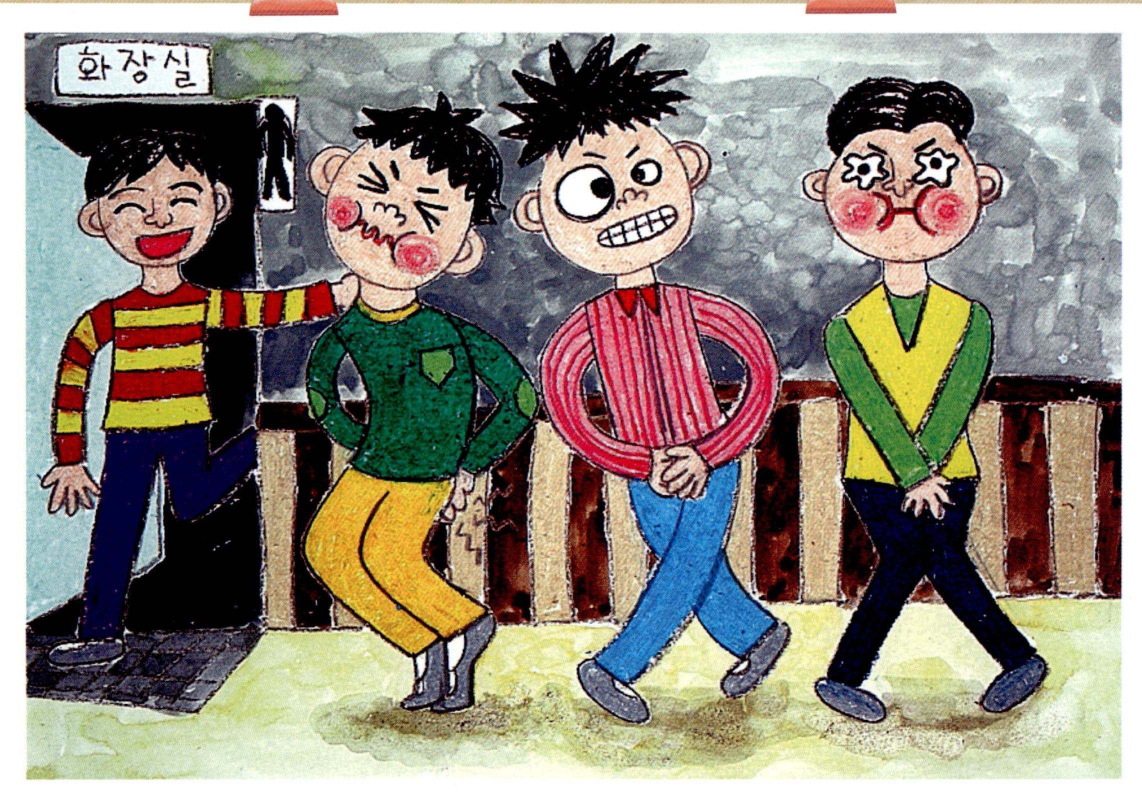

학교 화장실에서 줄 서서 기다리는 친구들을 그려 보세요. 저마다 말 못할 고민을 표정으로
이야기하고 있어요. 일을 해결한 친구는 여유로운 표정입니다. 고동색 크레용으로 스케치
하고 크레파스와 물감으로 채색하였습니다.

급할 때 짓는 표정이나 하는 행동들을 잘 관찰해 보고 재미난 행동을 그려 보세요. 아차!
한 발 늦어 실수를 한 친구의 모습도 그려 보면 아주 재미있는 그림이 될 것입니다.

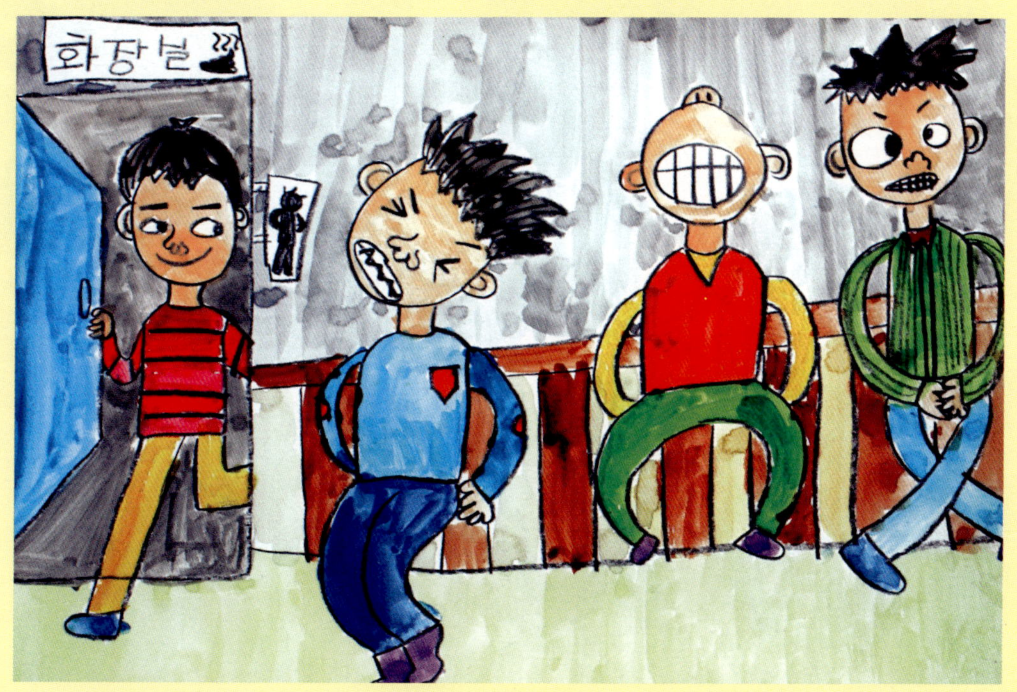

우리 학교 화장실은 어떻게 생겼을까요? 다른 학교 친구들에게 우리 학교도 자랑해 보고,
화장실에서 있었던 재미난 이야기도 서로서로 해 보세요. 재미난 이야기가 재미난 그림을
그리게 합니다.

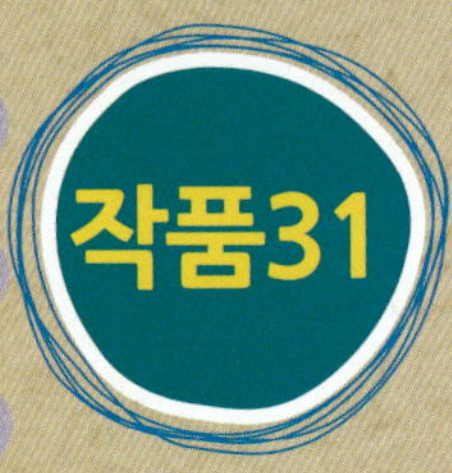

마라톤 달리기

황영조, 이봉주 하면 어떤 운동이 떠오르나요? 자기와의 외로운 싸움, 바로 마라톤입니다. 요즘은 마라톤을 취미로 하는 사람들도 많답니다. 일반인이 참가할 수 있는 크고 작은 대회도 많이 열리지요. 뛰어노는 걸 좋아하는 친구들은 체육대회나 운동회에서 친구들과 달리기를 했던 경험을 표현해도 좋습니다.

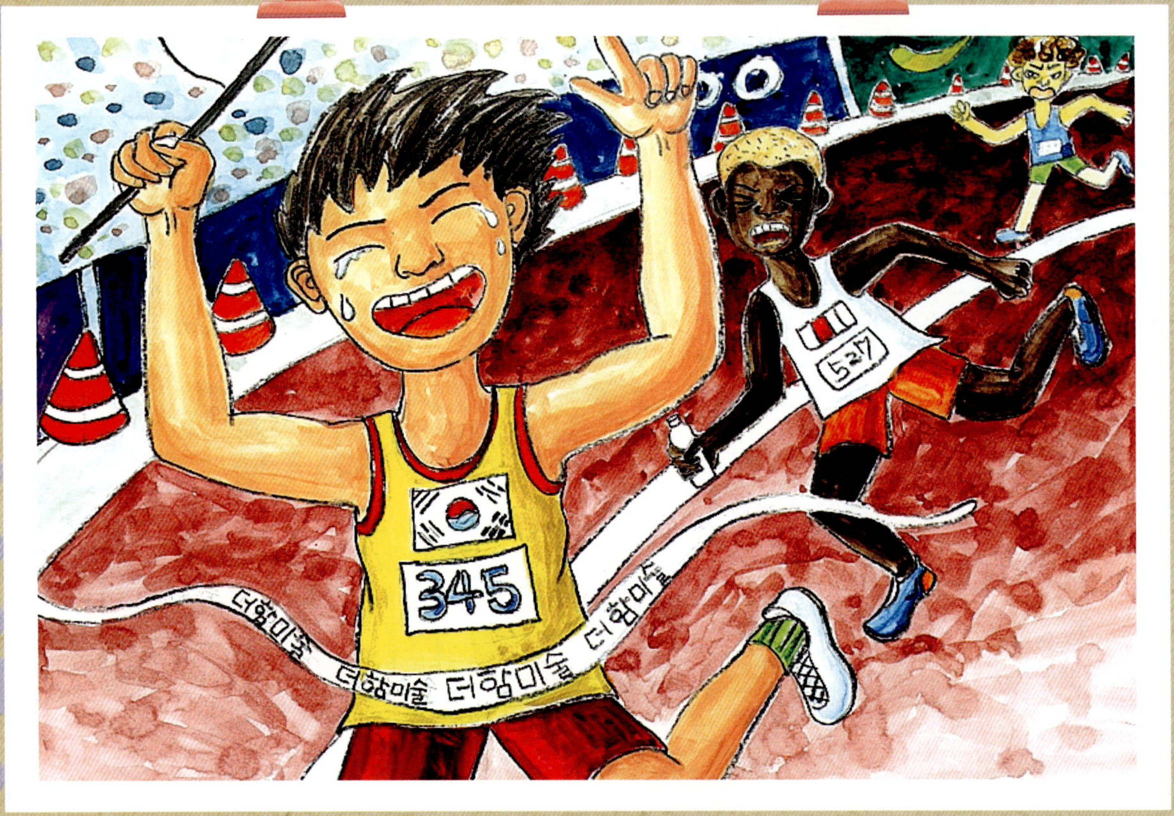

1등으로 달려오는 한국 선수는 크게 그리고 2등은 조금 더 작게, 3등은 아주 작게 원근감을 살려 그려 주세요. 금메달을 따게 된 한국 선수는 눈물을 흘리며 기뻐하고 있습니다. 검정 색연필로 스케치하고 물감으로 채색하였습니다.

1등을 한 친구가 너무 기뻐 눈물을 흘리는 모습, 아쉽게 2등, 3등을 한 친구가 안타까워하는 모습을 세밀하게 그려 보세요. 주변에서 응원하는 친구들의 모습을 그려도 좋겠죠?

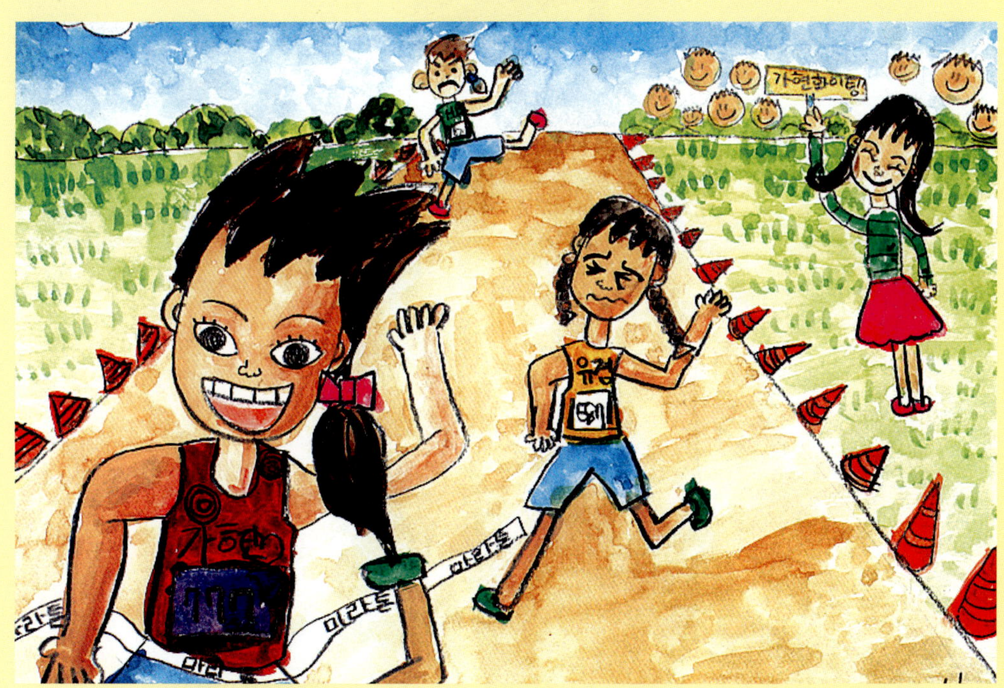

요즘 친구들이 좋아하는 런닝맨 놀이를 하는 장면을 그려도 재미있어요. TV 속 주인공들과 함께 뛰는 내 모습을 그린다고 생각하면 더욱 흥미를 가질 수 있겠죠?

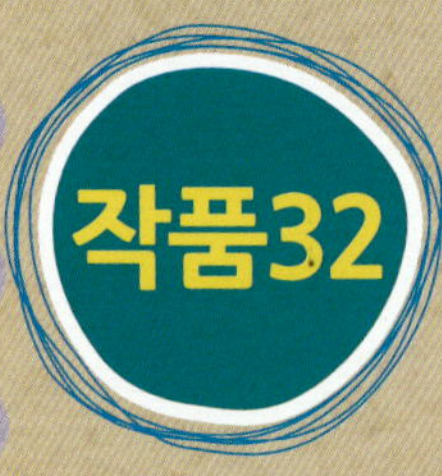

나라를 구한 이순신 장군

이순신 장군은 조선시대 임진왜란 때 일본군을 물리치는 데 큰 공을 세운 명장으로 옥포대첩, 사천포해전, 당포해전, 1차 당항포해전, 안골포해전, 부산포해전, 명량대첩, 노량해전 등에서 승리했습니다. 우리나라를 지켜낸 수많은 위인들에 대해 공부해보고 표현해 봅시다.

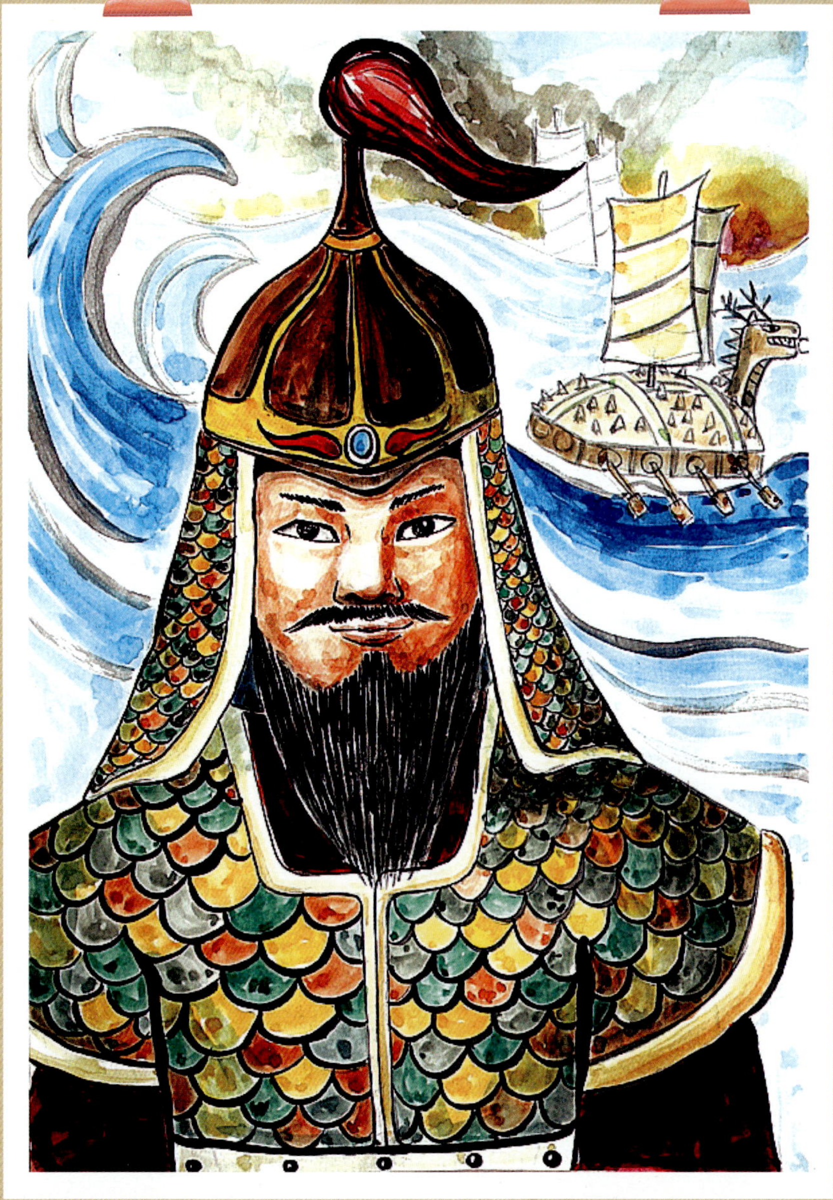

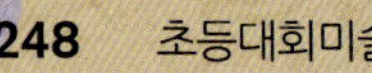

연필로 늠름한 이순신 장군의 모습을 그려 보세요. 강인한 턱선과 눈매, 수염을 강조하였고 배경에는 거북선을 그렸습니다. 이순신 장군의 갑옷은 어떻게 생겼을까요? 사진을 보며 자세하게 표현해 보세요. 붓펜으로 스케치하고 물감으로 채색하였습니다.

긴 칼을 차고 있는 이순신 장군의 모습도 그려 보세요. 전쟁 중이라 거북선에서 연기도 납니다. 바다에 불도 나고 있네요. 내가 상상한 내용을 그림으로 표현해 보세요.

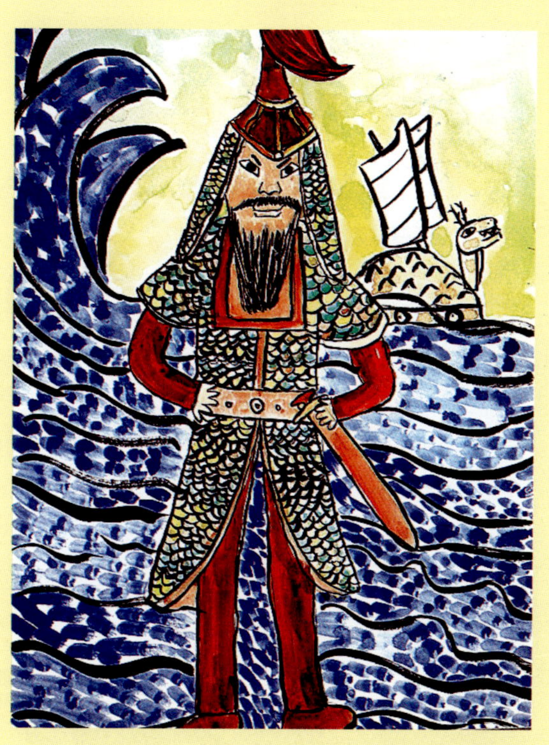

이순신 장군의 명언도 알아보세요. "죽고자 하면 살고 살고자 하면 죽는다!"는 수적 열세 속에서 큰 해전을 치러야 하는 수군의 장수들에게 굳은 정신력을 가지고 싸움에 임할 것을 당부하여 이른 말입니다. 또, "내 죽음을 적들에게 알리지 말라!"는 죽음의 순간에도 아군의 동요를 염려하여 곁에 있던 아들에게 남긴 유언입니다.

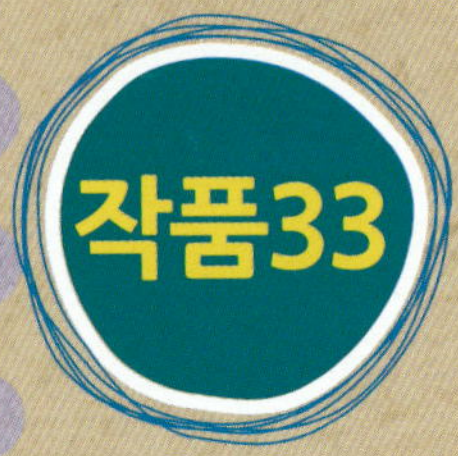

창포물에 머리 감기

해마다 단오가 되면 옛 선조들이 즐겨했던 풍속이 창포물에 머리를 감는 것이었지요. 창포에는 머릿결을 좋게 하고, 머리가 잘 엉키게 하지 않게 만들어 주는 성분이 많이 들어 있다고 합니다. 창포의 효능이나 특징, 생김새 등에 대해 공부해 보고 머리를 감는 모습을 표현해보세요.

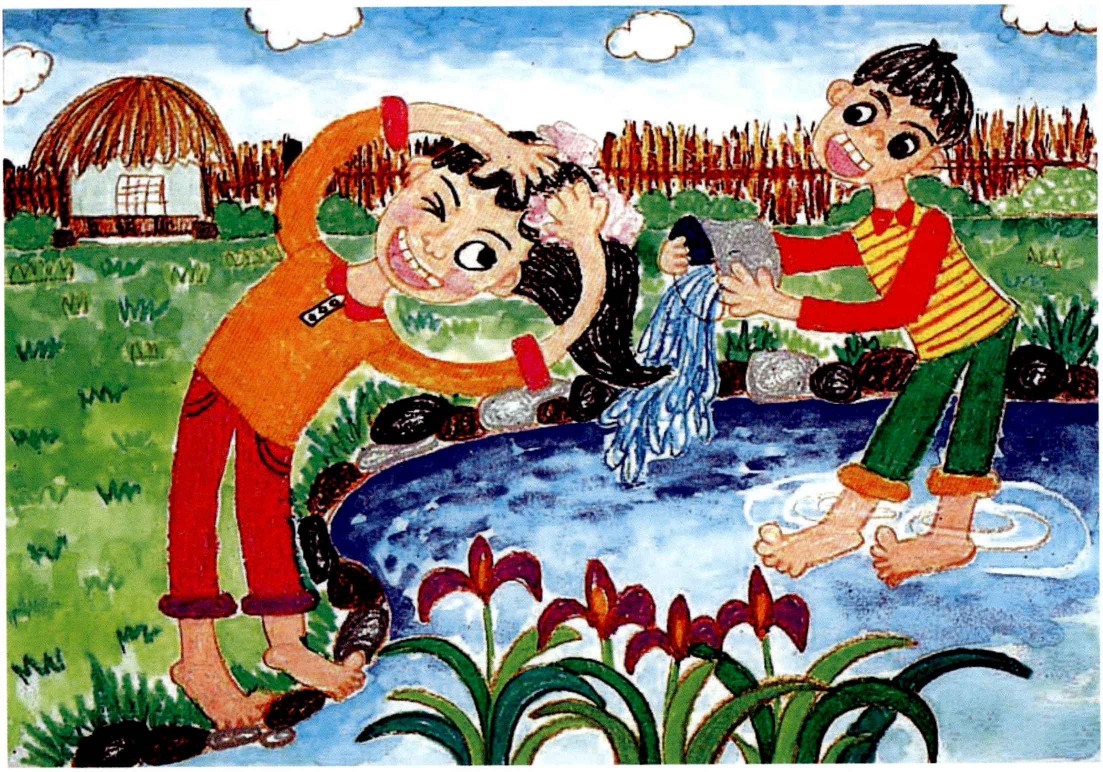

연못에서 친구의 도움을 받아 머리를 감는 모습을 그려 보세요. 연못가에 핀 창포꽃도 그려 볼까요? 그럼 창포꽃의 생김새를 먼저 알아야겠죠? 황갈색 크레용으로 스케치하고 크레파스와 물감으로 채색하였습니다.

머리를 감으려면 머리를 아래쪽으로 내려야 눈에 거품이 들어가지 않는답니다. 친구들과 함께 머리 감는 여러 가지 동작을 서로 이야기해 보고 그림으로 표현해 보세요. 또 머리를 감으려면 어떤 도구들이 있어야 할까요?

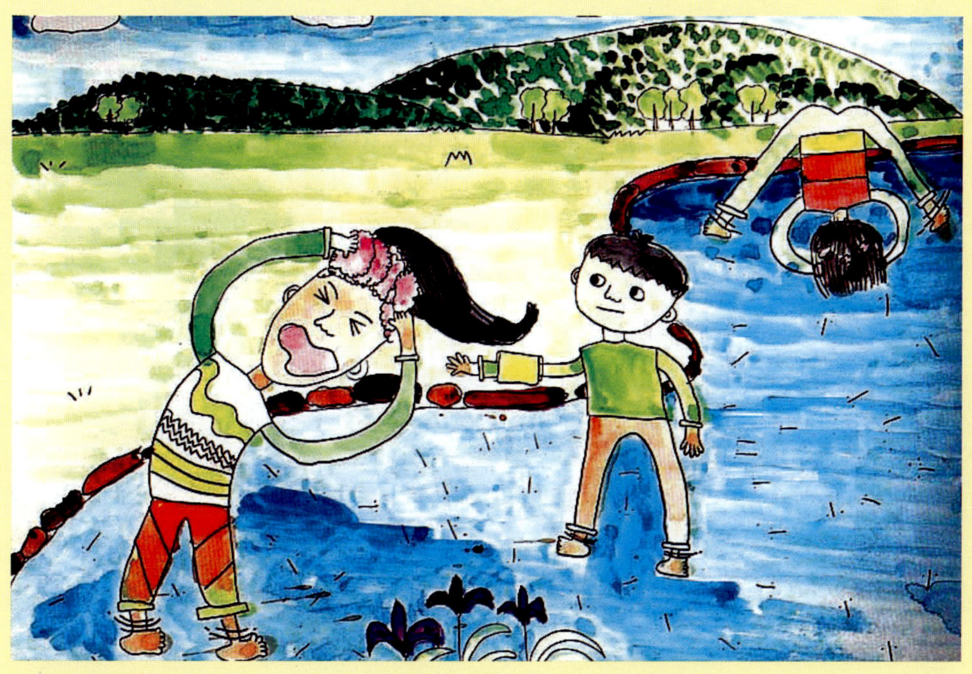

음력 5월 5일은 우리나라 명절인 단오입니다. 단오에 남자는 씨름을 하고 여자들은 창포물에 머리를 감았습니다. 무병장수를 기원하며 아름다운 머릿결을 갖고 또 나쁜 귀신을 쫓는다는 의미로 창포를 끓인 물에 머리를 감았습니다. 창포는 향기가 강하고 잎이 칼처럼 곧게 자라기에 나쁜 귀신이 함부로 가까이 오지 못하게 한다고 옛사람들은 믿었답니다.

가위바위보

친구들이 놀이를 하기 전에 많이 하는 순서 정하기 게임인 가위바위보. 직접 친구들과 가위바위보를 해보고 손동작을 유심히 관찰해 보세요. 시점을 조금 달리해서 위에서 본 모습이나 아래에서 본 모습으로 표현하면 손의 모양이나 친구들의 표정을 잘 표현할 수 있답니다.

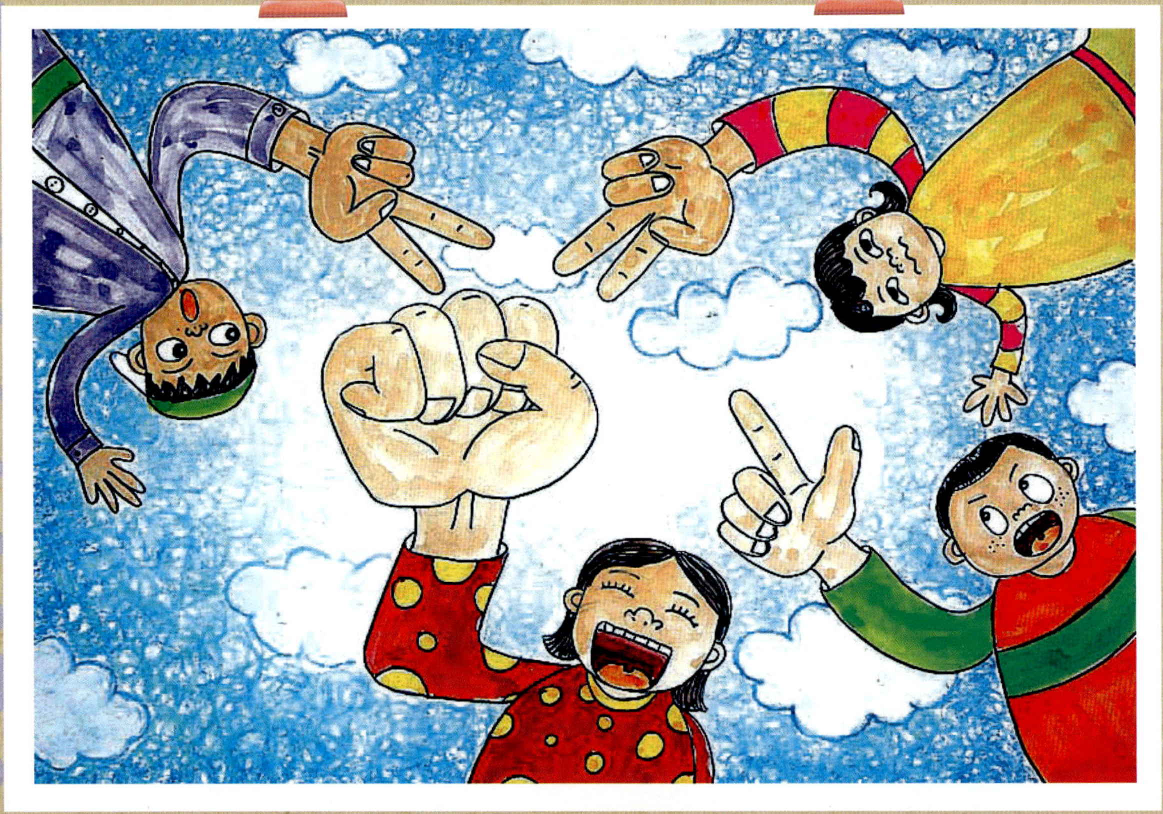

어떻게 그렸을까요?

가위바위보를 하는 친구들의 모습을 손 모양을 과장하여 표현해 보았습니다. 이긴 친구의 얼굴 표정과 진 친구들의 얼굴 표정도 재미나게 표현해 보세요. 네임펜으로 스케치한 후 배경은 크레파스로, 인물은 물감을 사용하여 입체감을 살려 채색하였습니다.

다르게 그려봐요

가위바위보의 손동작을 달리하여 표현해 보세요. 내 손이나 친구들의 손을 자세하게 관찰해 보면 쉽게 표현할 수 있답니다. 배경은 크레파스를 동글동글 돌려가며 채색해 주세요. 비슷한 색을 섞어가며 채색하면 배경이 더욱 예쁘답니다.

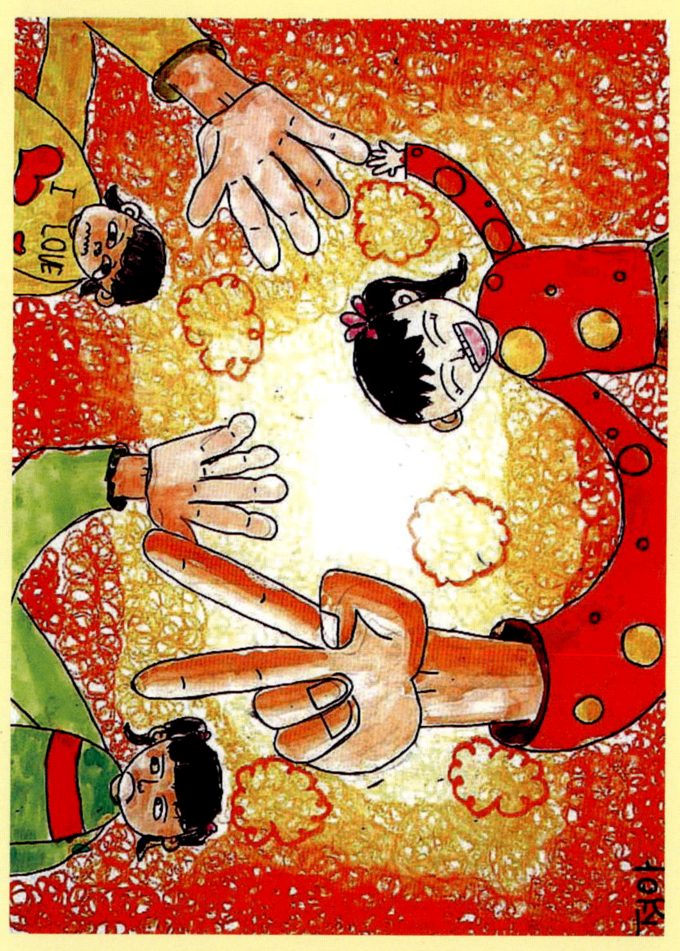

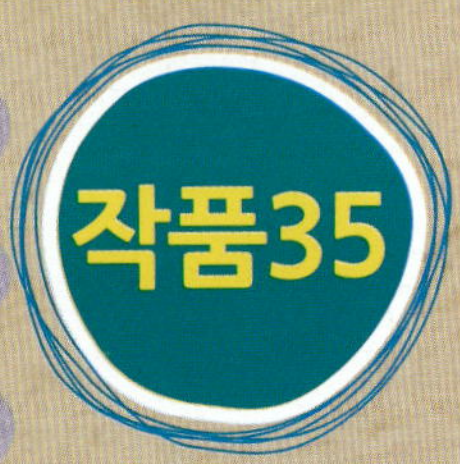

하늘을 날아요

만약 하늘을 날 수 있다면 여러분은 어디로 가 보고 싶은가요? 날개가 있다면 어디를 가고 싶은지, 누구를 만나고 싶은지, 무엇을 하고 싶은지 생각해 보세요. 실제로 하늘에서 낙하산을 타고 낙하를 하는 사진이나 동영상을 보면 하늘을 나는 동작을 이해하는 데 도움이 많이 될 거예요.

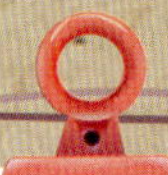
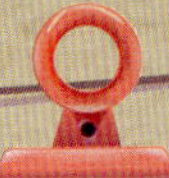
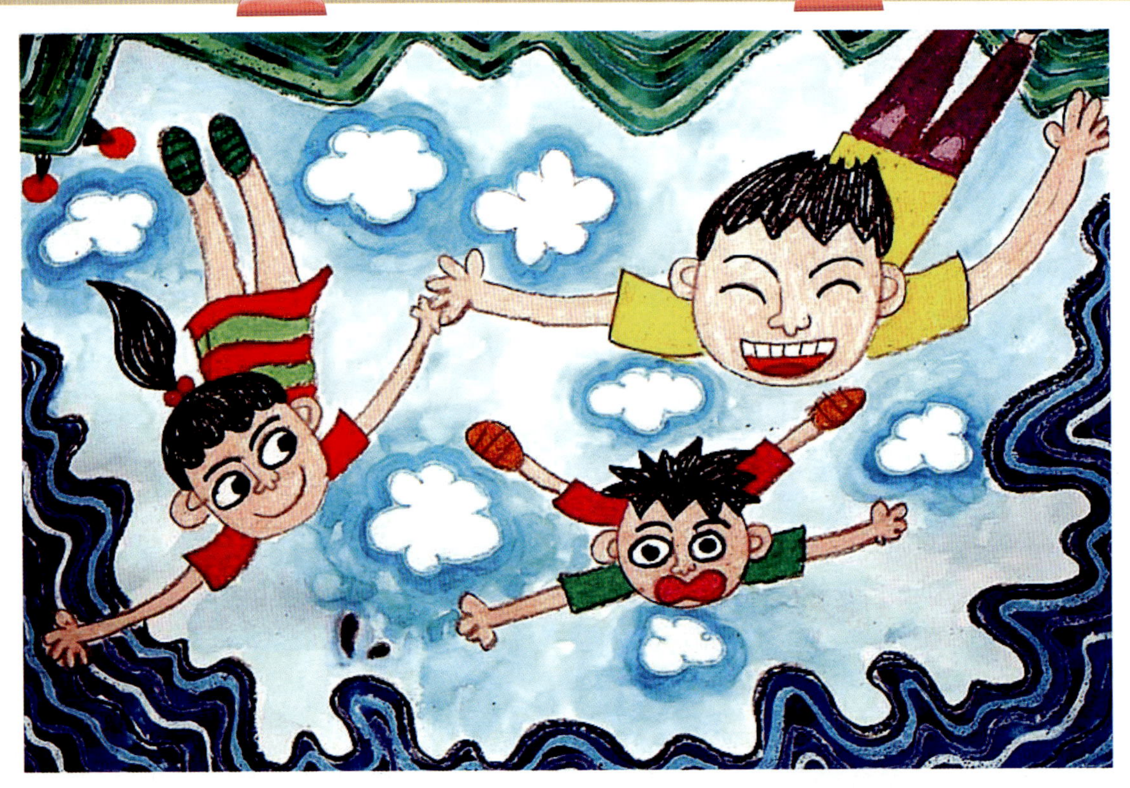
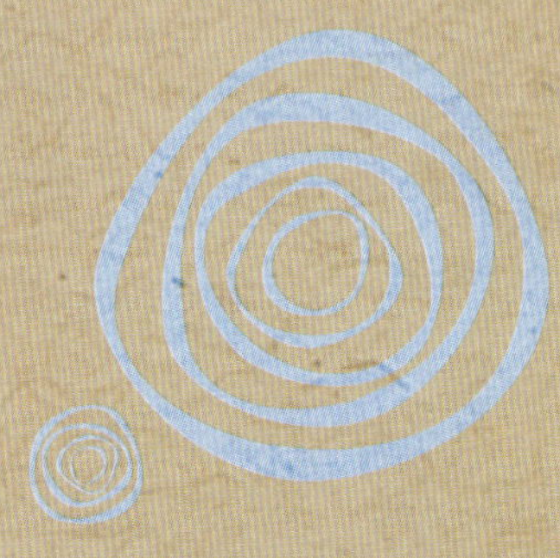

두 손을 잡고 피터팬처럼 하늘을 나는 모습을 그려 보았어요. 얼굴을 먼저 그리고 얼굴에 몸통을 이어 그려야 합니다. 시선에서 멀리 보이는 다리와 발은 작게 표현해야 하늘을 나는 동작으로 표현할 수 있습니다. 고동색 크레파스로 그리고 크레파스 물감으로 채색하였습니다.

여러 가지 동작을 응용하여 표현해 볼까요? 치마를 꼭 잡고 있는 여자 친구, 너무 무서워서 소리를 지르며 우는 친구, 머리카락이 하늘로 날리는 친구 등 상상한 내용을 맘껏 표현해 볼까요?

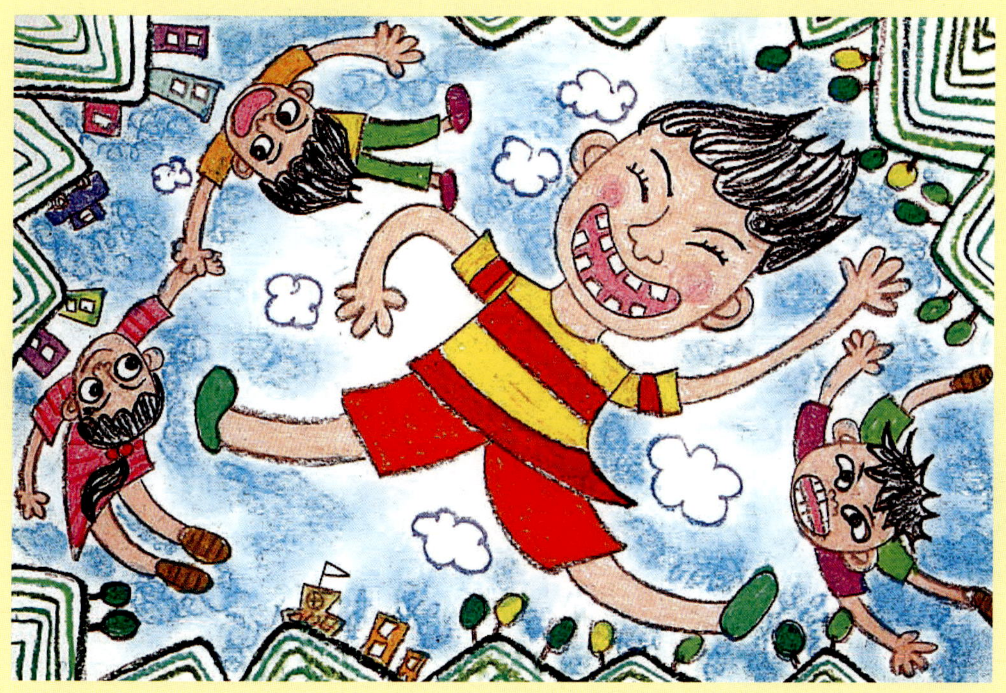

알아두면 좋아요

여러 사람을 한꺼번에 그릴 때는 주제가 되는 인물을 크게 그리고 나머지 인물은 작게 표현해 보세요. 그림이 더욱 짜임새 있어 보인답니다.

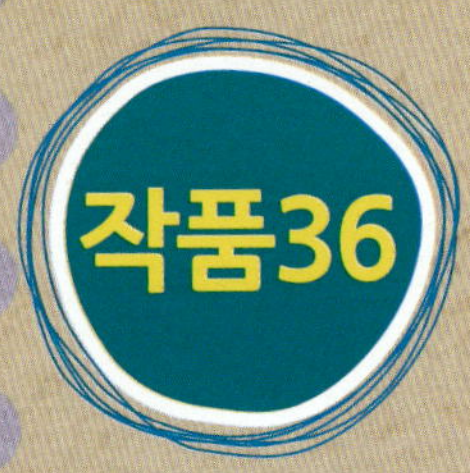

솜사탕 아저씨

솜사탕은 우리 친구들이 좋아하는 간식 중 하나지요. 그래서 솜사탕에 관련된 동요도 많은가 봐요. 학교 앞이나 놀이공원에 가면 쉽게 볼 수 있는 솜사탕의 맛과 모양, 그리고 솜사탕을 팔던 아저씨의 모습을 떠올려 보세요. 솜사탕을 사려고 아저씨에게 손짓하는 친구, 솜사탕을 받아들고 기뻐하는 친구의 모습도 표현해 보세요.

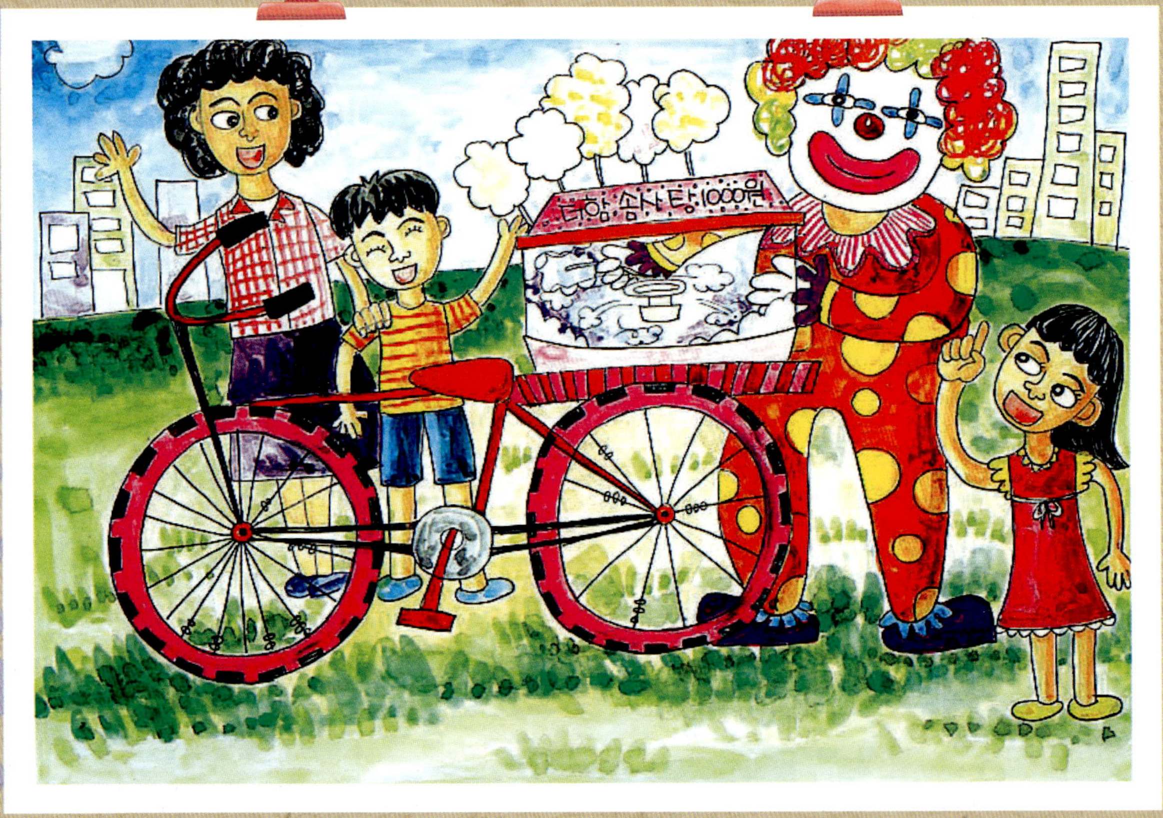

솜사탕을 파는 아저씨는 피에로 복장을 하고 있어요. 솜사탕은 자전거에 실려 있습니다. 이 그림을 그릴 때는 제일 먼저 자전거를 그립니다. 자전거의 구조를 알면 자전거를 쉽게 표현할 수 있습니다. 그리고 알록달록 피에로 복장을 그려 주세요. 네임펜으로 스케치하고 물감으로 채색하였습니다.

입을 크게 벌리고 솜사탕을 먹는 친구들의 모습도 그려 볼까요? 솜사탕 아저씨의 모습도 다르게 표현해 보세요. 수염이 있는 아저씨, 멋진 모자를 쓰고 있는 아저씨 등 친구들이 생각하는 솜사탕 아저씨를 그림으로 표현해 보세요.

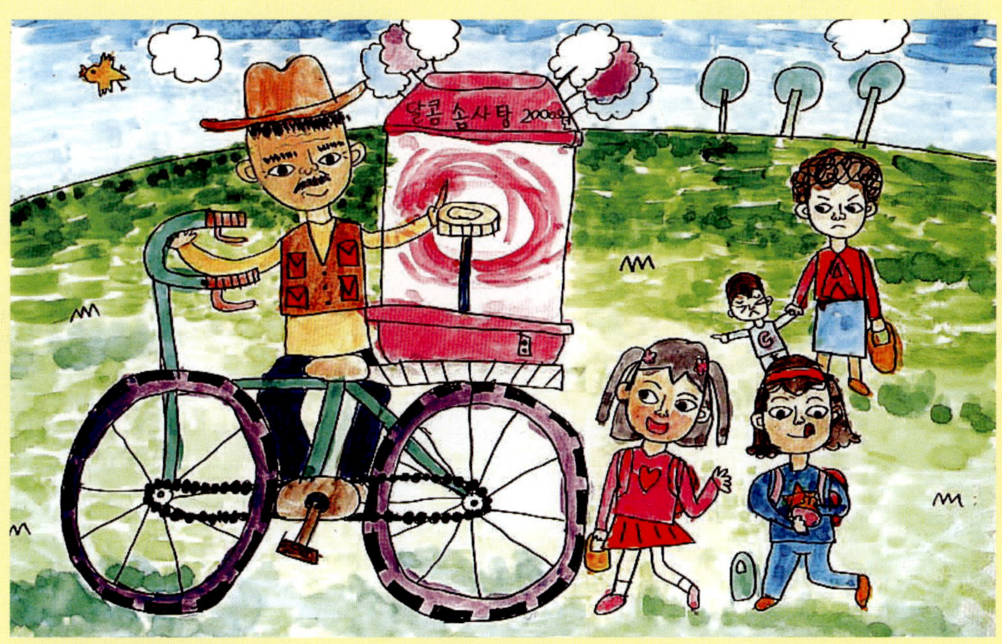

먹다 남은 솜사탕이나 집에 있는 솜을 이용해 그림에 붙여서 솜사탕을 표현해 보면 더욱 재미있습니다. 이렇게 꼭 크레파스나 물감만 사용하지 말고 재질감이 드러나는 재료나 도구를 가미하면 좀 더 창의적인 그림을 완성할 수 있습니다.

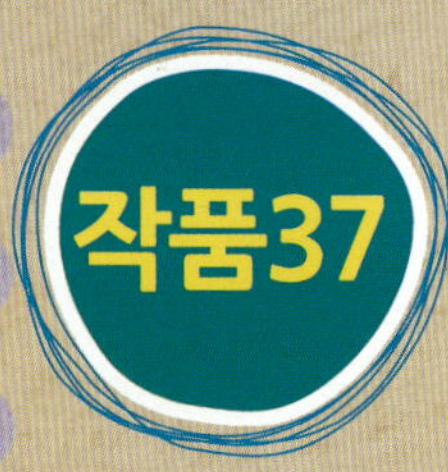

달콤한 낮잠

요즘 우리 친구들은 정말 바쁘죠? 학교에 다녀와서도 이 학원, 저 학원 다니느라 바쁘고 피곤합니다. 때로 집에서 늘어지게 낮잠이나 잤으면 하는 생각 들었던 친구들이 많을 거예요. 맛있는 간식을 먹고 TV를 보다 스르르 잠드는 달콤한 낮잠. 생각만 해도 행복하지요. 낮잠을 자는 여러 상황을 재미있는 동작으로 표현해 봅시다.

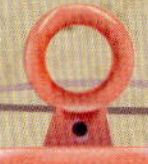
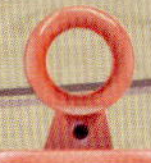
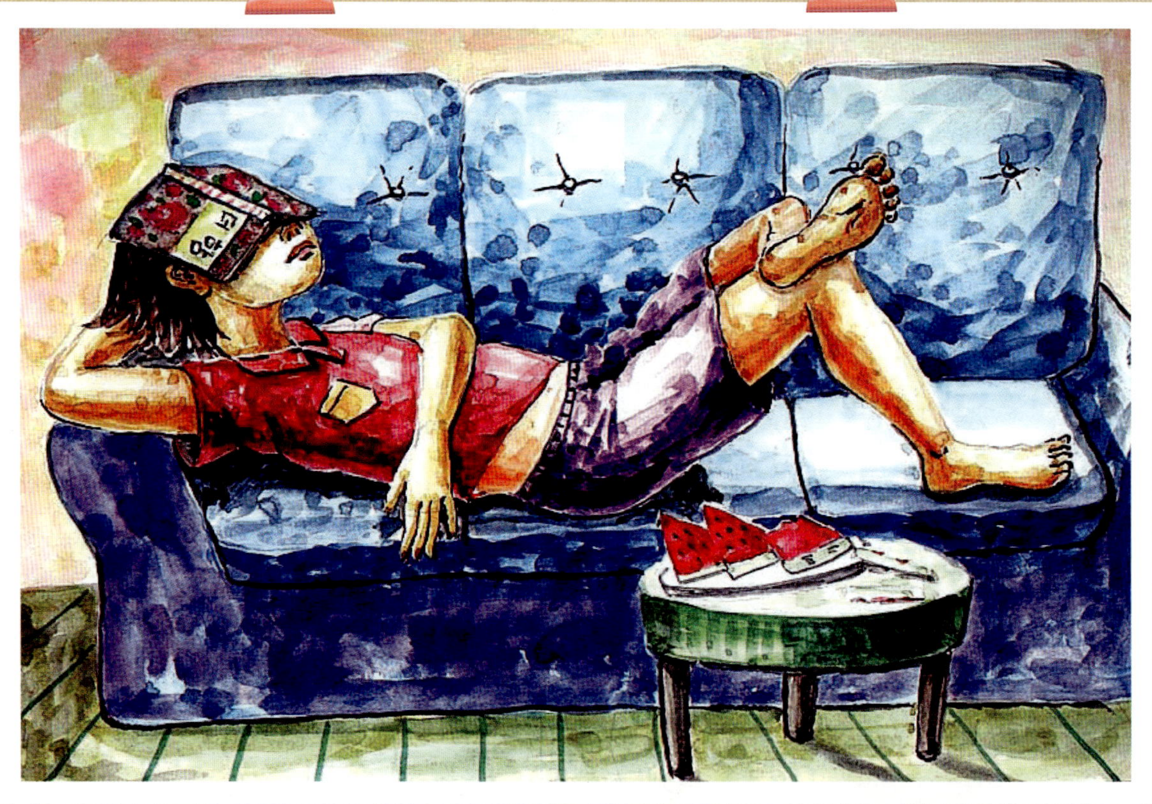
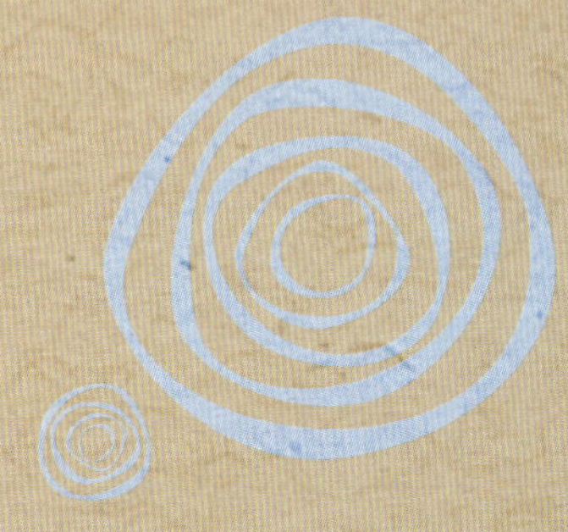

한여름의 어느 날 오후, 책을 읽다가 소파에서 잠이 들었습니다. 잠자고 있는 내 모습을 먼저 그리고, 소파와 쿠션을 그려 주세요. 집에서 잠자는 복장은 어떤 복장일까 잘 생각해 보고 그림으로 표현해 보세요. 연필로 스케치하고 물감으로 채색하였습니다.

우리 아빠는 잠잘 때 어떤 모습일까요? 우리 엄마는 어떤 모습으로 잠을 잘까요? 우리 가족의 잠자는 모습을 머릿속으로 잘 생각하여 그림으로 표현해 보세요.

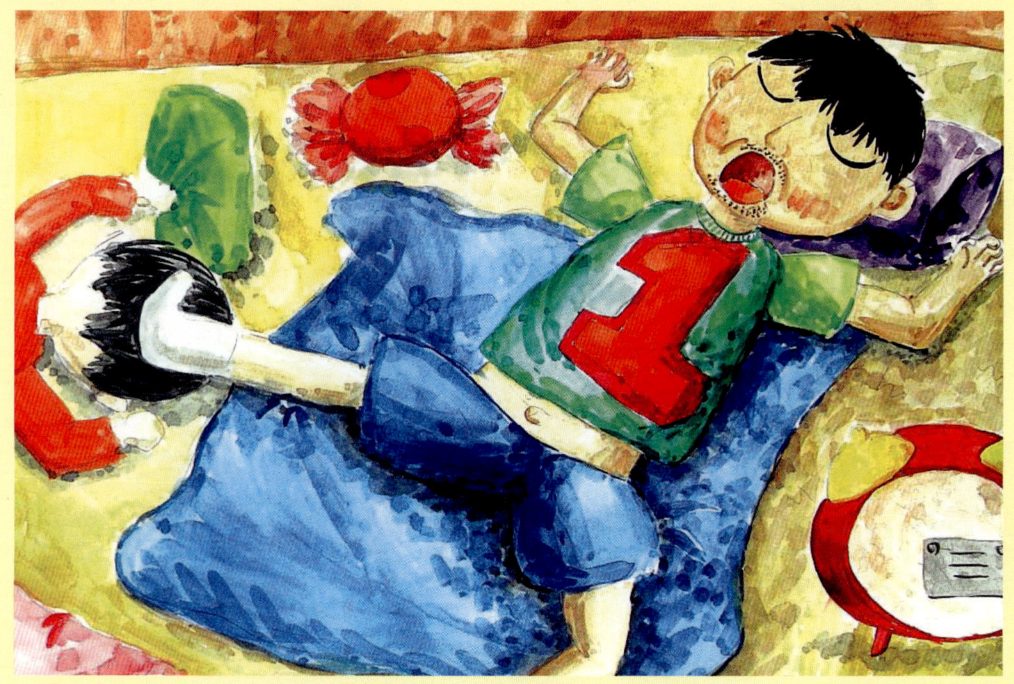

상상해 봐요

잠자리에 어떤 소품을 두면 좋을까요? 물컵과 물을 놓기도 하고, 알람시계를 놓기도 하지요. 잠자는 모습도 여러 가지랍니다. 大자로 뻗어 자기, 옆으로 자기, 엎드려 자기 등 재미난 모습들을 그림으로 표현해 보세요.

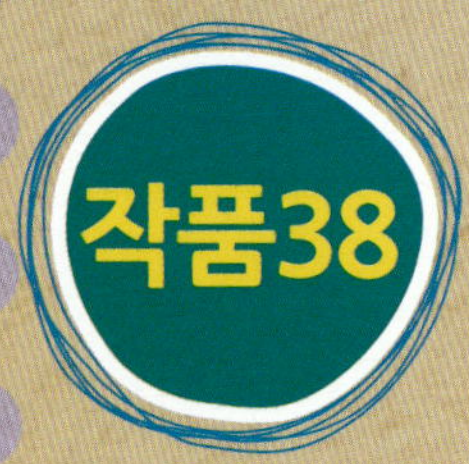

계곡에서

여름이면 바다로, 산으로, 계곡으로 많이 놀러가지요. 가족이나 친구들과 함께 계곡에서 물놀이를 했던 경험을 표현해 보아요. 짓궂게 물장난을 치는 친구의 모습, 물이 튀어 표정을 찡그리는 친구의 모습과 멀리서 지켜보는 엄마의 모습도 그려 보세요.

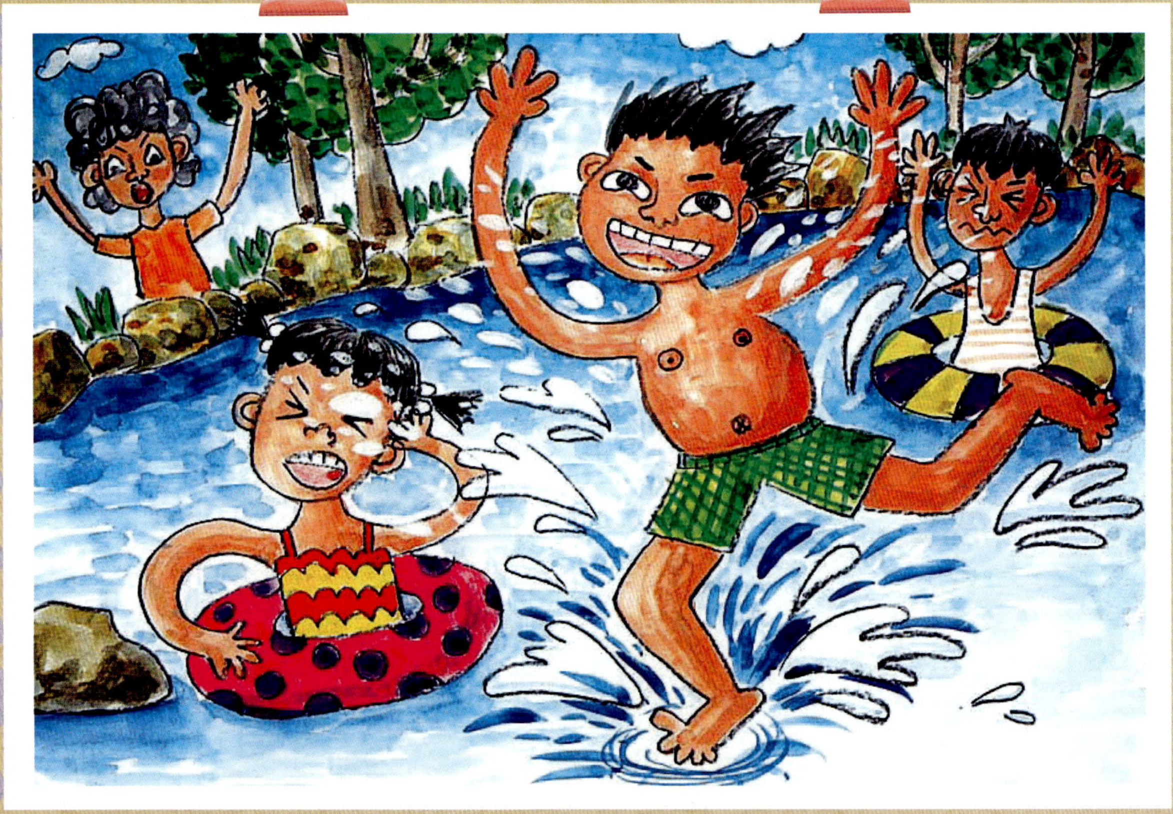

높은 곳에서 다이빙을 하는 개구쟁이 친구를 먼저 그리고, 주변에 깜짝 놀란 친구들의 모습을 그려 보세요. 개구쟁이 친구의 표정과 주변 친구들의 표정도 신경 써서 그려야 재미있겠죠? 튀는 물은 흰색 물감으로 뿌리듯이 채색해 주세요. 검정 색연필로 그리고 물감으로 채색하였습니다.

계곡에서 재미나게 놀았던 경험을 살려 그림으로 표현해 보세요. 물고기 잡기, 다이빙하기, 물싸움하기, 잠수하기 등 계곡은 우리 친구들의 재미난 놀이터랍니다.

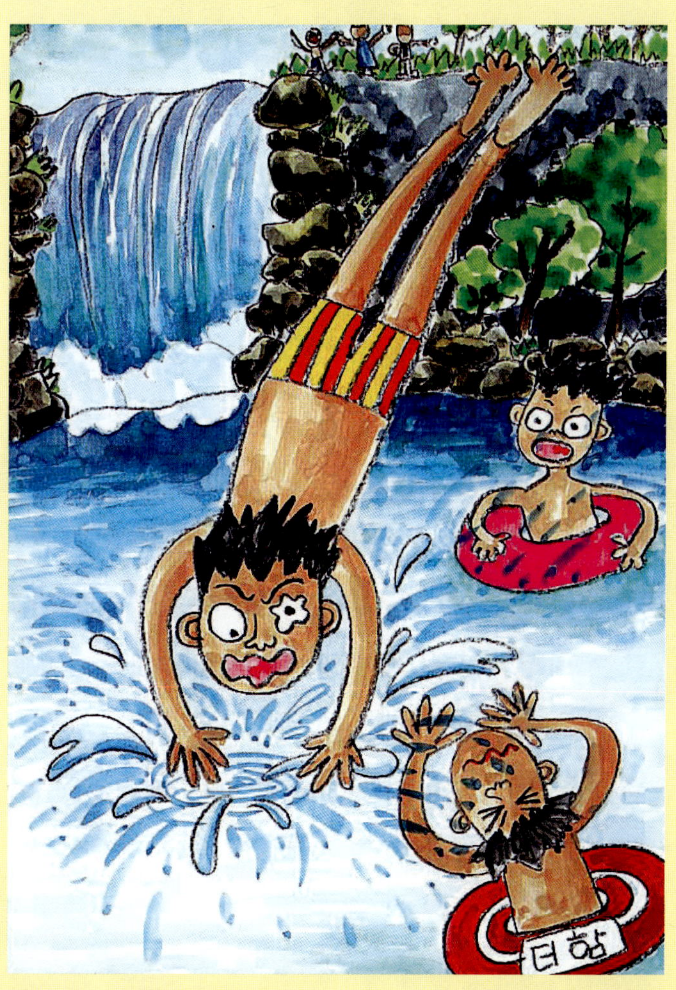

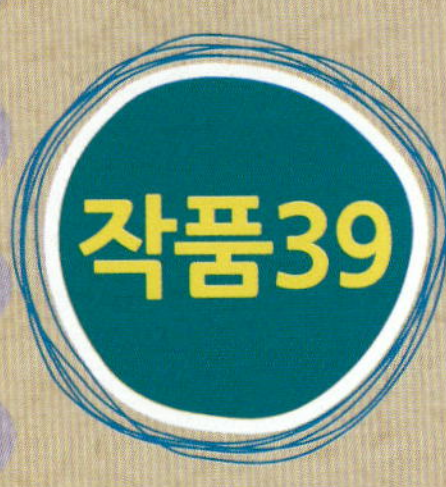

캠핑을 떠나요

주말이면 가족들과 함께 캠핑을 즐기는 사람들이 많습니다. 자연에서 맑은 공기도 마시고, 모닥불을 피워놓고 재미있는 놀이도 하고, 그동안 하지 못했던 많은 이야기도 하면서 캠핑을 즐기는 모습을 표현해 보세요. 캠핑을 가면 아빠가 많은 일들을 하시죠? 아빠 모습도 멋지게 그려 주세요.

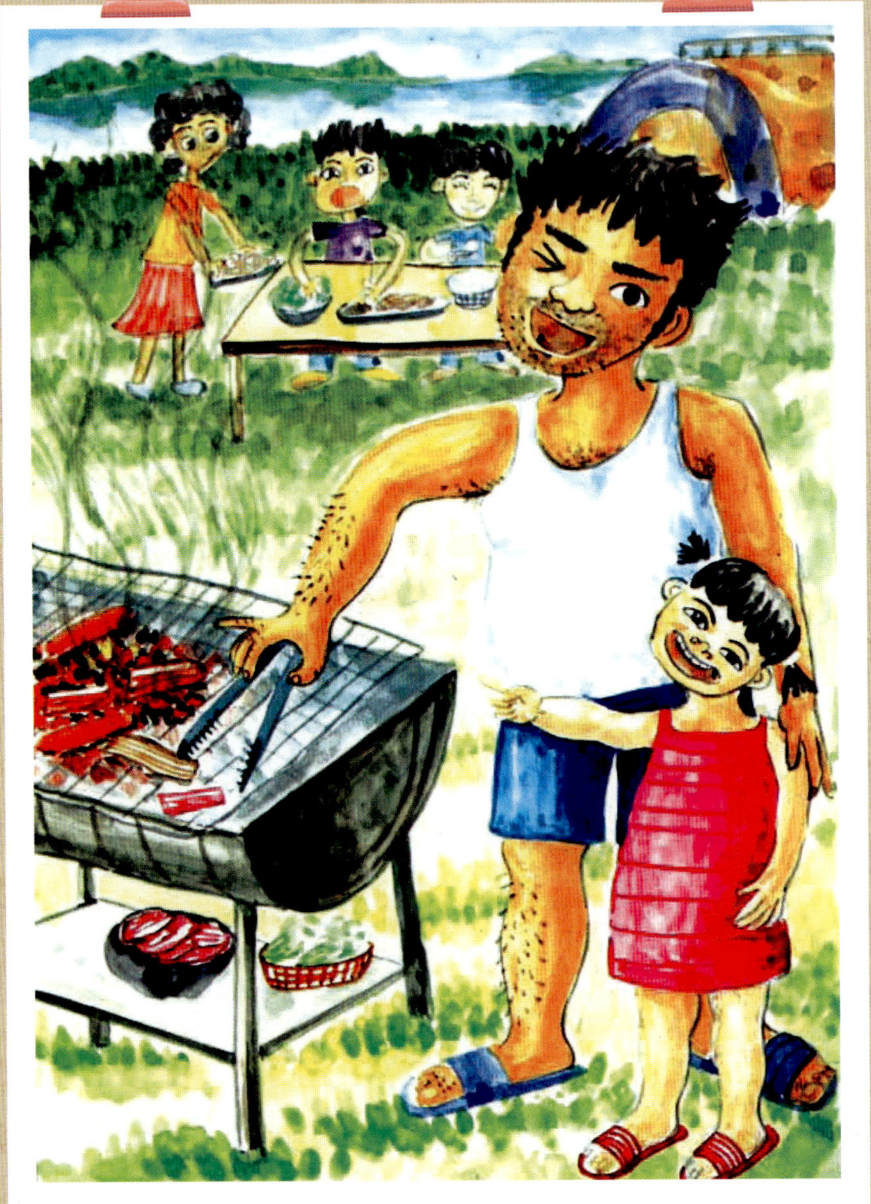

캠핑을 가면 꼭 구워 먹어야 하는 삼겹살. 아빠가 구워 주시면 더욱 맛있답니다. 우리 아빠의 편안한 모습을 그림으로 표현해 보세요. 연필로 스케치하고 물감으로 채색하였습니다.

캠핑을 가면 어떤 놀이를 하고 놀까요? 모닥불을 피워 놓고 함께 노래하며 맛있는 소시지도 구워 먹고 고구마도 구워 먹는답니다. 그림으로 재미있게 표현해 보세요.

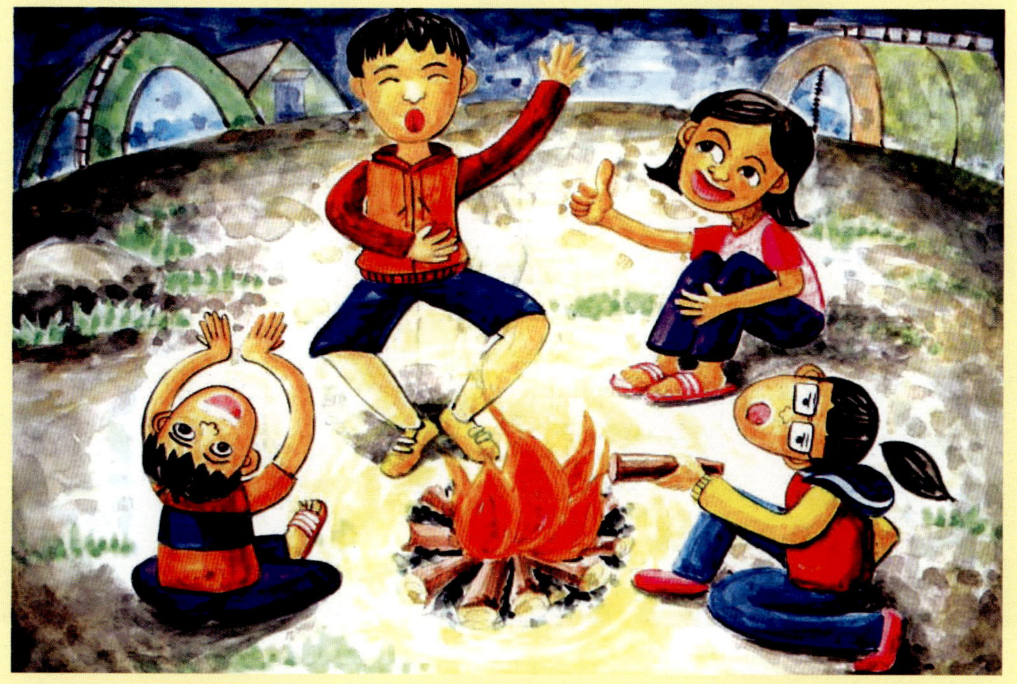

모닥불은 밤에 피워 두겠죠? 모닥불쪽의 배경은 밝게 채색하고 화지의 바깥쪽은 어둡게 채색해 주세요. 그럼 더욱 아늑한 느낌으로 표현된답니다.

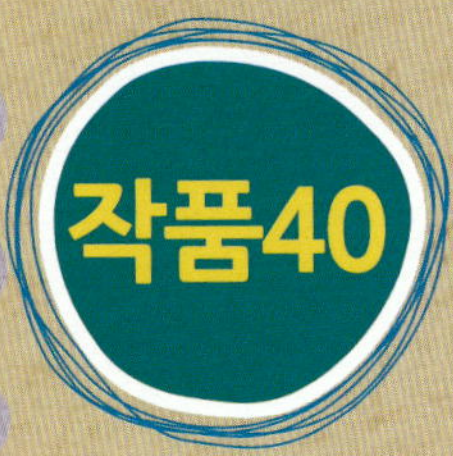

갯벌에서

갯벌은 다양한 생물들의 집이라고 할 수 있습니다. 박테리아 같은 미생물부터 갯지렁이, 바지락, 낙지까지 수많은 생명체가 갯벌에 살고 있지요. 우리 친구들도 한 번쯤은 경험해 보았을 갯벌을 그려 보세요. 갯벌에서 보았던 여러 가지 갯벌생물이나 경험을 자연생태 공부도 하면서 재미있게 표현해 보세요.

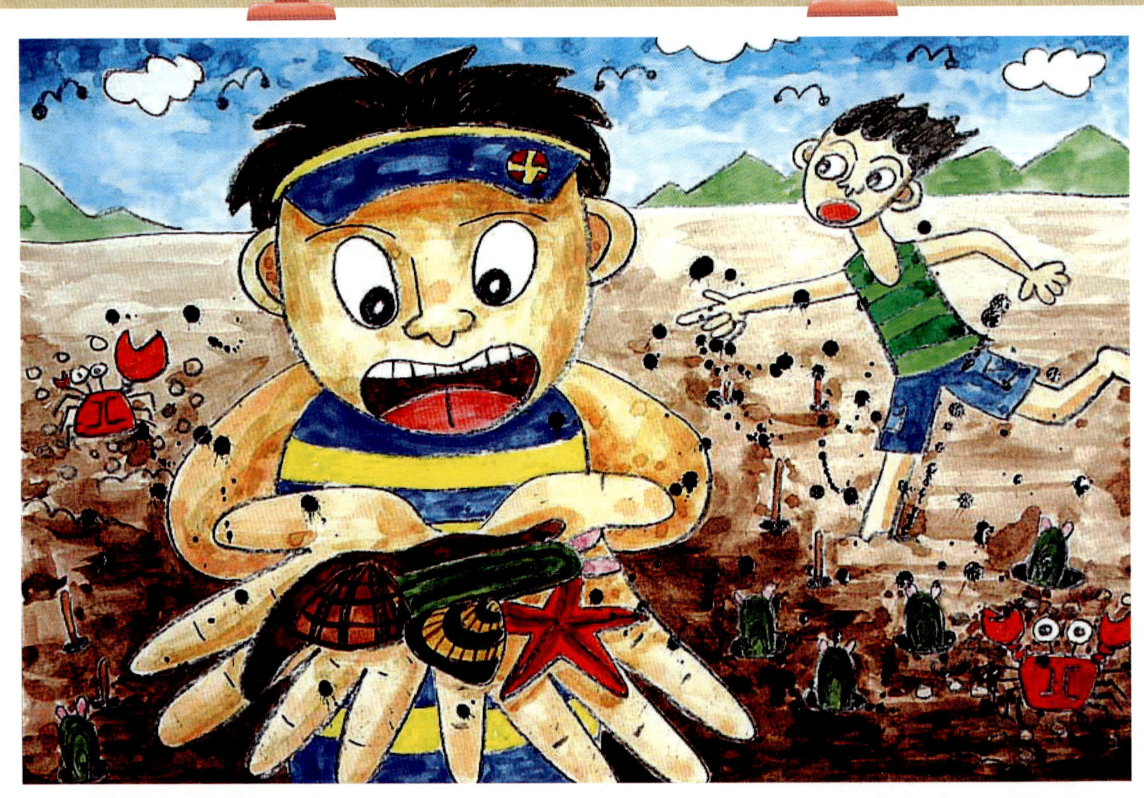

갯벌에서 잡은 여러 가지 조개들을 들고 관찰하는 모습을 크게 그려 보세요. 갯벌에서 보이는 작은 구멍 속에는 누가 있을까요? 물감으로 채색을 하고 붓에 진한 물감을 묻혀 뿌려 주세요. 갯벌에서 진흙이 튄 것처럼 표현할 수 있습니다. 검정 색연필로 그리고 물감으로 채색하였습니다.

뛰어다니다가 넘어졌던 이야기, 꽃게와 조개를 가득 잡아서 집에 가지고 갔던 이야기 등 갯벌 체험에 가서 있었던 일들을 그림으로 표현해 보세요. 꽃게 주변에는 작은 모래가 동글동글 뭉쳐 있지요.

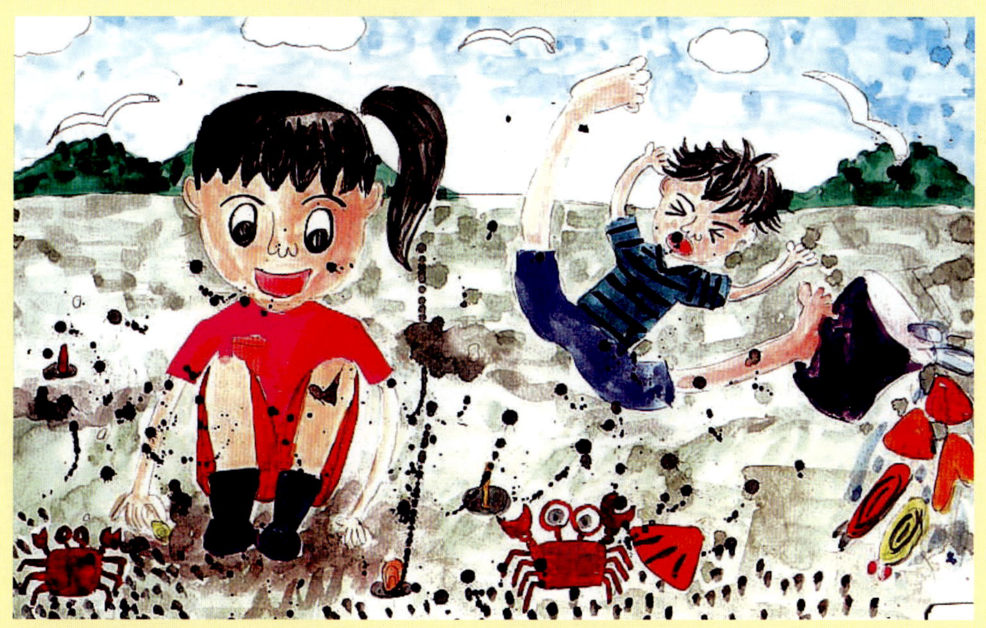

알아두면 좋아요

우리나라 서해안과 남해안의 갯벌과 그 주변 생태계에는 어류가 200여 종, 꽃게와 가재 같은 갑각류가 250여 종이나 살고 있고, 문어와 바지락 같은 연체동물이 200종, 갯지렁이류도 100종 이상 살고 있다고 합니다. 그중 갯벌에 사는 게는 집게발로 모래를 집어서 입에 넣는답니다. 모래에는 게가 좋아하는 먹이가 붙어 있어요. 먹이를 골라 먹고 남은 모래를 구슬처럼 만들어 뱉어낸답니다.

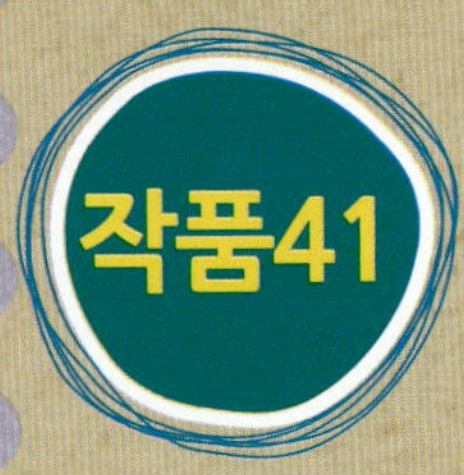

농악놀이

옛날에는 해마다 추수철이면 풍년에 감사하는 마음으로 농악놀이를 했지요. 지금은 자주 볼 수 없는 풍경이지만 사진자료 등을 찾아보며 공부하는 좋은 기회가 됐으면 합니다. 풍년이 되어 기쁜 마음과 함께 전통악기를 연주하는 사람들의 모습을 표현하고, 농악대의 옷차림도 자세하게 표현해 보세요.

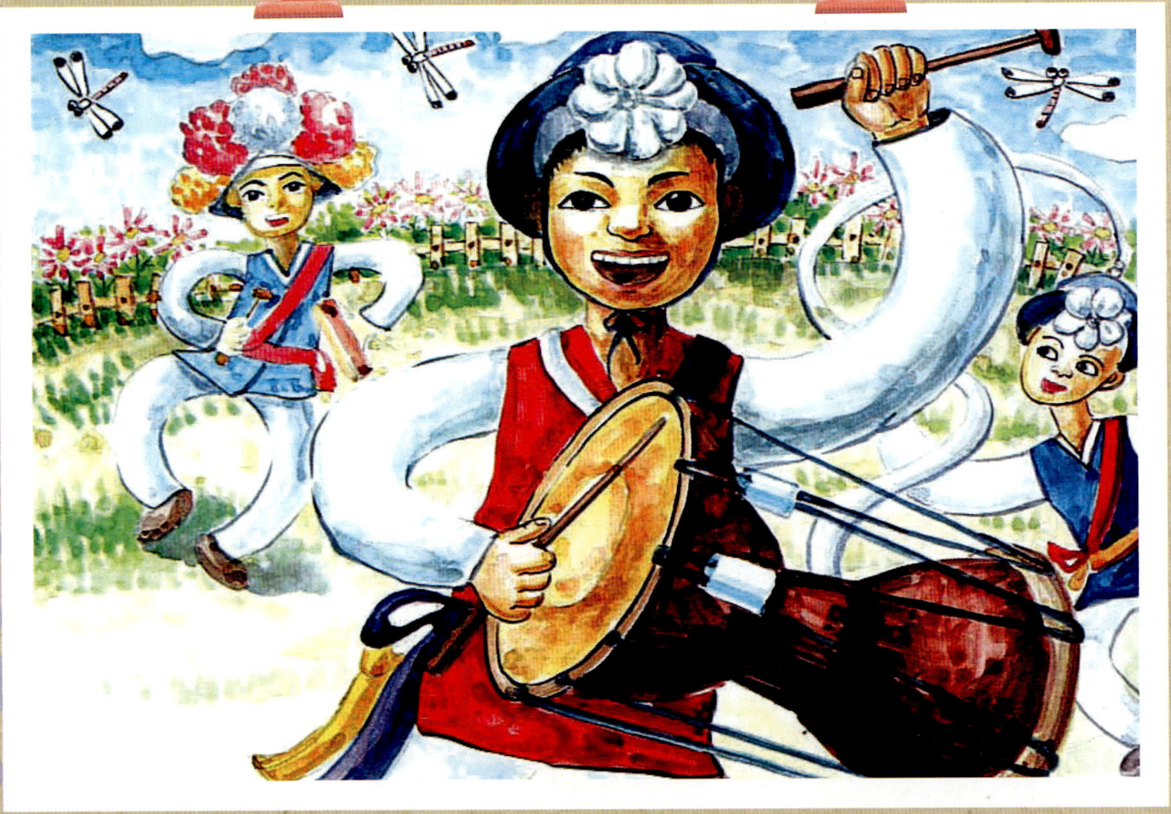

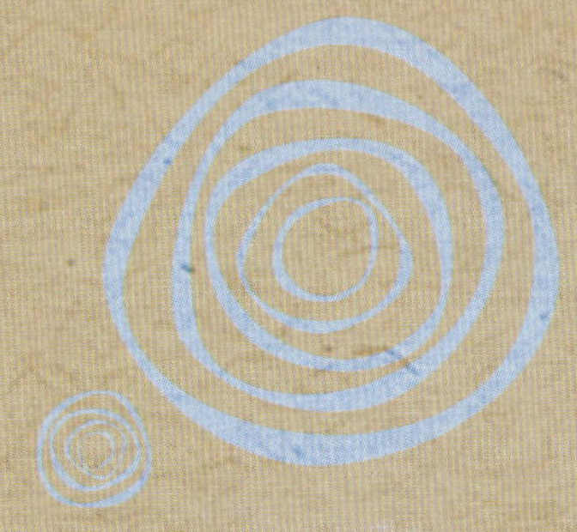

신나게 장구를 치고 상모를 돌리는 남사당패를 그려 보세요. 배경은 가을 풍경으로 그리면 잘 어울리겠죠? 남사당패의 옷을 오방색으로 채색하고 어둠은 보색을 섞어 눌러 주세요. 연필로 스케치하고 물감으로 채색하였습니다.

화려하게 상모돌리기를 하는 사람을 그려 보세요. 동작을 크고 과장되게 그리면 더욱 멋진 그림이 된답니다. 배경에는 노랗게 물 든 황금벌판을 그려 보세요.

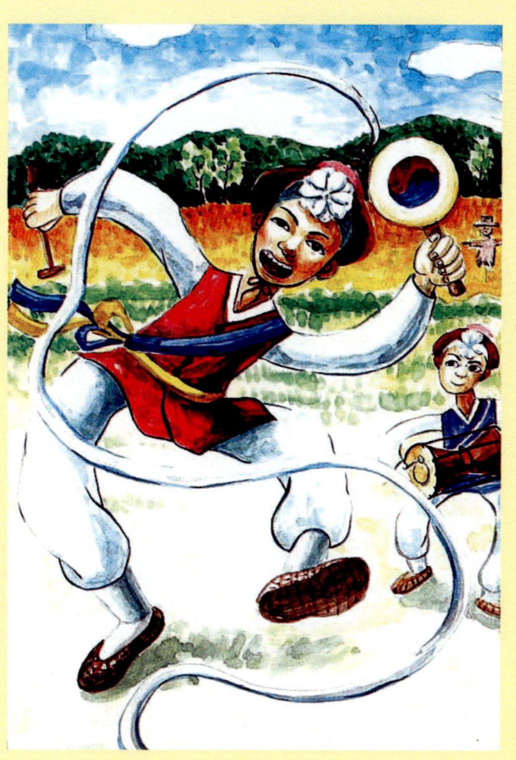

농악놀이는 김매기, 논매기, 모심기 등의 힘든 일을 할 때 일의 능률을 올리고 피로를 덜며, 온 마을 사람들이 하나 되게 하는 우리나라 전통놀이랍니다.

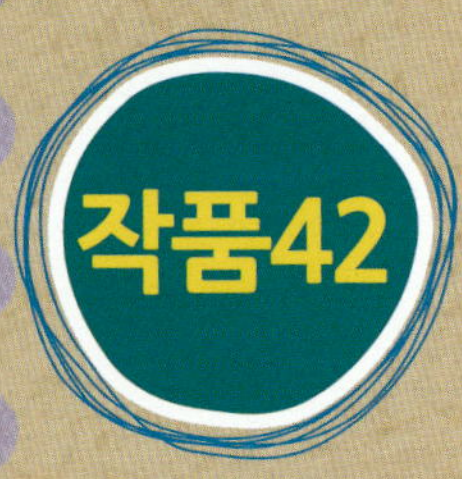

과자 따먹기

운동회나 체육대회에서 자주 하는 과자 따먹기. 키가 큰 친구가 절대적으로 유리한 경기이지요. 운동회나 다른 여러 가지 놀이 중에 해 본 과자 따먹기 게임을 떠올려 재미있게 표현해 보세요. 특히 뒷짐을 지고 과자를 먹는 모습을 표정에 유의하면서 표현해 봅시다.

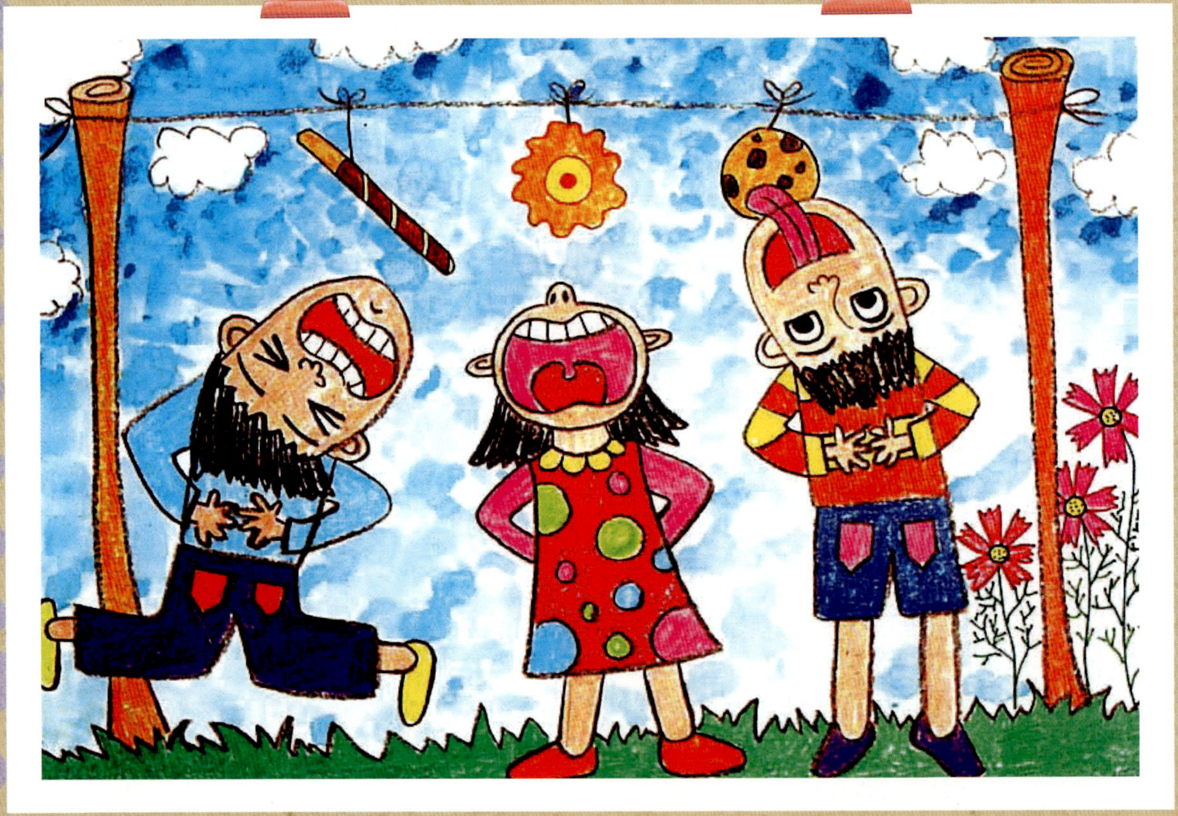

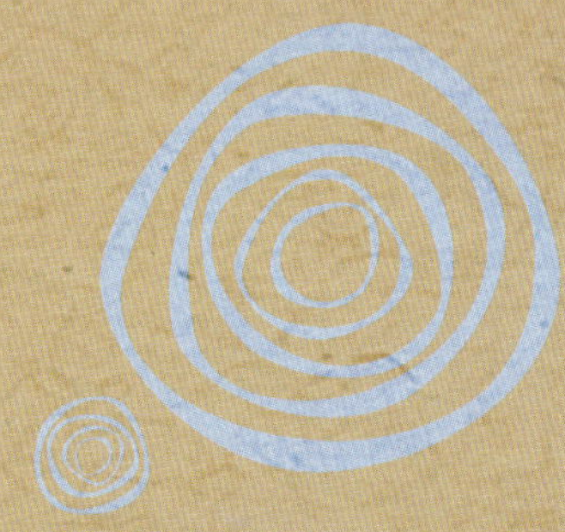

손을 뒤로하고 하늘을 쳐다보는 친구들을 표현할 때에는 얼굴 표정이 보이게 얼굴을 거꾸로 그려 주세요. 까치발을 하고 팔짝팔짝 뛰는 친구도 그려 주세요. 고동색 크레용으로 그리고 색연필과 물감으로 채색하였습니다.

우리 친구들이 좋아하는 과자도 그려 보세요. 빼빼로, 꼬깔콘, 초코송이 등 맛있는 과자를 매달아 주세요.

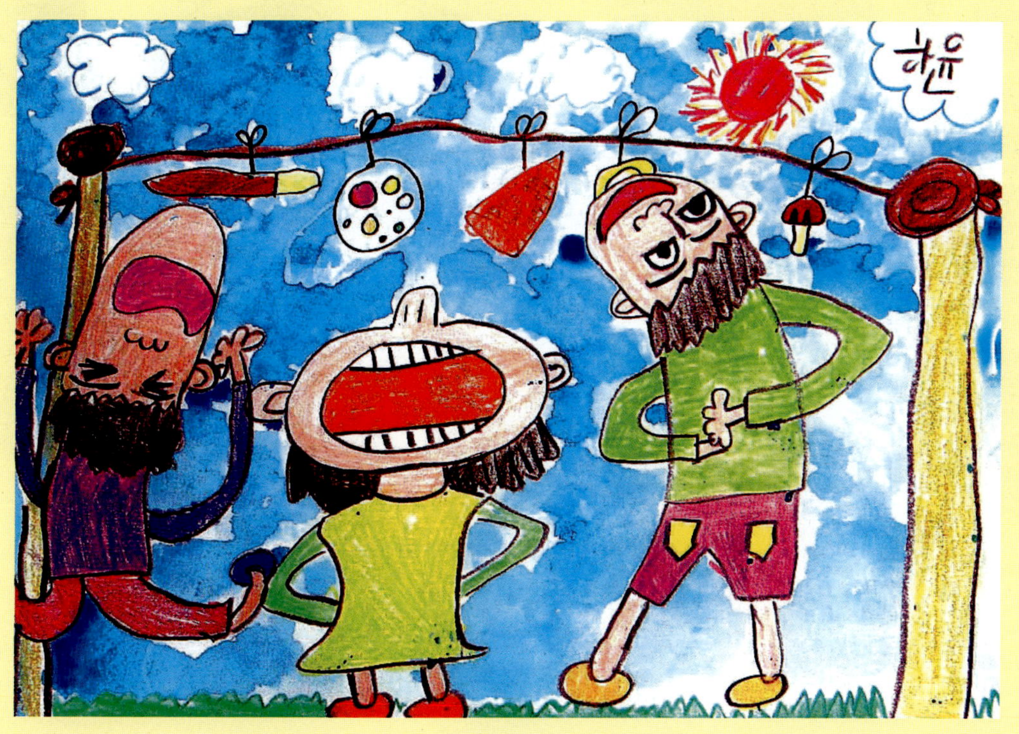

경찰 아저씨

시민의 안전을 위해 밤낮을 가리지 않고 열심히 뛰어다니시는 우리의 경찰 아저씨. 많은 친구들이 경찰은 나쁜 일을 한 사람을 잡아가는 무서운 아저씨로 생각합니다. 하지만 경찰이 실제로 하는 여러 가지 일에 대해 공부해 보면 그렇지 않다는 걸 알 수 있지요. 경찰의 여러 가지 활약상에 대해 표현해 봅니다.

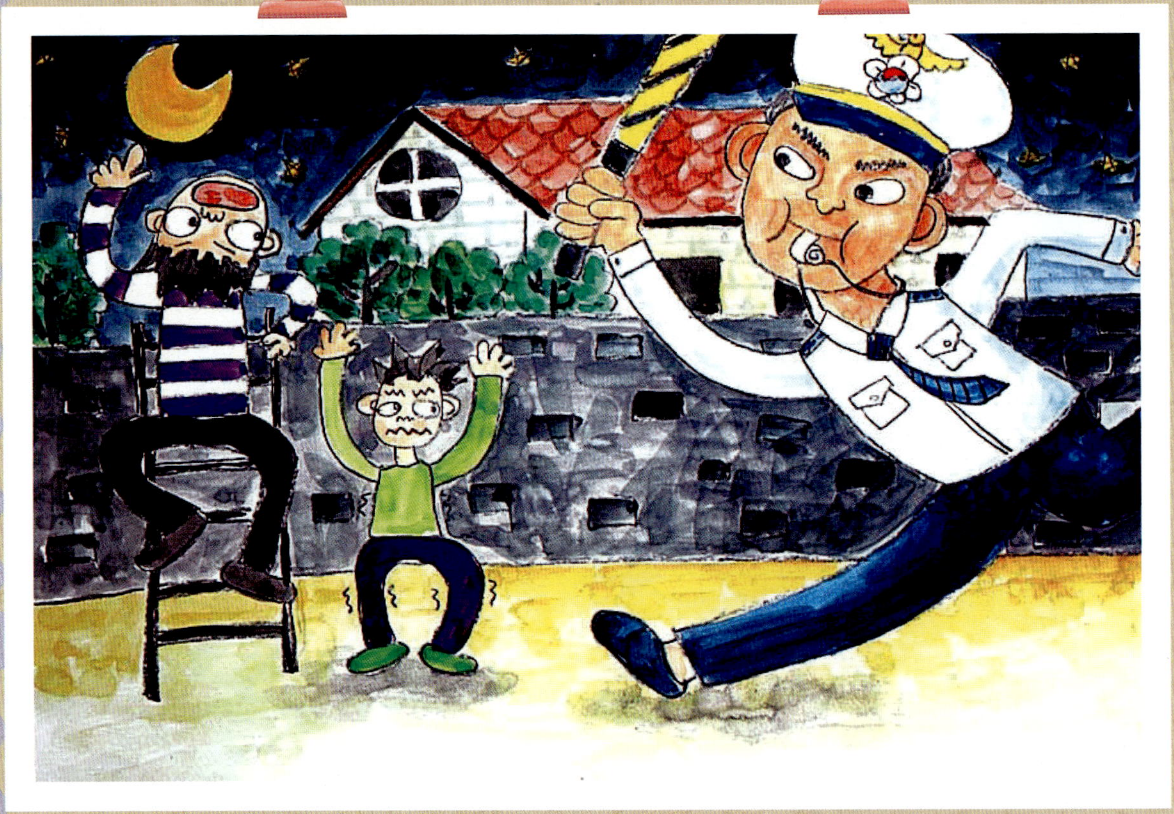

호루라기를 불며 뛰어오는 경찰 아저씨를 그려 주세요. 경찰 아저씨를 도둑들보다 크게 그리면 더욱 든든하게 보인답니다. 무서워서 벌벌 떨고 있는 도둑도 재미있게 표현해 보세요. 검정 색연필로 그리고 물감으로 채색하였습니다.

경찰 아저씨들은 정말 많은 일을 하신답니다. 교통정리를 하시는 경찰 아저씨, 밤에 순찰을 하시는 경찰 아저씨, 나쁜 사람들을 잡으러 다니는 경찰 아저씨. 경찰 아저씨들이 하시는 여러 가지 일들을 그림으로 표현해 볼까요?

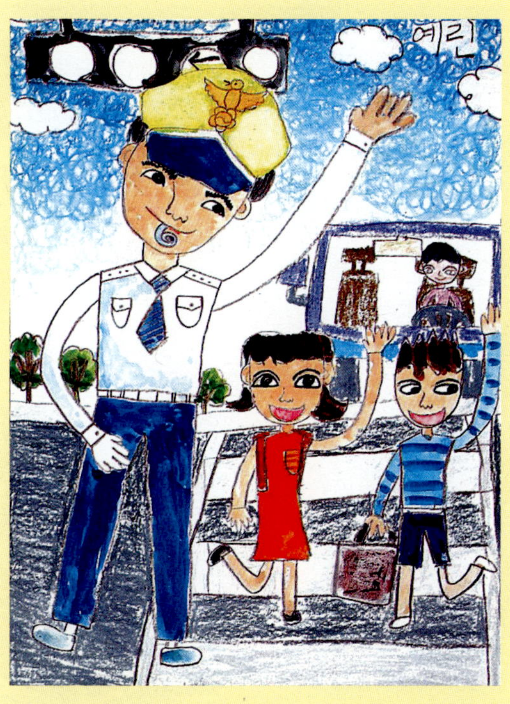

알아두면 좋아요

우리 친구들에게 경찰 아저씨의 제복 이미지를 보여주세요. 겨울에 입는 제복과 여름에 입는 제복은 다르답니다.

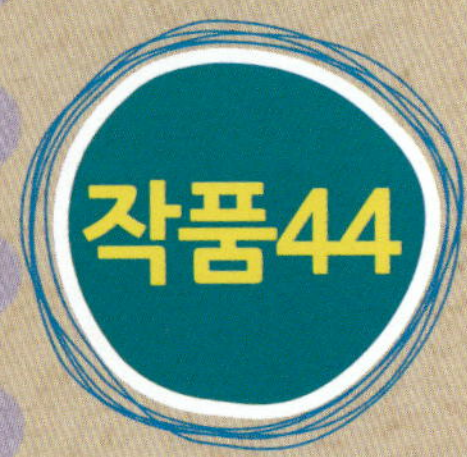

태권도

우리 고유의 민족무술 태권도. 태권도를 배우는 친구들도 정말 많지요. 몸도 튼튼해지고 강한 정신력과 바른 예절도 배울 수 있는 정말 멋진 무술이랍니다. 그 매력에 반해 태권도를 하는 외국인도 많지요. 태권도의 멋진 격파나 발차기, 겨루기 모습을 다양하게 표현해 봅니다.

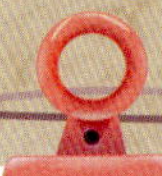

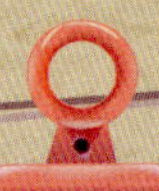

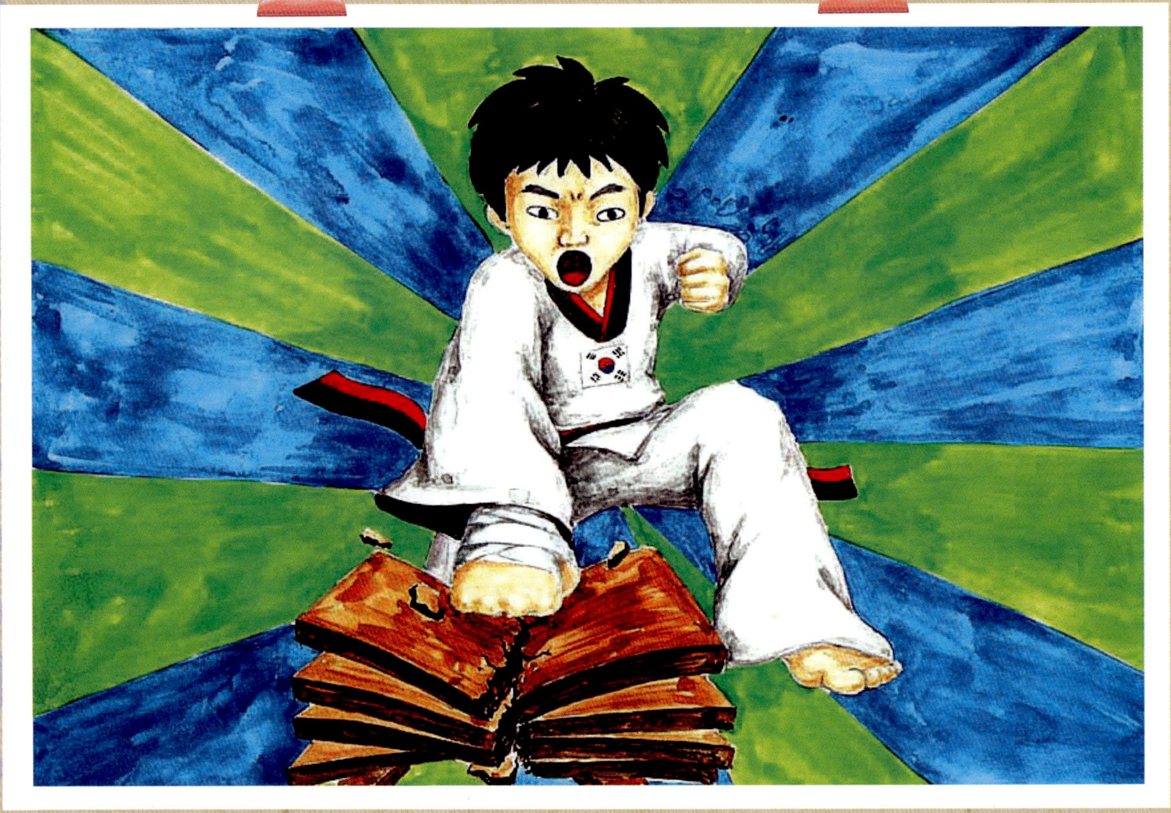

격파하는 동작을 실감나게 표현해 보세요. 태권도 도복은 무채색을 이용하여 어둠을 눌러 주세요. 배경은 바깥으로 퍼지는 선으로 표현해 주세요. 연필로 스케치하고 물감으로 채색하였습니다.

태권도 동작 중 발차기, 지르기, 막기 등 여러 가지 동작을 사진이나 그림 이미지를 보고 그려 보세요. 도복이 흰색이기 때문에 배경 채색에 더욱 신경 써야 합니다.

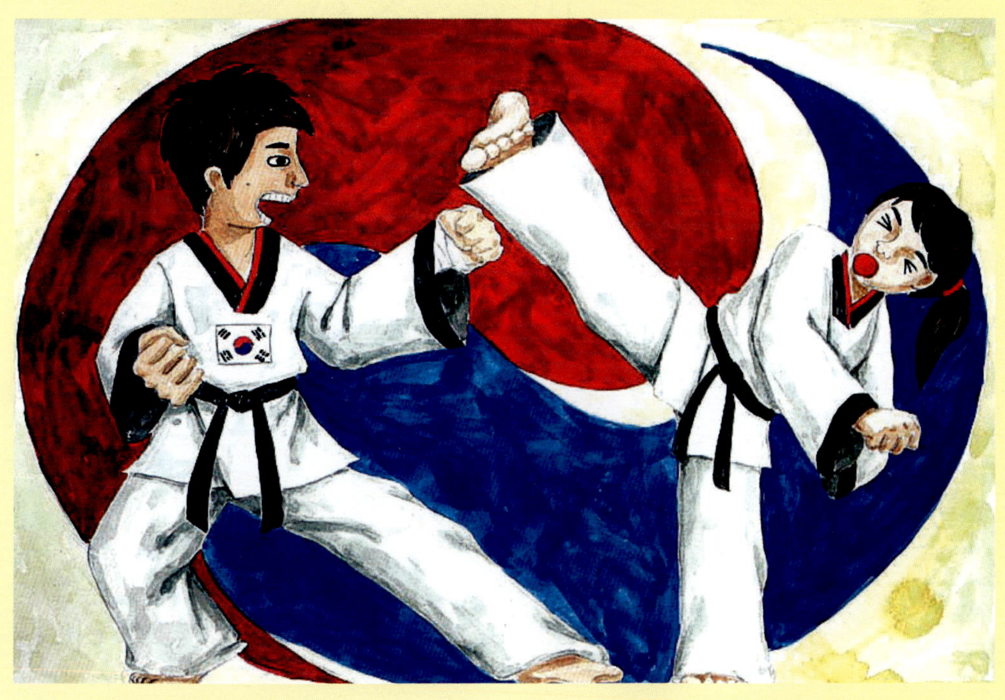

태권도는 대표적인 한민족 고유의 무술로, 세계적으로 널리 보급된 투기 스포츠이자 대한민국의 국기입니다. 태권도는 아무런 무기 없이 언제 어디서나 손과 발을 이용해 공격 또는 방어하는 무도로 신체 단련을 위한 목적과 함께 정신적 무장을 통한 올바른 인간화를 중요시하는 데 큰 의의를 두고 있습니다.

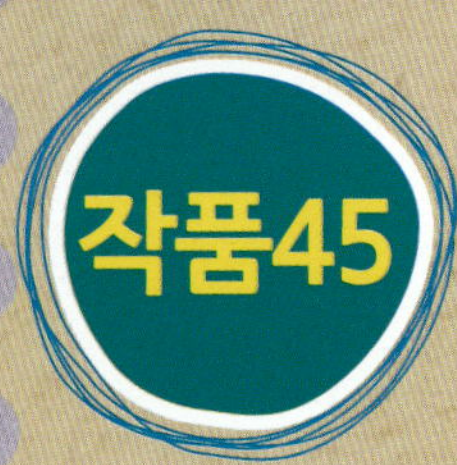

급식 시간에

우리 친구들이 학교에서 보내는 시간은 하루의 절반을 차지합니다. 그럼 학교에서 친구들이 제일 기다리는 시간은 언제일까요? 바로 급식 시간이지요? 급식 시간에 있었던 일들을 이야기해 보세요. 그리고 재미난 상황들을 그림으로 표현해 보세요.

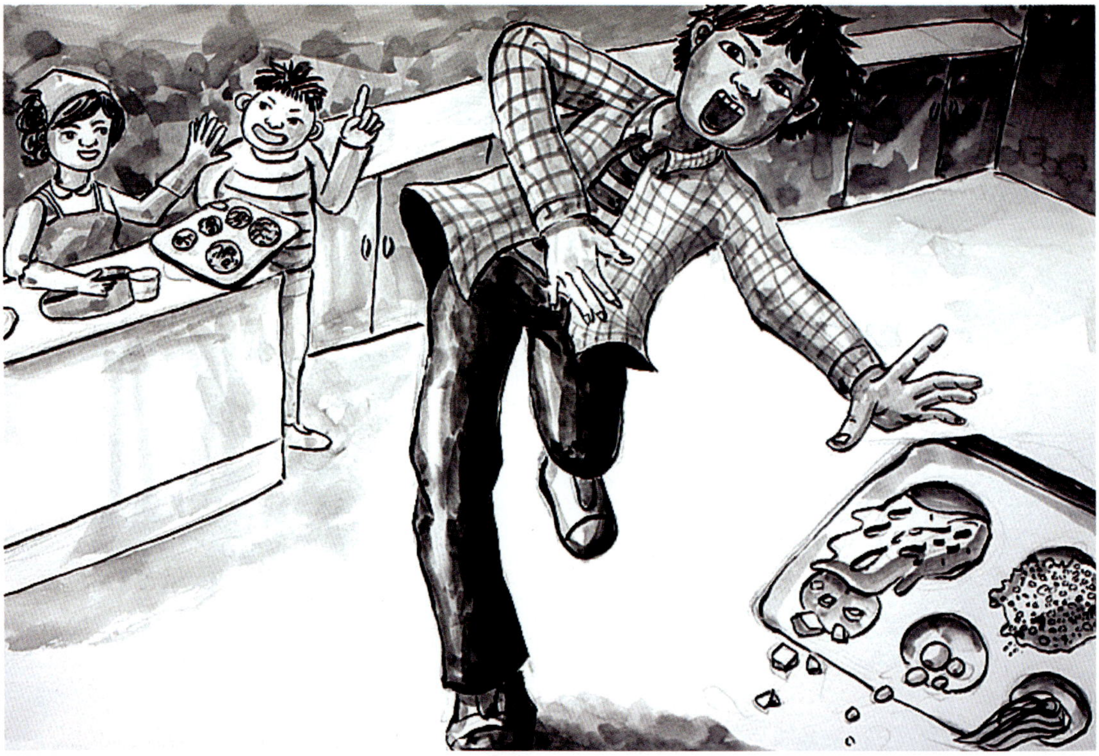

급식을 들고 가다가 미끄러져 넘어지는 친구의 모습을 그려 보았습니다. 넘어지며 급식판을 놓쳐 음식이 모두 쏟아졌습니다. 쏟아지는 음식과 식판을 크게 과장하여 표현해 주세요. 그리고 채색은 흑백사진처럼 검은색 물감을 물조절하여 채색해 보세요. 연필로 그리고 붓펜과 검은색 물감으로 채색하였습니다.

친구들과 함께 이야기하며 즐겁게 급식을 먹는 시간, 어떤 재미난 일들이 있었나요? 나의 하루를 되돌아 보며 즐거웠던 일들을 그림으로 표현해 보세요.

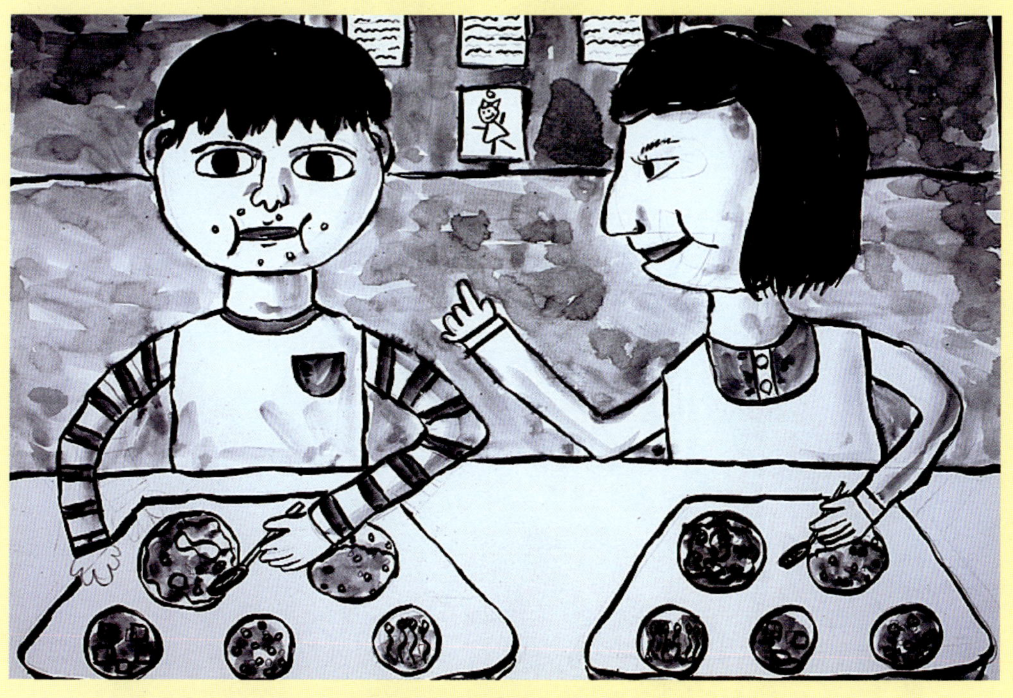

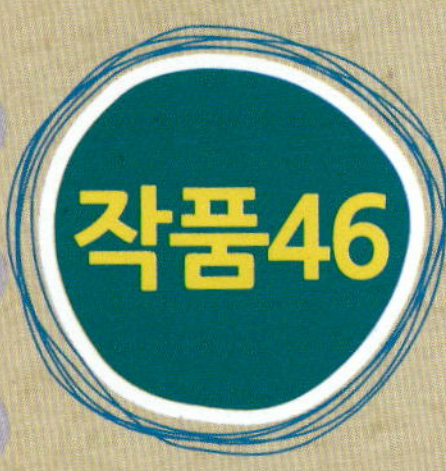

발상의 전환

어떤 대상을 확대, 축소, 과장, 단순화, 변형, 더하거나 빼는 방법, 분리하거나 재배열하는 방법 등으로도 재미있고 독특한 아이디어와 이미지를 얻을 수 있습니다. 기린의 긴 목을 확대하여 그려 볼까요? 확대하여 그리니 놀이기구 같아 보이기도 합니다. 기린의 목을 미끄럼틀처럼, 그네처럼, 사다리처럼 재미나게 표현해 보세요.

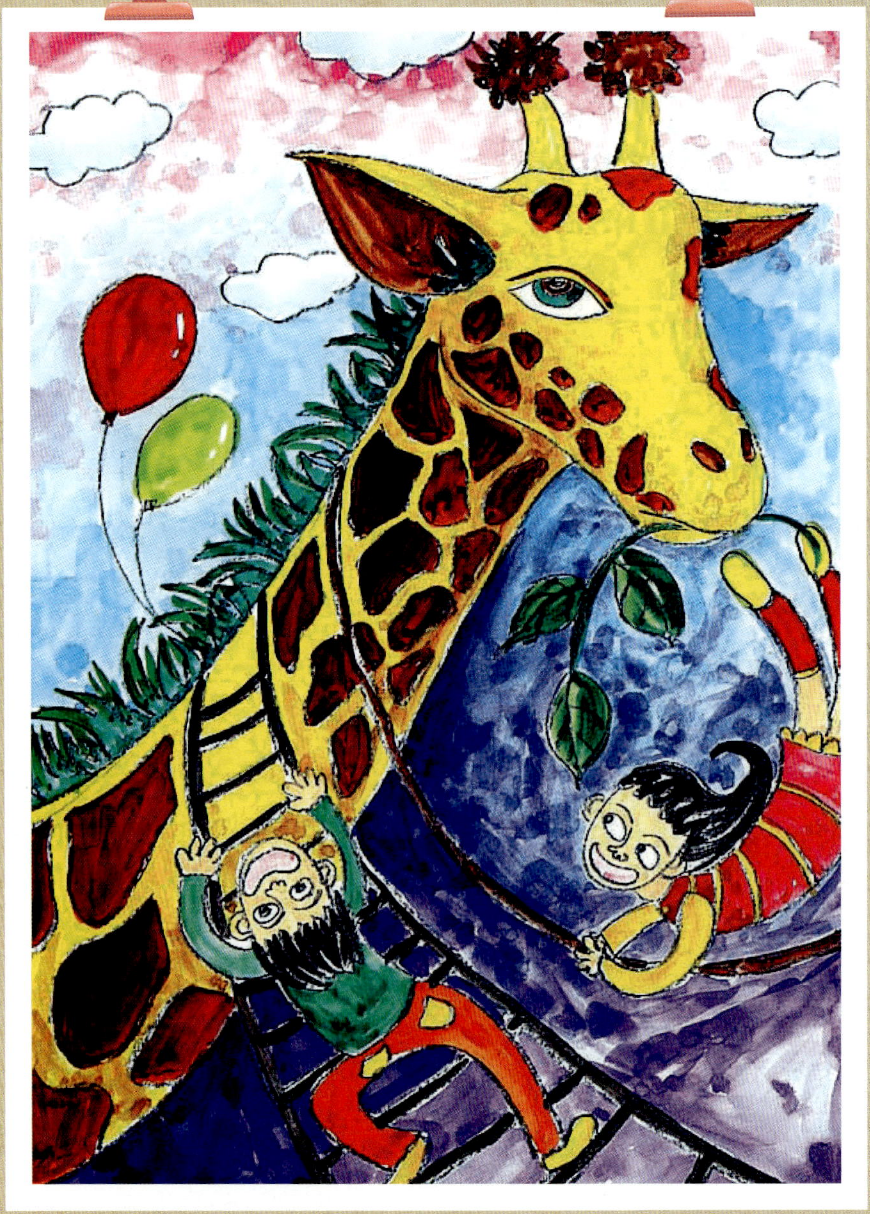

기린의 특징인 긴 목을 크게 확대하여 표현해 보았습니다. 그리고 기린의 목에서 놀이기구처럼 즐겁게 놀고 있는 친구들을 그렸습니다. 배경은 환상적인 분위기를 내기 위하여 여러 가지 색으로 채색했습니다. 검정 색연필로 그리고 물감으로 채색하였습니다.

재미난 특징을 가지고 있는 동물은 어떤 동물이 있을까요? 코끼리, 낙타 등 특징이 있는 동물 친구들을 그려 보세요. 자, 그럼 우리 친구들의 상상력을 발휘해 볼까요?

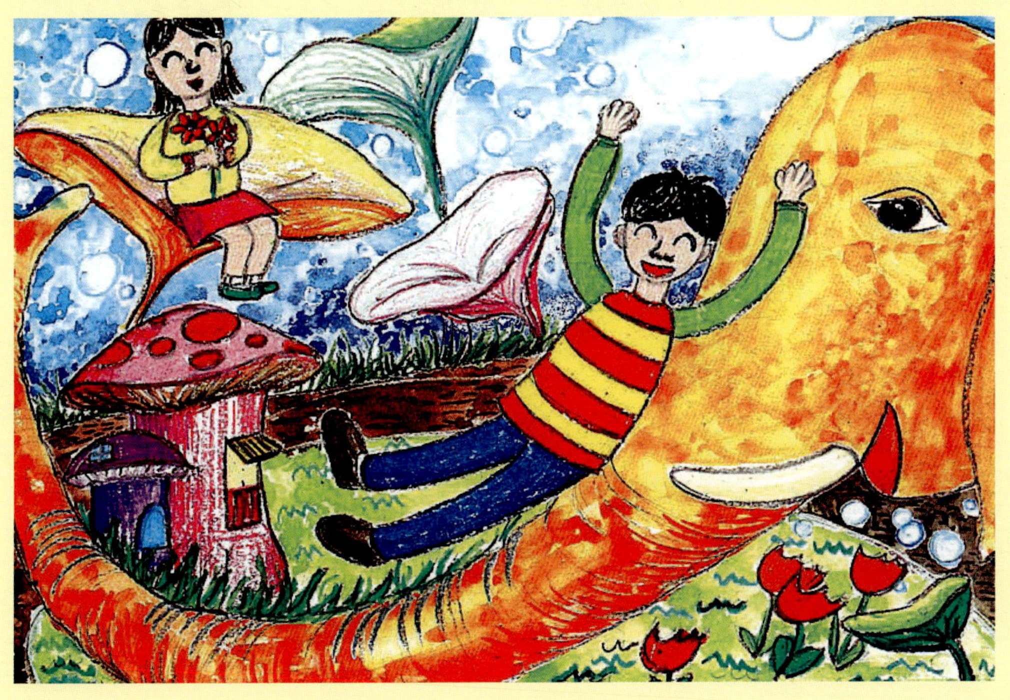

방방이를 타요

친구들과 방방이를 타러 가 본 적이 있나요? 방방이는 요즘 어린이들에게 인기가 많은 놀이랍니다. 방방이를 탈 때 하늘을 나는 것 같은 짜릿함이 느껴지지 않나요? 높이 튕겨 오르며 취하는 다양하고 재미있는 동작 등 방방이를 탈 때의 모습을 재미있게 표현해 보아요.

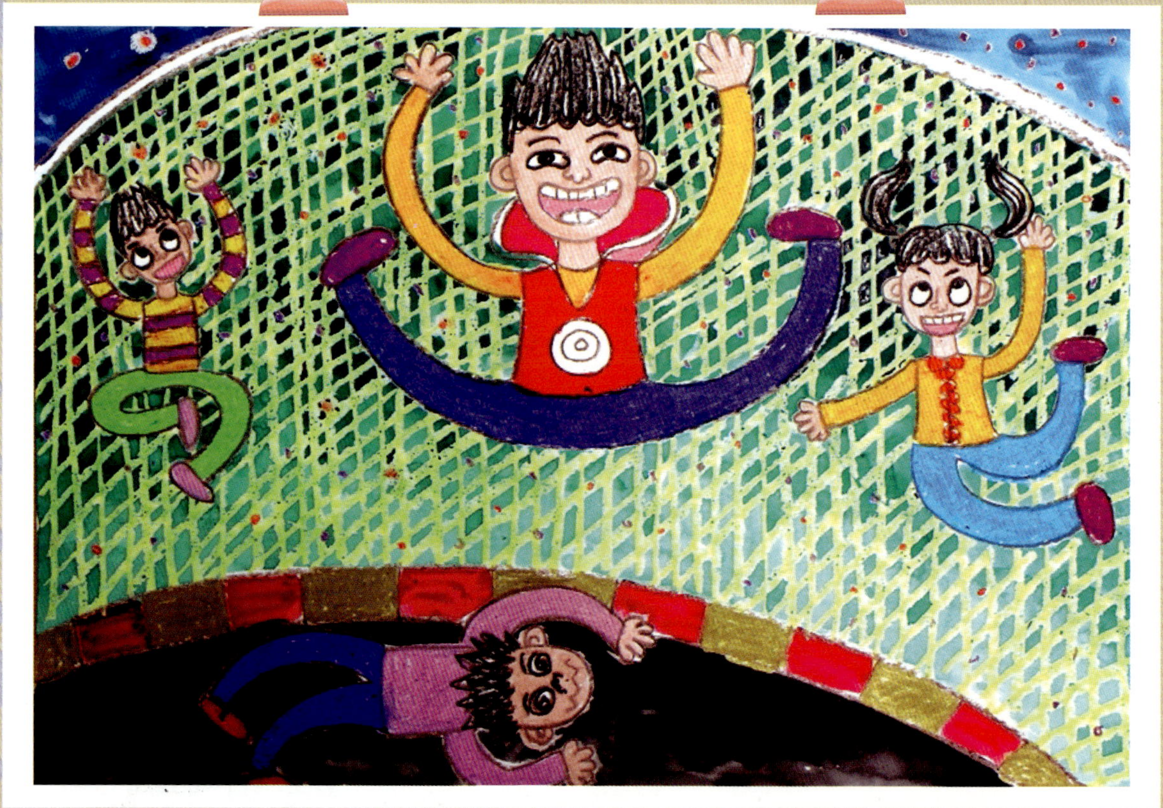

어떻게 그렸을까요?

방방이 위에서 뛰면 높이 뛸 수 있습니다. 하늘을 나는 것처럼 재미있지요. 거꾸로 한 바퀴를 도는 친구들도 있고 다리를 벌리고 뛰는 친구들도 있답니다. 재미난 동작으로 응용하여 표현해 보세요. 고동색 크레파스로 스케치하고 크레파스와 물감으로 채색하였습니다.

다르게 그려봐요

떨어지는 게 너무 무서워 눈을 꼭 감은 친구, 거꾸로 떨어지는 친구, 넘어져 누워 있는 친구 등을 재미있게 표현해 보세요.

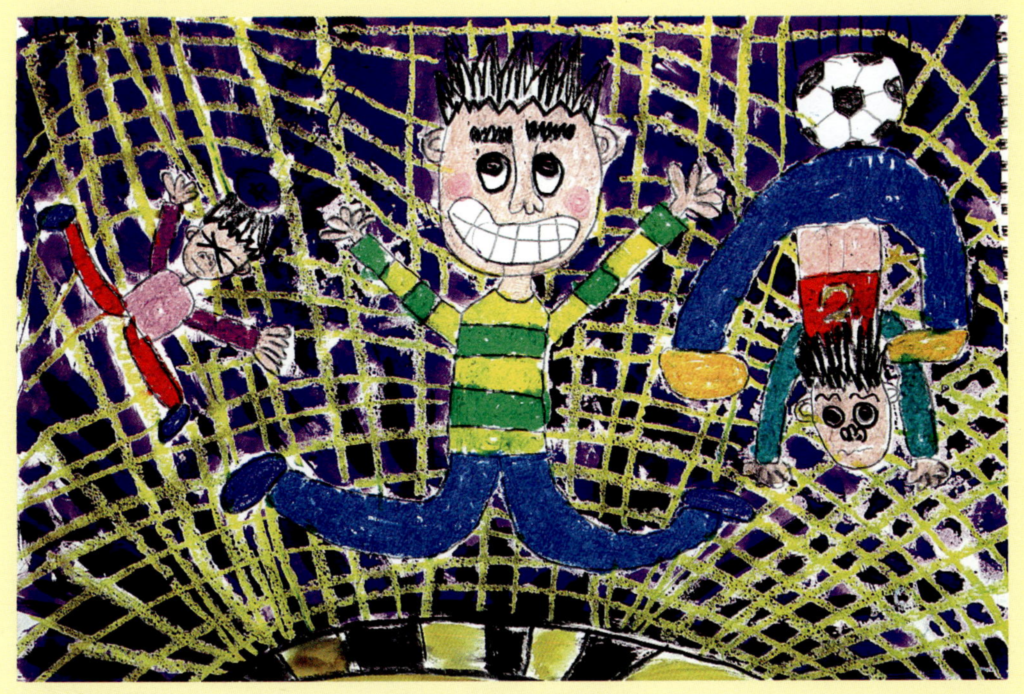

MEMO

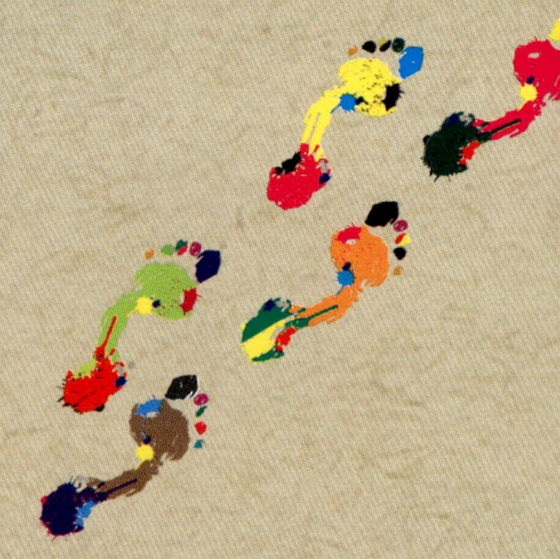

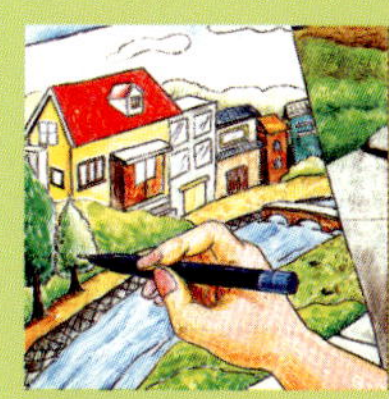
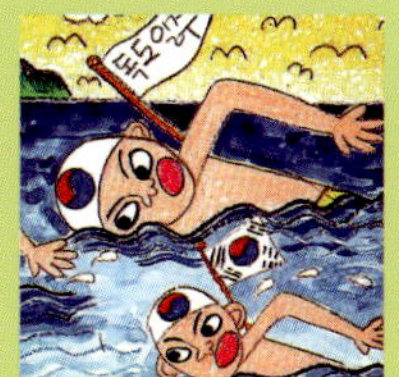
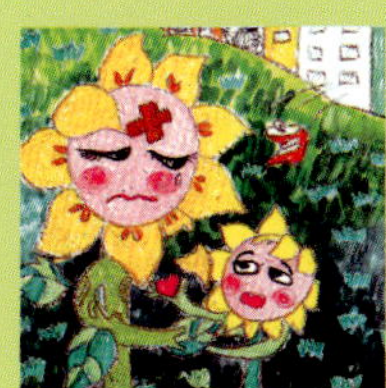
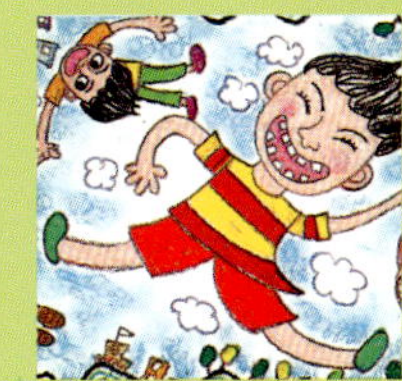
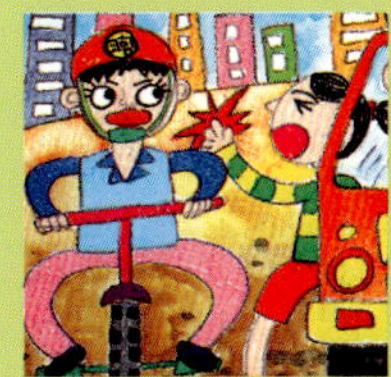
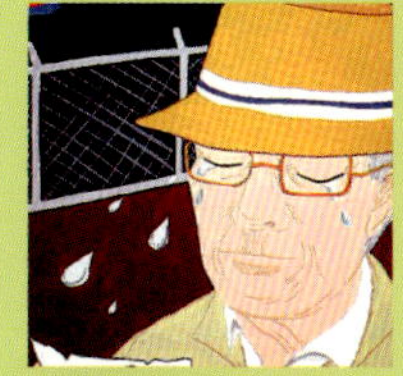
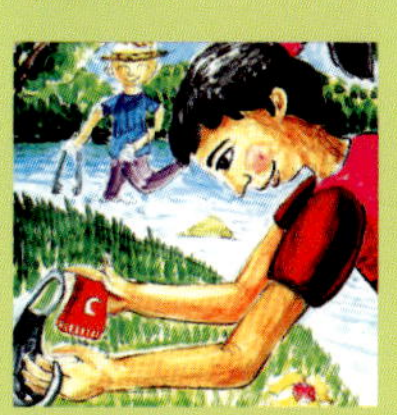
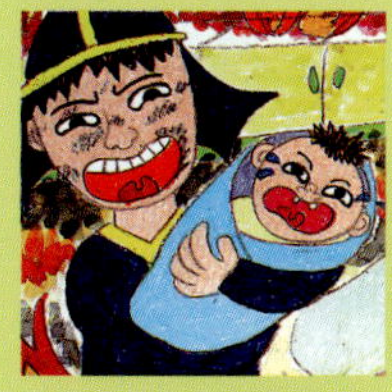
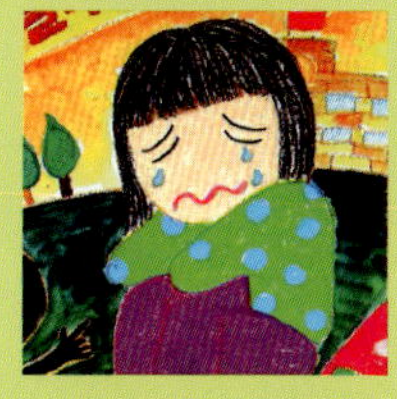
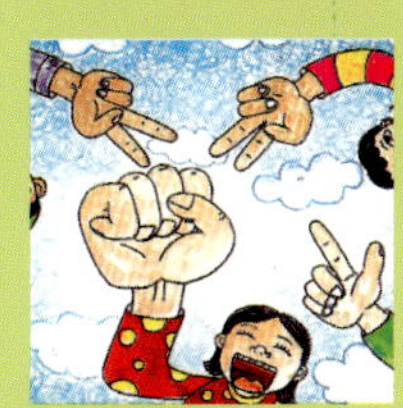
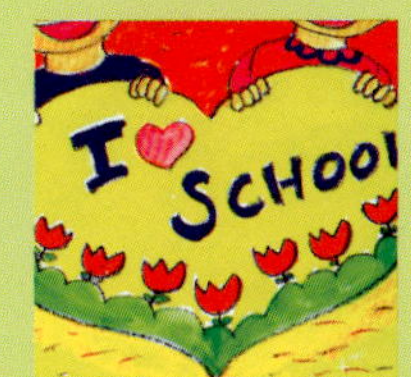

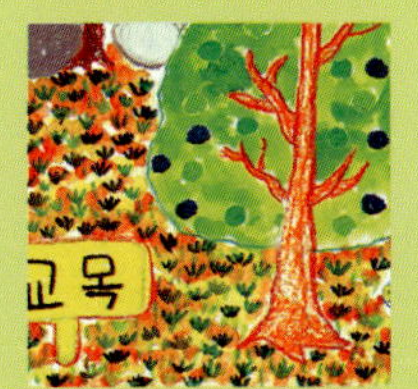
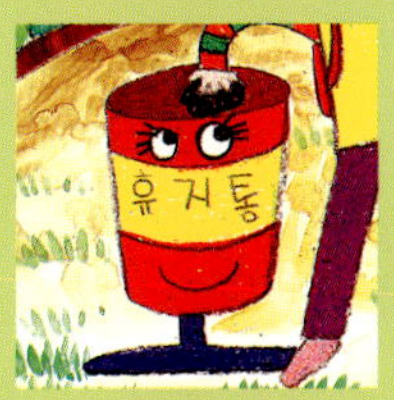
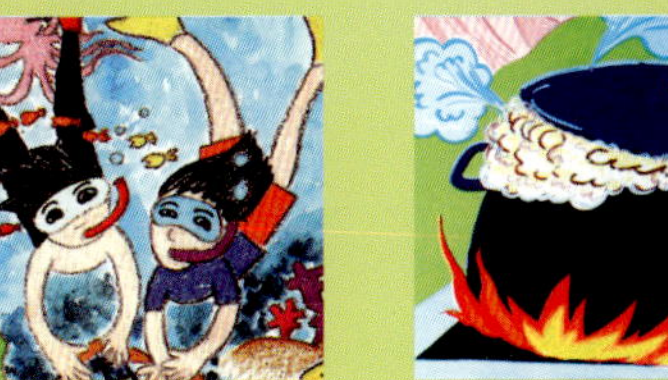
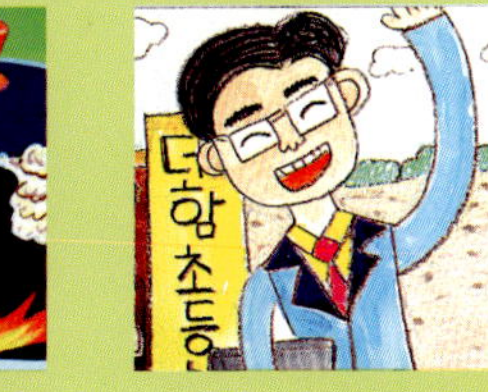

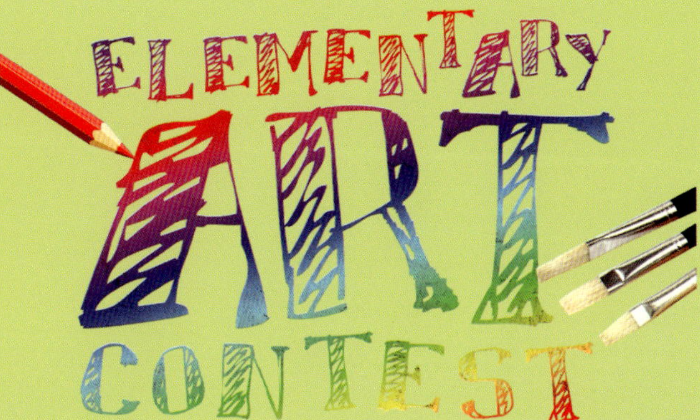

ELEMENTARY ART CONTEST

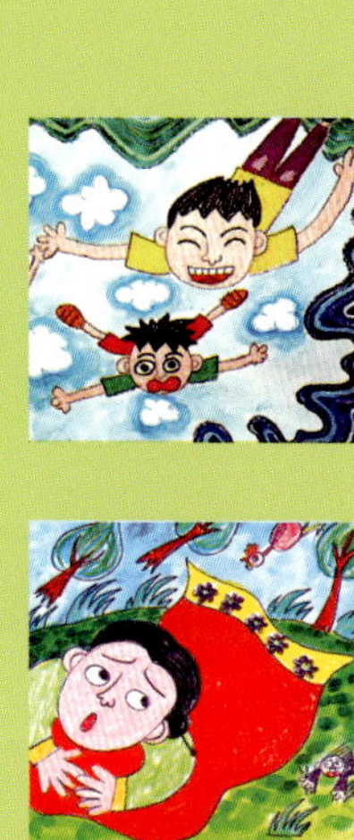
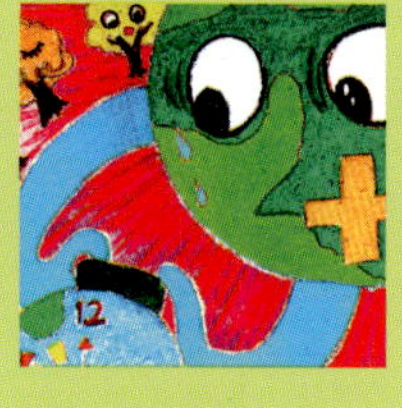
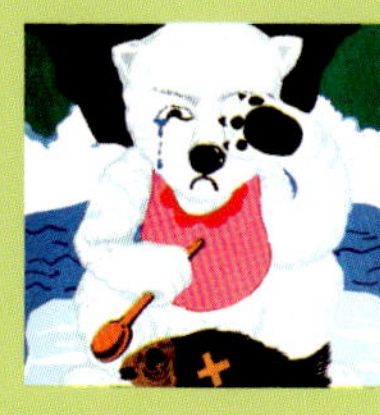
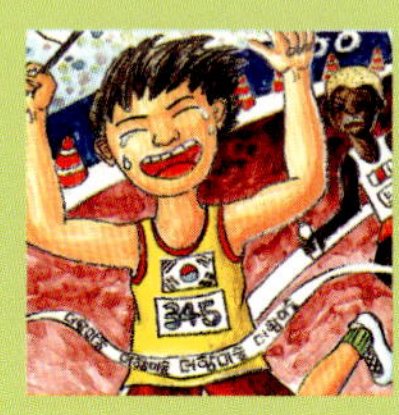
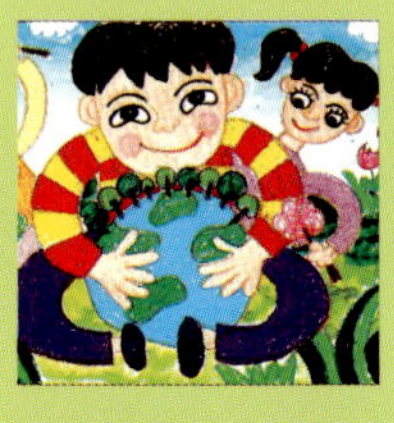
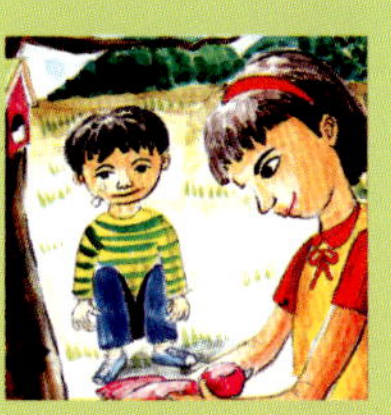
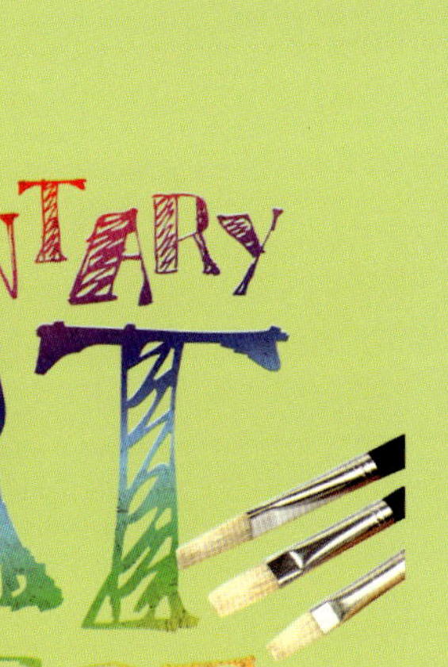
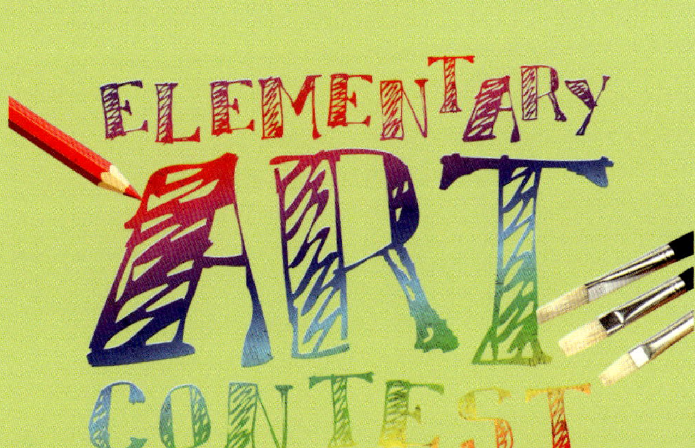
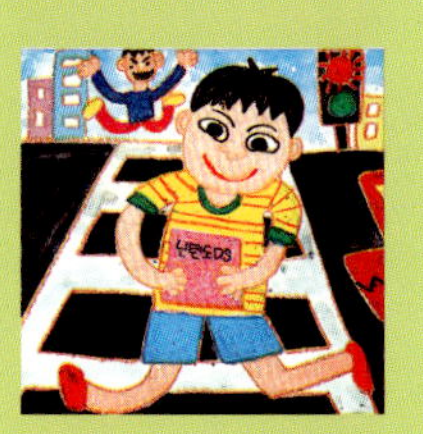
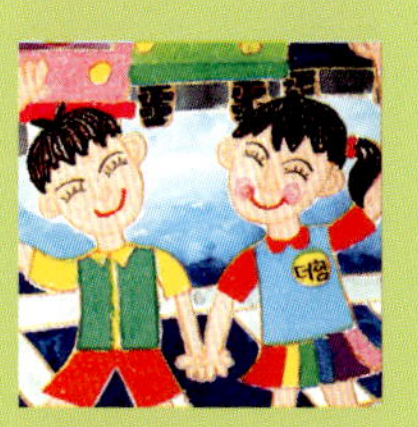

ELEMENTARY ART CONTEST

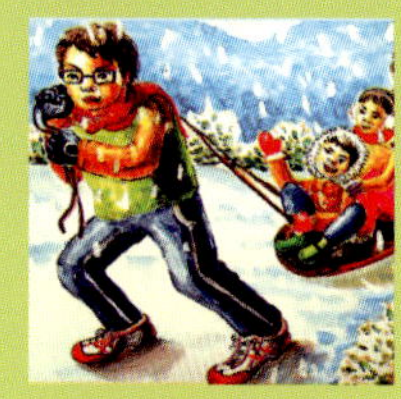
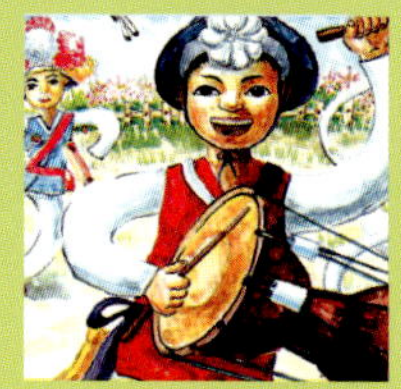
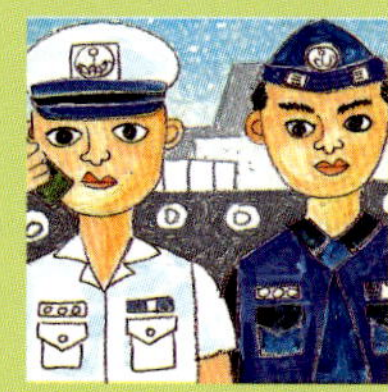
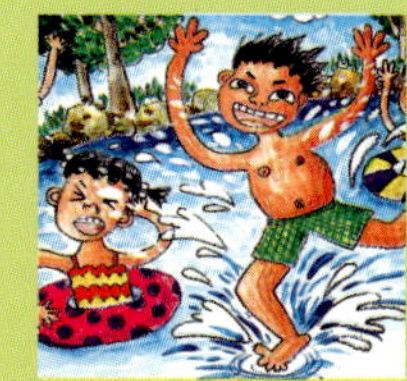
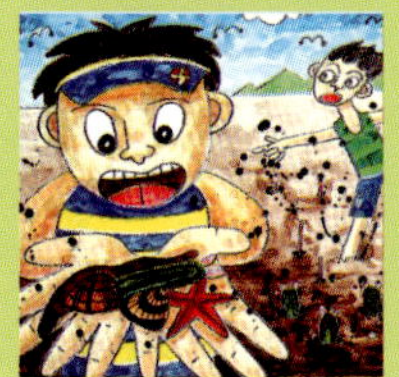

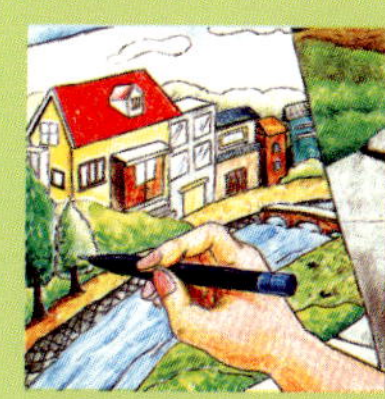
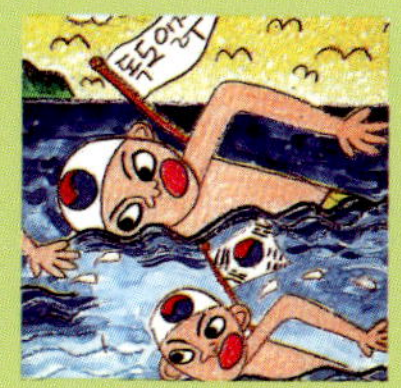
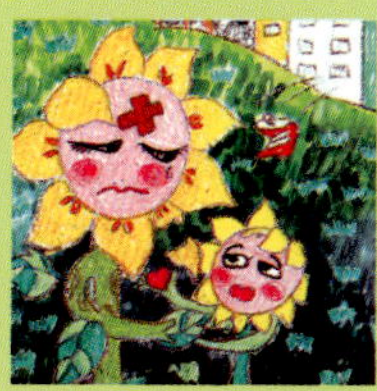
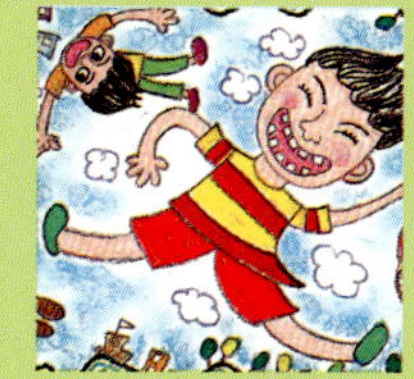
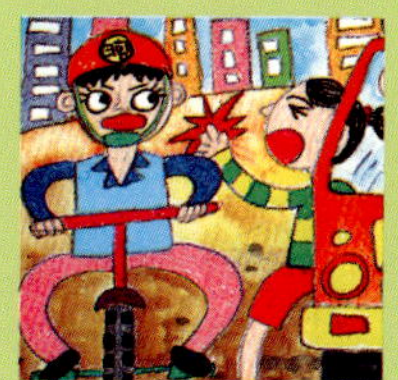
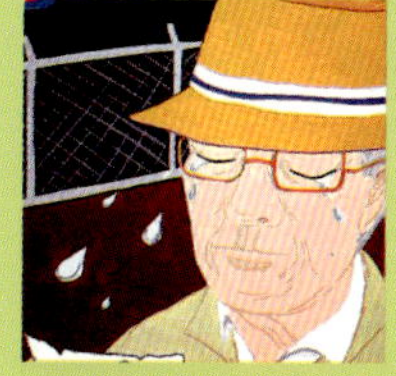
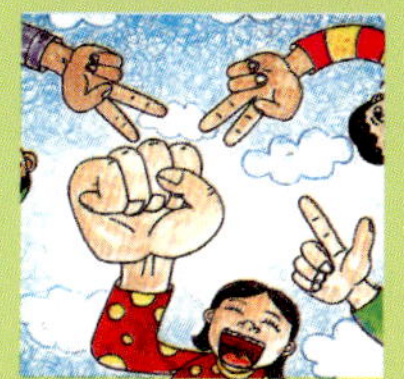
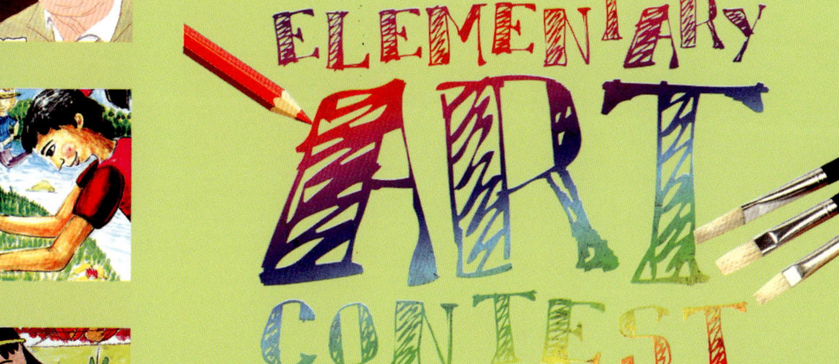
ELEMENTARY
ART
CONTEST
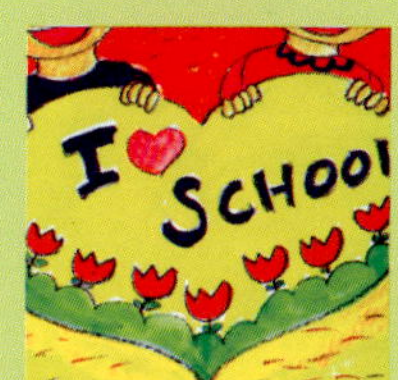
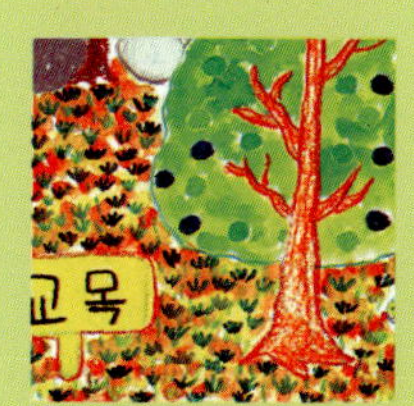
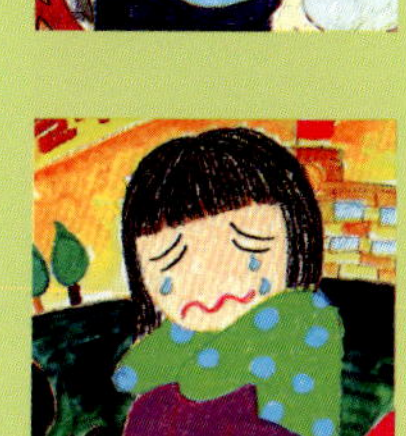
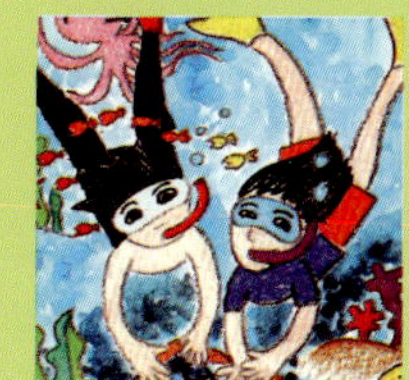
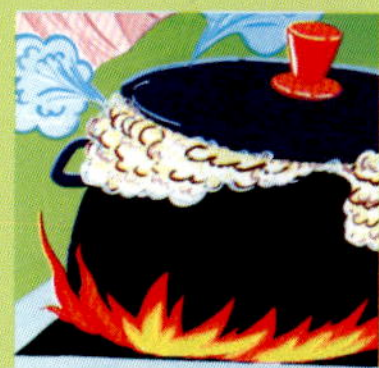
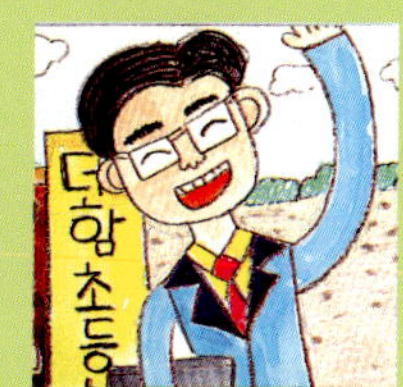
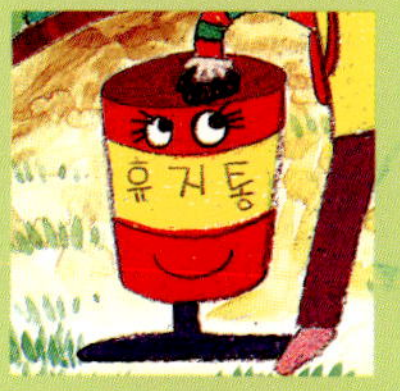

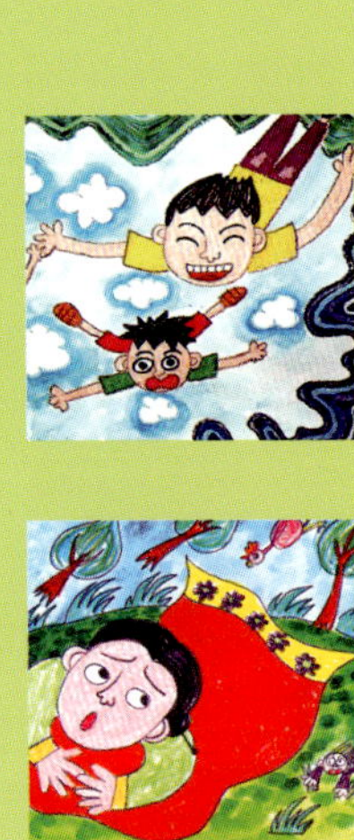
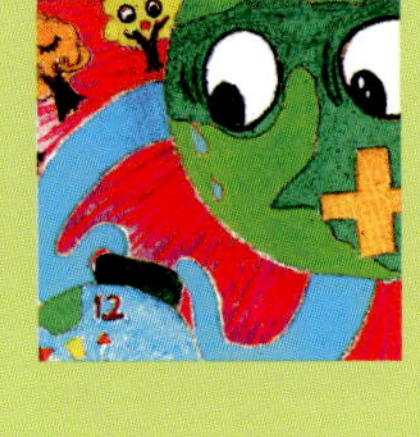
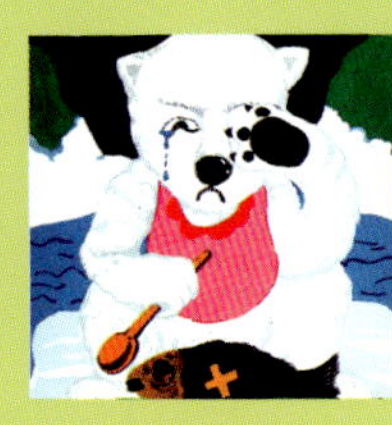
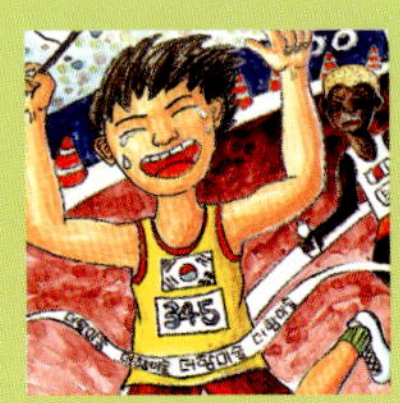
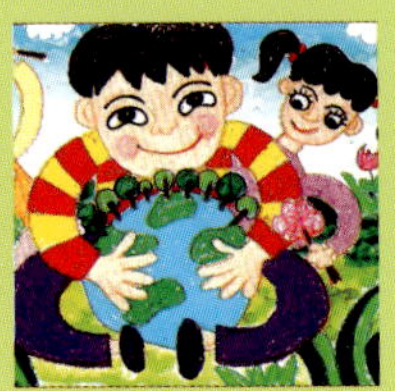
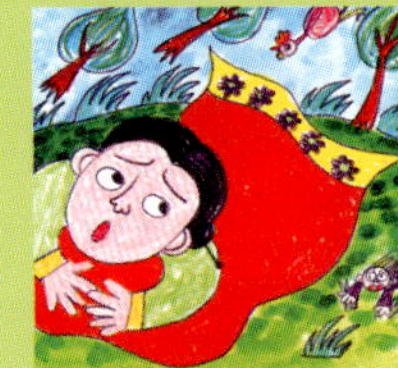
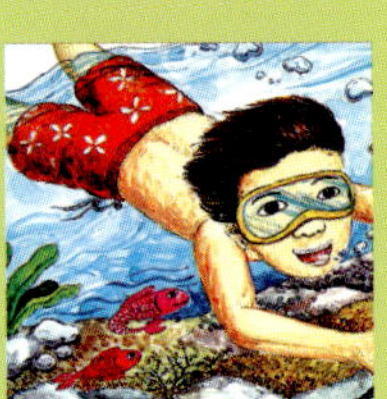
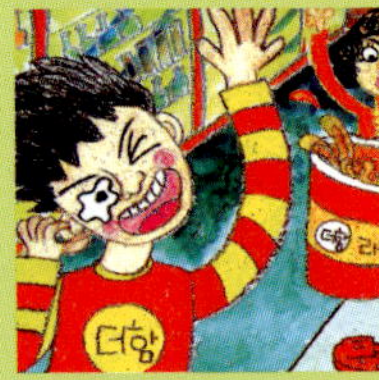
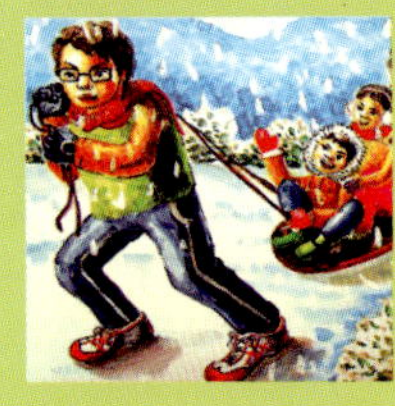
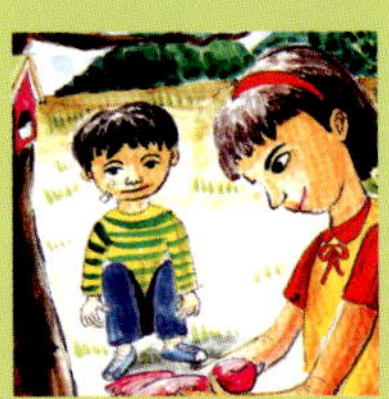
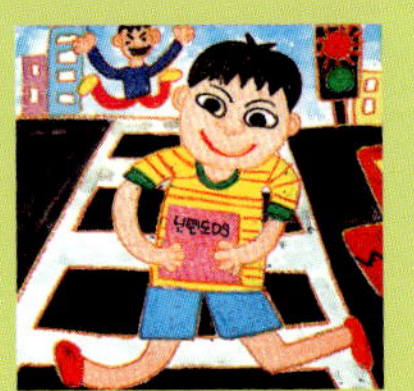
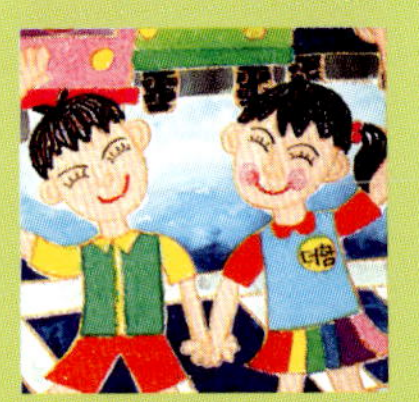
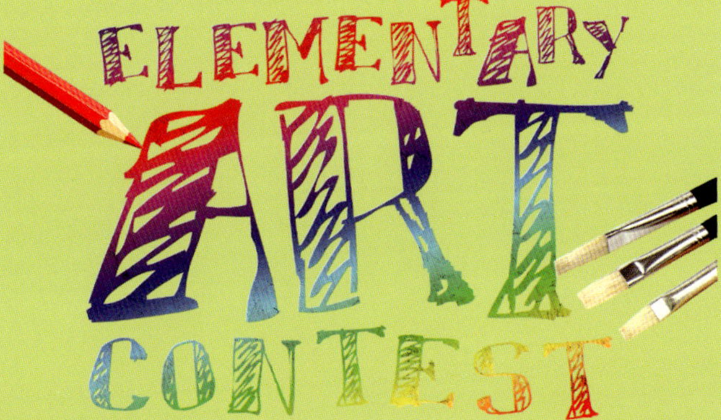

ELEMENTARY
ART
CONTEST

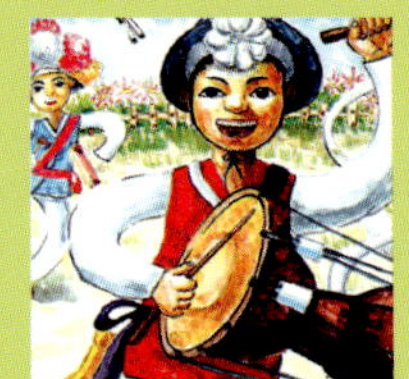
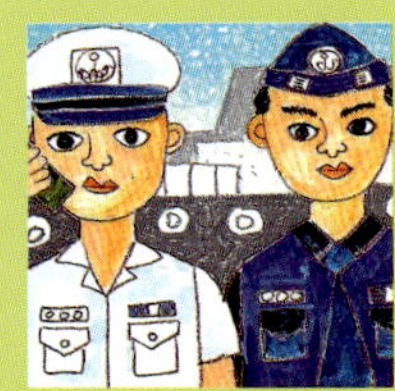
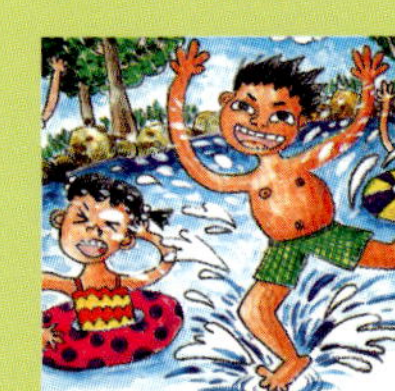
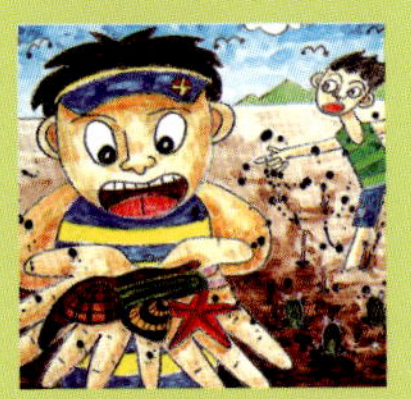